中华现代学术名著丛书

北平生活费之分析

陶孟和 著

商務印書館
创于1897
The Commercial Press

图书在版编目(CIP)数据

北平生活费之分析/陶孟和著. —北京:商务印书馆,2011(2023.12重印)
(中华现代学术名著丛书)
ISBN 978-7-100-07417-9

Ⅰ.①北… Ⅱ.①陶… Ⅲ.①生活水平—研究—北京市—民国 Ⅳ.①F129.6

中国版本图书馆CIP数据核字(2010)第194245号

《北平生活费之分析》据社会调查所**1933**年版排印

中华现代学术名著丛书
北平生活费之分析
陶孟和 著

商 务 印 书 馆 出 版
(北京王府井大街36号 邮政编码100710)
商 务 印 书 馆 发 行
三河市春园印刷有限公司印刷
ISBN 978-7-100-07417-9

2011年1月第1版 开本880×1240 1/32
2023年12月第3次印刷 印张7¼ 插页1
定价:58.00元

陶孟和

(1887—1960)

社会调查所1933年版
《北平生活费之分析》封面

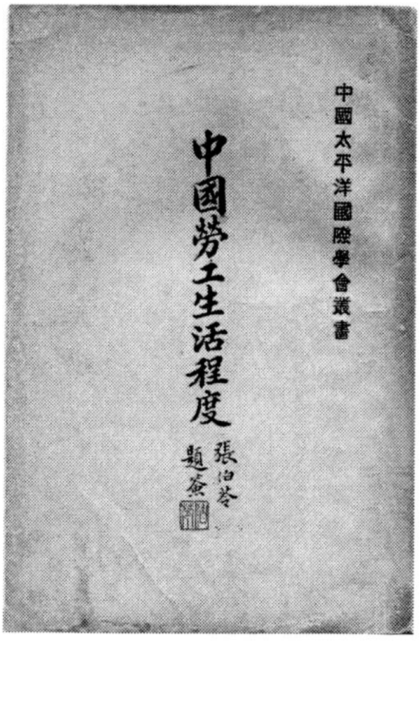

中国太平洋国际学会1932年版
《中国劳工生活程度》封面

出版说明

百年前,张之洞尝劝学曰:“世运之明晦,人才之盛衰,其表在政,其里在学。”是时,国势颓危,列强环伺,传统频遭质疑,西学新知亟亟而入。一时间,中西学并立,文史哲分家,经济、政治、社会等新学科勃兴,令国人乱花迷眼。然而,淆乱之中,自有元气淋漓之象。中华现代学术之转型正是完成于这一混沌时期,于切磋琢磨、交锋碰撞中不断前行,涌现了一大批学术名家与经典之作。而学术与思想之新变,亦带动了社会各领域的全面转型,为中华复兴奠定了坚实基础。

时至今日,中华现代学术已走过百余年,其间百家林立、论辩蜂起,沉浮消长瞬息万变,情势之复杂自不待言。温故而知新,述往事而思来者。“中华现代学术名著丛书”之编纂,其意正在于此,冀辨章学术,考镜源流,收纳各学科学派名家名作,以展现中华传统文化之新变,探求中华现代学术之根基。

“中华现代学术名著丛书”收录上自晚清下至20世纪80年代末中国大陆及港澳台地区、海外华人学者的原创学术名著(包括外文著作),以人文社会科学为主体兼及其他,涵盖文学、历史、哲学、政治、经济、法律和社会学等众多学科。

出版“中华现代学术名著丛书”，为本馆一大夙愿。自 1897 年始创起，本馆以“昌明教育，开启民智”为己任，有幸首刊了中华现代学术史上诸多开山之著、扛鼎之作；于中华现代学术之建立与变迁而言，既为参与者，也是见证者。作为对前人出版成绩与文化理念的承续，本馆倾力谋划，经学界通人擘画，并得国家出版基金支持，终以此丛书呈现于读者面前。唯望无论多少年，皆能傲立于书架，并希冀其能与“汉译世界学术名著丛书”共相辉映。如此宏愿，难免汲深绠短之忧，诚盼专家学者和广大读者共襄助之。

商务印书馆编辑部

2010 年 12 月

凡　　例

一、"中华现代学术名著丛书"收录晚清以迄20世纪80年代末，为中华学人所著，成就斐然、泽被学林之学术著作。入选著作以名著为主，酌量选录名篇合集。

二、入选著作内容、编次一仍其旧，唯各书卷首冠以作者照片、手迹等。卷末附作者学术年表和题解文章，诚邀专家学者撰写而成，意在介绍作者学术成就，著作成书背景、学术价值及版本流变等情况。

三、入选著作率以原刊或作者修订、校阅本为底本，参校他本，正其讹误。前人引书，时有省略更改，倘不失原意，则不以原书文字改动引文；如确需校改，则出脚注说明版本依据，以"编者注"或"校者注"形式说明。

四、作者自有其文字风格，各时代均有其语言习惯，故不按现行用法、写法及表现手法改动原文；原书专名（人名、地名、术语）及译名与今不统一者，亦不作改动。如确系作者笔误、排印舛误、数据计算与外文拼写错误等，则予径改。

五、原书为直（横）排繁体者，除个别特殊情况，均改作横排简体。其中原书无标点或仅有简单断句者，一律改为新式标点，专名号从略。

六、除特殊情况外，原书篇后注移作脚注，双行夹注改为单行夹注。文献著录则从其原貌，稍加统一。

七、原书因年代久远而字迹模糊或纸页残缺者，据所缺字数用“□”表示；字数难以确定者，则用“（下缺）”表示。

目　　录

上篇　北平生活费之分析

下篇　社会研究与评论补编

上篇　北平生活费之分析

承认贫穷不为玷辱,不努力以克服之乃真羞耻。

——伯里克理斯

序　言

当民国十五年七月,社会调查部初成立时,所进行之研究为北平手工业家庭。后以此项研究系用访问法,深恐所询问之生活情形,未能深切,乃选家庭若干,试用记帐法,以求获得关于手工业家庭生活程度精确之知识。本书第四至第八五章,即此项记帐之报告也。

北平小学教员生活,素称寒苦。兼以教育经费,时受政局影响,教员薪金常至积欠累月,生活困难不问可知。社会调查部对于小学教员生活程度原拟为大量之调查;惟以每日记帐一事,在不惯为之者,殊觉繁重,既非所能望于人人,而当时教育局所能绍介者,为数亦少,因此本书第九章所分析之12教员家庭记帐遂成为至可珍贵之资料。吾人于此,对于诸位教员之热心记帐,并不吝答复吾人之屡次询问,尤应深致谢忱。

本书两种调查资料之错误程度,迭经详细覆查,殆可谓轻微。资料之分析,亦可称适当。其惟一可指摘之瑕疵,即所调查之家数太少是也。此实出于不得已,盖大计划之生计调查,惟有待于中央或地方之政府机关,非私人研究机关所能独立担任者也。若自他方面观之,则即此60家数,已差足代表北平之两种阶级。如欲匡正吾人此次调查之缺漏,惟有俟地方当局举行大计划的生计调查而已。

本书原系用英文出版。汉文本系由天津南开大学高材生朱席儒君翻译，本所林颂河、王清彬、曾炳钧诸君校阅，尤以林君费时，费力特多。以上诸君之劳苦，当藉此申谢。

陶孟和

民国十八，十，十一

第一章　绪论

近世为充分明了工人家庭生活之详细情形起见,常采用家庭记帐法,在长时期内,为许多家庭逐日记载支出,俾可获得关于生活费之详尽材料。帐簿在中国,为用已久,如官商私人皆常记帐以明收支之情形。惟工人家庭之日用帐簿则属创举。

惟实行记帐,有数事为吾人所不可不知者:

第一,为帐簿形式之制订,俾收支各项可记录于合宜之地位。我国之记帐习惯,普通仅限于收支钱数之多寡,而不及购买物品之数量,若生活费之调查,为精确起见,则当二者兼重。我国币制,现极紊乱,各项货币之兑换率,涨落无常,故每日银钱行市必须记明,以便计算。此外如度量衡问题。北平所用之秤,尚无一定标准,如杂货店中一斤之重量,仅及权度制造所标准公斤重量十分之八。凡此数端,编制精密之帐簿时,皆须注意。

第二,为调查员之选择。调查员每日至各家调查,不但须坚忍持久,且须机敏谨慎,将各家各项收支详细记录。他国工人可以劝令自行记帐,故调查员之责任,仅为指导记帐并核对其帐目。但我国工人多属目不识丁,自行记帐,实为不可能之事。且彼等终日操作,疲劳殊甚,更难望其每日记帐。故吾人调查中国工人之家庭日用帐,惟有使调查员亲自为彼等逐日记帐,方可得精确之资料。且家庭记帐之范围,亦不可过广。因作大规模之研究,则费用殊大。

例如一调查员为居住邻近之家庭记帐,每日最多能担任三十家,依此计算三千家记帐须有常雇调查员百人,故吾人初次尝试,应以少数之家庭为满足也。

第三,既获有得力之调查员与适用之帐簿,而欲调查进行顺利,尚须所调查之家庭,愿意招待调查员并供给详细之收支报告。工人家庭大都不愿外人刺探其生活情形,故欲其每日招待外人,并答复各种琐碎问题,如入款之多寡及出款之用途等,常非彼等所能堪。故如何能使工人家庭信任,并如何能得有彼等生活状况之详细报告,实为家庭记帐法最感困难之问题。至彼等之不愿接待调查员,亦自有其原因,盖除欲避免每日之烦扰外,尚恐调查为增加税课之先声也。年来北平市政当局,常有苛征暴敛之举,今见调查者日日探询彼等经济情形,自难免发生猜疑。此外益滋彼等疑惧者,即恐调查者为共产党是也。故调查员如欲得彼等之信任,必须将调查之性质,详为解释,使其了解调查之意义而后可。

此外亦有一事予调查以便利。北平各种慈善机关例于冬季施放赈品救济贫民,事先由警厅代为调查贫民,将应受赈济者制成名册以供参考。故有许多家庭,认调查员为警厅所派,乃热心接待之,并供给所需要之消息,此固可免调查者许多之困难。但同时彼等常因希图得有赈品,不惜捏造日用帐目。故调查员须为一细心与敏锐之观察者,否则易为彼等所蒙骗也。

在中国调查工人家庭日用帐,困难之点甚多,势难尽举。要在调查者知阻碍与陷阱之多,时加注意焉耳。据此次调查所得之经验,调查员之选择,实至为重要。盖调查之最大难关,为各家庭对于收支情形,概守秘密,不肯告人。如能聘得有能力之调查员,将调查之性质对彼等解说,俾释疑虑,则大部分之工作成功可期矣。

调查员之选择，不仅须注意于个人之能力如何，且须视工作之性质如何。大概性别不同者，多适于性质不同之工作，故调查员之性别亦须注意。调查家庭日用帐之职务，女子实较男子为优。其理由有四。一为习惯上家庭多不愿外人随意出入，此在北平为尤甚，盖因彼等居仅一室，寝食起居皆在其中，如有一不相识之男子，每日至其家中探询，必致彼等之女眷甚感不便。二为男子多出外工作，居家接待调查员者多为彼等之妻子。三为管理家务者多为妻子，惟彼等能详细报告每日之收支。四为调查之性质，须有恒心、耐性与勤勉，而女子之性情于此三者，实较男子为优也。

调查进行时最困难者，即始终如一是也。当工作之始，调查者因有机会与各级人士接触，询问彼等之生活情形，并探知若干新颖事实，或可感甚大之兴趣，热心从事。待经时既久，每日记帐成为惯例，则彼等之热心必日趋低减。同时被调查者，亦因日日答复同样之问题，对调查者生厌倦之心。此种工作有似长途赛跑，愈久愈难，最后将达终点之时，尤为困难。故非至工人能自行记帐，且对之有甚大之兴趣时，此种困难，殆不可免也。

以上所述，皆为关于工人家庭生计调查之困难问题。至调查小学教员之家庭日用帐，仅须备有精密之帐簿，教以记帐手续，令彼等自为之，则上述之困难，如调查员之选择，及每日探询之烦难等悉可免去。而调查者之工作，仅须指导自愿记帐之家庭，并将交来之帐簿加以分析计算即可矣。

但自愿记帐之家庭，颇不易觅得。盖此种记帐工作，纯为义务性质，仅有少数家庭，明了调查之意义与重要，自愿服务。如欲觅得一定数量之家庭，几不可能。即使家数勉强凑足，能否持久，尚是问题。因日用帐之登记，手续繁重，除已有记帐之习惯者，甚难持之以恒。故小学教员日用帐之调查虽较工人为易。但上述之两层困难仍难免除也。

本书为300本家庭日用帐之分析。其中288本为民国十五年至十六年冬春二季工人之家庭日用帐。其余12本则为十五年十一月一整月小学教员之家庭日用帐。因工人家庭帐簿之资料甚多,故本书对于彼等之生活,分析较详。至小学教员12家之帐簿,仅有冬季一月之帐目,资料过少,自有不甚详尽之处。然于小学教师家庭及情形类似小学教师家庭之生活实况,亦可略示一斑也。

第二章　调查之范围与步骤

本书所研究之家庭日用帐，计有两种阶级之家庭，一为手艺工人，一为小学教员。调查时分别举行；兹特就二者之范围与步骤，分述之。

一

工人家庭日用帐之调查，实发端于北平家庭工人调查。在民国十五年八月一号该项调查举行一月之后，本部聘请一有社会服务经验之女士，为 8 家工人家庭记帐。此仅为一种试验，盖欲借此窥探是否可由家庭日用帐获得精详之资料也。进行一月后，工人家庭增至 23 家。且在调查期中，不时将各家之帐簿，加以审查与评判；而所得结果颇饶兴趣，乃决定自十五年十月一号起，举行 50 家家庭日用帐之调查，时期以六个月为限。除原有之女调查员外，复增聘小学女教员一人，担任所增家庭之帐目。计彼等共同担任调查家庭 56 家。所以选择如此多数之家庭者，盖恐中途或有因故退出者，备有伸缩之余地也。

此项工作，计进行七月之久。除星期日外，调查员每日皆至各家探询彼等之收支，为详细记下。调查期间，调查员与调查主任每星期会晤一次，由调查主任审查评判所登记之帐簿，并讨论调查时发生之问题。如发现记录有不符之处，或经详细之讨论立即更正，或由调查员随后校正之。故调查之进行，时在监督之下。按照预定计划，应于十六年三月调查完竣。但以十五年十月所记之帐，多残缺不全，不能适用，遂又补行调查一月。计已登记之帐簿共有362本，但以其中有记录不全，或家庭及收入之性质不合于吾人之目的者，故仅采用48家之帐簿，计自十五年十一月至十六年四月止，六个月共288本，以供吾人分析计算之用。

调查时，每月每家给与铜元100至150枚，以为彼等每日所受烦扰之报酬。计六个月间，各家所得约为两元，区区此数，对于彼等之生活程度，并无若何之影响。此外遇有年节并给与各家小孩以玩物，其价值亦仅合大洋一二角。

48家之生活状况，以下各章，当详细讨论，但此类家庭，究可代表何种阶级之北平住户，似有提前说明之必要。据十五年十二月前北京警察厅之调查，北京住户，可按其贫富分为五类，其分配情形如下。

第一表　北平贫富家庭分布表

种　类	城　内	城　外	总　数
极贫户	24,037	18,946	42,982
次贫户	9,730	13,890	23,620
下　户	92,394	28,043	120,437
中　户	37,559	19,433	56,992
上　户	6,618	3,732	10,350
总　数	170,338	84,044	254,381

上表之分类颇近于武断，且各类家庭之界限，实际上并不十分明显。据吾人所知警厅对各类家庭之性质，固无明确之定义，则各

类家庭之划分亦必不能准确。但此种估计,乃每年冬季警厅调查北平贫穷之范围作为筹备冬赈之用者,其数字可认为大致无误。所谓极贫户,乃指毫无生活之资者;次贫户,乃指收入极少,不赖赈济则不足以维持最低之生活者;下户者,乃指收入之仅足以维持每日生活者。

吾人调查之48家,究应归于何类,甚难确定。如以接受赈济为分类之标准,则其中32家,皆曾受有赈济,应归于次贫户一类,而其余16家,则应归于下户一类。但按此标准分类,甚不可靠,盖接受赈济者未必为真贫,而不赖赈济者,亦未必确能充分维持其生活也。诚以有时生活窘迫者,以接受赈济为可耻而甘受饥寒,亦有本足自给,而徒以赈济为一种不需劳力之收入而以接受为常事者。据吾人调查所得,则知接受赈济之家庭,未必为收入最低者。故接受赈济与否,固不足为测验彼等经济状况之标准也。

更查各家之收入,佥有馈赠一项,故亦可以得馈赠之多寡,推测彼等之经济状况。各家所得馈赠如在4元以下者应予除外,因据吾人估计,此数约等于本部调查员之赠金与亲友赠送之物品。其他得有馈赠之家庭,48家中计有20家之多,其折合现金之价值,自4元至22元不等。此种资助名为赠送,实同赈济,盖多为补助彼等度过窘迫时之生活者。又亲友之赠与彼等者多,而彼等之赠与人者少,故前者实可认为亲友对彼等之赈济也。如以得馈赠为分类之标准,则次贫户之家庭,即得赠款在4元以上者,有20家,余28家为力能自给之家庭。

又各家之经济状况,亦可由彼等收支之盈亏推断之,即视彼等所得之工资是否足敷其开支也。据第二表所列仅14家,工资收入足敷开支而有盈余,其他34家,则均有赖于他项收入,如赈济及馈

第二表　六个月间 48 家每家盈亏及平均款数表

收入组	家数	自工资收入减去支出				全组平均盈余(+)或亏短(-)数	自家庭收入减去支出				全组平均盈余(+)或亏短(-)数(元)
		盈余		亏短			盈余		亏短		
		家数	平均数(元)	家数	平均数(元)		家数	平均数(元)	家数	平均数(元)	
70元以下	3	-	-	3	15.50	-15.50	1	1.67	2	10.79	- 6.64
70元及110元以下	28	7	6.44	21	12.73	- 7.94	15	6.17	13	6.75	+ 0.18
110元及150元以下	14	5	7.80	9	17.72	- 8.60	8	15.16	6	8.41	+ 5.06
150元及190元以下	3	2	9.00	1	12.91	+ 1.70	3	20.26	-	-	+10.26
各组合计	48	14	7.29	34	14.30	- 8.00	27	9.12	21	7.61	+ 1.80

赠等，以维持其用度。

但工资仅为收入之一种，故复可按彼等全部收入之足资开销与否，以决定彼等之经济情形。如此则有余裕之家庭较多。计48家之中，收支相抵而有盈余者27家，入不敷出者21家。故可谓五分之三之家庭，为居于次贫户之上也。

上文所述关于工人家庭经济状况之数字，固难认为准确，但足表示此项家庭大都近乎贫乏。约有20至28家为属于下户一类，其余则皆属于次贫户一类。故48家之生活状况，实可代表北平近乎贫乏之工人阶级，其经济状况随环境而变迁，有时仅足维持最低之生活，有时则须倚赖各种赈济。

此类贫民，实占北平住户之大部分，不仅包含半技能与无技能之工人，如手艺工人、小贩、人力车夫等，即下级警察、仆役与小店铺伙，亦均包含在内。按最低之估计，北平人口中至少有6万家庭，或27万住民，其生活情形与吾人所调查者相同也。

二

小学教员家庭流水帐之调查，始于十五年十月。北平公立小学，皆归前北京教育局直辖，故调查之先即与教育局议定，征求教员之自愿每日记帐者。并用印刷品说明此种工作之性质与重要，分配于各小学校。征求之结果，共有小学教员66人自愿担任记帐之工作。当于欧美同学会开会招待，并发给日用帐簿，指导记帐手续。又以所调查者，仅为十一月一月之帐目，故复令彼等估计已往一年十二月中之收支各项，另填一表，以备一月记录之不能代表者，可按全年之估计校正或更改之。66人中，计有25人将帐簿填写完竣寄还本部，经审查之结果，除去记载不全，及家主非教育界中人者外，仅有家庭日用帐12本可供吾人之研究。此次所调查教员家庭虽为数无多，但其结果可称满意，盖由参加调查之教员，多乐于赞助，并供给本部以所需之资料也。

据前京师学务局十五年八月印行之报告，北平计有男女小学教员696人，但家庭教师，及未在学务局立案学校之教员，均未计算在内。当调查时，北平之小学教员计当有800人之谱。

此次所调查者，不能认为全体小学教员之代表。因教员之家庭，其性质并非一致。如教员之家庭尚有多人之进款甚丰，则其家庭之生活程度，自较高于专以教员为职业者。在此800小学教员之中，属于此类者，当必不少，其生活事实上为半依赖之生活，而非独立小学教员之生活矣。

吾人之调查虽仅代表小学教员之一部，但亦可代表其他多数之小家庭。如书记、录事、警官及银行公司之小职员。其每月之进款皆与小学教员相差无几，平均约合40元之谱。故自经济方面言之，彼等实可谓属于同一阶级。此外复有工资较高之工人，如汽车夫、机械工人及电气工人等，亦可认为同属此一阶级，但因彼等并非文人，其生活标准或与教员有异也。概括言之，此项小学教员之生活，实足代表北平一部分之下户及大部分之中户家庭。

三

调查所用之帐簿，为本部所特制者。每本长27生的，宽19.4

生的，共有58页，足供一月之用。每本帐簿分为下列五部分：

一、计帐方法之说明书。

二、普通调查表。在表之左端，直列一行，填写家庭之亲属，如家长、妻室、儿女、父母、兄弟及姊妹等。在表之上端横列一行，填写家庭人口之普通状况，如年龄、现在职业、每月进款之银元数、每年工作月数、每日工作时间、每月休息日数及年节假日、各人擅长之手艺、每月实给家中之银元数、每日在家餐数、在外餐数、住家否、若否住在何处、健康状况、教育程度及宗教信仰等项。在上表同页之中，另有一表，包括下列各项：（一）家庭之种族、家长及其妻室与父母之诞生地；（二）所住房屋系自有抑系租赁，如系租赁每月房租，房屋间数，每间之长宽，房屋为瓦顶、灰顶，抑土顶，地为砖砌，抑为泥土，房屋漏雨否；（三）家庭有无特别收入，来源与每年之银元总数；（四）家中各项产业之数量与价值；除衣服外其他一切物品之估价；（五）最近三年中，每年家用盈余或亏短之大概估计；（六）将来家庭经济状况之推测。此外复留一空白，以备调查员记录其他备考事项。上列两表，皆由调查员填写，乃用以补充并核对各家之日用帐者。

三、记帐之样本。家中每日各项收支，皆按照一定格式登记作为说明书之举例。

四、空白日用帐33页。此项为帐簿之主要部分，每日一页，由调查员将当日工人家庭之各项收支，一一记入其中。

五、全月收入总计。此项由计算者，将全月帐目分析计算后填写之。

第三章　名词之解释

吾人在未叙述各家生活状况之前，为使读者易于明了起见，特将调查时所用之名词予以解释，并就关于调查统计之各项问题略加讨论。

家庭

本书之研究以家庭为单位，故须与以确切之定义。吾人所谓家庭，乃指一群聚居之人，互相有密切之经济关系者而言，不限于同姓，且亦不必为同姓也。盖本调查注重家庭之经济方面，且实际上各家庭之分子亦即以家庭为一经济单位，或一消费中心。故凡直接供给进款于家庭，或依赖家庭为生者，均认为家庭之分子。按之我国旧日之传统观念，所谓家庭者，须以同姓同居为限，但在吾人之研究上，则倘无直接之经济关系，纵有同姓之关系亦为无意义也。又在本书中家庭分子之亲属关系皆为对于家长之关系。

年龄

中国人民计算年龄之方法，除湖南四川而外，与西方不同。每届新年初一，每人之年龄无论生于何月何日，均增加一岁。故元旦生产之小孩，与除夕生产者，翌年元旦皆为两岁。此项计算方法，不问生命之长短，而以经过之新年为标准。虽可免去记忆生辰之烦琐，但恒足致年龄观念之错误，致一人之确实年龄不得而知。如一小孩生于除夕下午十一时，至新年第一日上午一时，则已为两岁，实际上不过两小时耳。

此次调查，曾极力设法求得各家分子之确实年龄，但以彼等多不愿说明生辰日期，且有不能记忆者，吾人之试验乃终归无效。惟有按彼等所报告之年龄记之，至计算等成年男子数时，则悉按所报告之年龄，递减一岁。此乃假定所报告之年龄皆较实际之年龄，平均增加一岁，实为计算中国人民年龄惟一可用之方法也。

度量衡

家庭日用帐之研究，多以数量为根据，故其成功，大部有赖于一致与适当之权度制度。在度量衡已有一致标准之国家，权度本不成为问题。然在权度制度异常紊乱之我国，则调查者每日记帐所用之权度，应预先规定明白。

中国权度虽有政府规定之标准，实际上却毫不一致。非特各地有各地之权度，即同一地方用以测量各种物品者，亦复千差万歧。试就尺度一种言之，据 1912 年直隶省商品陈列所之调查，直隶全省共有 42 种之多。加以政府监督之不周，及权度制造之不精，实际上之种类当较此尤多。北平市上通用之重量与尺度各有三种，兹将其与米突制之相等数列表如下。

北平重量尺度与米突制之比较

重　量	尺　度
一关平斤＝604.5格兰姆	裁衣尺＝33.2生的米突
一库平斤＝596.8格兰姆	新官尺＝31.9生的米突
一钱平斤＝562.8格兰姆	营造尺＝31.2生的米突

观此可知各种权度间差异之大，如将全省之尺度重量加以比较，则其间之差异当益甚也。此次调查时所采用者，为北平通用之钱平制与营造尺。为易于明了计，均已化为米突制之相等数。

货币

本书固无须详细讨论中国之币制，但如欲明了家庭收支之性质，则亦不可不注意及之。中国通行之币以银元为主，而以银毫铜元为辅。但后二者因滥铸与成色低减，皆已失其为辅币之价值。其与银元之兑换率，一随其所含之成色及其供给量而定。如十年前1元仅可换铜元150枚者，而在调查时则可换370枚以上，足见铜子价格跌落之甚。兹将调查期中银元与铜元银毫每月之平均兑换率列表如下，以见一斑。

月　份	铜元兑换率	银毫兑换率
十一月	365	11.70
十二月	369	11.50
正　月	379	11.97
二　月	384	11.90
三　月	383	12.11
四　月	383	12.43

调查期中之兑换率，虽无若何骤然之涨落，但即其常常之变迁，已足与家庭之收支以莫大影响也。

各家之帐目，皆按其收支之货币记之；至计算时，则将各种货币，按当日之兑换率折合为银元或其分数。工人如洋车夫及手艺工人等，所得工资多为铜元，但其他工人之工资亦有按银元计算者。彼等之开支，如缴纳房租及购买洋货须用银元，又如购买蔬菜之类则用铜元。概言之，各种物价，皆可谓以银元为标准，不过所受银元兑换率涨落之影响有缓急之异耳。在此种种复杂紊乱之币制下，进款微末之家庭，易遭损失；盖每当各种货币兑换率有变迁时，彼等往往左右均遭折扣也。如进款为铜元者，遇铜元价落，则须多付物价，或所购物品之分量减少而受无形之损失。如遇铜元价涨，则仍须付原来之物价，盖物价不必即随之而减。至进款为银元者，则境遇较佳，但每日需用铜元之开支，仍不免感受相同之损失也。

又北平币制之最足损害工人经济者，厥为纸币。银元票虽不常入彼等之手，但铜元票则以携带甚便，为彼等所通用铜元票之价格，在昔曾经跌落，终至不能兑现而变为废纸。每当市面恐慌之时，变动甚速，工人倘非完全拒绝使用，终不免受甚大之损失。所幸吾人调查期中尚未遇有是项情形。

在币制优良之国家，其惟一问题，只在如何使货币购买力稳定。而在中国可谓货币无制。所谓主币、辅币、纸币价值往往无定，对于社会经济，国民生计，与以莫大之影响焉。

收入与支出

关于家庭之收入与支出，本书采用下列之定义：收入乃指调查期中，各家由工资、利息、租金、馈赠或赈济所得之现款，及以物品劳役折成现金之总数。故凡不属于以上各项之进款，如收回人欠，向人借债当物及由使钱会所得之会款等皆行除外。

支出乃指调查期中，各家用以购买物品、馈赠亲友、酬谢劳役之现金，及以物品劳役折成现金之总数，至其他支出之用于赎物、还债、借贷及使钱会等则皆除外。亲友雇主所供给之饭食，一方面认为收入，他一方面认为一种支出，均经详细调查，双方记入相同之数量。

食品之价格

吾人研究家庭消费问题所遇之困难，在求知其数量，盖我国购物之习惯，多不以数量计，而以钱数计。例如吾人购物时，仅云欲购 20 枚铜元之糖，或 10 枚铜元之茶叶，而售物之杂货铺，即与以 4 包糖、5 包茶叶。虽每包物品之重量，皆依其每斤之价格而定，并随之增减。但以购买之量甚少，故鲜有计及重量者。此于贫民为尤然，盖彼等之食品，皆为每餐零买者也。

因此之故，吾人为工人所记之帐目，常仅有购物之钱数，而无所购物品之数量。为补充数量起见，吾人乃令调查员将各种物品之零售价格，随时报告，然后按各种物品每月之平均价格，以决定各家所购物品之数量。至当此调查期中价格无甚涨落者，即以六月之平均价格计之。其按件出售者，则先将每件之重量秤好，然后再依件数，核算其重量。

等成年男子数

欲作家庭消费之研究，必须将大小不同之家庭折合为若干单位，此项单位，普通皆以成年男子为计算标准。计算成年男子之方法甚多，吾人研究中国人之消费，最好能根据中国人之生理需要，从医学或经济方面，制成一中国人之等成年男子计算法。惜此项计算法现尚付阙如。兹为一时应用计，遂采取阿特瓦特(Atwater)氏根据食品消费量制成之计算法，其表式如下：

	男子	女子
两岁以下者	30	30
两岁以上至六岁以下者	40	40
六岁以上至十岁以下者	50	50
十岁以上至十二岁以下者	60	60
十二岁以上至十三岁以下者	70	60
十三岁以上至十五岁以下者	80	70
十五岁以上至十七岁以下者	90	80
十七岁以上者	100	80

计所调查48家之人口共为220人，如按上列计算法折合则为162.1等成年男子数。又在家食饭之等成年男子数为131.11，在外食饭者为303.3。

阿氏计算法乃根据食品之研究而作成者，不适用于其他物品消费量之测量。只以中国尚无根据一切费用而作成之计算法，故本书在衣住方面之研究亦均采用之。

资料之准确

吾人当调查期中，固尝努力求记录之真确，但仍难断言所搜集之资料，皆绝对无误也。综观此次调查之进行，甚形顺利：(1)如调查员皆觉此种工作之重要，均尽心从事。(2)各家庭之报告，未见有何捏造与不实之处。(3)调查之范围甚小，故可免记录之错误。但关于各家收入一项，仍有错误之可能。盖有时工人将所得工资自留一部，不报告家中，如此则此部之收入与其用途，即无由记入帐簿之中。故吾人当调查期中，对此点极为注意，务使各家主妇，寻出收入及支出之未经彼等之手者；盖恐如家家有此事发生，则全部研究将毫无价值也。调查之结果，发觉各家之有此现象者，亦惟青年人及洋车夫有之，此外则甚少也。关于此类私自费用，皆设法查出，加以修正，尤以关于洋车夫者，恒易于查知。故就全体家庭之收支言之，其错误可谓不出5%，至就主妇所知悉之收支言之，则可谓完全准确也。

第四章　工人家庭之普通情形

此次所调查之工人家庭，计内左四区24家，外左三区15家，外左四区5家，外左五区4家，共48家，均居住于北平内外城之东部。

北平本无贫民窟，尚不见现代城市贫富区域对峙之显著现象，但近年以来，贫民在经济压迫之下，已逐渐移居于城厢及城内街道偏僻房屋破坏之区域矣。此次所调查之家庭，多聚居于两中心点，一为外城花市之四周；一为内城东城墙附近一带。内城贫民，介于富户住区与城墙之间，如富户区域，继续扩张，则彼等必被迫而迁居于城厢也。

种族与籍贯

48家之种族，为汉人25家，满人12家，回人11家。其中汉人最多，约占总数之半。中国居民，名为五族，但按居于本部者言之，彼此实无显著之分别，满回人民之移居内地者，多杂居于汉人之中而习于汉人之生活，其日常生活之习惯，几不可辨。故种族问题，在吾人之研究上并无甚大影响也。

有人谓满汉回三族因风俗习惯不同，其生活程度受有影响。如汉人多勤勉耐劳，饮食菲薄；满人多习于安逸，不耐劳苦；回教人则受宗教之束缚，不能与汉人竞争。此类异点如系事实，亦不过大体如此，不可认为种族上或生理上之特征。盖此种区别，并不限于种族间，即彼此家庭间，亦常有之。故就北平一地言之，种族之差异，在家庭生活上已无若何之特征，此次所调查之工人家庭，不问属于何种族，其生活均大致相同，吾人所以指出各家之种族者，特以表示一种事实，并不欲引申何项结论也。

48 家之籍贯，大部分为北平，此可由各家庭年长者之诞生地见之。

诞生地	家长	妻子	父	母
北平	43	41	41	42
其他各地	4	6	6	5
总计	47	47	47	47

48 家中，一家之家长已故去，另有一家之家长，尚未娶妻，故家长与妻子皆为 47 人。

家庭人口与亲属

当调查期中，工人家庭计有新生者五人，死亡者二人。死亡者之中，一在七岁以下，一在两岁以下。此项人口之增减，对于每家之平均人口数，尚无大影响，故计算各家之人口，及其年龄性别，与职业时，凡此期中之新生者，与死亡者，皆加入计算。至研究家庭之费用，或生活费时，则按彼等实际生存之时间，化为等成年男子之分数。

第三表　48家家庭人口数及亲属人数表

每家人口数	家数	百分比	亲属关系	人数	百分比
3	9	18.7	家主	47	21.4
4	16	33.4	妻	47	21.4
5	12	25.0	子	60	27.2
6	9	18.7	女	46	20.9
7	1	2.1	母	5	2.3
8	1	2.1	兄弟	2	0.9
共计	48	100.0	姊妹	3	1.4
			儿妇	1	0.5
			孙女	1	0.5
			侄	2	0.9
			甥	1	0.5
			侄女	1	0.5
			孙	1	0.5
			表弟	1	0.5
			妻姊	1	0.5
			童养媳	1	0.5
			共计	220	100.0

第三表表示48家家庭以每家四五口者为最多，约占总数五分之三，家庭人口在7人以上者仅两家，家庭之分子多为夫妻二人及其子女。此项人口计有200人；其他人口不过28人耳。故工人家庭实与现代之小家庭制度相符。又如媳妇、童养媳及孙女，皆为家庭之直系亲属。仅有7人为旁支亲属及亲戚。

中国之旧式家庭，夫妇子女而外，尚有其他亲属。但据此次调查之结果，则工人家庭之组织，已与西方家庭制度渐相符合。概括言之，中国之旧式大家庭，现仅通行于乡间及富户，而新式小家庭则常见于城市及贫民阶级。吾人于此已可断定中国旧式家庭制度实已渐见崩析，并因社会及经济状况之变化而增加其速度。完全消灭之期当不远矣。

年龄与性别

按第四表人口年龄之分配情形，计家主年龄在30至59岁之间者，39人，其中30至39岁者，21人。妻子年龄在20至49岁之间者，亦有39人。二者之年龄皆无在20岁以下者。子女年龄之在15岁以下者，男子占四分之三，女子占六分之五，至其他人口年龄之分配，则甚平均。各家家主与妻室皆在壮年而子女之在20岁以上者，或已出嫁或已另成家庭。故就全体言，体力健壮者实占多数，计年龄在15岁至59岁之间者共120人，而15岁以下及60岁

第四表　48家年龄分配表

年龄组	家长	妻	子	女	其他	共计
5岁以下	—	—	13	13	2	28
5—9岁	—	—	17	9	2	28
10　14岁	—	—	15	16	2	33
15—19岁	—	—	8	7	1	16
20—29岁	4	10	6	1	3	24
30—39岁	21	19	1	—	2	43
40—49岁	12	10	—	—	2	24
50—59岁	6	5	—	—	2	13
60—69岁	3	2	—	—	3	8
70—79岁	1	1	—	—	1	3
各组合计	47	47	60	46	20	220

以上者合计仅100人。至男女性别之分配，则人数大概相等。男子114人，女子106人，男子人数较女子仅多8人。

职业

222人中，计146人，现有工作。其中男子72人，女子74人。兹将各年龄组现有无工作之男女数表列如下表。

第五表　各年龄组现有工作之男女人数表

年龄组		五岁以下	5—	10—	15—	20—	30—	40—	50—	60—	70—	共计
男子	有工作者	—	3	7	8	11	22	12	6	3	—	72
	无工作者	14	15	9	—	1	1	—	1	—	1	42
	共计	14	18	16	8	12	23	12	7	3	1	114
女子	有工作者	—	3	15	8	12	19	9	4	3	1	74
	无工作者	14	7	2	—	—	1	3	2	2	1	32
	共计	14	10	17	8	12	20	12	6	5	2	106

上表男女年龄在5岁以下者皆无工作，其在15至20岁之间者则皆有之。男女人数之惟一差异，为5岁至10岁及10岁至20岁两组中，男子之无职业者，较女子为多。此盖由于年幼男子，不易寻得合宜之工作，而年幼女子则可在家中承做手工以补助家用也。至各人职业之种类，则可另列如第六表。

下表所谓职业者，乃指一切能得收入之工作而言。如学徒之工作虽不足与裁缝及纺毛线者相比拟，但其在外食宿，可使家庭对彼之负担减轻一部分，故亦认为一种职业。又如各家小孩所拾得之煤屑，或可减少家内之燃料费用，或可售卖得钱，故捡煤亦认为一种职业。二者虽与普通所称之职业，截然不同，但自家庭方面言

第六表　48家男女职业种类表

职业	男子			职业	女子		
	家主	其他	共计		妻	其他	共计
人力车夫	32	9	41	缝袜口	6	17	23
学徒	—	6	6	做假花	9	4	13
拾煤	—	3	3	纺毛线	7	5	12
做假花	1	1	2	成衣	11	—	11
搬运	1	1	2	绕线	2	3	5
茶役	1	1	2	做风镜边套	—	2	2
铺伙	2	—	2	穿发网边	1	1	2
绕线	—	1	1	女仆	2	—	2
纺毛线	—	1	1	缝帽口	1	—	1
成衣匠	1	—	1	产婆	1	—	1
理发匠	1	—	1	换洋火	1	—	1
印刷工人	—	1	1	挑花	—	1	1
制胶	1	—	1	各业合计	41	33	74
修补洋铁匠	1	—	1				
粪厂工人	—	1	1				
土车夫	1	—	1				
赶货车	—	1	1				
马车夫	1	—	1				
卖菜	—	1	1				
向导人	1	—	1				
警察	1	—	1				
各业合计	45	27	72				

之，则皆为有收入之工作也。

表中各种职业之人数，男子以人力车夫为最多，计占总数之半。女子则有五分之四从事于缝袜口、做假花、纺毛线及做衣服等等手工。表中所列人数，每有一人兼营数业者，盖性质相似，或不需技能之工作，常可互相更换。例如绕线者有时可从事纺线，人力车夫亦可暂充搬运夫。至此次调查所以包括手工业妇女如是之多者，因当初选择家庭时，即拟以其所得结果，补充北平家庭工业之调查。男子工人半数以上为人力车夫，其他职业则甚纷歧。48 家中，人力车夫若是之多，初非始料所及。但一研究北平之劳工情形，尤其关于手工业者，则知此实为不可避免之现象。兹特就北平劳工状况之显著事实略述之。

考北平家庭工业之工作，多由女工担任。如纺毛线，缝袜口等，皆由妇女于家中为之。其报酬极微，鲜有能供给一家之最低生活费者。男子有给养家庭之责任，势须另寻职业。但北平之工业，尚未发达，几无工厂可言，彼等欲在工业界寻找工作，实不可能。于是最易谋得之职业惟有拉车，既不需资本，复无庸练习。多数劳工之操此职业，亦自然之趋势也。故北平之拉车业，有似劳工之逋逃薮，各种失业之工人，无论有无技能，莫不暂以之为栖身之所，俟有别种工作可寻，则又弃而他就焉。

据民国十六年一月之估计，北平共有人力车夫 5 万人，但据后来之估计则为 4 万人，兹姑不问其确数为若干，其总人数较任何职业为多，殆无疑义。盖据十六年十一月吾人调查所得，北平两种重要手艺之工人数，泥瓦匠仅 2 万人，木匠仅 1.2 万人。由此观之，吾人所调查之工人，以洋车夫为最多，实足为北平劳工情形之表征也。

工作时间与工作日数

六个月中，各年龄组男女工人之每日工作时间，与平均工作日数见第七表。中国之工作多闲暇而简易，不似近日工厂工作之活动与紧张。故遇有中国工人工作时间之报告，须细加评判。因此类报告，大都只言每日工作时间之长短，而不论及工作时努力之程度。此次研究，虽曾调查工人之工作时间，终以上述之困难而无完满之结果。例如人力车夫报告其每日工作时向为九小时，但实际上鲜有继续拉车至两小时以上者。又如店员名为工作终日，但实际上无事之时间甚多。吾人为此言，非谓长时期之工作，对于工人毫无损害，即如店员与人力车夫在等候主顾时，亦须耗费精神，绝不能谓为完全休息。吾人所注意者，为中国之工作多与现代工厂

第七表　六个月内男女工作日数及每日平均工作小时数

年龄组	男子			女子		
	人数	每日平均工作小时数	六个月内平均工作日数	人数	每日平均工作小时数	六个月内平均工作日数
5—9	3	3.7	7	3	4.3	140
10—14	7	9.9	124	15	5.5	144
15—19	8	10.1	172	8	6.8	149
20—29	11	10.0	169	12	6.3	125
30—39	22	9.4	172	19	7.4	146
40—49	12	8.9	166	9	6.9	116
50—59	6	7.7	138	4	6.0	146
60及60以上	3	8.0	125	4	6.3	111
各组合计	72	9.1	154	74	6.4	137

之工作不同，其工作时间并不得认为继续不断之努力。故中外工人工作时间之比较，除在现代工厂而外须加慎重。此项原则亦可适用于工人之工作日数，唯表中之工作日数，尚可表示工人之雇佣状况，故并列之。

妇女之每日平均工作时间，较男子为短，此盖由于妇女须兼管家务如烹饪及缝纫等事，不能专力于工作也。

我国旧式工人，无所谓星期日，故休息之日数甚少。第七表每人之平均工作日数，女子较男子为少。年幼者与年老者，亦较壮年为少。壮年工人在六个月内，居多工作 172 日，仅有 9 日之休息。且有工作至 181 日而无一日之闲者。工人家庭之生活，端赖工作者之日日勤劳，始克维持。一日无工作，即一日不能生活，彼等休息日数之少，固无足怪也。

第五章　收入与支出

48 家之收入,可分为五项:即(一)工资;(二)亲友之馈赠与所供给之饭食;(三)慈善机关或慈善家之赈济;(四)土地或物品之租金;(五)其他收入如借款之利息及售物所得之金钱等。第八表将六个月内每家收入之平均数分组分项列出。每家之收入自59.00 元至 183.00 元不等,总平均数为 103.26 元。[①] 其中 90% 为工资,余 10% 为其他四项之合计。工资收入中,又以丈夫或家主之收入为多,计占总平均数 50% 以上。家主所得之工资,若不甚多,如表中第四组所示之情形,皆由子女之收入补足之。但此项原则有一例外,即表中第一组内有一家寡妇,计六月之间,共得工资 49元,足供养家之用。此可认为特殊情形,因普通女子之赚钱能力恒较男子为低也。

工人家庭中,赚钱之人愈多,其收入亦愈丰。换言之,即工人家庭收入之增加,多由于子女赚钱之补助,而非由于家主工资之增高。尤以技能不佳之工人为然。家主为家庭之主要赚钱者,固为最普通之情形,但至其衰年,子女多已长成,则家庭收入之大部分改由子女供给。英人罗屈理(Rowntree)尝谓英国工人,一生之中,

---

① 人力车夫之收支,未将车租计算在内。因人力车为车夫之工具,所纳租金不得视为一种支出也。

第八表　48家六个月间各项收入平均数目表

收入组	家数	每家平均工资收入(元)				每家工资平均数(元)	每家平均其他收入(元)				每家其他收入平均数(元)	每家收入总平均数(元)
		夫	妻	子女	其他		馈赠	赈济	租金	其他		
70元以下	3	18.96	17.25	19.58	—	55.78	6.43	0.15	—	2.29	8.86	64.65
70元及110元以下	28	60.82	8.21	12.89	0.26	82.18	7.20	0.47	—	0.44	8.11	90.29
110元及150元以下	14	63.55	10.31	25.36	11.70	110.92	4.65	0.96	7.44	0.62	13.66	124.58
150元及190元以下	3	55.52	2.60	96.71	—	154.83	4.82	0.04	3.70	—	8.57	163.40
各组合计	48	58.67	9.04	22.18	3.56	93.45	6.26	0.57	2.40	0.58	9.81	103.26
百　分　比												
70元以下	6.3	29.3	26.7	30.3	—	86.3	9.9	0.2	—	3.5	13.7	100.0
70元及110元以下	58.3	67.4	9.1	14.3	0.3	91.0	8.0	0.5	—	0.5	9.0	100.0
110元及150元以下	29.2	51.0	8.3	20.4	9.4	89.0	3.7	0.8	6.0	0.5	11.0	100.0
150元及190元以下	6.3	34.0	1.6	59.2	—	94.8	2.9	(1)	2.3	—	5.2	100.0
各组合计	100.0	56.8	8.8	21.5	3.4	90.5	6.1	0.6	2.2	0.6	9.5	100.0

(1) 在0.05以下。

须经过五个时期，贫乏与宽裕，互相交替。此言亦可适用于中国工人。盖每一工人，当其童年时期、中年初期及老年时期，多遭贫乏。惟当壮年初期，工人本身及兄弟姊妹多能工作，及在娶妻后子女皆已赚钱之时，乃有短时期之宽裕生活，而此两期中，家庭之生活程度，亦较他期为高。

48家中，妻子之从事工作者，虽有41家之多，但所得工资，仅占家庭收入之一小部分。盖彼等工作之报酬，本属有限，又以兼理家务，不能致全力于工作，所得工资自属甚少。但有例外情形，如有子女之寡妇，及残废丈夫之妻子，亦须以某项工作为正当职业，俾获相当之收入以维持生活。

家庭收入之第二项为馈赠，其性质已于第二章述及。工人家庭，有时将子女寄养于亲友处，故其亲友所供给之饭食，亦应认为馈赠之一种。此项饭食之供给，名为馈赠，实同赈济也。家庭收入之第三项为赈济，但为数甚微，仅占总平均收入十分之六。至租金之收入更为有限，仅有三家得有土地或洋车之租金。

据第九表所示六月之间，每家平均总支出数为101.45元，各项费用之分配，计食品费占71.2%；燃料及水费占11.3%；房租占7.5%；衣服费占6.8%；杂费占3.1%。

食品、衣服及房租三项，容俟另章讨论。兹先就燃料费及杂费二者述之。燃料及水费竟占每家平均总支出数11%以上，数目之大仅次于食品一项，殊可研究。

水费一项约占每家平均总支出数1%，平均每人每日约用水7.3公升。北平住户用水多向水夫购买，每一水夫于一定区域内有专卖权。每日或间日送水于住户，按量收取水费。普通两口之家，每月纳水费一毛五分，约可用水420公升。北平水费，因须人力运送，颇为昂贵，水夫之生活费增高，水价亦随之而涨。因此进款微少之家庭，多不得不减少用水量，至最低限度。此于彼等之清洁与卫生，显有不良之影响也。

第九表　六个月内48家五项支出平均数目表

收入组	家数	每家平均		每家平均支出数(元)					每家支出总平均数(元)
		人数	等成年数	食品费	房租	衣服费	燃料费	杂费	
70元以下	3	3.67	2.60	47.75	8.00	1.03	10.74	3.75	71.28
70元及110元以下	28	4.18	2.98	63.68	7.59	5.20	10.72	2.92	90.12
110元及150元以下	14	5.36	4.09	87.02	7.81	8.72	12.62	3.35	119.52
150元及190元以下	3	5.67	4.50	107.74	6.80	20.77	13.91	3.91	153.13
各组合计	48	4.58	3.38	72.25	7.63	6.94	11.48	3.16	101.45
百　分　比									
70元以下	6.3	……	…………	67.0	11.2	1.5	15.1	5.3	100.0
70元及110元以下	58.3	……	…………	70.7	8.4	5.8	11.9	3.2	100.0
110元及150元以下	29.2	……	…………	72.8	6.5	7.3	10.6	2.8	100.0
150元及190元以下	6.3	……	…………	70.4	4.4	13.6	9.1	2.6	100.0
各组合计	100.0	……	…………	71.2	7.5	6.8	11.3	3.1	100.0

每家平均燃料灯火费为10.54元，计占总支出10%以上。至各项燃料所占百分数，则为煤球67.1%，煤油17.2%，木炭11.6%，劈柴、煤及火柴4.2%。观此可知煤球一项，实为北平之主要燃料。各家煤球之消费量及费用见第十表。

第十表　六个月内每家平均煤球费及煤球数量

收入组	家数	平均费用(元)	平均数量(公斤)
70元以下	3	5.90	505
70元及110元以下	28	6.51	557
110元及150元以下	14	8.10	693
150元及190元以下	3	8.75	749
各组合计	48	7.07	605

依此每家每月平均用煤100公斤。如以此数与他国工人之用量相较，原属甚少，但就北平家庭言，则为甚多。实际上彼等平时之用量，尚不及此数。盖吾人所调查者为冬季，此季煤球之消费，恒较他季为多。近年因各地交通破坏，北平常感煤荒，煤价在最近数年间，几增加一倍。吾人调查期中，煤球之平均价已增至每百斤大洋六角六分。煤价之增涨对于此等家庭本有不良影响。加以彼等之进款低微，遂将燃料费之百分比，提高不少。

杂费共有十一项。其各组各项平均数，见第十一表十一项中，嗜好费为烟、酒、茶等费，捐助为警厅公益捐，与慈善机关，或教堂之捐助，杂用则包括年节娱乐等项，及费用之不属于其他十项者。小孩购买糖果及玩物之费用，亦皆归入此项。

各项杂费，除嗜好费及杂用外，其百分比皆不及1%。嗜好费内，计饮茶者44家，共费33.15元；吸烟者14家，共费7.37元；饮酒者15家共费5.57元。杂用项内，37家之新年娱乐费为46.48元；至于购买纸张、染料、修理住宅及给与小孩者，共有41家，其费用为47.92元，如就全体而论，杂费之少，颇足以表示彼等生活程度之低下也。

工人家庭收支之状况，又可自其盈亏方面研究之。据第二章第二表所示，各家收入之超过支出者27家，六月之间每家平均盈余9.12元。余21家，每家平均亏短7.61元。故自全体家庭而言，盈余之家数较多于亏短之家数，而每家平均盈余数亦超过每家平均亏短数也。

借入与贷出

上文所分析之家庭收入与支出，皆为限于第三章界说范围以内

第十一表　48 家六个月间各项杂费平均数目表

收入组	家数	六个月内每家各项杂费平均数(元)											共计
		用具	交通	医药	卫生	妆饰	嗜好	娱乐	交际	捐助	教育	杂用	
70 元以下	3	0.20	—	0.03	0.02	0.01	0.06	—	0.34	0.02	—	3.26	3.75
70 元及 110 元以下	28	0.35	0.03	0.05	0.09	0.12	1.06	0.02	0.26	0.04	0.03	0.88	2.92
110 元及 150 元以下	14	0.64	0.04	0.08	0.11	0.05	0.87	—	0.32	0.01	(1)	1.21	3.35
150 元及 190 元以下	3	0.90	0.02	—	0.26	0.07	1.38	—	0.51	0.01	—	0.77	3.91
各组合计	48	0.45	0.03	0.05	0.10	0.09	0.96	0.01	0.30	0.03	0.02	1.12	3.16

（1）不及 0.005 元。

者。但此外尚有借入与贷出之款项，亦应讨论，以窥知工人家庭经济生活之全体。

工人家庭之借入，共有四种，即(1)使用会钱，(2)收回人欠，(3)当物入款，(4)向人借债是也。兹依其重要程度述其性质于下：

当工人需款时，最常用之方法为借款，或向亲友告贷，或向外人举债，有无利息视情形而异。

典当亦为彼等借款方法之一种，现北平计有当铺87家，金钱珠宝衣服等物皆可用为抵押品。但贫民家庭中，以衣服为最常用。典当所得金钱仅合原物价值四分之一。当期为二年。到期付息，仍可展期二年。利息按月3分，每年36分。每月过期五日，即以一月算。抵押之物品，多因过期不能赎取，为当铺变卖。

收回人欠，其性质与由使钱会收回之本金相似，所异者为后者可提前取用，然后再按月纳费，而前者则须先将款借与人也。工人境遇窘迫，彼等所能贷与人者极有限，故此项进款甚微。

另一种之借款方法，为加入使钱会。使钱会皆为少数私人组织而成，每月每人纳会费若干，汇齐交由一人使用。每月得款之人，或用抽签方法决定，或预先规定之。如为预先规定者，则先得款之人，以后除每月缴会费外，兼须交纳利息性质之酬金。此会可由相识之人随时组织之，为期十月或一年，期满自行解散。贫寒家庭遇有婚丧喜事，需用大宗款项时，多赖此类储蓄之会。但有时因会之组织不善，会员用款者中途逃避，以致众多会员所纳会费无着，受大损失。自他一方面言之，工人收入本属有限，每月缴纳会费，虽可得借贷之便利，而其所担负者亦非轻也。

贷出亦有四种，与以上四种借入相对，即交纳会钱、放债、赎当

第十二表　48 家六个月间全收入数全支出数分组分项比较表

收入组	家数	每家全收入平均数(元)						全收入总平均数即全支出总平均数外加现款(元)	每家全支出平均数(元)						手中存款(元)
		借入				借入共计	实际收入		实际支出	贷出共计	贷出				
		用使钱会会费	收回人欠	当物	借债						还债	赎当	放债	纳使钱会会费	
70 元以下	3	—	—	1.76	5.44	7.19	64.65	71.84	71.28	—	—	—	—	—	0.56
70 元及 110 元以下	28	0.14	0.18	1.89	4.98	7.19	90.29	97.48	90.12	3.03	2.65	0.25	0.04	0.09	4.33
110 元及 150 元以下	14	—	0.76	2.77	3.61	7.14	124.58	131.72	119.52	4.67	3.29	1.37	—	0.01	7.53
150 元及 190 元以下	3	—	—	0.76	3.17	3.92	163.40	167.32	153.13	6.12	2.82	0.16	—	3.14	8.07
各组合计	48	0.08	0.33	2.07	4.49	6.97	103.26	110.23	101.45	3.51	2.68	0.56	（1）	0.25	5.27
百　分　比															
70 元以下	6.5	—	—	2.4	7.6	10.0	90.0	100.0	99.2	—	—	—	—	—	0.8
70 元及 110 元以下	58.3	0.1	0.2	1.9	5.1	7.4	92.6	100.0	92.4	3.1	2.7	0.3	（2）	0.1	4.4
110 元及 150 元以下	29.2	—	0.6	2.1	2.7	5.4	94.6	100.0	90.7	3.5	2.5	1.0	—	（2）	5.7
150 元及 190 元以下	6.3	—	—	0.5	1.9	2.3	97.7	100.0	91.5	3.7	1.7	0.1	—	1.9	4.7
各组合计	100.0	0.1	0.3	1.9	4.1	6.3	93.7	100.0	92.0	3.2	2.4	0.5	（2）	0.2	4.8

（1）少于 0.005 元。　　（2）少于 0.05%。

及还债是也。

第十二表将每家平均之全收入数与全支出数，分组分项列出。表中借入款项平均每家6.97元，占全收入6.3%。而借入款项之主要项目则为借债，几占全部借入三分之二。贷出款项平均每家3.51元，占全支出3.2%。虽在收入最多之家庭，每月交纳之会费不为不多，但平均每家贷出款项，实较借入款项为低。自家庭之全部收入与支出观之，彼等之经济状况尚不过劣。平均每家之全收入足以应付全支出而有余。除收入组最低之家庭外，其他家庭之收入，皆多于支出，而借入之款项亦超过还债、贷款、赎当与使钱会会费之总计。故其结果各家多余有现金存在手中。但彼等之生活状况，仍不得认为满意。盖彼等之生活程度，既甚低下，且赖每日工作所得维持其生活，更无余款储蓄以备紧急之需。一旦进款不继，即立陷于贫困之境矣。

收入组最低之家庭，其境况更为艰难。彼等全收入10%，皆从借贷与当物得来。此种情形绝难持久，盖未有能长久恃借债典物为生者。一旦借债无门，典当俱尽，遂不得不赖赈济，或出于非法之行为焉。

第十二表尚有两点可资注意：第一为收入组愈高之家庭，其收入在全部收入中所占之百分数亦愈大，此盖由收入愈多，则其在全部收入中之重要愈增，而借债及其他进款乃渐减也。第二为收入组愈高之家庭，其支出在全部支出中所占之百分数乃愈小，故收入组较高之家庭，或贷出款项之比率加大，或手边多存现金，或二者兼而有之。

养家者与依赖者

依据上述家庭支出之分析，每一"等成年人"六月之平均支出为 30.04 元，每月约合 5 元左右。其各项费用之分配可列举如下：

饮食费	房租	衣服费	燃料灯火及水等费	杂用	支出总计
21.39 元	2.26 元	2.05 元	3.40 元	0.94 元	30.04 元

此 30.04 元之数，实为每一“等成年人”最低生活所需之费用，故可认为其最低限度之生活费。今设以此为标准，则可将各家人口分为三种：一为养家者，即六个月间所得工资在 30 元以上者。一为半依赖者，即同时期内所得工资在 30 元以下者。其毫无所得者，则为全依赖者。然此标准实偏于理想，因按之实际，个人费用之多寡必不能一致，故又以所得工资在 30 元与 40 元之间者，另成为自给者一类。至年幼者自给之工资，则按彼等之等成年数折合之。兹将此四项人数列表如下：

	各家共计		每家平均	
	人　数	等成年数	人　数	等成年数
养家者	55	54.2	1.15	1.13
自给者	9	7.8	0.19	0.16
半依赖者	87	66.4	1.81	1.38
全依赖者	69	33.7	1.44	0.70
共　计	220	162.1	4.58	3.38

除自给者不计外，平均每一养家者须抚养三人。如按等成年折算，则二者为 1 与 1.8 之比。大部分之家庭，多由一人供养一家，受其供养者率为妻子一人及儿童二人。在吾人所调查 48 家中仅有 7 工人家庭，其家庭供给由父子或兄弟二人共同负担。此外又有一家，家中并无一人工资所入足以养家，家中用款端赖 50 元地租之补助。

每月所得之平均工资，每一养家者为 11.00 元，每一半依赖者为 1.20 元。前者除本身外，仅足供给 1.19“等成年人”，即妻子一人及五岁以下之子女一人。后者之收入用以赡养两岁以下之婴孩一人，即 0.23“等成年”，且虞不足焉。

吾人所调查之工人之赚钱能力异常低微，究竟此种情形系由于工人之知识过低，或团结之缺乏，或工人人数过多，抑由北平人口一般生活程度之低落殊难确定。但此四项对于彼等生活程度之低下，皆不免有若干之影响，则可断言也。遇有人口众多之家庭，所得收入，不足赡养之用，其应付之法不外两途：一为食用廉价之食品，或减去某项费用，使生活程度，再行降低，一为仰给于外界之辅助，以维持现下之生活。

家庭人口之多寡与生活程度

以上关于家庭收支状况之分析，皆根据于各家收入之高低，但家庭之大小不同，其生活情形，随之而异。各家人口之多寡，殊为研究家庭经济者所不容忽视。兹特就二者之关系，加以讨论。

如将各家之人口悉化为等成年男子数，则吾人所调查之家庭，可分为四组，列如第十三表。计每家有等成年男子数 2.5 至 3.5 之间者，约占总数之半，其在等成年男子数 4 人以下者，则占全体五分之四。表中每家收入总计，支出总计，饮食费总计，及在家饮食费总计之平均数，皆随等成年人数之增加而上涨。此盖由于家庭之人口加多，则其收入与支出皆随之而增涨。此项收支增涨之现象，骤睹之，似为家庭之利，但一计算每一等成年之收入与支出则适得其反。盖家庭收入虽多随人数之加而增涨，但二者之增涨并

第十三表　48 家按等成年数分组每家每等成年平均收支数及食品费比较表

等成年组	家数	每家等成年数	收入平均数(元)		支出平均数(元)		食品费平均数(元)		食品费对总支出之百分比	在家之食品费(元)		在家食饭者每等成年克罗来数
			每家	每等成年	每家	每等成年	每家	每等成年		每家	每等成年	
1.50—2.49	5	2.16	74.79	34.63	73.37	33.97	47.50	21.99	64.7	38.32	20.04	2787
2.50—3.49	24	2.93	97.00	31.75	91.44	31.23	64.26	21.95	70.3	46.28	19.13	2732
3.50—4.49	14	4.00	122.29	30.60	119.43	29.89	87.91	22.00	73.6	52.23	17.34	2529
4.50及以上	5	5.02	127.90	25.49	127.29	25.37	93.48	18.63	73.4	67.77	15.42	2272
各组合计	48	3.38	103.26	30.58	101.45	30.04	72.25	21.39	71.2	49.43	18.00	2595

非一致。各家所增加之收入，恒不足以供给因人口增加所需要之支出也。表中各组家庭之等成年数愈多，则每等成年之收支亦愈减，可为明证。又除第三组之家庭每一等成年之平均食品费略有增加外，其余各家中，每一等成年之平均食品费及平均在家饮食品费，皆随等成年数之增加而递减。故每一家庭之人口增加，其全家生活费虽似增高，而其每一等成年之平均生活费则趋于减低。此种减低之趋势，不仅发现于每等成年之支出总平均数及饮食费总平均数，即每等成年之平均热量及房租平均数，亦莫不皆然也。

至食品费所占总支出数之百分数，亦随等成年数之加多而增高，此实为自然之现象。盖家庭之人口增加，则其用费之耗于饮食者自益多。于此吾人对前列第九表家庭费用表之疑点，可得而释焉。按表中所列每家食品费之百分数，并不随进款之增加而减低，此与盎格尔(Engel)之理论所谓进款愈多食品费之百分数愈小者显相冲突。但按现在之讨论，则其不相符合之原因，大概由于家庭人口多寡之影响。盖进款多者，其人口亦多，而食品费之百分数仍无由减低也。

由是观之，家庭人口之多少，实与个人之幸福，有密切之关系。每一家庭，如人口加多，其连带所增加之收入，恒不足应付其支出，如欲维持现有之生活程度，必须设法增加收入，始可办到，换言之，即家庭人口增加，恒将其家庭生活程度降低是也。故至少就吾人调查之家庭言之，人口增加实为家庭及个人之不幸，而非如一般所信足以增加收入及家庭之福利也。此项人口问题，究竟系由于工人能力之薄弱，抑由于社会工业情形之影响于雇佣与工资，虽一时无从断言，但吾人敢言人口本身，即常为人口问题发生之主因。故欲图谋增加中国工人之幸福，限制生育，实为一切要之方法也。

各国各地生活费分配之比较

48家支出情形之分析，实足表明彼等生活之异常困苦。日常生活之必需品，如食品、衣服、房屋及燃料灯水等费，约占支出总平均数97%，而食品费一项，则占70%以上。故除供给最低之生活必需品外，已无余资供他项消费之用。近代人民所享受之一切幸福，如教育、娱乐、社交及文字艺术等，彼等皆无分焉。吾人于此试一研究他国工人用费之分配情形，及其生活之真相，以资对照。

两地人民生活费之直接比较，实须十分审慎，盖两种不同之研究，时间不同，所调查人民之种类不同，所用之方法，亦未必相同，而两种人民之生活程度、社会经济情形及物价与工资之高低，亦不能完全一致也。但吾人现在之目的，仅为表明各国生活费分配情形之不同，而非直接比较工人阶级之生活状况，故可引证各项数字而无所顾虑。至各国工业发达之程度，经济、政治组织之性质，及人民知识之高低，虽足以影响并决定人民之生活情形，皆不在吾人讨论之列。

据1907至1910年英国商务部各国工人家庭生活费之调查，英、法、美、德、比等国工人食品费之百分数，悉较北平工人为低。如按聂不斯（Knibbs）之调查，澳大利亚洲之百分数更为低减，当1911年，凡四口以上之家庭，其收入在200镑及200镑以下者，其食品费仅占本组平均收入36%。兹将各国工人食品费所占收入之百分数，列表如下，以资比较。

北平	法国	英国	比国	德国	美国	澳大利亚
70.0	59.7	57.0	56.9	54.4	53.7	36.0

1914 年以来，英国劳工部所用以编制工人生活费指数之各项费用分配比例，与北平工人之各项费用分配情形，大致相符。其百分数计为食品费 60%，房租 16%，衣服费 12%，燃料及灯火费 8%，杂用费 4%。此种收入分配之比例，与罗屈理（Rowntree）所定之“维持体力之最低用度”相近。但实际上英人食品费所占收入之百分数，亦有大于此者。如 1918 年 6 月“萨末尔委员会”之调查，有技能工人食品费之百分数为 60.5%，微有技能者为 63.4%，无技能者为 64.9%。又据罗屈理（Rowntree）报告，约克（York）州最贫之工人，每星期工资 18 先令，或 18 先令以下，其收入 73.5% 为食品费，22.3% 为房租。如此言果确，衣服及燃料等费，仅余 4.2% 耳。平时食品费所占之百分数，恒足代表收入之多寡，如食品费之分数愈小，收入即愈多。依此言之，北平工人之境遇，如与他国工人相较，尚非至劣。但有一点须加注意，即研究某一种人民生活费之分配状况，应连带顾及其工业、社会及政治之情形是也。例如两地人民，其收入中一部之用于食品者相等，并假设两地之食物价格及其他一切悉相等，但如一地有严禁不洁食品之法律，则此地人民从其食品费中所得之利益必较多。又如一地居民有义务教育之补助，设与无此项补助者相较，则前者之教育费虽微，而在教育上所得之利益则更大也。由是可知，凡国家及地方事业，足以减少人民之生活费用者，皆应极力提倡之也。

美国一般人民之生活甚优，故其工人家庭日用帐之研究所得支出之分配情形，皆甚优良。普通食品费所占之分数甚低，而杂费则有达 26.4%者。

至日本人民之各项费用分配情形，按其各种家庭日用账之调查，其普通趋势为生活必需费约占总支出70%以上。南满铁道会社调查雇员生活费之报告，曾搜集各项生活费调查之结果罗列一表，兹采录之于下以供参考。

调查者	第一生活费	文化的生活费	
		第二生活费(%)	第三生活费(%)
协调会(1921—1922)	51.61	13.92	34.47
名古屋市(1922)	55.97	15.84	28.19
神奈川县(1910—1911)	约 80.00	15.00	5.00
横须贺工厂(1910)	72.30	27.67	
长崎造船所(1912)	69.70	30.30	
大阪市(1910)	74.07	25.93	
高野博士(1916)	72.62	27.38	
东京府(1919)	71.40	29.10	
旧众商务省(1910)	74.07	26.01	

最后，历来在北平所举行之生活费调查，亦有一述之必要。自1918年至1924年狄脱莫尔(Dittmer)、陈达及毛鲁(Morrow)诸博士曾用调查表先后在北平举行生活费调查七次，所得之结果可汇列如下：

	食品(%)	衣服(%)	房租(%)	燃料(%)	杂费(%)
清华学校校役(1918)	72.2	19.03	6.7	(1)	3.17
北平近郊汉人家庭(1918)	76.53	6.18	7.94	2.5	2.5
北平近郊旗人家庭(1918)	73.2	5.31	9.0	5.96	5.48
清华学校校役(1923—1924)	61.8	16.5	13.0	(1)	8.7
北平近郊家庭(1924)	62.22	29.63	4.44	3.7	—
工厂工人(1922—1923)	73.6	6.6	11.1	(1)	8.5
工厂工人(1922—1923)	87.0	2.5	8	(1)	5.0
平　　均	70.0	12.0	8.0	5.0	5.0

(1) 燃料计在食品费内。

上表各项调查,以 1918 年北平郊外家庭 100 家调查及 1922 至 1923 年工厂工人 77 人之调查,其用度分配情形,最与吾人所调查者相近。然即就此二者而言,前者之燃料费,及后者之衣服费,皆似估计过低也。

第六章 食品消费

食品实为家庭费用最主要之一项。据此次调查所得之资料，吾人可将家庭之食品消费分作两项研究：(1)各项食品之消费量与费用，(2)食品之营养价值。此次之研究，仅限于48家六个月之帐目，故其所得之结果，不可认为一般人民之标准。试观中国地域之广、气候之异、各地之饮食品当随各地食品之出产而定，加以我国食品之制造、运输及市场，皆未发达，固难有全国一致之食品。即使将来食物之运输便利，市场扩大，全国虽可有一致之食品，而各地饮食之特性，仍有存在之可能也。

按阿特瓦特(Atwater)之等成年计算法，除去在外寄食者不计外，48家共有162.10等成年男，内有131.77等成年男子为在家食饭者，平均每家有2.75等成年男子。

第十四表，为每家及每等成年之各种食品平均购买量及平均费用。表中食品，系按我国人饮食之习惯分为米面、肉、菜蔬及调和四类，盖以其便于调查与估计也。食品化学家将食品分为供给热量、修补身体及调节身体三种，固自有其优点，但吾人分类之结果实与此大体相同也。

表中所列之食品，种类有限，如冬瓜、黄瓜等蔬菜为北平普通之食品，而表中无之。此盖由于记帐之时期，适值春冬二季，无此类食品上市也。

第十四表　48家六个月间各项食品平均消费量及平均费用表

食品名称与种类	48家合计				购买之家庭			
	数量平均数(斤)		费用平均数(元)		家庭	对家庭总数之百分比	每家之数量平均数(斤)	每家之费用平均数(元)
	每家	每在家食饭之等成年	每家	每在家食饭之等成年				
各类食品总计	881.78	321.23	49.424	18.005	48	100.0	881.78	49.424
米面类	588.34	214.33	39.494	14.389	48	100.0	588.34	39.494
白米	16.41	5.98	1.756	0.640	47	97.9	16.76	1.794
碎白米	14.46	5.27	1.156	0.421	45	93.8	15.42	1.234
小米	38.05	13.86	2.625	0.956	48	100.0	38.05	2.625
黄米	0.32	0.12	0.025	0.009	3	6.3	5.04	0.494
高粱	10.70	3.90	0.719	0.262	37	77.0	13.87	0.933
高粱糁豆	0.06	0.02	0.004	0.002	1	2.1	2.90	0.200
小豆	0.23	0.08	0.013	0.005	3	6.3	3.76	0.210
黄豆	0.05	0.02	0.003	0.001	4	8.3	0.61	0.039
绿豆	(1)	(1)	(2)	(2)	1	2.1	0.09	0.005
青豆	0.02	0.01	0.001	(2)	2	4.2	0.42	0.027
红豇豆	0.36	0.13	0.023	0.008	24	50.0	0.71	0.460
杂豆米	0.61	0.22	0.042	0.015	9	18.8	3.27	0.225
玉米面	197.87	72.08	10.514	3.830	48	100.0	197.87	10.514
玉米渣	12.37	4.51	0.769	0.280	48	100.0	12.37	0.769
小米面	134.18	48.88	9.093	3.313	48	100.0	134.18	9.093
机器白面	6.00	2.19	0.606	0.221	10	20.8	28.80	2.909
伏地白面	83.72	30.50	6.901	2.514	48	100.0	83.72	6.901
混面	1.58	5.76	0.109	0.040	13	27.1	5.82	0.401
黑面	26.44	9.63	1.819	0.663	25	52.0	50.76	3.493
荞麦面	35.07	12.78	2.494	0.909	47	97.9	35.82	2.547
莜麦面	0.39	0.14	0.021	0.008	2	4.2	9.41	0.499
绿豆面	0.73	0.27	0.052	0.019	12	25.0	2.94	0.209
黄米面	0.68	0.25	0.059	0.021	8	16.7	4.10	0.357
黄豆面	(1)	(1)	(2)	(2)	1	2.1	0.22	0.016
杂面	5.26	1.92	0.416	0.152	39	81.2	6.48	0.512
切面	0.15	0.05	0.014	0.005	6	12.5	1.17	0.109
挂面	0.06	0.02	0.011	0.004	8	16.7	0.38	0.064

续表

食品名称与种类	48家合计				购买之家庭			
	数量平均数(斤)		费用平均数(元)		家庭	对家庭总数之百分比	每家之数量平均数(斤)	每家之费用平均数(元)
	每家	每在家食饭之等成年	每家	每在家食饭之等成年				
馒头	0.32	0.12	0.029	0.011	9	18.7	1.69	0.156
烙饼	0.08	0.03	0.008	0.003	4	8.3	0.98	0.091
烧饼	1.98	0.72	0.203	0.074	40	83.3	2.37	0.244
玉米面饼	0.21	0.08	0.009	0.003	5	10.4	2.02	0.085
菜蔬类	218.44	79.58	4.482	1.632	48	100.0	218.44	4.482
白菜	114.60	41.75	1.583	0.577	48	100.0	114.60	1.583
酸菜	6.13	2.23	0.093	0.034	42	87.5	7.00	0.106
腌萝卜	8.55	3.11	0.442	0.161	48	100.0	8.55	0.158
腌水咯哒	4.53	1.65	0.292	0.106	46	95.8	4.72	0.307
腌咯哒缨	3.08	1.12	0.129	0.047	40	83.3	3.69	0.155
腌白菜	0.11	0.04	0.004	0.001	10	20.8	0.51	0.019
腌茄子	0.03	0.01	0.001	(2)	6	12.5	0.25	0.008
腌辣椒	0.02	0.01	0.002	0.001	7	14.6	0.10	0.014
酱菜	0.07	0.03	0.013	0.005	7	14.6	0.51	0.087
菠菜	14.24	5.19	0.293	0.107	48	100.0	14.24	0.293
白薯	40.48	14.75	0.741	0.270	46	95.8	42.24	0.773
芋头	0.01	(1)	(2)	(2)	1	2.1	0.65	0.021
山药	0.03	0.01	0.002	0.001	1	2.1	1.43	0.080
萝卜	2.29	0.83	0.062	0.023	42	87.5	2.61	0.071
胡萝卜	0.93	0.34	0.012	0.004	19	39.6	2.36	0.031
绿豆芽	3.42	1.25	0.059	0.021	24	50.0	6.84	0.117
黄豆芽	6.08	2.21	0.164	0.060	47	97.9	6.21	0.168
青豆嘴	0.17	0.06	0.006	0.002	14	29.2	0.59	0.021
豆腐	5.69	2.07	0.181	0.066	48	100.0	5.69	0.181
麻豆腐	0.39	0.14	0.007	0.003	12	25.0	1.56	0.030
臭豆腐	(1)	(1)	(2)	(2)	1	2.1	0.04	0.005
豆腐干	0.07	0.03	0.009	0.003	11	22.9	0.32	0.041
豆腐丝	(1)	(1)	(2)	(2)	1	2.1	0.14	0.011
干粉丝	0.26	0.09	0.055	0.020	24	50.0	0.52	0.040
水粉	0.02	0.01	0.004	0.001	17	35.4	0.07	0.012

续表

食品名称与种类	48家合计				购买之家庭			
	数量平均数(斤)		费用平均数(元)		家庭	对家庭总数之百分比	每家之数量平均数(斤)	每家之费用平均数(元)
	每家	每在家食饭之等成年	每家	每在家食饭之等成年				
饹馇	0.11	0.04	0.007	0.003	8	16.7	0.65	0.042
芹菜	0.04	0.01	0.001	(2)	2	4.2	0.91	0.021
香菜	0.11	0.04	0.009	0.003	33	68.8	0.15	0.013
冬菜	(1)	(1)	(2)	(2)	1	2.1	0.03	0.005
葱	5.06	1.84	0.172	0.063	48	100.0	5.06	0.172
蒜	0.22	0.08	0.041	0.015	44	91.6	0.24	0.045
韭菜	1.50	0.55	0.073	0.027	44	91.6	1.64	0.080
韭菜花	0.05	0.02	0.006	0.002	18	37.5	0.14	0.015
辣椒	0.04	0.01	0.008	0.003	28	58.4	0.07	0.013
辣椒糊	0.02	0.01	0.001	(2)	3	6.3	0.32	0.011
黄花	(1)	(1)	0.001	(2)	6	12.5	0.03	0.011
木耳	(1)	(1)	0.001	(2)	4	8.3	0.01	0.014
蘑菇	(1)	(1)	(2)	(2)	2	4.2	0.03	0.012
海带	0.06	0.02	0.008	0.003	9	18.7	0.33	0.044
调和类	25.78	9.39	3.315	1.206	48	100.0	25.78	3.315
香油	4.42	1.61	1.401	0.510	48	100.0	4.42	1.401
羊油	0.21	0.08	0.058	0.021	39	81.2	0.26	0.071
猪油	0.30	0.11	0.116	0.042	28	58.4	0.52	0.198
盐	10.54	3.84	0.843	0.307	48	100.0	10.54	0.843
黄酱	6.47	2.36	0.524	0.191	48	100.0	6.47	0.524
芝麻酱	0.27	0.10	0.052	0.019	44	91.7	0.30	0.057
酱油	0.50	0.18	0.042	0.015	32	66.7	0.75	0.064
虾油	0.01	(1)	0.001	(2)	1	2.1	0.57	0.061
醋	1.93	0.70	0.081	0.030	48	100.0	1.93	0.081
白糖	0.13	0.05	0.025	0.009	12	25.0	0.53	0.101
黑糖	0.84	0.31	0.143	0.052	39	81.2	1.03	0.176
胡椒面	(1)	(1)	0.002	0.001	13	27.1	0.01	0.009
花椒	0.02	0.01	0.008	0.003	41	85.5	0.02	0.010
大料	(1)	(1)	0.002	0.001	12	25.0	0.02	0.009
姜	0.12	0.04	0.015	0.005	37	77.0	0.15	0.020

续表

食品名称与种类	48家合计				购买之家庭			
	数量平均数(斤)		费用平均数(元)		家庭	对家庭总数之百分比	每家之数量平均数(斤)	每家之费用平均数(元)
	每家	每在家食饭之等成年	每家	每在家食饭之等成年				
芥末	0.01	(1)	0.001	(2)	6	12.5	0.05	0.006
团粉	0.01	(1)	0.001	(2)	3	6.3	0.08	0.011
肉类	6.39	2.38	1.603	0.585	48	100.0	6.39	1.603
羊肉	2.76	1.01	0.803	0.293	48	100.0	2.76	0.803
羊肝	0.01	(1)	0.003	0.001	3	6.3	0.14	0.048
羊灌肠	0.03	0.01	0.002	0.001	1	2.1	1.43	0.080
羊杂碎	0.01	(1)	0.002	0.001	1	2.1	0.25	0.106
猪肉	1.32	0.48	0.372	0.136	29	60.4	2.19	0.615
牛肉	1.26	0.46	0.273	0.100	37	81.2	1.56	0.336
牛舌	0.03	0.01	0.004	0.001	3	6.3	0.43	0.060
牛杂碎	0.20	0.07	0.026	0.009	4	8.3	2.41	0.306
鱼	0.07	0.03	0.008	0.003	1	2.1	3.59	0.398
螺	0.01	(1)	(2)	(2)	1	2.1	0.69	0.011
虾米	0.60	0.22	0.077	0.028	47	97.9	0.62	0.078
鸡蛋	0.08	0.03	0.033	0.012	7	14.6	0.05	0.225
间食类	42.83	15.61	0.530	0.193	47	97.9	43.74	0.541
水果	0.98	0.36	0.086	0.031	31	64.6	1.52	0.133
柿子	0.50	0.18	0.027	0.010	26	54.2	0.93	0.049
梨	0.06	0.02	0.007	(2)	4	8.3	0.81	0.090
橘子	0.04	0.01	0.012	(2)	2	4.2	0.96	0.293
苹果	0.01	(1)	0.003	(2)	2	4.2	0.25	0.082
海苹果	0.10	0.04	0.010	(2)	12	25.0	0.40	0.040
藕	0.01	(1)	(2)	(2)	1	2.1	0.28	0.021
山杏果	0.18	0.07	0.019	0.007	6	12.5	1.45	0.156
蜜饯红果	(1)	(1)	(2)	(2)	1	2.1	0.06	0.011
枣	0.04	0.01	0.004	(2)	6	12.5	0.31	0.031
黑枣	0.02	0.01	0.001	(2)	2	4.2	0.47	0.027
柿饼	(1)	(1)	(2)	(2)	1	2.1	0.17	0.016
酸梅	(1)	(1)	(2)	(2)	1	2.1	0.03	0.008
杏干	0.01	(1)	0.001	(2)	1	2.1	0.37	0.053

续表

食品名称与种类	48家合计				购买之家庭			
	数量平均数(斤)		费用平均数(元)		家庭	对家庭总数之百分比	每家之数量平均数(斤)	每家之费用平均数(元)
	每家	每在家食饭之等成年	每家	每在家食饭之等成年				
其他	41.85	15.25	0.444	0.162	47	97.9	42.74	0.453
油条	0.10	0.04	0.021	0.008	16	33.3	0.31	0.064
包子	0.31	0.11	0.029	0.011	12	25.0	1.23	0.118
饺子	0.02	0.01	0.002	(2)	2	4.2	0.60	0.057
糖三角	0.01	(1)	0.002	(2)	3	6.3	0.22	0.028
绿豆糕	0.01	(1)	0.001	(2)	1	2.1	0.25	0.043
黏米糕	0.38	0.14	0.042	0.015	8	16.7	2.28	0.255
鸡蛋糕	(1)	(1)	(2)	(2)	1	2.1	0.06	0.021
豆汁	39.08	14.24	0.074	0.027	38	79.2	49.36	0.094
豆浆	0.01	(1)	(2)	(2)	1	2.1	0.38	0.008
杏仁茶	0.02	0.01	(2)	(2)	2	4.2	0.39	0.011
油茶	0.03	0.01	0.006	0.002	1	2.1	1.41	0.284
藕粉	0.02	0.01	0.004	0.001	7	14.6	0.11	0.024
元宵	0.12	0.04	0.025	0.009	8	16.7	0.71	0.151
月饼	0.14	0.05	0.030	0.011	3	6.3	2.17	0.484
缸炉	0.05	0.02	0.010	0.004	2	4.2	1.25	0.239
蜜供	0.13	0.05	0.031	0.011	3	6.3	2.11	0.494
大八件	0.09	0.03	0.023	0.008	2	4.2	2.12	0.540
杂拌	0.07	0.03	0.015	0.005	4	8.3	0.83	0.175
花生	1.08	0.39	0.092	0.034	43	89.6	1.21	0.103
瓜子	(1)	(1)	0.002	0.001	2	4.2	0.06	0.046
核桃	0.02	0.01	0.011	0.004	1	2.1	1.04	0.531
栗子	0.19	0.04	0.011	0.004	9	18.8	0.55	0.057
蚕豆	(1)	(1)	(2)	(2)	1	2.1	0.13	0.011
糖果	0.06	0.02	0.012	0.004	10	20.8	0.28	0.056

（1）小于0.01。（2）小于0.001。——编者注

上表第一行之平均数,乃全体家庭之平均数,无论各个家庭实际上购买某种物品与否,均已计算在内,此盖欲表明各种食品在全体家庭中之一般消费情形也。如一家有 2.75 等成年人者,其六个月内之食品消费量为 881.78 斤,所需费用 49.424 元。亦即平均每一等成年人之食品费用,每月约合三元,戋戋此数,似不足以购买一月之饮食,但以之用于自制饮食,则尚足用,盖自制之食品恒较购买者价廉一半也。

表中第二行所列数字,为实际上曾购各种物品之家数及每家平均之购买量与费用。计有小米、玉米面、小米面、白面、白菜、腌萝卜、菠菜、豆腐、葱、香油、黄酱、盐、醋及羊肉等物,为全体家庭所购食,故亦可认为彼等之标准食品。米面类中消费最多者为玉米面,其次为小米面、荞麦及高粱,大米非北方人常用食品,且售价较昂,故仅偶尔用以煮粥。菜蔬类中,购食最多者为白菜、菠菜、豆腐、腌萝卜及葱。至葱、蒜、辣椒等,富于刺激性之食品,所以购食甚多者,盖由贫者无力购食肉类,及其他精美食品,用之以提味也。

北方人民烹调及煎炒食物多用香油。盐、醋两物亦为不可少之调味品。黄面酱之滋味,北平人颇喜食之。表中盐之费用,仅次于香油,殊堪注意。近年政府对盐之制造、运输及售卖,皆课以重税,故食盐已成为贫民家庭之奢侈品,且有因其价高而甘于淡食者。

北平肉价腾贵,贫民家庭不能常食,即偶一食之,其数量亦至有限。表中肉类消费甚少,实属应有之结果。我国人向以喜食猪肉著称于世。今据北平工人家庭食品消费之调查,食羊肉者实较食猪肉者为多。其原因有二:一为北平自口外运入羊群,羊肉售价低廉,一为羊肉味甚鲜美,故食者较多也。

此外食物如水果、糕点及糖果等，皆非正常之食品，仅偶一食之耳。各家水果之消费极微，此盖由彼等之进款有限，且无食水果之习惯故也。北平乡间所产之水果如柿子及梨等，本甚丰富，惟以捐税甚重，故亦仅收入高者能购食之耳。

吾人无详细讨论各种食品之必要，故仅就第十四表将此等家庭食品消费之特点略述如下。

（一）各家饮食费，用于米面类者最多，约占全部80%；次为菜蔬类，占9.2%；再次为调和类，占6.7%；鱼肉及其他兽类食品，费用最少，仅占3.3%而已。此种事实颇足证明中国人民为素食人民之说，但彼等绝少食肉，完全由于收入太少，并非习性使然也。

（二）各家庭既少食肉及其他精美品，只可以咸辣及富于刺激性者为佐食之资。

（三）各家食水果者甚少，此可认为北平贫民家庭食品之特性。

（四）北平在新式牛奶未输入前，虽有牛奶房，制造满蒙人喜食之乳酪等，但北平贫民家庭，对于牛奶及其副产品，仍无享受之能力。

食品费之分析

48家家庭中，在家食饭者虽占大多数，但亦有少数人在外购食，又有在亲友家寄食者。食品之来源不同，故其费用亦异，尤以在外购食者为最昂。据吾人计算结果，每一等成年之每餐平均费用，如由家中制备，仅需大洋五六分者，如在外间购买即须大洋一角零三厘。至亲友所供给之饭食，其成本与在家制备者，不相上下。

第十五表　每家平均食品费用比较表

收入组	家数	每家平均等成年数				六个月内每家平均食品费(元)			
		共计	在家食饭者	在外买饭者	亲友供饭者	共计	自制者	外买者	亲友供给者
70元以下	3	2.60	2.44	0.14	0.02	47.75	41.37	6.01	0.37
70元及110元以下	28	3.00	2.46	0.46	0.07	63.68	45.17	16.84	1.68
110元及150元以下	14	4.10	3.29	0.76	0.04	87.02	56.87	29.29	0.86
150元及190元以下	3	4.50	3.21	1.21	0.08	107.74	62.51	43.16	2.07
各组合计	48	3.39	2.75	0.57	0.06	72.25	49.43	21.44	1.38
百　分　比									
70元以下	6.3	100	94	5	1	100	87	13	1
70元及110元以下	58.3	100	82	15	2	100	71	26	2
110元及150元以下	29.2	100	80	19	1	100	65	34	1
150元及190元以下	6.3	100	71	27	2	100	58	40	2
各组合计	100.0	100	81	17	2	100	68	30	2

上表收入愈多之家庭,其人员之在外用饭者愈多,而其购买食品之费用亦随之而增。此实至堪注意之事,盖不仅表明购买制成食品之糜费,且可解释何以食品费在各项费用中,占较高之百分比也。表中各家购买制成食品之费用各组平均仅占全部食品费30%,但在收入最多一组之家庭,则40%。故购买制成食品,实为工人家庭食品费增高之一原因。至彼等在外购食之原因,则因彼等或为洋车夫,或为店员学徒,多不及回家食饭。如能在街市中设立工人餐室,其食品悉按成本售出,或可为解决工人食品费过高之一法也。

北平工人与印度、日本人民膳食之比较

人民饮食之习惯,恒随地而异,故欲作各种人民膳食之比较,

势难准确。但择其习惯较近者互证之,亦可略知各地人民膳食之性质。本节特举印度日本人民之饮食费用,以便显示北平工人之食品消费状况。按印度、日本与中国之膳食习惯,有二点根本相似:其一为三国人民皆为素食人民,甚少食肉;其二为三国人民皆以谷类如米麦等为主要食物,而以肉类、菜蔬及调和品等为辅助食物。但三处食品亦有互异之处,例如日本人民与中国南方人相似,食鱼类及海产品甚多,而北平居民则绝少食之。又如印度人以牛乳及牛油为精美食品,而中国工人则鲜有食之者。然凡此皆为细微之点,固不足以影响上述根本相似之处也。各地膳食之比较,最好能以食品消费量为准,因吾人之目的,固在知各种食品消费量之多寡。兹以无由获得此项材料,故仅能间接比较其费用。又比较食品之费用,亦有应注意之点,即物价之高低与货币之情形,恒足使食品费用之分配,大有变动。惟以研究二者与食品费之关系,轶出本书之范围,故本文所录印度与日本之食品费用皆按其原来数字,而于两国之物价及货币情形皆未涉及焉。

按森本在其所著之《日本生活程度》(Kokichi Marimoto: *Standard of Living in Japan*, 1918)一书中,将食品分为主要与次要二种。主要食品即吾人所分之米面类,次要食品即其他四类食品之总称。兹依据此项分类法,将森本书中日本小农、工人、囚犯之食品费用百分比,与本调查所得者,列表比较如下。

主要食品与次要食品费用比较表

食品种类	北平工人(1926—1927)	日本			
		东京农民(1915)	乡间农民(1913)	工人(1914)	囚犯(1913—1914)
主要食品	80.0	59.9	61.9	84.6	86.5
次要食品	20.0	40.1	38.1	15.5	13.5

观上表则知北平工人食品费之分配情形，虽较日本工人及囚犯为优，但与日本农人相较，则又逊之。盖后者之收入较丰，故能增加次要食品之费用也。

我国图书馆中，关于印度膳食研究之书籍，甚为少见。兹所搜集之资料，乃得自马得拉斯大学(University of Madras)之经济研究丛书，及佛列拍(Faridpur)乡村之经济生活。此项资料皆为属于乡村居民或工人者。彼此之差异甚大，遂难决定何项数字，足以代表普通家庭，故特按照原来数字，分别计算其百分比，尽行列入下表，以资比较。

印度、北平家庭食品费比较表

	Tinnevelly 之婆罗门教徒(1916)	Tinnevelly 之佃户(1916)	南 Kanara 之农人(1916)	Trichinopoly 之村长(1916)	Trichinopoly 之农人(1916)	Faridpur 舒适工人之家庭	Faridpur 勤勉工人之家庭	一农家之最低生活费	北平工人(1926—1927)
米面等	47	77	73	77	44	78	82	85	80
菜蔬调和品	52	23	27	23	56	22	20	15	20

上表除帖尼月莱之婆罗门教徒(Tinnevelly Brahman)、缺秦勃莱(Trichinopoly)及南喀那拉(South Kanara)二地之农民而外，其余人民食品费之分配情形，与北平工人大概相似，且仅就食品费之百分比言之，北平工人之生活，实与佛列拍(Faridpur)之工人同其舒适焉。

食品之营养

各种食品皆含有人体所需之要素多种，吾人如将北平居民之膳食作科学之研究，须将此类原素如矿物质、维他命等，加以分析。惟本篇所能研究者，仅为食品之三种滋养料及热量，至于详细之分

第十六表　48家每等成年每日平均食品消费表

食品种类	平均费用（元）	所食滋养料（格兰姆）				平均热量（克罗来）
		共　计	蛋白质	脂肪质	炭水化物	
米面类	0.0795	666.39	66.99	19.74	489.76	2,407.72
小麦[1]	0.0195	136.28	16.65	2.03	97.82	476.49
大米[2]	0.0060	36.10	3.19	0.11	29.08	131.43
玉米[3]	0.0227	238.36	21.47	9.91	173.16	869.73
小米[4]	0.0236	195.07	18.84	6.43	146.49	718.63
其他	0.0076	60.59	6.83	1.26	43.20	211.43
菜蔬类	0.0090	247.42	4.76	0.57	12.18	73.15
调和类	0.0067	29.21	1.47	6.50	1.29	69.68
肉　类	0.0032	7.23	1.29	2.01	0.01	23.96
零　食	0.0010	48.51	1.37	0.79	2.03	20.63
水果	0.0002	1.11	0.01	（5）	0.14	0.61
其他	0.0009	47.40	1.36	0.79	1.90	20.02
各类合计	0.0995	998.76	75.88	29.61	505.27	2,595.14
百　分　比						
米面类	80.0	66.7	88.3	66.7	96.9	92.8
小麦[1]	19.6	13.6	21.9	6.9	19.4	18.4
大米[2]	6.1	3.6	4.2	0.4	5.8	5.1
玉米[3]	22.8	23.9	28.3	33.5	34.3	33.5
小米[4]	23.7	19.5	24.8	21.7	29.0	27.7
其他	7.7	6.1	9.0	4.3	8.5	8.1
菜蔬类	9.1	24.8	6.3	1.9	2.4	2.8
调和类	6.7	2.9	1.9	22.0	0.3	2.7
肉　类	3.2	0.7	1.7	6.8	（6）	0.9
零　食	1.0	4.9	1.8	2.7	0.4	0.8
水果	0.2	0.1	（6）	（6）	（6）	（6）
其他	0.9	4.7	1.8	2.6	0.4	0.8
各类合计	100.0	100.0	100.0	100.0	100.0	100.0

1.内有各种面粉及其制品。　2.内有各色大米。

3.内有各种玉米面及其制品。　4.内有小米及小米面。

5.在0.005格兰姆以下。　6.不及0.05%。

析，则有待于专家也。

吾人决定食品之价值时，应知食品消费量并不足代表滋养料之吸收量。设有一人其消化器官优于另一人者，则前者由其食品中所得之营养，必较后者为优。故食品之消化与吸收，对于营养甚有关系，仅有食品消费量一项，恒不足表示滋养料之多少。但据吾人研究48家食品消费之结果，颇有可资注意之点，请略述之。

48家食品消费之总量，及其所供给之滋养料与热量，皆列于附录第一表。第十六表仅将每等成年之各种食品平均消费量，按照所供给之滋养料与热量，分项列明，以便比较。

每等成年之每日平均食品费约为大洋一角（0.0995元美金）。北平工人一日共食两餐，故每餐之费用，约合大洋五分。米面类食品之费用，共占全部食品费80%，其所供给之滋养料对于全部食品之百分比，为蛋白质占88.3%，脂肪质占66.7%，炭水化物占96.9%，热量占92.8%。菜蔬与调和品二者所供给之热量，相差不多，惟后者所供给之脂肪质较多，占全部22%。至肉类食品与零食二者所供给之滋养料与热量，皆极有限。每等成年，从其每日食品所得之平均热量为2,595.14克罗来。兹为准确起见。再按每日食品所得之热量总数，分组列其家数与等成年数于下表：

克罗来	等成年数	家数
1800—1999	3.96	1
2000—2199	12.58	4
2200—2399	16.89	6
2400—2599	30.00	9
2600—2799	35.09	14
2800—2999	19.61	8
3000—3199	8.79	4
3200—3399	4.85	2
各组合计	131.77	48

平均而论,每等成年可从其每日膳食中得有下述之滋养料:蛋白质 75.88 格兰姆,脂肪质 29.61 格兰姆,及炭水化物 505.27 格兰姆。

北平工人家庭之食品消费,自其营养价值言之,计有下列四点。

(一)炭水化物之数量,较标准膳食所需要者为多。

(二)蛋白质及脂肪质二者,皆较标准膳食所需要者为少,尤以脂肪质为甚。

(三)此少数蛋白质之来源,多为米面类食品。

(四)每等成年每日自食品消费所得之热量亦较公认标准 3000"克罗来"为低。

按日本政府卫生局,曾为普通工作之日本工人,规定每日所需之滋养料。其数量如下:蛋白质 96 格兰姆,脂肪 20 格兰姆,炭水化物 405 格兰姆。如以北平工人之膳食,与之相较,则除蛋白质外,其他滋养料之成分,皆超过之。如按另一派营养学家之主张,则每日膳食之蛋白质,需要更多。例如屋依提(Voit)规定普通工人每日所需之蛋白质为 118 格兰姆,而阿特瓦特(Atwater)则谓普通劳动者每日所需之蛋白质为 112 格兰姆。要言之,每人每日所需要之蛋白质,最少亦应在 100 格兰姆以上。今北平工人每日仅有 76 格兰姆,实为不足。彼等平日极少食用富于蛋白质之食品,如肉类、鸡子、牛奶及牛油等,蛋白质之缺乏,原无足怪。即以肉类而言,48 家中,每人每日之平均食肉量,仅合 6.3 格兰姆,如与澳大利洲人每日平均所消费之 306 格兰姆相较,不过 2%耳。

中国膳食中蛋白质成分之少,如北平工人之例,曾屡经化学家之讨论。其所以引起忧虑者,因恐其对民族之体力与康健有不良之影响。又中国膳食所含有之蛋白质,多从植物食品中得来,植物食品之消化系数，甚为低小，故其生理上之价值，当较从肉类食品中得来者为劣。由此观之，北平工人饮食所含蛋白质之成分，果足供彼等身体之需要与否，实为应研究之问题。按齐特登教授（Prof. Chittenden）之主张，蛋白质118格兰姆之半数，即足供生理之需要。雪门教授（Prof. Sherman）参考各家主张之结果，亦谓正在休息之人，每日仅需热量2,000克罗来，蛋白质50格兰姆，如在劳动时，则所需之热量应增至3,000或4,000克罗来，但所需之蛋白质，无须大为增加，故其结论谓75格兰姆之蛋白质，已足供普通人一日身体之需要。故关于蛋白质之需要，有两极端之意见，一派主张每日膳食中，应有多量之蛋白质，其他一派，则认为过量之蛋白质，恒足使肝肾受伤，至少亦使肝肾感受无用而不必需之压迫。今如按后者一派之意见，则北平工人膳食所含之蛋白质，已可认为充足，除消化系数外，实不成为重要问题也。

忆著者于民国十五年夏间，由热河乘船至泺县时，船夫悉为体强力壮之北方人，每日除三餐停船煮食外，终日劳作不息。其每人每日所食者仅1,400至1,700格兰姆之小米，配以咸菜少许。此种膳食，计可供给热量5,000至6,000克罗来及蛋白质140至160格兰姆。彼等每日食如是简单而低廉之食品，不但能担任劳苦之工作，且能保持健康之身体，实为一至堪注意之事实也。

中国膳食为数千年来中华民族适应环境之结果，历代人民均赖以生存，似不可认为绝对不敷用。中国人民多有患营养不足者，吾人诚不能否认。但吾人敢信简单之菜蔬膳食，已足供中国人体质上之需要。中国人之食品问题，实为一经济问题。夫以中国之贫穷，购买力之薄弱，膳食中必须有牛乳肉类，不仅为贫民所难，即中产阶级亦认为奢侈品也。美国齐特登教授（Prof. Chittenden）对于食品问题之经济方面，与吾人之主张相同，特录其原文如下：

> 吾人可谓一国在物质上与精神上之发达，由于该国蛋白质食品消费之增加，但亦可谓一国蛋白质食品消费之增加，系由于该国工商业发达之结果。诚以富于蛋白质之食品，价格甚昂，一国之人民，能否随意享受此项食品上之奢侈，要以商业之盛衰为准也。

现代欧美人民可以享受此项精美之食品，不过近二百年事。盖自新大陆发现以来，举凡农工贸易，交通经济各事业，莫不大有进步。社会经济，发生剧烈变化，白人之势力弥漫全球，白人之生活程度，遂亦骤然增高。然一返观现代欧洲人民之祖先，即欧洲中世纪时之农人，每日所食物品，异常菲薄。例如汉斯比汗（Hans Beham）在十五世纪末叶，叙述德国农民之衣食，则曰："彼等食黑面包、雀麦粥及煮豆，饮白水及乳浆，着麻衣、粗皮鞋及染色之帽。"哥尔（Gower）描写古代工人之生活情形，则曰："工人等食惟豆粉或玉米所制之面包，饮惟甘泉。麦粉面包既不常食，干酪牛乳等食品，尤视为嘉肴盛馔，非平时所得而食也。"即在普通情形之下，中世纪英国乡间人民，亦不辞工作之劳苦，而惟节俭饮食，"日仅绿色鲜酪饼两块，雀麦饼一块，牛乳酪少许，乳水一杯及豆粉面包数种，至鸡鸭美肉，则绝不沾口。"由此可知今日中国人民之膳食，即是中世纪欧洲农夫之食品。概自近世纪来，科学进步，工业发达，欧美各国均享尽物质之生活，独我中国人民，感物质之贫乏，陷于贫困之生活。今欲脱离此困难之环境，惟有努力获得近代西洋人之物质文明，徐图改进耳。

第七章　住宅家具与衣服

房租为北平家庭重要费用之一，其百分比，仅次于食品费与燃料费，兹将48家之住房情形，略述如下。

住宅情形

北平为五百年来之中国首都，因其为中央政府及国库所在地，故各省之赋税、钱粮、贡物，按时悉集于此。满清当国时，各种收入足以供给奢靡之皇室；赡养不劳而衣食之旗民；并支付官吏之薪俸。彼时工商业尚未发达，北平每年能吸收全国无量数之财物，以维持其闲逸安适之官吏与旗民，固中华最富厚之城市也。北平亦如其他东方之国都，因皇帝建都于是，乃能保持其繁荣者也。故从历史上观之，北平当然为中国之第一城市。伟大宏丽之宫殿寺宇，固无论矣，即平常之住宅，亦较多而精美。昔日之建筑，至今虽因时代迁移，多有渐就颓废者，然一般言之，北平居民之房屋，固优于任何都市者也。华北乡村住宅，类皆为泥土所作，体裁矮小而结构粗糙，至北平城内之房，则普通常为砖墙瓦顶，内有广阔之庭院。北平自民国以来，以各方人民移居者多，房屋曾呈缺乏之象，房租增高，稍穷住户，多不得不移住郊外，或城内破烂不堪之房屋。因此企业家，遂乘机在城内空旷污秽之区，建造长列之房屋，以为劳工阶级之住所。是种房屋，当然体裁狭小，构造脆弱，然若全部出租，实足以饱房主之私囊。此种营业，在北平尚为一种新企业，非有良好市政府实行取缔，实为任何城市在发展上不可免之事实也。

北平之普通住宅，类皆为四合房，中产阶级之家庭，普通每家独住一院，然亦有二三家同住一院者。工人家庭住居情形则极恶劣。据吾人调查结果，除二家有特殊情形外，每家只住一间房。一列房屋，向有三间，工人所住，即用墙隔断为三屋，每屋各开一门，各住一家。以上所述为普通住宅，其他不成格局之住宅，无须详细叙述。概括言之，普通住宅，皆是数列房屋围绕一庭院，其差别仅在房屋之大小高低；与每列房间之多少；大门之位置耳。兹请述房间之状况。

屋顶与天花板为房间之重要部分。北平房间之屋顶，计有三种。瓦顶最佳，费用较贵，亦较耐久。灰顶、土顶稍次。48 家之屋顶，计瓦房 26 家，灰房 17 家，土房 5 家。然仅知屋顶之材料，亦难表明房间之优劣，此外尚须注意各家之房顶，能否免去雨雪浸漏之患，关于此点，计有 37 家之屋顶，颇不完全，只其余 11 家之屋顶佳良。在破漏屋顶下之居民，当然不能安适，当雨季雨水透入屋顶，浸湿房中什物，居者必甚苦也。大概贫民所住之房，租费较低，房主亦不愿出资修理，故其屋顶多属破坏也。

北平房屋之天花板，普通称为顶棚，皆以高粱秆扎成架子，另用纸张裱糊而成。夏日可用以抵御屋顶所吸收之热气，冬季则可以保持屋内之温暖，但架上之纸经数月后即易脱落；犹以在破坏屋顶下常受雨水浸湿者为甚。若住房者，欲使其常保持良好状况，每年必须有相当之修补费用，故所调查之家庭中，共有 41 家无顶棚，并非稀奇事也。

屋顶与天花板已略述如上。兹再进而研究房内之空间。普通房间，多为正方形。房间大小，在北平建筑上类有一定标准，调查时曾就各家现住之房间，测量其长宽高。兹列各项尺寸之大小如下：

长：2.6 至 3.7 米突，即 8 至 12 营造尺。

宽：2.2 至 2.9 米突，即 7 至 9 营造尺。

高：2.2 至 2.9 米突，即 7 至 9 营造尺。

48 家中，有四分之一，其房间容量，为 3.2×2.6×2.2 米突，即等于18 立方米突。各房间之平均容量，每间为 20 立方米突。

在此情形下，容易令人注意者，北平工人所住之房，较之日本房屋犹小，据森本调查日人进款较少者之住房，或自 76 到 110 方尺，或自 68 至 108 方尺，而北平房屋最大者不过 100 方尺大小，最小者约为 40 方尺，平均只合 66 方尺。由是观之，北平贫穷人家所住之房，实属过小。然有可注意者，则日本旧式房间较大而天花板低；北平房间虽小而天花板则甚高也。

北平工人家庭之住房，实际上更为狭小。房内面积之半，每为炕所占据，盖北方家庭皆用砖筑炕，以代木床也。砖炕较木床，铁床，为耐久，建造简单而节省，在中国家庭设备情形下，实甚经济之办法也。炕与房屋同时造成，房主招租，亦不因有炕而另外加价，北方冬令严寒之区，热炕实为劳动者最好之憩息所。惟炕之缺点，则在不能移动，占屋内之空间太多。若房内再陈设其他器具，则房中空气之容量，势必减少。所幸者，房屋之窗户尚大，窗与门皆在前墙，而窗户之地位常占全墙三分之二，平常糊以白纸。玻璃窗在贫民住宅为奢侈品。纸窗与玻璃窗之别，即前者使空气通透，而后者则能供给充分之光亮也。

房内空间，虽属有限，而工作、睡眠、烹调、接待宾客，皆须于一室中为之，非若富者房屋栉比，一室或数室供一事之用也。贫民家庭之炕为用甚多，可以为睡眠之所，为工作之桌案，为坐位。夏日炎热，住房之人常在院中工作，或即在院中睡眠；至冬季则麇集室内。做饭则用小煤炉，冬日设于室内，既能煮饭，又可取暖。夏季则将煤炉移出屋外，即在院中制做简单之食品。北平夏季雨少，院中生活尚少雨淋之苦也。

第十七表　六个月间每家房屋间数及平均房租比较表

收入组	家数	在家住宿者平均数		每家平均间数	每间住宿者平均数		六个月房租平均数(元)		
		人数	等成年数		人数	等成年数	每家	每人	每等成年
70元以下	3	3.67	2.60	1.00	3.67	2.60	8.00	2.18	3.08
70元及110元以下	28	4.04	2.86	1.00	4.04	2.86	7.59	1.88	2.65
110元及150元以下	14	4.93	3.70	1.14[1]	4.31	3.23	7.81	1.59	2.11
150元及190元以下	3	5.00	3.90	1.00	5.00	3.90	6.80	1.36	1.74
各组平均	48	4.33	3.16	1.04	4.16	3.04	7.63	1.76	2.43

1.本组计有两家，各住两间房。

以上所述，为北平房间之普通情形，兹再进而研究48家之住房状况。依第十七表所载，除有两家，每家住两间房外，其他各家皆住一间房。平均每间房居住3.04等成年。进款较少之家，其同居一房之人数，似乎尚少；而进款最多一组，则每间房之平均人数为3.9等成年。由此可知普通趋势，为每间房之平均等成年数，常随进款之增高而加多。换言之，家庭之进款愈高，其家人之同居一室者亦愈多也。

如欲明了此种特别现象，必须研究住房者所出房租之总数。查第十七表四收入组之每家六个月平均房租，自六元八角至八元不等。

最奇异者，为房租之平均数，与各组收入之多少，并不发生关系。虽进款较多之家庭，其家人必多，然渠辈宁愿拥挤于一室，而不愿出资另租他房。收入丰富者，在食品方面，虽可多费数文，然在住宅方面，则不以拥挤为苦。此种事实，前已述及。盖家庭之收入较多，并非完全因个人工资之提高，常因其家庭人口中增加赚钱分子故耳。

48 家之住房状况，殊不能认为满意。若用英国官厅之标准，只许一人独住一室，或包莱博士（Dr.Bowley）在《生活状况与贫穷》一书内所用之严格标准，以一人以上同住一室者为拥挤，则现在调查之住户3.04 等成年同居一屋，当然过于拥挤。至此类家庭，是否皆居住于若是拥挤之房屋，固须另有他种住房调查，始能确定。但据吾人调查之结果与个人之经验，每家有成年人三口，而每月进款又在 30 元以下者，势不能一人独居一室。大体言之，北平住房情形，在中国现状下，尚不能认为太坏，至上海、天津各大都市，住居情形尤为恶劣。盖工商业发达之后，地价房租随而增高，市政当局若不设备工人住所；或谋交通之便利，则住宅之拥挤生活，乃当然之结果也。现在北平市政当局，若能对于劳工阶级住宅，设法规划于事前，则拥挤情形，自可挽救于什一也。

家具

为使居住状况之叙述益臻完备起见，吾人更进而考察各家屋内之陈设及其所有之家具。民国十六年三月，工人家庭记帐业已结束后，凡工人家庭之物品，皆由调查员逐件登记清单，并就各物之原来价值与现在价值估计一数。在事实上，此项家产清单，绝难将工人所有之物品,尽行包括在内。盖被调查人与调查人,在进行工作时皆不免疏忽遗漏之处。各项物品之估价,亦不能认为完全无误。然就大体而言,此项清单,尚足以表示此类家庭之概况也。

严格而论,家产清单,并非家庭日用帐调查之一部分。因二者之间,原无密切之关系。常见有贫穷之家,每年收支甚少,而家中器具,多为收入多者所未有。盖贫穷之家庭,可分为两种。一为长时期固有之贫穷,二为原本富有,旋因家境衰微,能力薄弱,而生活渐形艰窘者。前者房中,仅有少数之日用什物与器具。后者则家具颇多,且有祖传之珍贵物品。如家庭经济状况毫无进步,所谓珍贵物品,亦将贩卖为他人所有。如欲明了各家庭产业之详细情形,或须研究各家庭之历史。但此项研究,对于家庭经济状况与吾人调查之目的,并无若何影响,故不涉及焉。

家产清单所列之物品,可分为普通用具、厨房用具、梳妆用具、祭祀用具、衣服、被褥及首饰等类。此种分类法,在事实上难免有不合法度之处。往往有一物数用,不能专属于一类者例如饭碗可暂时用为茶碗,菜篮亦可用以装盛他物。此类情形,在生活简单之人民常常有之,若在工业发达之社会,则各种器具,似各有指定之用途。吾人开列家产清单时均按各物之原有用途,分为数类,但列入甲类之器具,有时亦可列入他类,盖一物两用也。

48 家工人家庭,共有家产清单 48 份,各家物品之数量与种类,差别甚大,即在此少数家庭中,已显见贫富之分别。本书限于篇幅,不便将家产清单,尽行列出,仅就调查时各类物品之估价总数,按收入组,列如第十八表。

此外又按各家产业之总估价,依次顺列,取其中间两家之家产清单,录为样本,借以表示贫民阶级之中等家庭,究有何项家产。第十

第十八表　十六年四月每家家产平均估价表

收入组	家数	衣服（元）	被褥（元）	家具（元）	厨房用具（元）	祭祀用具（元）	化妆用具（元）	首饰（元）	杂类（元）	共计（元）
70元以下	3	6.83	2.54	3.47	3.95	—	0.54	0.17	—	17.50
70元及110元以下	28	18.57	5.19	6.36	3.12	0.38	0.94	1.27	1.57	37.41
110元及150元以下	14	30.10	8.91	10.86	4.95	1.32	0.95	2.87	6.27	65.23
150元及190元以下	3	58.95	13.89	7.48	4.83	—	1.53	1.74	4.21	92.63
各组合计	48	23.72	6.66	7.56	3.81	0.61	0.96	1.70	3.01	48.03
百　分　比										
70元以下		39.0	14.5	19.8	22.6	—	3.1	1.0	—	100.0
70元及110元以下		49.6	13.9	17.0	8.3	1.0	2.5	3.4	4.2	100.0
110元及150元以下		45.4	13.4	16.4	7.5	2.0	1.4	4.3	9.5	100.0
150元及190元以下		63.6	15.0	8.1	5.2	—	1.7	1.9	4.5	100.0
各组合计		49.4	13.9	15.7	7.9	1.3	2.0	3.5	6.3	100.0

八表内衣服一项之平均价值占全家产业之半，最称重要，次为家具，再次为被褥。计各家产业之平均总价值，60%为衣服被褥，20%为家具与厨房用具。梳妆用具，虽为现代家庭最常见之物品，但在北平贫民家庭，则不常有。故现代物质文明所给予之便利与安适，彼等丝毫未曾享受。如以此少数器具，过其简朴之生活，似尚敷用也。

家产清单所列之物品，共分为公共用品、个人用品两大类，衣服、被褥、首饰三项，均列为个人用品。吾人试一浏览单内物品，即知有两点颇堪注意。第一，个人用品之价值，较公共用品为高。此为各家之普通情形，业于上文述及。第二，各种物品，如沙锅、瓦盆、扫帚、苇席之类，皆用低廉之原料，手工制成，备极简单而不能耐久。现代工业之出品极少见，即如瓷器、玻璃、金木器具等等，已目为上等奢侈品，除棉布、煤油、洋磁及少数机制物品外，现代机器之发明，与工业制造之精良，几与我北平贫民家庭，不发生丝毫影响焉。北平号称现代繁荣之城市，已有电灯、电报、电话、电车、自来水及无线放送之设备，其贫民家庭乃生活于如此简陋之物质环境内，仅以本地制造业之出品，已足供给其需要，则内地大多数之农民，更何能希望得到较优美之生活。故在此种情况之下无论采用何种推销货物之术，皆不能使此类贫民购用机制物品。今欲提高彼等之生活程度，惟有增加彼等之收入耳。

衣服

衣服费在五项主要费用内，仅占支出总数 7%。六个月间，每家之平均衣服费，收入最少一组，仅合 1.03 元，各组合计，亦不过 6.94元。此种可惊之现象，使人难于置信。但一考察贫民生活之实况，亦自有其理由在也。贫民家庭，收入过少。仅食住两项必不可少之费用，已足使彼等受累，故对于衣服等物，惟有力求节省。换言之，衣服费在贫民家庭中，最先受经济困难之影响。彼等虽不能不着衣服，但贫民家庭之主妇，多能应用改制或补缀之方法，使衣服费减至最低限度。例如破旧之棉衣，可以拆洗后，重缝为新衣，大人旧衣可改做为小孩之衣。街市上所售之旧衣旧鞋，亦可购来穿着，比较新制可省一半费用。凡此种方法，皆为贫家主妇所应知而时时实行者也。

冬季天气严寒，衣服之需要，比他季为多，故其费用，亦较他季为高。本调查适在冬季举行，或有人认为此次所调查之衣服费，有过高之倾向，因他季之衣服费，必甚低微也。此种说法，在贫民家庭中，确有相当之理由，惟衣服之为用，较能持久，不仅六个月之日用帐，不能认为完全，即有全年之帐簿，其衣服费亦不敷研究之用。如欲详细研究此一项目，至少须有三年之衣服费，始有可靠之资料。关于此点，各家之家产清单，颇能为吾人研究之助，兹就其衣服之件数，列如第十九表，并为说明于次。

第十九表　各种衣服件数人数比较表

衣服件数	衣服种类			
	单衣	夹衣	棉衣	皮衣
	现有左列件数之人数			
0	1	38	1	187
1	12	64	3	8
2	59	66	125	2
3	43	26	53	—
4	32	2	13	—
5	37	1	2	—
6	9	—	—	—
7	3	—	—	—
10	1	—	—	—
共计	197	197	197	197

中国衣服，大致可按其做法，分为四类：即单衣、夹衣、棉衣、皮衣是也。第十九表之分类，即以此为准，至于被褥、鞋、帽各物，则未计及。48 家共有 220 人，表中仅有 197 人之衣服件数，因有 11 人离家他去，余 12 人为不满一岁之儿童。表中人数，以有单衣二三件、夹衣一二件或棉衣两件者为多数。至皮衣则为奢侈品，贫乏者多无之，故有 187 人无此项衣服，兹为补充第十九表之不足，再就每人现有各类衣服之件数，依次排列，取其中点及上下四分之一点衣服件数，列表于下。

衣服种类	下四分之一点	中点	上四分之一点	平均
单衣	2	3	5	3.3
夹衣	1	1	2	1.5
棉衣	2	2	3	2.4
皮衣	0	0	0	0.06

吾人由上表数字，可推见各家庭衣服件数之普通情形，即 197 人中，约有半数现有单衣 3 件、夹衣 1 件、棉衣 2 件，其他半数所有衣服则少于此数。如将后半再平分为两段，则见此两段之衣服件数，除单衣有 2 件与 3 件之分外，其余均与中点完全相同。如将前半数，平分为两段，则见一段之衣服件数为单衣 5 件、夹衣 2 件、棉衣 3 件，另一段则较此为少。至全体人数之每人平均衣服件数，则较中点之件，稍见增高焉。

吾人由上述各事实可得以下各结论。第一，各家庭衣服之缺乏，殊可怜悯。盖仅全人数四分之一有富余单衣，可资换洗，至有棉衣 1 套以上者，则尚不到全人数之四分之一也。棉衣 1 套，虽可穿着一季，不必换洗，单衣如不常加换洗，而能穿着累月，殊难置信。贫民之衣服，本不常洗，家中各人之褂裤，可互相换穿。彼等偶尔洗涤，即借着他人衣服。此或为解决此问题之一法也。第二，夹衣一项，似于较贫之家庭，不甚重要。乡间人民，常于脱单衣后，即着棉衣。第三，贫民着棉衣者，多无衬衣，即有单衣多件，亦视衬衫为奢侈品。贫民之生活，朝不谋夕，衣服虽感缺乏，有蔽体者已属至幸。彼等之境况，实与中世纪欧洲农夫，无大区别。惟后者之衣服，自始至终，自纺线、织布、剪裁以至于缝做，均由家人自为之。而中国贫民之衣服，虽由家人裁缝，其布匹材料，则皆自英国、日本及我国上海等处之机制品也。

第八章　人力车夫

48家中，计有人力车夫41人，约占有工作男子之半数，业于第四章述及之。彼等之人数，在本调查中，既占如是重要之地位，本章特就关于彼等家庭之资料，研究其生活之特殊状况。

人力车夫41人中，尚有5人兼作军乐队、厨役等等工作应予除外，故本章所研究者，仅有车夫36人，并为便于比较计，仅讨论洋车夫之个人生活，其家庭状况暂不涉及。

吾人研究各家庭之收入与支出时，人力车夫之车租，均未计算在内。本章为明了车夫之每日赚钱总数起见，故将每日车租一项，同时加入于收入与支出两方面。

人力车夫之收入总数，实难调查十分准确，盖彼等给予家中之金钱，虽可获得确数，但此数而外，尚有一部分收入，为车夫在街市租车、买茶饭、吸烟之费用。以彼等在外必需用费与供家费用合计，虽经调查员详加询问获得概数，算为彼等之收入，但彼等在街市中等候主顾时，仍不免随意购买零星物件之用费无从稽考。据吾人之经验，此项零星费用，为数甚微，故吾人所计算之人力车夫收入总数，虽按诸实际情形，或稍有降低之虞，但其错误之程度，亦可以忽略也。

现在所讨论者，均为有家庭之人力车夫。但此外尚有许多人力车夫，既无家庭扰累，又无戚友依赖，每日收入得自由处置，虽尽其所有，亦无不可。其生活情形，自较吾人所讨论之人力车夫略胜一筹也。

绪言既毕，请进而讨论人力车夫之年龄，拉车期间之长短，及每日赚钱之多寡。据第二十表所列此36个人力车夫，在181日内，平均有174日，度拉车之生活，甚至竟有半年中，不得一日休息者。人力车夫专恃继续持久之肌肉劳动，从事工作。当其奔驰于街市中，不但须时时注意行人车马，且须吸收污秽之尘土。终日暴露于风雨寒暑之中，汗透衣服而不能脱，其生活之痛苦，已极可惨。乃为饥寒所迫，终年拉车，不得少息，其工作状况真与奴隶相若也。

第二十表　人力车夫之年龄工作日数与平均所得工资表

收入组	人力车夫人数	距离年龄中点36.5之差数	六个月中工作日数	每日工作所得工资（元）	
				虚数	净得
45元及70元以下	2	11.0	148	0.39	0.26
70元及95元以下	20	8.7	175	0.51	0.37
95元及120元以下	12	6.5	178	0.60	0.45
120元及150元以下	2	1.5	175	0.71	0.56
各组合计	36	7.7	174	0.54	0.40

表中距离年龄中点之差数，无论正负，皆以正号论，因老年车夫与幼年车夫之赚钱能力，均较弱也。

人力车夫每人每日平均能赚钱五角四分，如将车租除外，净赚四角。若比较年龄与赚钱之多寡，则距离年龄中点即36岁半愈近者，其赚钱能力亦愈大。36岁至37岁，可代表洋车夫赚钱能力最大之时期。此中缘故，一方面固由于体力正在壮年；而他一方面，则由于当时负维持全家生活的责任，不得不尔。兹为说明年龄与收入之关系起见，将人力车夫，依照年龄之大小列如第二十一表。表中车夫约有半数在30岁与40岁一组，该组车夫之每日赚钱能力，在各组中为最高。其他各年龄组之收入，均见低落，尤以老年一组为甚也。

第二十一表　各年龄组人力车夫之工作日数与平均收入表

年龄组(岁)	人力车夫人数	六个月内平均工作日数	六个月内每人平均收入(元)		每日工作所得平均工资(元)	
			虚数	净得	虚数	净得
15—19	4	177	94.6	66.4	0.53	0.38
20—29	8	175	90.1	66.4	0.52	0.38
30—39	17	176	101.0	75.3	0.57	0.43
40—49	4	168	85.0	64.0	0.51	0.38
50—59	3	163	81.6	58.1	0.50	0.36
各组合计	36	174	94.5	69.7	0.54	0.40

以上均说明人力车夫之收入。兹将其支出分为车租、本人生活费、养家费三项，分组列其平均数及总平均数如第二十二表。

第二十二表　六个月间人力车夫各项费用每人平均数目表

收入组	人力车夫人数	车租平均数(元)	每一车夫之平均费用(元)	每一车夫之平均养家费(元)	平均总支出数(元)
45元及70元以下	2	19.18	25.68	12.47	57.32
70元及95元以下	20	24.38	32.23	31.63	88.26
95元及120元以下	12	26.04	34.90	45.02	105.95
120元及150元以下	2	27.05	36.39	60.98	124.42
各组合计	36	24.79	33.00	36.66	94.45
百分比					
45元及70元以下		33	45	22	100
70元及95元以下		28	37	36	100
95元及120元以下		25	33	42	100
120元及150元以下		22	29	49	100
各组合计		26	35	39	100

表中车租为其每日租车之费。本人生活费为车夫在家与在外之茶饭费，及其他本人应支出之衣服房租等费。养家费即自其收入总数，减去前两项，用以赡养家庭之费用也。各组车租之实数，与各组

之收入，同时上升，但车租之百分比则逐组减低，故收入较多之车夫，虽支出较多之车租，租得好车，其经济状况亦较为完好。然就全体而言，车租在车夫进款中，约占全数四分之一乃至三分之一。诚为人力车夫之重大负担。车厂主人向人力车夫索租金之多少，与车之新旧有关。每造一新车约需百余元，平均可出租 6 年。在此 6 年中，零星修理，换里外带及油漆各种费用，均由车厂负责，新车在最初二三年中，平均每日能得租金二角，若每年连续出租 300 日，则合计可得租金 60 元之谱。按此估计，新车在最初二三年中，车厂每年约可得利 60%。然在事实上，车厂之各种修理费用及房租铺捐种种营业开支，其数甚大。若此外再加以市面之萧条，车租之拖欠，与车辆之受有重大伤损不能修理者，车厂之损失，颇属不赀。其所得之利息，遂逐渐减至 20%矣。故车租一项，虽为车夫之重大负担，而车厂主人，亦并非因榨取高利而压迫贫乏无告之车夫也。

各组个人生活费之增高，与其收入有同一趋势，其百分比则逐组降落。养家费之款数与百分比，均以赚钱之多少为转移，换言之，若某洋车夫之收入增高，则个人费用与家庭费用，同时均见增加。惟个人生活费对于全收入之百分比逐渐减少耳。现在为说明此点起见，将食品费用与房租衣服等费分开；并就人力车夫之个人费用，与家庭费用，分别比较，列为第二十三表。表中人力车夫之食品费用，较高于家中其他等成年。其他费用，如房租衣服及各项杂费，车夫与家中他人均属相等。表中最可注意之现象，为各组之食品费用，除最末一组外，均与收入之多少成正比例；其他费用，则不稍变动。由此可知洋车夫以苦力赚钱，仅为个人及家庭之糊口计，且时虞不足，故遇有较多之收入，即用以提高食品之质量。最末一组之车夫，境遇似较优，因其食品费之百分比，稍见低落，其他费用，则稍涨高。

第二十三表　六个月间每等成年平均费用表

收入组	人力车夫			人力车夫		
	食品(元)	其他(元)	共计(元)	食品(元)	其他(元)	共计(元)
45— 69.9元	20.02	5.66	25.68	18.59	5.66	24.25
70— 94.9元	26.43	5.82	32.25	20.50	5.55	26.05
95—119.9元	29.25	5.66	34.90	22.03	5.73	27.76
120—144.9元	28.53	7.86	36.39	24.79	7.94	32.73
各组合计	27.13	5.87	33.00	21.16	5.75	26.91
百分比						
45— 69.9元	78	22	100	77	23	100
70— 94.9元	82	18	100	79	21	100
95—119.9元	84	16	100	79	21	100
120—144.9元	78	22	100	76	24	100
各组合计	82	18	100	79	21	100

人力车夫之食品费用较高于其他家人，已如上述，兹试述其原因。车夫等在街市中所食食品之质量，家庭日用帐并未登记。本部特另行调查彼等所食之主要米面，及其每日在街市中食饭之费用。据调查所得，彼等每日两餐除菜蔬外，约食白面840到1,100格兰姆。比较家人所用之玉米面与小米面其质较佳，其价亦较高。仅以白面之量而论，即可供给热量3,000至4,000克罗来，此数较收入最高一组在家食饭者之热量，显见增高。总而言之，洋车夫在街市所食之物品质较佳，量亦较多，故其价亦较贵，其理由，约有下述数端：

第二十四表　每一人力车夫平均食品费用表

收入组	人数	六个月间餐食次数		每餐平均费用(元)		六个月间平均食品费(元)		在家食饭每月每等成年食品消费量(克罗来)
		在外	在家	在外	在家	在外	在家	
45— 69.9元	2	18	344	0.114	0.052	2.00	18.02	2,296
70— 94.9元	20	101	261	0.109	0.059	11.00	15.43	2,645
95—119.9元	12	138	224	0.111	0.062	15.29	13.96	2,765
120—144.9元	2	97	265	0.110	0.067	10.67	17.86	2,918
各组合计	36	108	254	0.110	0.060	11.91	15.22	2,670

(I)拉车为苦力生活，非有较强之气力，不克为之。是以人力车夫必须得有充足之食物，其品质亦须佳美，故其价昂贵。

(II)街市上饭馆所售卖之食品，恒较家人所做者为昂，饭馆为营业性质，除应有之开支外，尚须谋利，故车夫在街市中之食品费较多。

(III)市上食物，罗列精致，枵腹苦力之车夫，触目垂涎，尤以手中钱财充足时为甚。其结果车夫在街市中常须多费金钱购买食品。

以上诸节，为其理由中之显著者，此外尚有多端，均可证明车夫在街市上食物用费，较多于在家庭中之消耗。第二十四表尚有一点，使人注意，即收入最多与收入最少两组之车夫，多在家食饭。盖因收入最少之车夫，因须节省养家，不能在市街上购买昂贵之食品。至收入最多者，则其家中之膳食，已属甚好，无须在外购食也。

据第六章所言，普通家庭之收入愈多，则其人口愈多，每等成年之热量愈少。然在洋车夫之家庭，其状况略有不同。盖车夫之每日进款愈多，其家中每等成年之每日平均热量亦愈大。此种现象，与以前所述者，似相抵触，实则相成。因车夫家庭之人口，并不随收入之增高而加多，其每等成年所享受之利益，自应较多也。

第二十五表　每一人力车夫供养能力表

收入组	人数	六个月间养家费(元)	每家平均等成年男子数		
			车夫供养之人数	车夫不能供养之人数	共计
45— 69.9元	2	12.47	0.5	2.2	3.7
70— 94.9元	20	31.63	1.2	1.1	3.3
95—119.9元	12	45.02	1.6	1.0	3.6
120—144.9元	2	60.98	1.9	0.7	3.6
各组合计	36	36.66	1.4	1.0	3.4

第二十五表中，收入较少两组之车夫，除缴纳车租，维持本身生活外，所余以养家者，不过全收入之一小部分。其他两组，收入较多，养家费亦较多。至每一车夫所能赡养之人口，则均有限，收入最少一组，仅合等成年一人之半，收入最高一组，亦不及等成年二人。即每月收入20元之车夫，亦难赡养三口之家庭。故欲维持本书所调查之生活程度，车夫之家庭，宜仅有妻子一人及11岁以下之儿童二人。但此种理想家庭，实际上并不多见。本章所论之人力车夫，计有36人，其每家人口之平均数，为3.4等成年。彼等之收入，既然不足赡养家庭，势须倚赖家中子女之收入、亲友之馈赠与社会之救济，以维持其家庭之生活。设犹不足者，则须借债当物，以渡贫乏之难关。此仅就收入较高之车夫而言，至收入最少一组，车夫收入不能赡养之人数，每家计有2.2等成年，其生活状况，当更困苦也。

第九章 小学教员

北平小学教员之生活状况，计有民国十五年十一月1个月12家家庭日用帐，可资研究，兹请就所调查之各方面，分别述之。

家庭之特性

(一)家庭之大小与人口。据第二十六表所列，小学教员12家中，计有三分之一为四口之家。家庭人口之成分，与工人家庭相似，大部分以丈夫，妻子，儿女组成之。但有一点与之不同。即教员之父母，多与教员同住一处。工人家庭之家长，同时即为工人，即为主要收入者。小学教员家庭之教员，未必即为家长。但为便利起见，表中各人口之亲属关系，均指教员而言。教员家庭，属于中间阶级。依照旧有风俗，子弟结婚后，除有不得已之原因，均须侍养父母。故其家庭组织，不及工人之单纯。夫妇儿女之人数，在全人口中只占57%，如在工人家庭，则占91%也。

(二)性别与年龄。12家庭中计有男子32人，女子29人。其年龄之分配，见第二十七表中。丈夫与妻子之年龄，均在20岁至50岁之间，儿童均在15岁以下。内有壮年人37人，幼年人18人，老年人6人。

第二十六表 12家教员家庭人口数及亲属人数表

每家人口数	家数	亲属关系	人数
2	1	夫(教员)	12
3	2	妻	10
4	4	子	7
5	1	女	6
6	1	父	5
7	2	母	7
12	1	兄弟	3
共 计	12	姊妹	3
		弟妇	2
		侄	5
		侄女	1
		共 计	61

第二十七表 12家教员家庭人口年龄分配表

年龄组	夫	妻	子	女	其他	共计
5岁以下	—	—	4	1	2	7
5—9	—	—	2	3	3	8
10—14	—	—	1	2	—	3
15—19	—	—	—	—	—	—
20—29	5	4	—	—	3	12
30—39	5	6	—	—	5	16
40—49	2	—	—	—	2	4
50—59	—	—	—	—	5	5
60—69	—	—	—	—	4	4
70—79	—	—	—	—	2	2
共计	12	10	7	6	26	61

（三）教员之工作状况。北平小学教员之聘请，通常以一年为期，每月薪俸 40 元。如管理学校行政事务，薪俸稍多。但每星期授课时数不足 24 小时者，酌量减薪。除星期日及普通假期外，每年暑假与年假，约有 70 日之休息。

近年来北平小学教员之薪金，拖欠甚多。政府因财政困难，支出非但减少，且常完全停止。学校经费遂常有拖欠半年之时。在此情形下，教员之境况，颇感困难。有积蓄者，不得不先用自己之积蓄，无积蓄者，遂不得不求助于他人，以维持现状。即使政府财政情形较好，按期发薪之事，仍属罕有。凡此数点，皆使吾人于研究小学教员之收入时，感觉困难者也。

民国十五年十一月份，各教员实际所领之薪俸，虽曾记入各家流水帐内，但因超过平常所得之数，弃去不用。于此吾人尚有二法计算教员之收入。一为平时教员应得之薪俸，但实际上总不领得该数。二为以教员应领薪俸，50% 为实得之薪金，因自十五年到十六年全年北平教员仅领得薪俸之五成。第二十八表所用之数目，系采用第一法。

第二十八表　12 家教员家庭各项收入表

	教员月薪（虚数）（元）	其他薪金（元）	馈　赠（元）	一月内收入总数（元）
第 1 号	40	—	—	40.00
第 2 号	40	—	0.20	40.20
第 3 号	40	—	3.15	43.15
第 4 号	40	—	5.00	45.00
第 5 号	38	10[1]	—	48.00
第 6 号	40	10[2]	—	50.00

续表

	教员月薪(虚数)(元)	其他薪金(元)	馈　赠(元)	一月内收入总数(元)
第 7 号	47	—	9.29	56.29
第 8 号	40	15[3]	1.83	56.83
第 9 号	50	20[3]	—	70.00
第 10 号	40	30[4]	2.57	72.57
第 11 号	40	30[5]	3.61	73.61
第 12 号	40	40[6]	1.00	81.00
共计	495	155	26.65	676.65
每家平均	41.25	12.93	2.22	56.39

1.父为警厅书记,薪水亦不按月发。2.弟为家庭教师。
3.教员担任家庭教师之束脩。　4.此数为教员之私馆束脩十元,外加弟之书记薪金。
5.弟行医之收入。　6.妹亦小学教员。

12 位教员中,尚有 3 人,除教员本职外,兼授私馆,得有额外进款。北平教员,因受欠薪影响,兼授私馆,增加收入,所以维持生活也。

(四)家人之职业。12 家教员家庭中,有 5 个家庭,除教员外,其家人尚从事于赚钱之工作。中间阶级之已嫁妇女,与工人家庭之已嫁妇女不同。彼等除家庭琐事外,别无他种职业。彼等所从事之工作,如烹调、裁缝诸事,虽可认为一种家庭进款,然其金钱价值,则无法估计。故中产阶级之妇女,纵有急需,亦不向家庭以外从事赚钱之工作。考其原因,则中产阶级之妇女,每自以为在社会上站于较高地位,与工人家庭之妇女不同。普通社会,称中产阶级之妇女为“太太”,在彼辈亦俨然以“太太”自居,不甘与平常妇女为伍。故家庭以外之劳动工作,彼辈为维持“太太”之尊严计,不能参加也。

中国社会妇女之职业尚未发达。近十年来，中国妇女虽可从事于看护、教员、医生及著作家之工作，惜此等工作，尚不足吸引女界注意，使结婚后之妇女，可以认为正业。最后我国大学及专门学校之设备不充，殊不能使妇女习得专门技能，以自营独立职业之生活。

如上所述，中国中产家庭之妇女，虽可称为闲暇阶级，然小学教员家庭之妇女，则操作颇勤，据调查所得，教员家庭中，多无仆役，不特育儿为其妻子之专职，即煮饭洒扫缝纫各事，亦均须由其妻子担任。由此可知小学教员家庭之妇女勤劳如何矣。

收入与支出

12 家教员家庭之收入，可汇列如第二十八表。每月每家之平均收入为 56.39 元。表中数字，仅用以表示各家应得之数，并不足以代表小学教员之实际收入。吾人如欲明了教员家庭之生活状况，仍应以实际支出情形为准也。

小学教员家庭之支出状况，可按各家之人数，分为两组研究，一组为四口及四口以下之家庭，其他一组为四口以上之家庭。前一组七家，每家平均 3.4 人或 2.74 等成年，后一组五家，每家平均 7.4 人或 5.56 等成年。民国十五年十一月之每家生活费，总平均数为47.70 元，内食品费 18.27 元，占总数 38%；杂货十二项 12.37 元，占总数四分之一而强；衣服费 6.51 元，房租 6.02 元，两项合计，亦占总数四分之一以上，燃料灯水费 4.53 元，占总数 10% 而弱。杂费内交际费一项，竟占总数 5.7%，足见社交为教员生活之

第二十九表　一个月间教员家庭五项支出平均数目表

家中人口数	家数	每家平均		一个月间每家平均费用(元)					
		人数	等成年数	食品	房租	衣服	燃料	杂费	总平均
四口及四口以下	7	3.4	2.74	13.74	5.21	5.85	3.54	8.61	36.97
四口以上	5	7.4	5.56	24.60	7.15	7.43	5.91	17.62	62.72
各组合计	12	5.1	3.92	18.27	6.02	6.51	4.53	12.37	47.70
百　分　比									
四口及四口以下	58.3			37.2	14.1	15.8	9.6	23.3	100.0
四口以上	41.7			39.2	11.4	11.9	9.4	28.1	100.0
各组合计	100.0			38.3	12.6	13.7	9.5	25.9	100.0

第三十表　一个月间教员家庭杂项支出表　（单位:元）

家中人口数	家具	交通	医药	卫生	化妆	嗜好	娱乐	交际	捐助	教育	杂用	邮费	共计
四口及四口以下	0.56	0.81	0.66	0.54	0.16	0.99	0.62	1.88	0.05	1.02	1.21	0.13	8.61
四口以上	1.35	1.65	1.19	0.79	0.99	1.64	1.34	3.88	0.04	1.53	3.08	0.14	17.60
两组合计	0.89	1.15	0.88	0.64	0.51	1.26	0.92	2.71	0.05	1.23	1.99	0.14	12.37
对总支出之百分比													
四口及四口以下	1.5	2.2	1.8	1.5	0.4	2.7	1.7	5.1	0.1	2.8	3.3	0.4	23.3
四口以上	2.2	2.6	1.9	1.3	1.6	2.6	2.1	6.2	0.1	2.4	4.9	0.2	28.1
两组合计	1.9	2.4	1.8	1.4	1.1	2.6	1.9	5.7	0.1	2.6	4.2	0.3	25.9

重要项目。又杂用一项,含有纸费、祭祀费及其他零星费用在内,故总平均数为2.00元,占总数4.2%。每一家庭之必需生活费,每月平均为35.33元,约合支出总数74%。上述各项支出之数字,因家庭日用帐之记录,仅限于十一月1个月,不足代表全年,皆曾根据各教员所填写之全年支出数加以校正,尤注意于衣服燃料之费用。

如将第二十九表中两组家庭之支出平均数,分别比较,则见四口以上之家庭所需费用,较四口及四口以下者为多。此本自然之现象,因人口加多,生活费自见增加也。但两组家庭之各项支出百分比,并不相同。大家庭之食品费与杂费百分比均甚高,其他三项之百分比,则较小家庭为低。大家庭人多,食品费百分比之增加,原不足怪,所可引人注意者,为他项费用之降低。此种现象,或由于两组家庭之收入,并无甚大差别,故人口多者因支出总数未能递加,不得不将他项费用移为食品费,各项支出之百分比,遂与人口少者稍有出入。至每等成年之平均生活费,小家庭为13.49元,大家庭为11.18元,人口多者,亦较见低落也。

教员家庭之收入与支出,能否相抵,应以教员所得之薪金为准。如教员之每月薪金40元,按期十足发放,四口及四口以下之家庭,仅有此项收入,已可应付各项支出而每月有盈余3.03元。再加以其他家人之收入,其盈余平均数,遂增至17.25元。四口以上之家庭,每家每月亦可盈余9.05元。但民国十五年,小学教员之薪金,实际上仅发五成,于是教员家庭,无论人口多少均有亏短。如小家庭7家中,有4家每家平均亏短数,达20.58元之多。兹就各家盈亏情形,汇列一表如下。

家中人口数	家数	如月薪十足发放				全组平均盈(+)或亏(-)数(元)	如月薪只发五成				全组平均盈(+)或亏(-)数(元)
		盈余		亏短			盈余		亏短		
		家数	平均数(元)	家数	平均数(元)		家数	平均数(元)	家数	平均数(元)	
四口及四口以下	7	5	22.28	2	6.42	+14.08	3	8.79	4	20.58	- 7.99
四口以上	5	3	8.85	2	11.67	+ 0.64	—	—	5	21.94	-21.94
各组合计	12	8	17.25	4	9.05	+ 8.48	3	8.79	9	21.33	-13.80

综观以上所述,北平小学教员之生活,因受比年欠薪之影响,可谓痛苦已极。即令本书所述小学教员之生活程度,可认为适宜,其经常收入减少一半,已足使生活状况日增困难,小学教员之职业,遂不免有逐渐衰微之趋势。北平小学教员处于此种环境之下,尚能忠实服务,不改常态,虽枵腹从公,亦所不辞。勤劳如此,殊堪称许也。

食品消费

小学教员之家庭日用帐,仅有十五年十一月1个月之记录,故食品消费之研究,仅以该月为限,不可认为代表全年。12家食品费内,各项食品之百分比,可汇列如次:

米面　61.2　菜蔬　11.1　调和　9.9

肉类　11.9　零食　6.0

教员家庭之米面,以白面、大米为最常用,二者本身及其所制之食品,约占食品费之半数。玉米面虽列于第三位,其数量并不甚多。菜蔬一类,以白菜为大宗,北平附近,白菜之产量既多,售价亦廉,故北平各级家庭,均喜食之,酸菜与白薯,亦为北平居民常用之物。教员家庭常食之肉类,为猪肉羊肉,其费用约占食品费12%。

柿子，花生，栗子三项，则为北平中等家庭冬日最普通之零食也。

教员家庭之食品，如与工人家庭相比较，计有三点不同。第一，教员之佐膳食品，似较工人为多。工人家庭在六个月内，计有食品136种，教员家庭在一个月内已有食品134种。两者之食品种数，相差虽不甚多，但各类食品之数量则有分别。教员家庭之食品，计有米面类20种，菜蔬类43种，调和类22种。工人家庭之食品，则有米面类32种，菜蔬类39种，调和类17种。第二，教员家庭以白面、大米为主要食品，工人家庭则倚玉米面、小米面为生。白面、大米不仅精美可口，易于消化，且可供给较多之蛋白质。第三，教员之膳食，含有较大量之鱼肉食品。每等成年之每日平均肉类消费量，教员为40.14格兰姆，工人仅7.23格兰姆。故教员之膳食，在品质数量两方面，均较优于工人。据第三十一表所列教员家庭每等成年每日所食之食品为1256格兰姆，工人则为998格兰姆。至两者各项食品费之分配，则可比较如次：

	米面	菜蔬	调和	肉类	零食	合计
教员	61.2	11.1	8.9	11.9	6.0	100
工人	80.0	9.1	6.7	3.2	1.0	100

上述食品之数量1256格兰姆，如折算其滋养成分，则得蛋白质84.34格兰姆，肪脂质4724格兰姆，炭水化物493.46格兰姆。其热量为2742克罗来。由此可知教员之膳食，较诸工人所食者，蛋白质、脂肪质均见增加，炭水化物略少，热量则增涨147克罗来。此外尚有一事殊堪注意者，为辛辣刺激品，在教员食品中并未减少。此项食品，多用以代替精美食品，刺激食欲。教员家庭喜食此等物，或因彼等之膳食，不甚可口，特用以佐膳，或因北方人民，喜食葱蒜，已成习惯，故教员亦常食之。如为后一原因，其消费状况为一种习惯，并非食品经济之必要方法也。

第三十一表　12家小学教员家庭一个月间各项食品平均消费量及平均费用表

食品名称与种类	12家合计				购买之家庭		
	数量平均数(斤)		费用平均数(元)		家庭	每家平均数量(斤)	每家平均费用(元)
	每　家	每在家食饭之等成年	每　家	每在家食饭之等成年			
各类食品总计	237.16	66.98	16.032	4.528	12	237.16	16.032
米面类	117.36	33.14	9.806	2.769	12	117.36	9.806
白米	34.05	9.61	3.423	0.967	12	34.05	3.423
碎白米	1.33	0.38	0.103	0.029	2	8.00	0.617
小米	6.86	1.93	0.467	0.132	6	13.71	0.933
黄米	0.17	0.05	0.13	0.004	1	2.00	0.153
高粱	0.08	0.02	0.006	0.002	1	1.00	0.066
粳米	0.08	0.02	0.012	0.003	1	1.01	0.142
黄豆	0.08	0.02	0.006	0.002	1	1.00	0.066
绿豆	0.12	0.03	0.006	0.002	1	1.40	0.077
红豇豆	0.19	0.05	0.013	0.004	3	0.78	0.051
玉米面	24.68	6.97	1.206	0.340	9	32.91	1.607
小米面	6.00	1.69	0.406	0.115	7	10.29	0.695
机器白面	35.91	10.14	3.341	0.944	12	35.91	3.341
莜麦面	0.83	0.24	0.055	0.015	3	3.33	0.216
黄米面	0.04	0.01	0.004	0.001	1	0.50	0.055
杂面	0.49	0.14	0.039	0.011	4	1.48	0.118
切面	0.16	0.05	0.028	0.008	2	0.96	0.168
馒头	0.13	0.04	0.012	0.003	3	0.53	0.047
烙饼	0.25	0.07	0.015	0.004	1	3.00	0.186
烧饼	5.66	1.60	0.589	0.166	11	6.17	0.643
面包	0.23	0.07	0.062	0.017	3	0.93	0.247
菜蔬类	88.13	24.89	1.774	0.501	12	88.13	1.774
白菜	51.53	14.55	0.565	0.160	12	51.53	0.565
酸菜	6.89	1.95	0.076	0.021	10	8.28	0.091
腌萝卜	2.80	0.79	0.138	0.039	11	3.06	0.151
腌水咯哒	0.75	0.21	0.049	0.014	1	9.00	0.592

续表

食品名称与种类	12家合计				购买之家庭		
	数量平均数(斤)		费用平均数(元)		家庭	每家平均数量(斤)	每家平均费用(元)
	每　家	每在家食饭之等成年	每　家	每在家食饭之等成年			
腌辣椒	0.01	(1)	0.001	(2)	1	0.12	0.016
卤虾菜	0.02	(1)	0.004	0.001	1	0.20	0.044
雪里红	0.98	0.28	0.032	0.009	3	3.94	0.130
菠菜	0.63	0.18	0.051	0.014	7	1.07	0.088
生白薯	5.97	1.69	0.098	0.028	10	7.17	0.118
山药	0.16	0.04	0.008	0.002	2	0.95	0.047
萝卜	4.14	1.17	0.091	0.026	11	4.51	0.099
胡萝卜	1.39	0.39	0.015	0.004	3	5.58	0.061
绿豆芽	3.51	0.99	0.067	0.019	9	4.68	0.090
豌豆	0.02	(1)	(2)	(2)	1	0.20	0.005
扁豆	0.30	0.08	0.008	0.002	1	3.60	0.099
生蚕豆	0.15	0.04	0.007	0.002	1	1.78	0.088
豆腐	3.11	0.88	0.102	0.029	10	3.73	0.123
麻豆腐	0.57	0.16	0.011	0.003	3	2.28	0.044
臭豆腐	0.06	0.02	0.003	0.002	2	0.35	0.049
豆腐干	0.16	0.05	0.022	0.006	7	0.28	0.037
豆腐丝	0.05	0.01	0.003	0.001	2	0.27	0.021
干粉丝	0.25	0.07	0.055	0.015	5	0.58	0.131
水粉	0.10	0.03	0.017	0.005	4	0.30	0.052
千张	0.01	(1)	0.002	0.001	1	0.13	0.022
粉皮	0.01	(1)	0.002	0.001	1	0.13	0.027
酱腐	0.02	(1)	0.005	0.001	1	0.21	0.055
饹饳	0.31	0.09	0.020	0.006	3	1.22	0.80
面筋	0.05	0.01	0.009	0.002	4	0.16	0.026
芹菜	0.27	0.08	0.007	0.002	3	1.07	0.029
香菜	0.16	0.04	0.014	0.004	8	0.24	0.021
冬菜	0.02	0.01	0.003	0.001	3	0.08	0.014
芥菜头	1.11	0.31	0.110	0.031	1	13.33	1.320
高粱根	0.04	0.01	0.007	0.002	1	0.50	0.082

续表

食品名称与种类	12家合计				购买之家庭		
	数量平均数(斤)		费用平均数(元)		家庭	每家平均数量(斤)	每家平均费用(元)
	每　家	每在家食饭之等成年	每　家	每在家食饭之等成年			
紫菜	(1)	(1)	0.001	(2)	1	0.01	0.016
油菜	0.38	0.11	0.008	0.002	4	1.13	0.025
葱	1.70	0.48	0.061	0.017	12	1.70	0.061
蒜	0.13	0.04	0.016	0.005	10	0.16	0.019
韭菜	0.28	0.08	0.049	0.014	8	0.42	0.073
辣椒	0.02	0.01	0.004	0.001	5	0.06	0.001
黄花	0.04	0.01	0.015	0.004	7	0.07	0.025
木耳	(1)	(1)	0.002	0.001	1	0.02	0.027
蘑菇	0.02	0.01	0.009	0.003	3	0.08	0.036
海带	0.01	(1)	0.002	0.001	1	0.17	0.022
调和类	11.49	3.24	1.581	0.444	12	11.49	1.581
香油	1.82	0.51	0.517	0.146	12	1.82	0.517
猪油	0.70	0.20	0.291	0.082	11	0.76	0.318
羊油	0.13	0.04	0.027	0.008	2	0.75	0.165
盐	2.64	0.75	0.202	0.057	12	2.64	0.202
黄酱	2.73	0.77	0.209	0.059	12	2.73	0.209
芝麻酱	0.06	0.02	0.010	0.003	6	0.12	0.020
酱油	1.34	0.38	0.117	0.033	12	1.34	0.117
醋	0.99	0.28	0.043	0.012	12	0.99	0.043
白糖	0.47	0.13	0.093	0.026	10	0.56	0.111
黑糖	0.08	0.02	0.013	0.004	1	0.91	0.159
胡椒面	(1)	(1)	0.001	(2)	2	0.01	0.007
花椒	0.02	(1)	0.008	0.002	8	0.02	0.013
大料	(1)	(1)	0.001	(2)	3	0.01	0.005
姜	0.11	0.03	0.014	0.004	9	0.14	0.019
芥末	0.01	(1)	0.001	(2)	2	0.05	0.007
团粉	0.16	0.04	0.021	0.006	5	0.38	0.050
茴香	0.22	0.06	0.006	0.002	3	0.07	0.025

续表

食品名称与种类	12家合计				购买之家庭		
	数量平均数(斤)		费用平均数(元)		家庭	每家平均数量(斤)	每家平均费用(元)
	每　家	每在家食饭之等成年	每　家	每在家食饭之等成年			
胡椒	(1)	(1)	0.002	(2)	2	0.01	0.010
卤虾	0.01	(1)	0.001	(2)	1	0.08	0.016
桂花	(1)	(1)	0.001	(2)	1	0.03	0.011
豆豉	0.01	(1)	0.002	(2)	1	0.11	0.019
料酒	0.01	(1)	0.001	(2)	1	0.12	0.016
肉类	7.58	2.14	1.909	0.540	12	7.58	1.909
羊肉	3.91	1.10	0.856	0.242	11	4.26	0.934
熟羊肉	0.02	(1)	0.009	0.003	1	0.18	0.110
猪肉	1.88	0.53	0.578	0.163	12	1.88	0.578
熟猪肉	0.34	0.10	0.224	0.063	7	0.59	0.385
牛肉	0.59	0.17	0.116	0.033	6	1.18	0.232
鱼	0.19	0.05	0.020	0.006	4	0.58	0.060
虾米	0.26	0.07	0.034	0.010	10	0.31	0.041
螃蟹	0.08	0.02	0.008	0.002	1	1.00	0.099
鸡蛋	0.09	0.02	0.039	0.011	6	0.18	0.077
鸭蛋	0.02	(1)	0.004	0.001	1	0.19	0.052
牛奶	0.06	0.02	0.014	0.004	1	0.68	0.170
羊肠	0.15	0.04	0.007	0.002	1	1.78	0.088
间食类	12.61	3.56	0.959	0.272	12	12.61	0.959
水果	3.45	0.97	0.305	0.086	12	3.45	0.305
柿子	2.03	0.57	0.111	0.031	11	2.21	0.121
梨	0.65	0.18	0.074	0.021	5	1.55	0.178
苹果	0.08	0.02	0.026	0.007	4	0.24	0.078
海棠	0.27	0.08	0.024	0.007	4	0.82	0.072
山里红	0.04	0.01	0.005	0.001	2	0.25	0.028
枣	0.10	0.03	0.010	0.003	3	0.40	0.040
黑枣	0.07	0.02	0.004	0.001	2	0.43	0.026
莲子	0.01	(1)	0.004	0.001	1	0.07	0.047
葡萄	0.01	(1)	0.002	0.001	1	0.13	0.022

续表

食品名称与种类	12家合计				购买之家庭		
	数量平均数(斤)		费用平均数(元)		家庭	每家平均数量(斤)	每家平均费用(元)
	每　家	每在家食饭之等成年	每　家	每在家食饭之等成年			
香蕉	0.15	0.04	0.042	0.012	2	0.89	0.256
荸荠	0.04	0.01	0.003	0.001	1	0.50	0.038
其他	9.17	2.59	0.654	0.186	11	10.00	0.713
油条	0.42	0.12	0.088	0.025	9	0.56	0.118
蜜麻花	0.01	(1)	0.001	(2)	1	0.09	0.016
蜜供	0.01	(1)	0.002	0.001	1	0.11	0.027
中果	0.01	(1)	0.001	(2)	1	0.06	0.014
炸饹馇	(1)	(1)	0.001	(2)	1	0.04	0.011
炸排叉	0.13	0.04	0.023	0.006	2	0.78	0.137
炸三角	0.06	0.02	0.010	0.003	1	0.68	0.121
包子	0.03	0.01	0.003	0.001	2	0.17	0.017
油茶	0.03	0.01	0.006	0.002	2	0.16	0.033
蜂糕	0.02	0.01	0.002	0.001	1	0.27	0.027
蒸饼	0.04	0.01	0.004	0.001	1	0.48	0.044
萨其马	0.24	0.07	0.037	0.010	1	2.86	0.438
豆汁	3.81	1.08	0.007	0.002	2	22.86	0.044
豆浆	0.27	0.08	0.006	0.002	2	1.63	0.036
杏仁茶	0.45	0.13	0.012	0.004	3	1.47	0.049
藕粉	0.04	0.01	0.008	0.002	3	0.14	0.031
糖果	0.20	0.06	0.040	0.011	3	0.79	0.159
果酱	0.03	0.01	0.009	0.003	1	0.34	0.110
元宵	0.09	0.03	0.020	0.006	2	0.54	0.118
花生	1.45	0.41	0.127	0.036	12	1.45	0.127
瓜子	0.01	(1)	0.003	0.001	2	0.05	0.017
栗子	1.17	0.33	0.180	0.051	9	1.56	0.239
糖葫芦	0.13	0.04	0.023	0.007	4	0.39	0.069
熟白薯	0.50	0.14	0.022	0.006	1	5.94	0.260
蜜枣	0.02	(1)	0.005	0.001	1	0.20	0.055
核桃	0.03	0.01	0.014	0.004	1	0.31	0.164

(1)少于0.01斤。(2)少于0.001元。——编者注

第三十二表　12家教员家庭每日每等成年食品消费数量表

食品种类	食品费平均数	各种养料平均量(格兰姆)				平均热量(克罗来)
		共　计	蛋白质	脂肪质	炭水化物	
米面类	0.092元	621.78	62.82	12.55	460.18	2,204.40
小麦[1]	0.038	224.36	24.94	3.85	157.71	765.70
大米[2]	0.033	189.00	18.02	0.40	150.57	678.52
玉米[3]	0.011	130.75	11.77	5.62	94.80	477.25
小米[4]	0.008	68.11	6.58	2.24	51.15	250.91
其他	0.001	9.56	1.52	0.43	5.96	32.01
菜蔬类	0.017	466.92	9.19	1.27	17.60	119.93
调和类	0.015	60.86	3.01	15.66	3.64	167.82
肉类	0.018	40.14	6.36	13.26	0.04	149.18
零食类	0.009	66.83	2.95	4.50	11.99	101.10
水果	0.003	18.26	0.13	0.05	2.44	10.80
其他	0.006	48.57	2.81	4.45	9.55	90.30
各组合计	0.151	1,256.54	84.34	47.24	493.46	2,742.43
百　分　比						
米面类	61.2	49.5	74.5	26.6	93.3	80.4
小麦[1]	25.2	17.9	29.6	8.2	32.0	27.9
大米[2]	22.2	15.0	21.4	0.8	30.5	24.7
玉米[3]	7.5	10.4	14.0	11.9	19.2	17.4
小米[4]	5.5	5.4	7.8	4.7	10.4	9.1
其他	0.8	0.8	1.8	0.9	1.2	1.2
菜蔬类	11.1	37.2	10.9	2.7	3.6	4.4
调和类	9.9	4.8	3.6	33.1	0.7	6.1
肉类	11.9	3.2	7.5	28.1	(5)	5.4
零食头	6.0	5.3	3.5	9.5	2.4	3.7
水果	1.9	1.5	0.2	0.1	0.5	0.4
其他	4.1	3.9	3.3	9.4	1.9	3.3
各组合计	100.0	100.0	100.0	100.0	100.0	100.0

1.包括各种面粉及其制品。2.包括各种大米。3.包括玉米面。4.包括小米面及小米。5.不及0.05%。

第三十三表　每间房屋平均等成年数及每月房租平均数

房屋间数	家数	每家平均人数		每间平均人数		每月房租平均数(元)		
		人数	等成年数	人数	等成年数	每家	每人	每等成年
1	1	2.0	1.8	2.0	1.8	2.00	1.00	1.11
2	1	3.0	2.8	1.5	1.4	4.00	1.33	1.43
3	5	4.8	3.6	1.6	1.2	5.20	1.08	1.44
5	2	5.5	4.6	1.1	0.9	7.50	1.36	1.63
11	1	12.0	8.1	1.1	0.7	13.00	1.08	1.60
共计	10	5.2	4.0	1.3	1.0	6.00	1.15	1.50

住宅情形

12 家教员家庭内,两家未供给完备之记录,故仅有 10 家之资料可资讨论。10 家之中,5 家住房 3 间。10 家平均,每家有 5.2 人或 4 等成年。每间房屋,平均为 1.3 人或 1 等成年,每家之平均房租则为每月 6 元。

教员家庭之居住状况,确较工人为佳,每屋平均仅有等成年 1 人,自无拥挤之虞。但吾人计算房屋间数时,不问其用处为卧房、厨房或厕所,均以一间计。此种方法,原为工人家庭而设,现亦施用于教员家庭,似不无讨论之余地也。

小学教员家庭之生活状况,较工人家庭为优,确属毫无疑义。教员之食品费,每月每等成年平均 4 元 7 角,工人仅 3 元 6 角。教员之支出总数,每月每等成年平均 12 元,工人仅 5 元。此二点均足示教员之生活,处于较优较高之地位。但吾人下此断语时,有一重要之前提，即假设教员之薪金，皆为按期十足发放。近年政府积欠教育经费，教员家庭之生活，连带受其影响，其困苦情形，不减于工人家庭也。

抑犹有进者，小学教员在我国积极变化之今日，实负重大责任。未来一代一代之儿童，知识之获得，品性之培养，国民资格之训练，胥惟小学教员之努力是赖。则其生活必须达到与其事业相副之程度，其收入不特仅能维持其生命最低限度已也。如儿童之教育，相当之娱乐，疾病灾害之预防与开支，小学教员皆须有能力供给，始能增进其事业之效率。地方人士之热心教育者，如能为小学教员依其舒适生活之标准而拟定生活费限度，则其掖进小学教员之功诚非甚矣。

附　　录

附表一　48家六个月内各种食品之消费量与所含之滋养料

食品名称与种类	购买之家庭	所含滋养料				热　量（克罗来）
		共　计（格兰姆）	蛋白质（格兰姆）	脂肪质（格兰姆）	炭水化物（格兰姆）	
各类食品总计	48	23,320,886	1,809,790	706,152	12,050,913	61,895,025
米面类	48	15,893,623	1,597,623	470,797	11,680,942	57,424,997
白米	47	443,419	42,568	887	352,961	1,590,100
碎白米	45	390,538	30,853	1,562	319,851	1,448,897
小米	48	1,027,785	99,284	33,314	771,867	3,786,361
黄米	3	8,515	823	80	6,548	30,212
高粱	37	288,925	39,005	10,546	203,692	1,065,554
高粱糁豆	1	1,632	429	171	783	6,398
小豆	3	6,343	1,161	84	4,002	21,394
黄豆	4	1,362	534	237	346	5,654
绿豆	1	51	11	1	33	181
青豆	2	473	157	85	131	1,911
红豇豆	24	9,613	2,172	206	5,614	33,019
杂豆米	9	16,546	2,498	496	11,218	59,302
玉米面	48	5,345,232	481,071	229,345	3,875,293	19,510,098
玉米渣	48	334,078	30,735	6,347	251,395	1,219,385
小米面	48	3,624,663	350,142	119,614	2,722,122	13,353,258
机器白面	10	162,115	18,481	1,621	121,262	573,885
伏地白面	48	2,261,527	274,776	30,531	1,644,130	7,960,576
混面	13	42,570	5,172	575	30,949	149,847
黑面	25	714,193	92,131	12,141	504,220	2,492,534
荞麦面	47	947,378	82,422	15,158	721,902	3,353,719
莜麦面	2	10,586	1,292	455	6,129	33,770

续表

食品名称与种类	购买之家庭	所含滋养料				热 量（克罗来）
		共 计（格兰姆）	蛋白质（格兰姆）	脂肪质（格兰姆）	炭水化物（格兰姆）	
绿豆面	12	19,850	4,429	218	12,383	71,103
黄米面	8	18,454	1,785	173	14,191	65,476
黄豆面	1	124	49	22	31	514
杂面	39	142,146	28,714	2,274	63,682	390,192
切面	6	3,940	319	26	2,220	10,377
挂面	8	1,705	191	2	1,181	5,691
馒头	9	8,543	675	60	4,443	21,017
烙饼	4	2,195	167	36	1,093	5,369
烧饼	40	53,443	5,237	3,367	23,515	145,366
玉米面饼	5	5,679	341	162	2,754	13,339
菜蔬类	48	5,901,075	113,555	13,489	290,535	1,744,609
白菜	48	3,095,822	37,459	1,857	58,321	411,744
酸菜	42	165,480	2,813	827	6,288	46,334
腌萝卜	48	230,984	9,701	92	—	39,729
腌水咯缨	46	122,240	2,689	86	—	11,527
腌咯哒樱	40	83,176	1,913	91	—	8,401
腌白菜	10	2,882	35	2	55	383
腌茄子	6	844	10	3	42	245
腌辣椒	7	405	—	—	—	—
酱菜	7	2,015	85	2	—	347
菠菜	48	384,379	6,155	769	6,155	55,009
白薯	46	1,093,610	14,654	1,094	177,165	773,183
芋头	1	366	6	(3)	43	199
山药	1	805	18	1	158	707
萝卜	42	61,964	1,053	12	1,797	11,587
胡萝卜	19	25,230	313	35	2,447	11,354
绿豆芽	24	92,474	2,959	92	3,606	26,817
黄豆芽	47	164,169	14,939	2,627	9,029	119,022
青豆嘴	14	4,621	531	162	282	4,713
豆腐	48	153,824	12,921	4,615	2,154	101,678
麻豆腐	12	10,513	946	45	347	5,572
臭豆腐	1	23	2	1	(1)	15
豆腐干	11	2,009	420	191	137	3,940

续表

食品名称与种类	购买之家庭	所含滋养料				热　量（克罗来）
		共　计（格兰姆）	蛋白质（格兰姆）	脂肪质（格兰姆）	炭水化物（格兰姆）	
豆腐丝	1	79	16	7	5	155
干粉丝	24	7,086	43	5	5,761	23,269
水粉	17	653	—	—	63	268
饹馇	8	2,943	615	280	200	5,772
芹菜	2	1,024	13	1	8	95
香菜	33	2,342	—	—	—	—
冬菜	1	17	(1)	(1)	(1)	2
葱	48	136,698	2,187	410	13,533	66,982
蒜	44	5,988	78	12	563	2,641
韭菜	44	40,595	852	162	1,340	10,230
韭菜花	18	1,441	33	1	—	146
辣椒	28	1,176	—	—	—	—
辣椒糊	3	546	—	—	—	—
黄花	6	107	14	2	63	325
木耳	4	23	3	(1)	14	70
蘑菇	2	28	11	(1)	—	47
海带	9	1,694	66	2	456	2,101
调和类	48	696,560	35,068	155,146	30,731	1,661,988
香油	48	119,426	—	119,426	—	1,074,835
羊油	39	5,735	—	5,735	—	51,614
猪油	28	8,121	—	8,121	—	73,091
盐	48	284,822	—	—	—	—
黄酱	48	174,851	33,047	17,660	2,623	301,443
芝麻酱	44	7,412	1,490	3,928	1,097	45,695
酱油	32	13,473	323	—	—	1,293
虾油	1	321	—	—	—	—
醋	48	52,008	—	—	—	—
白糖	12	3,568	—	—	2,954	12,096
黑糖	39	22,681	—	—	21,547	88,228
胡椒面	13	68	—	—	—	—
花椒	41	484	—	—	—	—
大料	12	101	—	—	—	—
姜	37	3,202	208	275	2,434	13,386

续表

食品名称与种类	购买之家庭	所含滋养料				热　量（克罗来）
		共　计（格兰姆）	蛋白质（格兰姆）	脂肪质（格兰姆）	炭水化物（格兰姆）	
芥末	6	152	—	—	—	—
团粉	3	135	—	—	76	306
肉类	48	172,544	30,872	47,866	197	571,413
羊肉	48	74,622	11,641	23,058	—	262,668
羊肝	3	231	53	21	12	461
羊灌肠	1	805	121	24	1	703
羊杂碎	1	141	23	6	1	145
猪肉	29	35,387	3,355	22,019	—	218,048
牛肉	37	34,162	6,559	1,947	—	43,796
牛舌	3	732	138	67	—	1,193
牛杂碎	4	5,425	770	271	22	5,642
鱼	1	2,020	378	26	22	1,798
螺	1	388	16	1	—	71
虾米	47	16,299	7,546	212	140	33,657
鸡蛋	7	2,032	272	213	—	3,230
间食类	47	1,157,084	32,672	18,854	48,508	492,018
水果	31	26,492	190	71	3,242	14,457
柿子	26	13,586	82	14	1,223	5,335
梨	4	1,812	9	7	230	1,033
橘子	2	1,075	6	1	91	398
苹果	2	276	1	1	30	135
海棠果	12	2,696	3	3	356	1,456
藕	1	158	3	(1)	15	73
山楂果	6	4,953	25	10	—	183
蜜饯红果	1	34	(1)	(1)	—	1
枣	6	1,058	21	30	830	3,767
黑枣	2	523	32	4	305	1,384
柿饼	1	96	2	(1)	34	150
酸梅	1	17	—	—	5	20
杏干	1	208	6	1	123	522
其他	47	1,130,592	32,482	18,783	45,266	477,561
油条	16	2,780	128	1,401	831	16,448
包子	12	8,346	693	1,335	3,172	27,543

续表

食品名称与种类	购买之家庭	所含滋养料				热　量（克罗来）
		共　计（格兰姆）	蛋白质（格兰姆）	脂肪质（格兰姆）	炭水化物（格兰姆）	
饺子	2	670	29	137	129	1,869
糖三角	3	377	23	2	238	1,061
绿豆糕	1	141	21	1	100	492
黏米糕	8	10,282	545	123	5,964	27,145
鸡蛋糕	1	34	4	1	19	102
豆汁	38	1,055,689	23,225	4,223	16,891	197,414
豆浆	1	214	8	3	4	71
杏仁茶	2	439	6	6	38	233
油茶	1	794	543	322	357	4,542
藕粉	7	445	3	2	389	1,591
元宵	8	3,202	168	6	2,315	9,982
月饼	3	3,669	213	936	2,128	17,797
缸炉	2	1,401	98	182	813	5,283
蜜供	3	3,574	307	27	2,005	9,492
大八件	2	2,381	136	607	1,381	11,522
杂拌	4	1,587	362	453	405	7,149
花生	43	29,215	5,697	8,502	5,405	120,950
瓜子	2	62	7	10	1	126
核桃	1	585	108	377	76	4,261
栗子	9	2,786	145	125	986	5,795
蚕豆	1	73	13	1	43	231
糖果	10	1,576	—	—	1,576	6,461

(1)少于1格兰姆。——编者注

附表二　12家小学教员家庭一个月内各种食品之消费量与所含之滋养料

食品名称与种类	购买之家庭	所含滋养料				热　量（克罗来）
		共　计（格兰姆）	蛋白质（格兰姆）	脂肪质（格兰姆）	炭水化物（格兰姆）	
各类食品总计	12	1,601,712	107,508	60,222	629,010	3,495,776
米面类	12	792,586	80,083	15,999	586,596	2,809,949
白米	12	299,938	22,074	460	183,031	824,558
碎白米	2	9,005	711	36	7,375	33,409
小米	6	46,296	4,472	1,523	34,768	170,554
黄米	1	1,126	109	11	866	3,995
高粱	1	563	76	21	397	2,076
粳米	1	568	44	1	442	1,955
黄豆	1	563	221	98	143	2,337
绿豆	1	788	176	9	511	2,823
红豇豆	3	1,311	296	281	766	4,503
玉米面	9	166,673	15,001	7,167	120,838	608,356
小米面	7	40,522	3,914	1,337	30,432	149,283
机器白面	12	242,539	27,649	2,425	181,419	858,588
荞麦面	3	5,628	490	90	4,289	19,923
黄米面	1	281	27	3	216	997
杂面	4	3,332	673	53	1,493	9,146
挂面	2	1,081	121	14	748	3,607
馒头	3	895	71	6	465	2,202
烙饼	1	1,688	128	28	841	4,129
烧饼	11	38,225	3,746	2,408	16,819	103,972
面包	3	1,565	84	28	737	3,536
菜蔬类	12	595,189	11,714	1,625	22,438	152,878
白菜	12	348,024	4,211	209	6,612	46,287
酸菜	10	46,572	792	233	1,770	15,040
腌萝卜	11	18,916	794	8	—	3,254
腌水咯哒	1	5,065	111	4	—	478
腌辣椒	1	68	—	—	—	—
卤蜡菜	1	113	4	(1)	4	35
雪里红	3	6,658	153	7	240	1,664
菠菜	7	4,221	68	8	68	604
生白薯	10	40,336	541	40	6,534	28,518

1. 少于1格兰姆。——编者注

续表

食品名称与种类	购买之家庭	所含滋养料				热　量（克罗来）
		共　计（格兰姆）	蛋白质（格兰姆）	脂肪质（格兰姆）	炭水化物（格兰姆）	
山药	2	1,064	23	1	209	935
萝卜	11	27,932	475	6	810	5,223
胡萝卜	3	9,427	117	13	914	4,242
绿豆芽	9	23,716	759	24	925	6,878
豌豆	1	113	28	1	65	379
扁豆	1	2,026	43	6	103	648
生蚕豆	1	1,002	118	7	196	1,322
豆腐	10	21,009	1,765	630	294	13,887
麻豆腐	3	3,855	347	17	127	2,043
臭豆腐	2	388	33	12	5	256
豆腐干	7	1,103	231	105	75	2,163
豆腐丝	2	304	64	29	21	596
干粉丝	5	1,683	10	1	1,368	5,527
水粉	4	670	—	—	68	275
千张	1	73	15	5	3	121
粉皮	1	73	(1)	(1)	64	259
酱豆腐	1	118	17	7	6	152
饹馇	3	2,060	428	195	139	4,020
面筋	4	355	79	1	5	344
芹菜	3	1,801	23	2	14	167
香菜	8	1,075	—	—	—	—
冬菜	3	129	2	(1)	2	17
芥菜头	1	7,502	90	—	195	1,125
高粱根	1	281	12	(1)	65	307
紫菜	1	6	2	(1)	3	17
油菜	4	2,533	33	3	53	380
葱	12	11,470	184	34	1,136	5,620
蒜	10	889	12	2	84	392
韭菜	8	1,380	39	8	62	474
辣椒	5	158	—	—	—	—
黄花	7	281	36	5	166	853
木耳	1	11	1	(1)	7	34
蘑菇	3	135	51	2	—	223

续表

食品名称与种类	购买之家庭	所含滋养料				热　量（克罗来）
		共　计（格兰姆）	蛋白质（格兰姆）	脂肪质（格兰姆）	炭水化物（格兰姆）	
海带	1	96	4	（1）	26	119
调和类	12	77,582	3,841	19,958	4,636	213,916
香油	12	12,258	—	12,258	—	110,322
猪油	11	4,722	—	4,722	—	42,498
羊油	2	844	—	844	—	7,596
盐	12	17,846	—	—	—	—
黄酱	12	18,432	3,484	1,862	276	31,777
芝麻酱	6	388	78	206	57	2,302
酱油	12	9,022	217	—	—	866
醋	12	6,680	—	—	—	—
白糖	10	3,174	—	—	2,628	10,760
黑糖	1	512	—	—	486	1,992
胡椒面	2	11	—	—	—	—
花椒	8	107	—	—	—	—
大料	3	11	—	—	—	—
姜	9	726	47	62	552	3,035
芥末	2	56	—	—	—	—
团粉	5	1,069	—	—	605	2,421
茴香	3	1,520	—	—	—	—
胡椒	2	11	—	—	—	—
卤虾	1	45	3	（1）	2	23
桂花	1	17	（1）	（1）	4	19
豆豉	1	62	12	4	15	143
料酒	1	68	—	—	11	72
肉类	12	51,164	8,113	16,899	52	190,155
羊肉	11	26,373	4,114	8,149	—	92,833
熟羊肉	1	101	26	23	—	309
猪肉	12	12,725	1,196	7,851	—	77,750
熟猪肉	7	2,307	466	480	—	6,184
牛肉	6	3,973	763	226	—	5,093
鱼	4	1,306	244	17	14	1,162
虾米	10	1,733	802	33	15	3,579
螃蟹	1	563	247	1	—	996

续表

食品名称与种类	购买之家庭	所含滋养料				热　量（克罗来）
		共　计（格兰姆）	蛋白质（格兰姆）	脂肪质（格兰姆）	炭水化物（格兰姆）	
鸡蛋	6	591	79	62	—	940
鸭蛋	1	107	14	12	2	169
牛奶	1	383	13	15	19	264
羊肠	1	1,002	150	30	1	876
间食类	12	85,191	3,757	5,741	15,288	128,878
水果	12	23,277	169	64	3,110	13,769
柿子	11	13,704	82	14	1,233	5,382
梨	5	4,356	22	17	553	2,483
苹果	4	535	2	2	59	262
海棠	4	1,346	2	2	244	997
山里红	2	281	1	1	—	10
枣	3	670	13	19	525	2,385
黑枣	2	484	30	4	282	1,280
莲子	1	39	6	1	28	145
葡萄	1	73	（1）	—	7	26
香蕉	2	1,007	8	4	138	625
荸荠	1	281	3	—	41	174
其他	11	61,914	3,588	5,677	12,178	115,109
油条	9	2,865	132	1,444	857	16,949
蜜麻花	1	51	3	10	33	239
蜜供	1	62	5	（1）	35	165
中果	1	34	1	7	23	158
炸饹馇	1	23	3	3	8	72
炸排叉	2	878	83	226	468	4,232
炸三角	1	388	19	39	178	1,138
包子	2	186	15	30	71	614
油茶	2	180	12	73	81	1,930
蜂糕	1	152	9	1	96	429
蒸饼	1	270	21	2	140	664
萨其马	1	1,610	113	280	934	6,712
豆汁	2	25,726	566	103	412	4,811
豆浆	2	1,829	68	22	37	611
杏仁茶	3	3,039	43	43	264	1,611

续表

食品名称与种类	购买之家庭	所含滋养料				热　量（克罗来）
		共　计（格兰姆）	蛋白质（格兰姆）	脂肪质（格兰姆）	炭水化物（格兰姆）	
藕粉	3	236	2	1	207	845
糖果	3	1,339	—	—	1,339	5,492
果酱	1	191	1	—	52	618
元宵	2	608	32	1	440	1,895
花生	12	9,776	1,906	2,845	1,809	40,473
瓜子	2	51	6	8	1	104
栗子	9	7,902	411	356	2,797	16,436
糖葫芦	4	889	4	1	384	1,556
熟白薯	1	3,343	100	70	1,407	6,653
蜜枣	1	113	1	(3)	82	335
核桃	1	174	32	112	23	1,267

(1)少于1格兰姆。——编者注

附表三　48家中两个家庭衣服用具调查表
(48家之排列顺序系以各家收入之多寡为标准，下列第22与26两家为48家中收入近于中数的代表家庭)

A. 第22家　　　　B. 第26家

物　品	数目	价值(元)		物　品	数目	价值(元)	
		新时	现在			新时	现在
总　计		104.28	51.32	总　计		140.03	64.45
I. 公用物品		25.16	14.55	I. 公用物品		58.38	31.81
家具什物		14.94	8.84	家具杂物		37.84	20.92
抽屉桌	1	3.00	2.00	连三	1	4.00	2.00
长凳	1	4.00	3.00	炕桌	1	1.80	1.00
纸箱	2	1.00	0.50	木柜	1	6.00	4.00
茶壶	1	0.60	0.40	木箱	2	4.00	3.00
茶碗	2	0.20	0.10	柳条箱	1	2.00	1.00
伞	1	2.00	0.50	茶壶	1	0.60	0.20
灯	1	0.20	0.10	茶碗	4	0.40	0.20
剪刀	1把	0.20	0.08	茶叶罐	2	1.00	0.40
针线簸箩	1	0.30	0.10	茶盘	1	0.40	0.30
尺	1	0.10	0.05	洗衣盆	1	0.80	0.60
铜顶针	2	0.04	0.02	洗衣板	1	0.10	0.05
扫帚	2	0.09	0.05	掸子	2	0.20	0.10
簸箕	1	0.15	0.10	伞	1	0.50	0.20
布门帘	1	0.40	0.10	灯	1	0.20	0.10
铁锹	1	0.80	0.40	针线簸箩	1	0.30	0.10
炕席	1	0.50	0.20	扫帚	3	0.14	0.07
草荐	1	0.06	0.02	簸箕	1	0.20	0.05
花盆	4	1.20	1.10	竹帘	1	2.00	0.80
画	2	0.10	0.02	门帘	1	1.00	0.40
厨房用具		7.29	3.96	痰盂	1	0.10	0.05
调和品瓶罐	2	0.10	0.03	刀	1	0.20	0.20
饭碗	9	0.65	0.33	斧	1	0.30	0.30
盘子	3	0.33	0.10	钟	1	5.00	2.00

续表

物品	数目	价值(元)		物品	数目	价值(元)	
		新时	现在			新时	现在
酒壶	2	0.40	0.10	床板	1份	3.00	2.00
酒杯	1	0.02	0.01	炕席	1	0.40	0.20
筷子	5双	0.10	0.02	凉席	1	1.00	0.20
水缸带盖	1	1.20	0.60	尿盆	1	0.10	0.05
水桶	1	0.08	0.02	磁花瓶	1	1.00	0.50
水壶	1	0.10	0.05	果盘	1	1.00	0.80
铁炉	2	1.20	1.10	画	1	0.10	0.05
拔火筒	1	0.10	0.05	厨房用具		10.09	4.96
火筷	1双	0.10	0.05	调和品瓶罐	3	0.15	0.05
支锅砖	3	0.02	0.01	饭碗	10	0.80	0.40
铁锅	1	0.30	0.20	盘子	6	0.50	0.30
沙锅	1	0.10	0.05	筷子	8双	0.10	0.04
锅盖	1	0.10	0.02	水缸带盖	2	1.40	0.70
切刀	1	0.80	0.40	水罐	1	0.05	0.02
铲刀	1	0.10	0.05	腌菜缸	1	0.80	0.40
杓	2	0.20	0.12	水壶	1	0.10	0.05
擀面杖	1	0.10	0.05	铁炉	2	1.80	0.80
案板	1	0.40	0.20	拔火筒	1	0.05	0.02
炊帚	1	0.04	0.01	火筷	1双	0.10	0.05
抹布	2	0.10	0.05	铁锅	1	0.30	0.20
面口袋	1	0.10	0.05	沙锅	2	0.20	0.10
米口袋	1	0.10	0.05	锅盖	1	0.10	0.05
绿盆	5	0.45	0.24	切刀	1	0.70	0.20
梳妆用具		1.53	0.60	铲刀	1	0.10	0.05
洗脸盆	1	0.40	0.20	杓	9	0.82	0.45
洗脸巾	1	0.10	0.05	笊篱	1	0.05	0.02
镜子	1	0.50	0.20	蒸屉	1	0.45	0.32
梳篦	3	0.25	0.03	擀面杖	1	0.10	0.05
漱口盂	1	0.20	0.10	案板	1	0.40	0.20
牙刷	2	0.08	0.02	炊帚	1	0.02	0.01

续表

物　品	数目	价值(元)		物　品	数目	价值(元)	
		新时	现在			新时	现在
杂类		1.40	1.15	抹布	1块	0.05	0.01
纸牌	1副	0.20	0.10	面口袋	1	0.10	0.05
小布人	1	0.20	0.05	米口袋	1	0.10	0.05
石榴树	1	1.00	1.00	火筷	1双	0.10	0.05
II. 个人用品		79.12	36.77	柳条篮	1	0.20	0.10
家主		28.90	11.25	绿盆	3	0.25	0.12
小褂	3	3.00	1.00	缸盆	1	0.20	0.10
单裤	2条	1.60	0.50	梳妆用具		2.85	1.40
夹袄	1	1.00	1.00	洗脸盆	1	0.10	0.05
夹套裤	1	1.00	0.40	洗脸巾	2	0.30	0.10
棉袍	1	5.00	2.00	镜子	1	0.50	0.10
棉袄	1	1.80	0.90	镜支	1	1.00	0.80
棉裤	1条	1.40	0.70	梳篦	4	0.25	0.10
鞋	3双	2.00	0.50	梳头油罐	2	0.40	0.10
布袜	2双	0.50	0.20	头刷	1	0.10	0.05
织袜	2双	0.60	0.05	胰皂盒	1	0.10	0.05
毡帽	1	0.80	0.20	鞋刷	1	0.10	0.05
手套	1双	1.00	0.20	祭祀用具		6.40	4.20
被	1	5.50	2.00	铜佛	1	3.00	3.00
褥	1	3.50	1.50	香炉	2	0.40	0.20
枕头	1	0.20	0.10	锡蜡烛台	2	3.00	1.00
妻		25.00	11.90	杂类		1.20	0.33
小褂	4	5.00	2.00	扇子	2	0.10	0.08
单裤	2条	1.60	0.80	月份牌	1	0.10	0.05
夹裤	1条	1.20	0.40	裁纸刀	1	1.00	0.20
棉袄	1	1.80	1.00	II. 个人用品		81.65	32.64
棉裤	1条	1.40	1.10	家主		32.70	14.70
鞋	2双	0.80	0.30	小褂	2	2.00	1.00
棉鞋	2双	1.00	0.20	大褂	1	2.40	0.80
布袜	2双	1.00	0.20	单裤	2条	1.80	0.70

续表

物　品	数目	价值(元)		物　品	数目	价值(元)	
		新时	现在			新时	现在
织袜	3 双	1.00	0.10	夹袄	1	1.50	0.60
腿带	1 双	0.20	0.10	夹裤	1 条	1.00	0.80
银簪	2	3.00	2.50	棉袍	1	5.00	3.00
银耳挖	1	0.40	0.30	棉袄	1	1.80	0.70
银耳环	1 对	0.30	0.25	棉裤	1 条	1.50	0.60
女子发簒	1	0.10	0.05	棉套裤	1 双	1.00	0.80
被	1	4.00	1.50	鞋	2 双	2.00	0.40
褥	1	2.00	1.00	棉鞋	1 双	1.00	0.30
枕头	1	0.20	0.10	布袜	3 双	1.50	0.50
子 1		4.52	2.56	织袜	2 双	0.60	0.20
乳儿尿布	8 块	1.00	0.50	毡帽	1	0.80	0.20
夹袄	1	0.40	0.20	皮帽	1	1.80	1.00
棉袄	2	1.00	0.50	手套	1 双	1.00	0.20
鞋	1 双	0.12	0.06	被	1	4.00	2.00
布帽	1	0.10	0.05	褥	1	1.80	0.80
被	1	1.00	0.80	枕头	1	0.20	0.10
褥	3	0.80	0.40	妻		22.85	7.90
枕头	1	0.10	0.05	小褂	2	3.00	1.00
女 1		11.40	5.56	单裤	2 条	1.60	0.60
小褂	2	2.00	1.00	夹袄	1	1.80	0.50
单裤	1	0.80	0.40	夹裤	1 条	1.20	0.80
夹裤	1 条	1.00	0.53	棉袄	1	1.60	0.70
棉袄	1	1.60	1.00	棉裤	1 条	1.50	1.00
棉裤	1 条	1.40	0.70	鞋	2 双	2.00	0.50
鞋	2 双	0.80	0.40	棉鞋	1 双	1.00	0.40
布袜	2 双	1.00	0.40	布袜	3 双	1.50	0.40
织袜	1 双	0.30	0.20	织袜	3 双	1.00	0.30
手巾	1	0.10	0.08	银耳环	1 对	0.30	0.10
被	1	1.50	0.50	银头针	1	0.15	0.10
褥	1	0.80	0.30	被	1	4.00	1.00

续表

物　品	数目	价值(元)		物　品	数目	价值(元)	
		新时	现在			新时	现在
枕头	1	0.10	0.05	褥	1	2.00	0.40
女 2		9.30	5.50	枕头	1	0.20	0.10
小褂	2	2.00	1.00	子 1		7.00	1.64
单裤	2 条	1.00	1.50	小褂	1	1.00	0.50
夹袄	1	1.40	0.70	夹裤	1 条	0.60	0.20
夹裤	1 条	1.00	0.30	棉袄	1	1.40	0.20
棉袄	1	1.60	0.80	棉裤	1 条	1.20	0.20
棉裤	1 条	1.00	0.50	鞋	2 双	0.40	0.05
鞋	1 双	0.10	0.05	织袜	2 双	0.40	0.10
布袜	2 双	0.80	0.40	腿带	1 双	0.10	0.04
织袜	1 双	0.20	0.15	毡帽	1	0.80	0.20
手巾	1	0.10	0.05	围巾	1	1.00	0.10
枕头	1	0.10	0.05	枕头	1	0.10	0.05
				子 2		7.20	2.63
				单裤	1 条	1.00	0.40
				夹袄	1	1.40	0.30
				棉袄	1	1.50	1.00
				棉裤	1 条	1.20	0.40
				鞋	2 双	0.60	0.20
				织袜	3 双	1.00	0.10
				布帽	1	0.40	0.20
				枕头	1	0.10	0.05
				子 3		2.70	0.75
				棉袄	1	1.00	0.40
				棉裤	2 条	0.80	0.20
				布帽	1	0.40	0.05
				小孩尿布	2 块	0.50	0.10
				女 1		9.20	5.00
				小褂	3	2.40	1.00
				夹袄	1	1.50	0.70

续表

物　品	数目	价值(元)		物　品	数目	价值(元)	
		新时	现在			新时	现在
				棉袄	1	1.00	0.50
				棉裤	1	0.80	0.40
				鞋	2 双	0.40	0.10
				织袜	2 双	0.30	0.05
				银手镯	1 副	2.00	1.80
				银耳环	1 对	0.30	0.20
				银戒指	1	0.30	0.20
				枕头	1	0.20	0.05

下篇　社会研究与评论补编

北京人力车夫之生活情形*

民国三四年间，北京社会实进会之服务团之有志者从事调查城内外各区人力车夫职业与生活之情形。该团汇集各人调查书托余就所调查之资料，编辑报告，以发明此次调查之结果。原报告系用英文撰述。本文叙述简略，缺乏精密的研究，且所述为十年前之情形，与今日物价、货币、运输以及其他种种之情形大不相同，更减损报告在今日之价值。然其中所述之原则犹未磨灭，故存之。

一、 人力车业之性质

在考察人力车夫状况之先，必须先知其职业之性质。人力车乃一种运输之方法或交通之器械。人力车与他种运输器有不同者数端：

（一）比较言之，人力车之制造所需之资本甚少，每辆约值自 40 元以至 150 元不等。

（二）人力车所装运者常专限于人。（虽亦有不装运人时，但只属例外。）

---

* 本文收入《孟和文存》，亚东图书馆 1925 年版。

（三）人力车每次所装运者为一成人或二幼稚。

（四）人力车之用宜于短近路程，行于铺石或曾经修筑之道路上。其利便仅限于城镇或城市之近郊诸处，若路程过远或运行于崎岖不平之路上则大不便。

（五）人力车之用，不特为道路状况所限，更为人力所限。人力车夫之动力为人力，故车行之速度即为人力车夫个人之力量所限。

人力车夫，即竭其一己身体之力量，载运客人（极例外时亦载运货物）以为生活者也。今若将人力车夫与其他从事于较进步之运输业者相比较，则可见以下诸点：

（一）人力车夫之劳动极费力且不经济，盖彼竭其全身体之力每次所运者不过一人。

（二）人力车夫之工作不合卫生。盖其伛偻驰驱之态防阻胸部之发展。其急迫之呼吸，所吸又为通衢上污浊之尘芥，实有害于肺部之健康。而其身体终日着汗垢所渍之衣服，尤易染受各种疾病。

（三）以其所费之体力与其所得之酬报相比较，则收入可谓极微。然吾人于讨论收入时有应注意者，即金钱之价值与生活之程度两方面是也。不恃机巧之劳动，即纯依筋肉力之劳动，无论在何处，所得之报酬皆为最低。

（四）人力车夫之劳动殆完全用筋肉力，所需之智慧极低微。

吾人若以马车或公用电车代人力车，则价廉而速度高，自社会之方面观之亦更为经济。吾人有轻便良善之运输法，如马车电车之类，而不能用，乃必使一般人终日绞血汗以从事不卫生不经济之人力车业，实社会之一大消耗也。设人力车业果能尽行废止，人力车夫皆能改操新式之运输业，则其工作较为简易，更可以其余之精力，从事于劳动以上简单物质生活以上之事业（如消遣、娱乐、文化之教育等），岂不善哉？故无论从个人或社会之立足点观之，人力车业之在现代实劳动力之大消耗也。

更自消费者方面观察，人力车亦未尝可称为经济的运输器。今日北京每日乘人力车行四英里之路程，则所费与在伦敦、纽约或巴黎每日之车费大概相同，有时或且过之。如在柏林或纽约等都市，车费不论远近概行划一，伦敦与巴黎则常按路程之远近而定价，但无论其规定如何，一般人每月所需之车费亦不过中洋十元左右。吾昔在伦敦近郊居住时，距学校在八英里以上，所购季票（适用三月）价只英金二磅余（即二十余元），而每日往返无论若干次皆得适用焉。今若在北京每日行如此远之距离，其速度与安适姑勿论，即车费一项每月必须超过十元以上。吾人之车费虽高，而吾人一般之收入与生活程度视诸西洋又远不及。以吾人生活程度之低陋，而所出之运输费反如此其贵；以欧美大都市之人生活程度之高，而其所出之运输费反如彼其廉。人力车之不经济灼然可见，尚待其他辩证哉？

人力车之问题不仅为个人或国民经济之问题，实为极重要之社会问题。此种职业乃剥削国民之精力，防害人民之健康，甚且遗害及于后代。此恶不除，全社会之生活被其影响，至于无穷，非过言也。吾人今就调查所得，分析研究，即可知此问题之重要。

二、调查中之问题

此次调查所发出之调查纸分为甲、乙两种。甲种设问题 21 条，乙种设问题 14 条。两种调查纸中之问题大部分相同。甲种问题中较为重要可以特别注意者余以为为原籍、吸烟与教育三项。

调查表中所填人力车夫之姓名与居所，除为认识调查表不至将同一人之调查计算两次外，于统计上无大关系，故本文不论述之。人力车夫所自述其家庭之情形，余亦未据以为准。因车夫眼光中之所谓洁净、卫生、安静等语，未必与吾人所有之观念确相合也。又如关于人力车夫曾有疾病否，知有医院或施医处否诸问题填入答语者甚少。而其填入答词者则又皆言无病，或不往病院诊治。因此使人疑及人力车夫虽罹疾病，未必果确知其有疾病或已有疾病之危险。愚者或且惯居于产生疾病状况之下，或抱病经年，而仍生存滋息，亦非不可能之情形。必待医生诊察，告以有病，人力车夫始知其有病也。①

此次调查包括内外城各处。所调查之总数共 302 人。依北京警察厅之报告（民国四年），北京内外城之人力车夫共 20,859 人，所调查之数与之相较，诚甚低微，不过当六十九分之一而已。兹将所调查之结果，分别论述如下。

（一）年龄

查所调查之 302 人力车夫中，20 至 30 岁者不及半数，30 至 40 岁者不及三分之一，40 岁至 50 岁者占六分之一，20 岁以下者不过寥寥数人。自 20 岁至 40 岁诚为人生筋肉工作最佳之时期。而人

① 人力车夫所常患之疾病，余闻医者言，为腿痛、冬日之冻手、冻脚、喉疾、盲肠炎及花柳病等。如各地方之病院对于人力车夫之来求治者有详细之记载，当可为有益之发明。

之发育与长成亦即在此时期。以人力车为业者,乃以人生最佳之时期完全耗费于身体之劳动,殊为可惜。按诸理想,人当壮年宜从事于有益于其身心之工作,俾得为社会上有效率之分子,若专劳碌其身体,甚且戕害其身体,以过度之身体劳动,摧残或抑损其身心之发展,其害为如何者?人力车业去吾人理想之职业远矣。年龄统计上犹有可注意者,则40岁以上者犹占六分之一是也。人当40以后,身体之发展已停顿,体力已有渐衰之倾向,若仍任其担负极辛苦极易疲劳之工作,实深可怜悯。故地方政府似须特别规定年龄以恤老年。日本劳动状况向来虽远不及欧美诸产业国家,现亦已对于年龄老之人力车夫加以取缔矣。

(二)婚姻之状况

所调查之302人中,已婚与未婚者各占其半。但未婚者之中有鳏者16人亦属之。在中国婚姻殆为强迫之制度,凡达一定年龄之时殆必须结婚,故结婚者实多于未婚者。中国结婚之状况不若在西方之可以显示劳动者之经济状况也。

(三)家庭之依赖者

关于家庭,余试分别为两种定型:一种为小家庭,即夫妇与子女同居之家庭;一种为大家庭,即中国旧式之家庭,父子兄弟叔伯诸人同居之家庭。一查302人中只有依赖者三人之家庭不及半数,有大家庭须维持者竟有三分之一。无依赖者而完全为自己谋生活者占极少数。夫以人力车夫收入之微,而欲使其维持大家庭,乃不可能之事。但要知中国之劳动者常同时为有资产者，持有田地或房产。调查表中所记有6人有田地与住房，其中有一人竟有田60亩。

（四）收入

大部分人之收入每日为铜元51枚乃至80枚。其收入不及此数或超过此数者占极少数。吾人所宜注意者，则人力车业并非其人惟一之生活之方。所入车资常为其家庭收入之一部分，或其人收入之一部分，因其家庭或另有财产，或彼自身于拉车以外仍以余暇另营他业。据云现时内城满人衣食艰难，其"钱粮"又不按时发给，故常有以人力车业之收入以补助其生活者。常见人力车夫衣朽敝之绸缎衣服，行路亦不矫捷，盖即旗人之落魄而流入人力车业者。此类之人一旦财产荡尽，储蓄杳然，亦即须完全依人力车业为生活矣。

（五）赁车费

据大部分之报告，赁车费每半日约铜元21枚至40枚。若租赁全日，则费较减。故有时二人共赁车一乘，轮流出外拉车。据余之调查，赁车费依车之情形而定，车新而装饰较华美者与车敝而朽者赁价当然不同。其等级大略如下：

（1）赁全日即24小时者，铜元40枚至洋4角。

（2）赁半日（早七八时至午后四时）铜元30枚至洋3角。

（3）赁夜间（晚四时至十二时或翌日早一时）铜元15枚至30

枚。

人力车有铁轮与胶皮轮之别,铁轮车之赁费较上表所列者为省。近来议定关于人力车之损坏常由车主人担负修补,不责偿于车夫,此亦宽待车夫之法也。惟车之损坏显然为车夫之疏忽或有意所致者,则仍须车夫纳偿。

(六)生活费

各调查表,关于生活费之数目极不一致,故极难据之以窥知人力车夫一般之生活程度。考其数目所以歧出之原因大概不外以下三种:(一)人力车夫常以自己之饮食费报告调查员,关于其家庭之消费则未算计。(二)各家庭之人口数目不同,其消费亦因之有异,于是各家之支出显然有大差别。(三)一家之中仍有营他业而获得收入者,以其收入弥补家用之不足。故有时调查表中竟有支出之数超过收入者。又如第三四节所述,人力车业之收入常仅仅为家庭收入之一部分,故家庭之支出当然可超过于人力车业之支出。由是观之,欲以人力车夫之收入以衡其家庭之所需或其家庭之生活程度,诚大难事。

今若作极概括之计算,则每人每日以铜元15枚至20枚即可生活。三口之家,每日所需必须铜元25枚乃至40枚,所谓三口即父母与儿童是也。此数仅为食物之费用,至灯与煤火则不在内,衣服药品及娱乐之费当然更不在内。四口之家每日必须铜元60枚方可糊口。如其收入不及此数,则必须典卖(如有可典或卖之物)或借贷于邻人。

（七）净收入或储蓄

由收入减去赁车费及生活费，即为人力车夫之净收入或储蓄。大多数之车夫毫无储蓄，大抵皆称其收入不敷用，若每日赁车费与生活费两项即已尽夺人力车夫每日之收入，则其不能储蓄亦为当然之情形。考调查表中亦有称可以储蓄者，但其储蓄不过将其生活费由收入项下减除，即称所余为储蓄，实则此外尚有开销，非真能储蓄也。（例如调查人力车夫时，问以"可以剩多少钱"，车夫常答"可以剩多少"，所谓"可以剩"，并非实际有所余也。）总之，人力车夫之储蓄力极薄弱。一方面由于其收入太低，一方面亦由于车夫或其家庭之习惯。北京本地人俗尚奢侈，而不知撙节，就中以旗人为尤甚。由外乡来者较为俭约，然其俭约之程度亦因人因地而异。一般言之，大概以山东人为最俭省。曾闻有人力车夫善于储蓄，日久所积竟可在本乡购地十数亩，或购人力车为己所有者。惟此或为极稀罕之例外。

但大部分之车夫偶有储蓄则常流于怠惰，或营不道德之生活。及至薄蓄荡尽，于是又孜孜劳碌，重新为劳肢体之生活。而此后能否再为车夫，或能否再获高车资，则又视其般乐怠傲时代之生活为何如。有时人力车夫之一生为劳苦与不道德之怠惰相交迭相循环者。据一粗略之调查称真能刻苦储蓄而且能永久储蓄者不过五分之一耳。夫储蓄之意乃为子女与自己之将来。设无储蓄，则子女无从获教育，自己年老或撄疾病无从获衣食。故人力车夫之无储蓄足以显人力车夫问题之黑暗。人力车业不特剥削车夫最宝贵之精力，且营此业者又不能为子女谋教育，又不能为自己备将来，岂得谓为好职业哉?

(八) 工作时间

所调查之车夫中强半每日劳动七小时至十小时,五分之一则劳动十二至十五小时。人力车夫之工作时间虽长,然要非继续不断者,时时可以休息。虽然,其工作之苦依然也。人力车夫工作时间完毕,如何消遣其闲暇之问题颇值研究。人类决不能徒劳动而无所消遣,至若人力车业之完全为劳苦筋骨之工作,当然更不能缺乏休息。人类之生活不仅为肉体的生活,仍必须有较发展之心理生活,此人所同者也。人力车夫中虽未必有诗人或哲学家发现,然彼固亦属能思考、能感觉、能意志之有知之生物。无论其心理之活动如何简陋,亦必须有事物占据其心理。彼车夫每日于单调,劳苦之筋肉劳动以外,必须有可以舒畅其精神或快活其身心之事物。

人力车夫所最喜之消遣为听戏及听说书。好听戏者大概最多,甚至有不顾收入之多寡而日趋剧馆者。北京人本以能唱著称,人力车夫居于此种环境之中,当然亦笃嗜戏剧,胜于其他一切娱乐。茶馆之中,说书或讲评词彻晚行之,人力车夫亦多趋之。茶馆取费较廉,人力车夫在此觉得舒逸胜于在家庭,且又有与群众同在之快乐,故常至其处消遣。人力车夫之心思完全为"说书者"所述英雄或美人(特别是英雄)之故事所摄伏,将其日间之疲劳工作乃至生命中之苦痛尽置诸脑后矣。

赌博亦为人力车夫所最嗜。车夫有一二种赌博为上等社会所不知者。据云其输赢为数亦颇巨。彼收入颇优之车夫所以常变为贫穷者,大抵皆原因于赌博。且此种赌博专以输赢为目的,并不恃技巧以为消遣也。

人力车夫所沉溺之消遣最恶者当为嫖妓。车夫之嫖妓有数种原因。(一)人力车夫多无妻室者,嫖妓为其满足性欲之一法。(二)富庶之人常赴城外妓馆(俗所谓八埠)游乐,人力车夫之拖载此种人者日久即亦陷入嫖之一道。虽意志极刚强之人,置身其境,亦难克胜一己之私欲而排斥此引诱也。且游八埠者多不计小费,对于人力车夫给费较多。人力车夫获此收入,手下愈觉绰裕。(三)人力车夫所嫖之妓不只限于所谓八埠一区,北京内外城殆无处无之,人力车夫亦常趋之,借资休息,并晒晾其汗渍之衣。此等处所不得谓完全无用。盖汗衣于着衣之人常有大害,如猩红热、感冒、风湿及其他致命之病症,皆可由着汗渍之衣服发生。自此点观之,车夫出费若干,即可在此种私娼家中休息,亦不能谓全有害也。此种嫖风果如何盛行,殆难测定。但无论如何,嫖妓实为恶俗,无论自社会道德,或社会卫生方面观之,皆有极恶之影响。

中国酗酒之风尚未若欧美之烈,但京中饮酒者有时似多于他处。余曾调查车夫之不能驰驱,或驰驱而不能耐久者,盖多因饮酒太多之故。饮酒耗钱财毁身体,亦属不良之习惯。此外关于吸鸦片烟或打吗啡等恶癖未有调查,即调查恐亦难探得实情,必须俟医生详细调查始能作此类之统计也。

(九)从事人力车业之年数

从事人力车业一年至四年者约占全体三分之二。拉车逾四年以上者为数寥寥。北京用人力车为运输器,迄今不过十余年,而胶皮轮车之输入尤在以后,此或可用为人力车夫工作少过四年之一种解释。但另一种解释则人力车业至为劳苦，人之能耐此劳苦之劳动者，充其极量亦不过三四年。故从其作业年限之短之方面观之，人力车夫未来之职业实为一大问题。彼等既无储蓄，又乏专长之技艺，不流为饿莩，必亦寄食于社会也。

（十）人力车夫在拉车以前之职业

此系一极有趣味之问题。吾人由此可以推知人力车夫以前之事业与其未来之前途。其中负贩之小商人与手艺人居大部分，无业者次之，农人又次之。中国大商业尚未发达，故一般贸易常由此类负贩之小商人为之，大秤买入，小秤卖出，彼沿途叫卖以取什一之利焉。此种负贩常不须极高之智慧，故手艺人于失业之际亦常作小本生意，或为负贩之商人。所谓无业者，或无专能者，即俗所谓苦力，专恃筋肉之力以为生者也。然此中最奇者即有曾在学校受过教育者八人。从此可见其所受之教育（如可称为教育！）其效率必极低。学校教育竟不能使之为有技能之工人，而只造成之为卖苦力之劳动者，其功效亦可怜矣。但以学生而沦为专卖筋力者亦不能只归罪于教育，社会状况亦与有关系。设有工人而无处与以职业，有技巧而无工厂需要之，一般稍受教育者又焉不尽沦为苦力哉？总之，此种问题皆耐人深长思也。

（十一）其他问题

甲种调查表中有一可注意之问题，即北京人与他处移来民之比较是也。本地人超过外来人，超过比例约为五分之一。彼等移来之原因，若能测知，颇可以推知由乡村迁移至都市之情况，惜调查表中所填不完，无从推论。然吾人须知人民之迁徙与季节颇有大关系。例如冬季田中作业告终之后，农人来城镇觅工作者络绎不绝，就中以人力车为生者亦必不少。据一车夫自述，每年当田事告隙之际，辄来北京两次，以人力车为业。即当农事盛时，倘有水旱之灾，则亦相驱入城镇，取最易获之人力车业以为生焉。

吸烟之调查，结果吸烟者与不吸烟者各半数。彼等所吸者为烟袋或纸烟，每日需铜元一枚乃至五枚。

识字之调查，结果则识字者与不识字者各居其半。然此间所谓识字，其意义甚广，无论能读书，能作字，或只识“之无”，皆称识字。但就所调查之人力车夫中，竟有半数皆能识字，其识字比例之高出人意外。

三、结论

以上所述虽属破碎不完，但吾人亦可就之筹补救之方。由理想言之，人力车必须废止，社会中不能再容有此违背人道之运输工具。但迄于今日，其他新式之交通器尚未设置，吾人亦即不能贸然将人力车完全废止之。将来北京人民或政府有敷设电车之决心，或一旦公用汽车或电车能驰驱于北京之通衢之上，此数万之失业之人力车夫，依然为社会之重大问题，须吾人设法解决。近世机巧之交通方法固为吾人所重视，而因此失业之万千之人力车夫岂能容吾人忽视耶？故吾人于采用新式交通方法之际，必须先谋人力车夫之生计，或授以职业，或预先逐渐减除其数目是也。

今吾人所能致力于改良人力车夫之生活情形者有三端:教以节俭储蓄,为之设备娱乐,并授以有用之技能。

都会中人多流于用钱无度,而无知识者为尤甚。人力车夫享乐时少,故一旦收入较常时稍多,便尔放纵,不知检点。故最要者即晓以节俭之要,奢侈之害,将一切不必要之耗费概行除免。然此事非仅空谈所能了事,只演讲或谈话不能便引人储蓄,故尤要者厥为储蓄之机关。无论若干几微之数,且无论何时皆得有可靠之处储蓄。现在尚无此种储蓄机关。大银行家或不屑经营此种小事业。然热心社会事业者,颇可试作此类之试验。果能得车夫一类人之信任,则此种储蓄事业造福于收入低者当不少也。

为人力车夫设备娱乐或奖励无害之娱乐诚一困难问题。此不特为人力车夫之问题,实为今日中国各社会阶级之问题。谓中国人为不知如何消遣之民族,恐非诬言。吾人应为人力车夫造出俱乐部一类之游戏场所,为之设备演讲、游戏,如能办理得法,其利益必甚大。中国各社会阶级多互相隔膜,吾人虽日常接触,但互不相知,此于政治之改良,社会之再造,实多阻碍。如上等社会中人肯常来此种俱乐部服务,同时亦得与人力车夫为更亲密之接触,实一明了劳动阶级之最好机会也。

设此种俱乐部果能成立,吾人可更进一步,实施教育之计划,授以手艺及工业制造诸科,使劳力之车夫将来不难为技巧之工人。关于此种普及工业教育之问题,即将制造工艺种种之技术与理论遍施于社会之人人之问题,实为今日中国之急务。其中包括若干问题,兹不赘述。

提高人力车夫之生活,增进其知识与能力,实为吾人之义务。然吾人试一研究,则知提高人力车夫即是提高社会,而提高人力车夫又不仅仅为人力车夫自身之问题，实为社会全体之问题。盖社会全体本为相连，非各部分各阶级不相关系者也。

吾之撰此文，希望各人尽其所能，多少改进为吾人交通上辛苦之同胞，俾其日有进步，将来劳动与生活皆能改善，则此不幸之阶级亦即无劳吾人之研究矣。

中国目下的失业问题*

一

现在要讨论中国的失业问题，实在不是一件容易的事。凡是讨论一个社会问题，最不可缺少的东西，是事实，是许许多多的事实，供我们分析、计算、研究、讨论。然而关于中国的失业，我们便寻不到许多的事实作讨论的基础。在这样大的国家里，除了上海市社会局在最近才试办失业调查发表过一次结果以外，我们可以说没有一个地方供给我们失业的资料的。缺乏资料，我们关于失业的几个重大问题，如他的范围、种类、原因，便不容易推知，不容易研究。现在没有人知道目下中国失业的总共有多少人，多少男子，多少女子；没有人知道失业者都是属于哪几类的职业；除非从社会一般情形来观察，没有人敢说他知道在中国失业的根本原因是什么。要想清楚的认识并且答复这些问题，必须等着政府与劳动团体实行失业的登记，按期做出可靠的详细的失业统计发表以后。在目前我们讨论中国的失业问题，只好依据个人所能搜得零碎的消息与个人对于社会一般的认识。

---

* 本文原载于《青年进步》1930 年第 129 卷第 5 期。

失业统计是研究失业问题最主要的资料。但是我们试一考察世界各文明国家编制失业统计也都是近十年来才发展的。最早是英、法两国的工会有关于失业详确的记载。英国自1871年开始失业统计,迄今已将近60年。法国自1894年即起始保存失业的记载。此后纽约州(1899)、比利时(1902)、德意志(1903)、马萨珠塞州(1908)、丹麦(1910)、瑞典(1911)、荷兰(1911)、奥地利(1914)及坎拿大(1915)相继由工会登记失业人数。其中法、比、奥三国及纽约州在欧战期间都中止统计,只有比利时在1920年12月又恢复失业报告。所以第一次国际劳工会议(1919)在美京华盛顿开会的时候,举行失业登记的国家不过七个。及至1923年11月国际劳工局发行失业专刊①的时候,有专门机关登记失业的国家,依然居极少数,并且大部分是为期甚暂。

这是说九年以前的情形。到了现在,按期登记失业的国家已经增加了不少。今据国际劳工局月报②所常登载的中央政府按期发表失业统计共有33种(其中有多数的地方记载尚不包括在内),即属于下列各国家:

德意志、澳大利亚、比利时、奥地利、坎拿大、丹麦、埃司东尼亚、合众国、芬兰、法兰西、布列颠及北爱尔兰、匈牙利、爱尔兰自由国、意大利、拉脱维亚、诺威、新西兰、荷兰、伯列斯丁、俄罗斯、瑞士、却克斯拉夫、犹哥斯拉夫。

从此看来,近年各国政府对于失业的记录已经有渐渐增加注意的趋势,我国政府,除了工商部曾于去年三月间向各地方征求失

---

① Methods of Compiling Statics of Employment, *International Labour Office*, Geneva, 1922.

② *International Labour Review.*

业统计外，至今还没有什么官式的失业材料发表。这实在是可惭愧的。往者虽不可谏，来者却犹可追。至于将来我国政府能否追随诸文明政府之后，按期报告我国的失业情形，使我国可以有机会认识这个问题，并且根据他的宝贵的资料研究解决的方法，那就看主管劳工各机关的努力了。

二

普通所谓失业，大概都是专指工业劳动者而言。近年以来，各国才起始注意到农业劳动者与薪金工作者两类。关于薪金工作者，即中等社会阶级的失业，除北平社会局曾在极短期间试行一次登记以外，毫无资料可寻，姑不具论。① 农业劳动者，在我国劳动者中，当然占绝大多数。年来天灾流行，人祸频兴，全国在土地上耕作的农民因而失业者似乎应该用百万的数目来计算。可是我们关于他们的失业也是缺乏可以统计的资料。普通可以告诉我们关于农人失业的情形的，只有各地方灾情与难民迁徙的消息罢了。

论到工业劳动者的失业，我们在报纸上所曾见到的，只有以下的几件。最大的一件便是民国十七年十一月底武汉工人与店员的失业。据说当时因工厂倒闭或减少生产额与生意萧条而失业的约有98,000人之多。②

① 参阅天津《大公报》十八年四月二十七日，六月二十九日及七月二十七日《社会研究月刊》内"北平失业人员登记表的分析"及"中国智识阶级失业问题"两文。

② *Chinese Economic Bulletin*, Vol.XIII, p.311, Dec.15, 1928.

其次如广州在十七年十月，因产业凋敝，各处工人大受裁汰。如粤汉、广九、广三、宁阳各路裁去工人800；石井兵工厂裁去工人200；各电影院裁去工人400；河南机器工厂因罢业风潮辞退工人数百；制胶工厂本20余家，因陆续倒闭，只余4家，机工多蒙失业，总计各种失业人员已逾3,000。据广州市公安局的推算，则各项失业之男女幼童合计有8,784人。[①] 该市电话局因改装自动电话，一部分职工如司机生因而失业。[②] 又如该市之旧式家具店，因风气转移，人多喜用洋式家具，营业递减，多数不能维持现状，计制造旧式家具者为数不下2,000。[③] 火柴工厂10家因生意停滞兼轰烈品税捐问题于十八年十月二十九日停业。每厂容工人自数百至千余人不等。因此失业之厂工约有20,000，黏盒散工一万数千，合计约在45万之谱。[④]

十七年末，四川从事盐业的工人，因为湖北销用两淮及其他各处的盐，不必待川盐的救济，因而失业者达10余万人之多。[⑤]

十七年间江苏12圩运盐业，总计工人以及场商、运商、航主失业者不下10余万人。[⑥] 因国民政府禁赌，苏州麻雀牌业，立受打击，如摩工、打眼、庄子、筹码、竹坯、匣子皆麻雀牌制造业专门分工的工作，从事此种工作失业者达1万人以上。[⑦] 去年春间苏州铁机业6家停歇，失业工人数千。[⑧]

---

① 天津《大公报》十七年十月三十日广州通信。参阅 *Chinese Economic Bulletin* Vol.XIII, pp.193—194.

② 广州《民国日报》十八年九月十四日。

③ 广州《民国日报》十八年九月二十五日。

④ 广州《民国日报》十八年十月二十九日。

⑤ 天津《庸报》十八年一月十一日。

⑥ 北平《晨报》十七年三月二十六日。

⑦ 天津《庸报》十七年十月二十七日。

⑧ 南京《京报》十八年三月八日及二十日。

当十八年三月间北平天津两市，据中央特派调查河北行政的专员张超调查结果，失业人数达30万以上。就中北平因首都南移后，市面萧条，失业人数约为23万，天津市失业人数达10余万[1]。因工潮迭起工厂无法营业而失业者则有两市之地毯工人，如天津美隆地毯工厂停业，失业者300余人，乾昌地毯工厂停业失业者400余人，北平永年、仁立、燕京、万成永等厂商相继呈报歇业，失业者500余人。[2]

此外如天津提花工厂40余家，因营业不振停业，失业者300人以上。[3] 天津北洋铁工厂停业，失业者达600人。[4]

十八年秋季沿北宁路线地方多蒙水灾。如唐山华新纱厂因水灾停工，遣散工人一千四五百人之多。[5]

青岛日本人所设各厂，如纱业之大康、宝来、富士、钟渊、内外、隆兴诸厂，丝业之铃木，火柴业之山东、华祥两公司，为威吓工人，锁厂停工，计因此而失业者几及四万人。[6]

杭州市工商厂家共有职工15,431人，因工商业凋疲，工人失业者有6,427人。[7] 又绍兴锡箔业因各处破除迷信销路日衰，箔工20万人将失业。[8]

以上所述各条，系据报纸上零碎的记载，我们所看到的。我们所搜检的报纸不完全，当然有许多失业消息，我们未曾剪的，但是

---

① 见当时平津各日报。

② 见平津十八年十、十一、十二三月间各日报。

③ 天津《大公报》十八年八月二十四日、九月八日、九月十六日。

④ 天津《大公报》十八年六月二十日。

⑤ 见天津十八年八月间各日报。

⑥ 见上海《申报》十八年七月二十二日及九月十一日、十一月八日、十二月十二日，又上海《时事新报》十八年八月九日、八月二十七日。

⑦ 见十八年十二月三十日《申报》。

⑧ 杭州《民国日报》十八年十二月二十日。

即使国内一切的报纸都已搜集无遗，我们敢说他们关于失业的记载仍然不能详尽。从此更可见政府进行失业调查，发表报告的重要了。

就上文所举各条，研究失业的范围，或一年间失业的人数当然是不充足；关于失业的原因却可窥知一二，现在中国失业的原因，就所列各种消息可以归纳为如下诸项：

一、工厂或店铺倒闭。

二、生意萧条或减少生产额（大部分的失业都是由以上两种原因）。

三、法令（禁赌）。

四、工潮（工人提出要求或罢工）。

五、商业市场的改变（如川盐在楚滞销）。

六、用品格式的变迁，即风尚的转变（如改用洋式家具）。

七、节省人工机械的采用（如改用自动电话机）。

八、天灾（如水灾）。

以上所举各种原因是互相包容的。如一、二两项即可为第七项以外各项原因之结果，同时也可为其他原因如苛捐、重税、交通不便、战事之结果。可惜这些资料不详备，我们无从深究。但是从此已可见中国的失业与工商业的关系，而所谓生意萧条与倒闭大有可详细研究的价值了。

三

上海特别市的失业统计我们在此节特别提出讨论，因为他是在中国独一无二较有系统调查的尝试。关于他的调查方法及调查表分析的详细的情形,兹为篇幅所限,姑不具述。[1] 现在只将他的重要结果略为叙述。

上海失业的调查分为两种。一种是关于范围,在十八年九月间从工会方面调查。一种是关于失业原因和生活状况由社会局在同月内举行登记。关于前者计调查代表十类业务之工会 187 家。其会员总数 155,069 人内,失业者共 10,009 人。失业会员占全体会员 6.45%。按性别及年龄观察,则男工失业者占全体男会员 7.35%,女工失业者占全体女会员 3.88%,童工失业者占全体男会员 2.84%。按业务观察,则失业者之比例以日用类为最高,机器类次之,建筑业为最低。关于各类职工失业总表(原表数目有错误之处已为修正)抄列于后(见"工会职工失业总表"):

第二种失业登记,计登记表格共 1,375 份,经审查结果,采用者共 1,215 份。失业原因以出于资方之主动者为最多,占61.63%;内中因无故开除而失业者占 29.64%,因裁汰工人而失业者占 21.40%。失业原因的第二位为一般之劳工状况,即停业闭厂、意外事变、更换资方三项,因此而失业者占 19.42%。失业原因出于职工之主动者最少,只占 17.43%。原表中所谓无故开除似欠明了,因为自工人方面看来或者是无故开除,但是自资方或自社会方面看来,或者自由于生产或生意情形的不得已的状况。假使我们将无故开除、裁减工人与所谓一般之劳工状况栏内三项相合并,都认为生产事业之紧缩或停顿,则由此失业者竟占 70.28%。关于失业日期 则六个月以上占26.42%,一年以上者占25.51%,两者实占

① 参阅《社会月刊》第 1 卷第 8 号,十八年八月出版。

工会职工失业总表

类别	工会数	会员总数				失业会员				失业会员占会员全体之百分数			
		男	女	童	总数	男	女	童	总数	男	女	童	总数
纺织	51	18,820	20,122	4,897	43,839	901	993	227	2,121	4.78	4.93	4.64	4.83
饭食	15	11,405	94	1,420	12,919	1,277		4	1,281	11.19		0.28	9.91
建筑	6	4,076	22	200	4,298	22			22	0.54			0.51
机器	12	7,240		71	7,311	901		1	902	12.44		1.41	12.34
输运	28	19,532	4	5	19,541	2,181			2,181	11.17			11.16
印刷	12	9,993	798	557	11,348	321	33	19	373	3.21	4.14	3.41	3.29
化学	17	8,161	6,624	965	15,750	86	33	2	121	1.05	0.50	0.20	0.76
日用	9	4,078		153	4,231	627			627	15.37			14.81
商业	21	27,552		970	28,522	1,757			1,757	6.37			6.15
杂役	16	6,730	215	365	7,310	579	25	20	624	8.60	12.82	5.48	8.56
总计	187	117,587	27,879	9,603	155,069	8,652	1,084	273	10,009	7.35	3.88	2.84	6.45

半数以上。其次则为失业四月至六月者、二月至四月及一月至二月者，三者共计占45.5%。

失业者1,215人中，92.26%皆在16至45岁之间，正当年富力强的时候。其中约半数曾受中小学校之教育；71.19%曾经结婚，54.15%曾生有子女，失业者的负担于此可见。兹将以上各项汇列如下表：

上海特别市失业职工分析表

类别	失业原因														
	因一般之劳工状况			出于资方之主动者						出于职工之主动者					
项目	停业闭厂	意外事变	更换资方	无故开除	裁减工人	因病被裁	年老被裁	加入工会	参与罢工	意见不合	工资微薄	自行辞职	资方压迫	待遇不良	不明
失业人数	160	14	62	358	260	65	5	50	11	82	32	87	9	2	18
百分数	13.17	1.5	5.10	29.46	21.40	5.35	0.41	4.11	0.90	6.74	2.63	7.16	0.74	0.16	1.48

类别	失业日期							年龄				
项目	不及一月	一月至二月	二月至四月	四月至六月	六月以上	一年以上	不明	16岁至25岁	26岁至35岁	36岁至45岁	46岁以上	不明
失业人数	16	125	202	226	321	310	15	388	511	222	89	5
百分数	1.31	10.28	16.62	18.60	26.42	25.51	1.23	31.93	42.06	18.27	7.33	0.41

类别	教育					已否结婚有无子女			
项目	中学	小学	私塾	未受教育	不明	已	否	有	无
失业人数	40	383	196	296	303	865	350	658	557
百分数	3.29	31.52	16.13	24.11	24.93	71.19	28.80	54.15	45.84

我们在上文曾说上海的失业统计，是独一无二的有系统的，但

是我们同时仍然不得不说他离着完备很远。编辑者自身便不满意统计的结果,一则恐怕取材不当,再则因遗漏而不能代表一市的情形。他曾举出此次编制统计的困难情形。如有许多未曾到社会局注册的工会即无从调查,即注册工会,因组织的不完善,报告失业也难免有不实不尽的地方。工人知识幼稚,不明调查的用意,不是不肯报告,便是报告失真。此外如短工、散工,工作无定,殊不易调查。最末,上海工人多来自乡间,因失业而还乡者在在都有,亦无从稽考。凡此种种困难都是编制者所声明的,我们当然不必再加指摘。我们所能结论的,就是关于上海失业的情形,这个调查所能昭示我们的不过是茫如大海的上海劳动界中一段极小的断面图罢了。

此次上海的失业的调查是一个最初的小小的尝试,编者声称以后每年还举行一次极详尽的调查,这是我们所最盼望的。但是我们觉得失业决不应该一年调查一次的。业务的增减,是时时不断的。一年一度的失业登记决不能将失业"实际的状况表现出来。"特如建筑类之水作,运输类之码头、转运、渡船、肩运、小车诸业务,日用类之煤炭职工受季节的变化影响最大,至少非每季有调查不能明其失业的真象。此次调查系在九月十类业务工会之中,结果建筑类之水木作,运输类之码头、渡船、肩运、小车诸业务,竟无一人失业,调查若在一月或十二月举行,说不定便有许多职工报失业。

即使气候对于业务的影响,在上海所能感觉的比较在北方都市所能感觉的为少,产业状况之时有变化,因产业状况的变化而影响失业,我们依然是不能否认的。这种影响非有每季的,更好是每月的调查,不能表现。此次上海调查,化学类之烟草职工无一人报失业。若在去年秋间,中国人所经营的香烟业多数倒闭或类于破产的时候,此项失业人数必定大为增加。又如调查时纺织类之缫丝业失业者不达总数百分之一。若在去年年终中国丝业大衰,上海丝厂相继倒闭的时候举行调查,我们敢说失业的情形一定大不相同。依以上所说,可见一年一次的失业调查不只粗糙并且也不能表现实际。编制者说在我国现今环境之下,按月编制失业总计,实在是不容易办到。我们退一步说,至少每季一次调查是必须的。

四

我们只用以上所举的资料,并不能推论中国的失业。因为那些资料所表示的中国失业的范围,不过是"沧海中之一粟",不过是"九牛之一毛"。我们于是不得不就着社会的情形再略为推论。

中国极大部分人口都是在土地上耕作。他们的业务,一方面要靠着天时的和顺,一方面更要靠着秩序的安宁。可是在偌大的中国里,到处是旱魃为灾(如陕西、甘肃),匪寇为虐(特如江西、湖南),行政的腐败,时时妨害安宁的秩序,剥夺人民的业务。年来关内难民移往东三省者常以十万计,匪寇出没的区域,人民迁徙逃亡,不可胜计;他们遗下千万顷的可耕种的良田,而自己最少在几个月里,变成无业的了。关于这些人,我们虽然不容易知道确数,但是我们敢说天灾、匪祸、内战、行政腐化,都是使中国失业者大量增加的主要原因。据上海的调查与报纸上的记载,生意萧条,生产紧缩,虽然仿佛是失业原因,但是我们若穷其究竟还不得不说天灾人祸是根本的原因,因为生意或生产的紧缩也都是受天灾人祸之赐。失业在欧美国家里常由于产业本身或经济界的情形，但是在中国，则常原于天时、政治的扰乱，与军事的行为。

失业直接的及于失业者的影响便是停止收入，使他没有生活之资。几千万的没有生活费的人在一个社会里是多少危险的现象。素有储蓄或产业的人，一时失业，还可以用他的储蓄或产业勉强度日。至于一般劳动者的日常生活要靠着时时工作，不能间断的工作。他一旦失业，便无法生活。人到了不得生活的时候，除非他是一个懦弱无为，安于宿命，而不敢有所为，必然是如古人所说的"放僻邪耻，无不为矣"。从此看来，若说中国各方面的不安宁，完全是业务不稳固的结果，也不为过。

失业对于失业者的又一影响便是毁坏他的工作的习惯，摧残他的工作技能。一个劳动者偶然停止工作几日，很可以作为一种休息。若是他在常时期里，不得已的停止工作，他便极容易的改变他的素来规则的工作习惯，同时他曾练习好的技巧，也必日就衰退。他一方面要忧衣愁食，一方面虽有技能而得不到工作的机会，两种情形都消磨他的自信力与自尊心，破坏他的人生的希望，处在这样情境的人，除非他是呆子，去为非作歹，铤而走险，或联合起来去暴动革命，是当然的，这个失业的影响便是毁灭人的道德心；一旦人失去道德心便极难收拾的。现在人常说中国人自民国纪元以来，人心变坏。我们如果认识失业的心理的影响，便知道所谓人心变坏不是偶然的了。

失业影响，除以上所举的两项外，尚有若干联带的问题，如全社会劳动收入的减缩，劳动者生活与地位的降落，物品消费量与生产量的低减，流氓、土匪、娼妓及贫穷人口的增加等等，无不关系社会秩序，国家安宁，可惜我们在此无暇讨论这些问题。总之，失业

中华现代学术名著丛书

《中华现代学术名著丛书》

【第一辑 四十种】

马氏文通	马建忠
国故论衡	章太炎
王国维文学论著三种	王国维
吴梅词曲论著四种	吴 梅
中国中古文学史 汉魏六朝专家文研究	刘师培
中国文学批评史（上、下）	郭绍虞
甲骨文字释林	于省吾
中国俗文学史	郑振铎
汉语语音史	王 力
红楼梦辨	俞平伯
中国韵文史	龙榆生
汉魏六朝诗论丛	余冠英
台湾通史（上、下）	连 横
秦汉史	吕思勉
中国史学史	金毓黻
史学要论	李守常
中国通史简编（上、下）	范文澜
国史大纲（上、下）	钱 穆
中国史纲（一、二卷）	翦伯赞
春秋史	童书业
魏晋南北朝史论丛	唐长孺
明清社会经济史论文集	傅衣凌
西夏史稿	吴天墀
中国伦理学史（外一种）	蔡元培
新唯识论	熊十力
东西文化及其哲学	梁漱溟
科学与玄学	罗志希
中国艺术精神	徐复观
论逻辑经验主义	洪 谦
九朝律考	程树德
比较宪法	王世杰 钱端升
中国法律与中国社会	瞿同祖
中国民治论	鲍明钤
中国官僚政治研究	王亚南
通货新论	马寅初
中国经济思想史	唐庆增
中国厘金史	罗玉东
北平生活费之分析	陶孟和
论社会学中国化	吴文藻
第四种国家的出路	吴景超

【第二辑 三十种】

目录学发微 古书通例	余嘉锡
积微居小学金石论丛	杨树达
现代中国文学史（外一种:明代文学）	钱基博
等韵源流	赵荫棠
诗言志辨 经典常谈	朱自清
话本小说概论（上、下）	胡士莹

寄簃文存	沈家本
中国婚姻史	陈顾远
中国法律在东亚诸国之影响	杨鸿烈
孔门理财学	陈焕章
上海工业化研究	刘大钧
乡村建设理论	梁漱溟
中国经济原论	王亚南
金翼	林耀华
幼稚园教材研究　幼稚教育新论	张雪门
近代中国留学史　近代中国教育思想史	舒新城
THE ECONOMIC PRINCIPLES OF CONFUCIUS AND HIS SCHOOL	Chen Huan-Chang
孔门理财学	陈焕章
THE GROWTH AND INDUSTRIALIZATION OF SHANGHAI	D. K. Lieu
上海工业化研究	刘大钧
THE FINANCING OF PUBLIC EDUCATION IN CHINA	Ronald Yu Soong Cheng
中国教育财政之改进	陈友松

【第六辑　四十种】

齐如山国剧论丛	齐如山
先秦文学 中国文学史讲义	游国恩
中国文学批评史（上、下）	罗根泽
中国文学发展史（上、下）	刘大杰
宋元明讲唱文学	叶德均
晚照楼论文集	马茂元
汉书窥管	杨树达
欧化东渐史	张星烺
西域史地考古论集	黄文弼
中国疆域沿革史	顾颉刚　史念海
先秦诸子系年	钱　穆
古器物中的古代文化制度	徐中舒
中国社会之史的分析（外一种：婚姻与家族）	陶希圣
唐代长安与西域文明	向　达
古代神话与民族	丁　山
小屯、龙山与仰韶	梁思永
中国史纲	张荫麟
岳飞传	邓广铭
胡惟庸党案考	吴　晗
等不等观杂录	杨文会
欧阳竟无内外学	欧阳竟无
中国佛教史	蒋维乔
中国宗教思想史大纲	王治心
理学纲要	吕思勉
汉魏两晋南北朝佛教史	汤用彤
两汉经学今古文平议	钱　穆
墨学源流	方授楚
中国哲学大纲	张岱年
中国伶人血缘之研究　明清两代嘉兴的望族	潘光旦
中国乡约制度	杨开道
藏族宗教史之实地研究	李安宅
中国封建社会	瞿同祖
法律教育	孙晓楼
财政学总论	陈启修
社会主义经济论稿	孙冶方
变态心理学派别	朱光潜
旧石器时代之艺术	裴文中
中国教育财政之改进	陈友松
THE SYSTEM OF TAXATION IN CHINA IN THE TSING DYNASTY, 1644-1911	SHAO-KWAN CHEN
清代中国的税收制度	陈兆鲲
VILLAGE AND TOWN LIFE IN CHINA	L.K.Tao Y.K.Leong
中国的乡村与城镇生活	陶孟和　梁宇皋

的影响是普遍的,不特失业者本人,即社会一切的人,社会全体的各方面也都是直接的或间接的受失业的灾害。

失业的影响如此广遍,我们要解决这个问题,最先必须设法汰除以上所述制造失业的因子。汰除失业的因子,私人所能为力者有限,大部分全是政府的责任。不能尽这个责任的政府,无论用何方法也不能巩固他的地位。

中国劳工生活程度*

一

近代的发明家、探险家和政治经济组织的天才们，已经把世界上国家和人民的关系造成了一种特殊的新局面。姑不论其结果为福为祸，在过去的150年中，因多数国家交通事业之惊人的进步和机械生产事业之空前的发达，而使国际间的关系日渐密切、日渐沟通却是事实。虽然仍有国界，仍有高税率的保障，仍有工业的奖励，仍有一切足以谋国家自足而减削国际互益的政策，但是在现在这个时代，几乎没有一个国家能够避免国际间的接触和沟通。商品既须从这一国运到那一国，各国的休戚也就互为因果，国际性质的关系多不胜数，且备极错综驳杂之致。目下几乎没有一个社会的或经济的问题不变成国际的问题了。明乎此，则几千工人衣食所寄的烟台发网工业第因欧美妇女剪发改装之故而一蹶不振自无足惊骇了。

由此观之，拥有全球人口五分之一以至四分之一的中国人的生活问题不仅是中国自身的事情，且与世界各国都有重大的关系，

---

* 本文为陶孟和著，中国太平洋国际学会编译，1932年出版。

这是任何人不容忽视的。设若近代各国一般的生活程度高过于中国人的生活程度,那么中国人民必不甘心,早晚要设法去接近这一般的生活程度的。反之,在相反的情形之下,中国人也决不能够在举世贫困之中享受到舒适和富足的生活。这不仅是生活程度自身的问题,把它本身分析开来,可以变成许多错综复杂而重要的经济问题,如国际贸易、国际金融、移民和生产等。

在叙述中国人的生活程度之前,请先把几个名辞诠释清楚。我们研究某一阶级或某一群人的生活情形通常总是去考察他们平均每一家庭的生活费用的。生活费用的含意有两种解释。它可以算做多数家庭在某时期中平均每家生活所需的实际费用,同时它又可以算做某种假设的生活标准的货币价值。这两种含意有明显的区别,虽然时常被人混用。严格地说,前者得称为生活费用(Cost of living)而后者则为生活程度(Standard of living)。换言之,前者所涉及的是生活的现实状况,而后者则在考究其应具的状况。向来一切在中国的生活情形调查全是属于前一类,这是必须声明的。换言之,这些调查之所以能够指示"生活程度"并非出于理论或假设,而是根据某时某地和某种劳工的生活实况得来的。

就是在理论方面,大家对于生活程度也因所持标准的不同而各异其说。有人以为生活程度应该以最低生活做标准,那就是指仅够维持身体的生存而言,若低于这种标准,人就不能生活。又有些人却以为生活程度应该以相当舒适的生活做标准,也就是说除了维持生存而外,尚须顾及身体的舒适和健康。这两种标准当然不一定相同,可是在应用上常常相混。

按经济学上传统的分类而言,生活程度问题是属于消费一类的。研究这个问题时,通常所取的步骤是先行估计全国重要物品的消费总量，然后就这物量或物值中求取每个人的消费量或值。因为生产和消费统计的缺乏，尤其重要的是人口统计的不完备，要想引用上述的方法来研究中国人的生活程度，是不可能的事。而且，即使用这种方法求得了每个人的消费，也并不足以表示生活程度的实况，因为社会上各阶级的生活情形彼此相差殊远。

大规模的全国家计调查是研究生活程度比较可靠的一种方法。但是这种调查既需相当充分的家数做调查的对象，而且各家的经济情形还要大致相同。全国的家计调查在中国还没有实行过，因为即使把经费之巨和困难之多置而不论，就是幅员的广大和生活情形的殊异已足使目前举办者感到种种的障碍。各阶级生活情形相差既大，生活费的研究，便不得不限于一两种值得注意的阶级。中国劳动阶级制造物品供给劳役以应全国之需，他们的收入不丰，生活程度又很低下，在全中国人民中，自以劳工阶级的生活最值得研究。

大规模的全国劳工阶级家计调查虽未曾举行，但目下关于中国工人和农民的生活费或生活程度的调查零零星星地也有 82 起之多，总算差足满意了。这些调查自 1917 年以来，随时由各学者和机关分别举办，因之各不相同而自有其特征。调查时所应顾虑的诸要点，彼此很不一致；不但未曾同时调查，就是调查的范围和期间，调查和统计的方法，甚至于所用的名辞都各各不同。其中有几起调查采用家庭每日记帐法，这种方法极其可取，如若运用得当可以得到极精确可靠的结果。又有许多起调查只是一种根据少数家庭所作的任意估计，这种方法或者合于实用，但是用来推测精确的生活程度却是不够的。由此可见各个调查的价值实在大有分别。不过大体说来，这些调查至少可以供给一些中国某几处地方劳工生活程度的概况。

二

自1917至1930年,我国关于生活状况的调查共82个。他们可以显然地分为四类:属于城市家庭者48,属于乡村家庭者5,属于农民家庭者16,属于个人的调查则13。(详见《社会科学杂志》2卷2期王子建著"中国劳工生活程度"一文第一表,社会调查所出版,民国二十年六月。)前三类家庭调查共计69起,其结果撮要列述于本文,至关于个人生活的调查则从略。

我们首应知道劳工家庭每家的平均入款和平均出款。每家的平均职业收入必须考知,因为全家生活程度的维持日常必需品的供给都以收入为准,家庭的全支出也是随收入为转移的。69起调查中,曾调查家庭入款的凡58起,其中43起占有收入可考者74%调查总数62%的平均每家每年入款在100元至400元之间。家庭支出可直接互相比较者66起,其中53起占支出可比者80%调查总数77%的平均每家每年生活费也在100元至400元之间;而平均家庭生活费每年在200元至300元之间的调查约占调查总数的三分之一。如果除去最高和最低两极端的家庭,我们可以估定大多数劳工家庭的每年收支在100元至400元之间。

单以生活费实数来判断生活程度很是困难,因为银钱的购买力随时随地而不同。然而一般人通常总以为生活状况的不同可以从生活费实数中比较而得,所以这里撮要叙述。上述大部分劳工家庭的平均每年收支在100元至400元之间,若照目前的汇兑率折合，约当美金25元至100元之间或英镑5镑至20镑之间，越显得是异常的低下。但是这种家庭在中国还不能算是赤贫的阶级，因为多少总还有点入款以资挹注。我们在下文可以见到他们生活之质的方面极需要改善，如同别国的同职业的工人家庭相比也大有霄壤之别。可是我们须知中国各级人民的进款都是很低的，而大部分的中国人所能得到的都只是简单的生活。因为有成千成万的家庭就连维持简单的生活都不可能，是以年入100元至400元一阶级的家庭已经超乎贫民线之上而跻于国中低收入的一级了。

中国劳工家庭调查按调查的地域言，多数集中在北平及其附近和上海两地，前者共18起，后者共12起，各占全调查的五分之二以上，其他各地较少。大体看来，被调查到的只是近海区域的城市和乡村；内地则比较上多有遗漏。中国各部的生活程度因地方情形的不同而有显著的差异。一则南北各地的气候大有差别，再则各地的地利，如土质、矿产、交通等，也不尽相同。至于城市生活和乡村生活之不同，那是人所习知的。这些调查纵然不完备，不能算是全国的调查，但是略一体察却也可以见出大体上实具有显著的地方性的差别。生活程度的高下通常以家庭支出的分配情形做标准的，如果家庭支出中食品所占百分数较高而杂项用品所占百分数较低，则生活程度便低，反之则便高。48起城市劳动者调查的食品及杂项用品百分数若按地理上的区别，分为北部、中部和南部三区比较之，则食品的百分数北部与中部大致相若，都高于南部，而杂项的百分数南部与中部相若，都高于北部，由此可见中国劳工的生活程度以南部为最高，中部次之，北部最低。这里有必须声明一点，便是北部大半是无技工人调查而中南部大半是工厂工人调查，这两种工人相较，前者的生活程度本来就要比后者的低些。然而上述的结论并不违反我们日常的经验,而且事实上是与我们的日常经历相印证的。要说中国人的生活程度大体看来北人不如南人那是没有人反驳的。

乡村家庭的情形亦复相同。金陵大学卜凯氏(Buck)所做许多农民生活的调查,北部各地(安徽北部、河南、河北和山西)的平均食品百分数为62.1%,高于南方各地(安徽南部、江苏和福建)的平均食品百分数53.8%,杂项百分数则前者的平均数为13.6%,而后者的平均数为20.30%。这足以表示北部农家的生活程度实低于南部。

至于这些调查中劳工的职业种类,实在繁杂纷岐,大别之有工厂工人、有技工人、手艺工人、人力车夫、仆役、邮差、乡民和农夫等几类。这些调查既非出于同一的计划,它们的职业分类自然彼此不能一致。因为选样等等的不同,我们没有法子按类比较,借以观察劳工生活程度与职业的关系。不过大体说来,工厂工人和有技工人的生活费用高于手艺工人和苦力,而农夫的生活费用则高于乡村工人。但是生活费用并不一定与生活程度相同,已如上文所述,所以较高的家庭费用不一定表示较高的生活程度。

69起调查中,各项生活费用的百分分配情形,可按通例分为食品、衣服、房租、燃料灯火和杂项五类列表比较。表中大多数调查的五类分配情形是这样的:

食　　品:50%—60%(69起调查中40%如此)
衣　　服:5%—10%(69起调查中54%如此)
房　　租:5%—10%(69起调查中38%如此)
燃料灯火:5%—10%(69起调查中57%如此)
杂　　项:10%—20%(69起调查中51%如此)

如若在69起调查结果中求取五类分配的众数平均数(Mode)其结果如下：

食　　品:57.5%　　　衣　　服: 7.5%

房　　租: 7.5%　　　燃料灯火:10.0%

杂　　项:17.5%

这些百分数表示国内已往调查的生活费的一般分配情形。将来如若举行举国的生活费调查,其结果必致生活的高下益见悬殊,即食品所占百分数一定还有更高的,而杂项所占百分数一定还有更低的。

中国劳工阶级生活费五项费用百分分配表

(69个调查结果)

百分比分组	调查数目				
	食　品	衣　服	房　租	燃料灯火	杂　项
0%— 4.9%	…	13	17	6	7
5.0%— 9.9%	…	37	26	39	9
10.0%—14.9%	…	13	17	17	15
15.0%—19.9%	…	3	6	7	20
20.0%—24.9%	…	1	2	…	9
25.0%—29.9%	…	2	…	…	8
30.0%—34.9%	…	…	1	…	1
35.0%—39.9%	1	…	…	…	…
40.0%—44.9%	4	…	…	…	…
45.0%—49.9%	8	…	…	…	…
50.0%—54.9%	16	…	…	…	…
55.0%—59.9%	16	…	…	…	…
60.0%—64.9%	12	…	…	…	…
65.0%—69.9%	6	…	…	…	…
70.0%—74.9%	4	…	…	…	…
75.0%—79.9%	2	…	…	…	…
总　　计	69	69	69	69	69

三

现在我们进一步从几个调查中考察中国劳工家庭的生活程度。五类生活费中食品消费有很多的资料可供研究,即在本节中详述,其余住房、衣服及其他消费状况在次节叙述。

食品:中国劳工的生活费中,食品占半数以上,而食品的消费里,粮食类费用又占半数以上。粮食的种类很多,在长江流域以南的地方,工人和农人吃的是白米;在中部和北部一带,最普通的饭食是玉米面和小米面,而以麦面和大米为珍贵的食品。兹将上海和北平劳工家庭的各类食品消费分配情形详列如下:

各类食品费占食品总费用的百分数

	粮食	蔬菜	鱼、肉、鸡蛋等	其他食品	每年每家平均食品费
上海	53.2%	10.9%	13.2%	22.7%	218.52%
北平	80.0%	9.1%	3.2%	7.7%	144.50%

中国人的食品分配情形若与美国比较,几乎完全相反。据美国劳工局 1900—1920 年生活费调查,家庭食品费中粮食只占 9.5%,而鱼肉则占 33.8%之巨;又据 1922—1924 年美国农家生活程度调查,家庭食品费中鱼肉占27.6%,而粮食品占 9.8%。由此可以得一结论,即中国人的食品中以粮食为最要,此为中国食品的特征。

中国人的食品分配同日本和印度大致相同。日本人、印度人和中国人都是以米麦和他种粮食当做重要食品,而以别种食物如鱼、肉、菜蔬、调味品等当做佐膳的食品。因为肉食较少,这三国人

主要食物和次要食物的百分比——东方劳工的比较

食品种类	日本				印度工人	上海工人（1927—1928）	北平工人		北平农夫（1927）	北平乡民（1926）
	东京农人（1915）	乡农（1913）	工人（1914）	犯狱（1913—1914）			A（1926—1927）	B（1927）		
粮食的费用	59.9	61.9	84.6	86.5	59.6	53.2	80.0	86.5	89.0	84.0
其他食物的费用	40.1	38.1	15.5	13.5	40.4	46.8	20.0	13.5	11.0	16.0
总计	100.0	100.0	100.0	100.0	100.0	100.0	100.0	100.0	100.0	100.0

民常被称为“素食者”。是以这三国人的食品费用中粮食和鱼肉的配分相差极大，而以前者的分配率为高。

现在可以根据几个地方调查，比较中、日、印三国人食品费用的分配情形。假设在食品费用总数中，粮食类所占百分数较低，我们就认为生活程度较高些。从上表可以见得北平及其附近的农人和工人几乎全依粮食为生，占食品费用80%—90%，上海的劳工家庭光景较好，食品费用中粮食只占53.2%，其余46.8%用之于别种食品。欧战前日本农夫的食品费用中粮食及其制品所占成数只59.7%—61.9%，其生活程度实高于北平及其附近的农夫和工人。1921—1922年印度孟买工人的生活程度同1915年日本东京农夫的相仿，都高于北平的农工。上海工厂工人的生活程度最优，粮食费只占食品费用的53.2%。

食品费的大部分用于粮食，很值得注意。北平无技工人家庭的136种食品中，粮食及其制品不下42种之多；上海工厂工人家庭的食品变化较多，全数计有340种，其中粮食仅占16种。概括言之，中国人的食品消费中，北方人的食物以粮食及其制成品为大宗，种类甚多，凡大米、小麦、小米、玉米、荞麦、莜麦、高粱等均属之，而南方人则除粮食类中以大米和小麦为大宗外，其他食物的种类较多；他们并不食上述各种杂粮，一则因为那些粮食不生长在温暖的地带，再则因为南方人吃不惯那些粗质的食物。换句话说，中国人维持生命的主要食品为粮食；南方人为米和麦，北方人为麦和他种杂粮。

食品消费的研究有两方面，就是它的费用和它的养料。这两样东西不一定相同的，因为我们知道以贵价买来的食物也许只能得到极少的养料。上文业已述及中国劳工家庭食品费用中以粮食占大多数，现在考察这种不平衡的分配是否影响及于营养方面。

食物对于人生最大的功用凡三：第一，供给身体中热量，无此则身体就失其动力；第二，构成身体中的组织；第三，调节身体变化的程序。这些功用都是从食物的成分和性质中经化学的作用得来的。任何食品之具有上述功能之一者，便有营养性而得称之为滋养料。详细地解说食品之化学的成分和性质不在本文范围之内，这里只能就含水炭素（Carbohydrates）、脂肪质（fats）和蛋白质（proteins）三种要素，以及由此三种要素所生的热量（fuel value）加以讨论。这三种养料的作用都是供给体中生热的薪料，而蛋白质又有发育体中组织的作用。

试将上海和北平劳工家庭的食品加以分析，考得其每日每等成年人的滋养成分如下：

	蛋白质（公分）	脂肪质（公分）	含水炭素（公分）	热量（加罗里）
上海	88.09	48.52	531.01	2913.41
北平	75.88	29.61	505.27	2595.14

或者有人问这些食品的养料是否敷用。要答复这问题，我们必须先考知平均每一个人所需养料的标准数。人身所需养料因性别、年龄、健康、高度、重量、工作情形和职业等等的不同而有差别。至于每一个成年人的食品滋养料的标准究竟应该怎样，就是专家们的意见也不齐一。大致每一等成年男子每日约需热量 3000 加罗里（Calories）。这些热量是从蛋白质、脂肪质和含水炭素中取得的；大概 100 公分的蛋白质、60 公分的脂肪质和 500 公分的含水炭素恰好供给如许热量。根据这种标准评判，可以看出北平同上海的劳工每天从食物中所得的热量都不够用，虽然后者离标准已不很远。我们可以看出北平劳工的食品中的蛋白质比标准低 25%，

上海劳工比标准低12%，前者的脂肪质比标准低40%，后者约低12%，两处工人的含水炭素都超过标准所需。这就是上文所说中国膳食中谷类成分太多的缘故。

乡村劳工食物的养料也低于标准所需。他们食物的种类极少，所以有几种食物的消费量极大。供给食品滋养总量十分之一以上的食物，只有高粱、小麦、小米、玉米、大豆或豌豆、甘薯和大米等几种。各地习惯不同，产米区域，大米供给食品滋养料通常达75%。

据卜凯4省6县1070家农家调查，农家食物的养料大部分是取给于粮食和豆类，豆类之中尤以大豆为最。食品养料总量中，粮食所供给的占70%，豆类所供给的占15%。如与美国农家的相比，可以很明显地看出中国农家的食品实在粗劣得很。

	1070家中国农家调查	124家美国城市及乡村家庭的食料调查，为期若干年
种籽及其制成品（如粮食、豆类及植物制油）	89.8%	38.7%
肉食	1.0%	39.2%
蔬菜及甜薯	8.9%	9.0%
糖	0.2%	10.1%
水果	0.1%	3.0%

上表美国人食品中的养料取自种籽及其制成品者只占五分之二，而在中国竟达十分之九。其次，中国农家从肉食中所得的养料只占1%。而美国农家竟占39%之多；中国农家水果的消费不值一顾，只当美国农家消费的三十分之一；前者的糖的消费只当后者的五分之一。蔬菜所供给的养料则两国几乎相等。

中国农人每日每等成年人由食品中所得的热量从2176加罗里

至4559加罗里,平均为3461加罗里。我们或者可以说中国农人体中所需要的热量能得充分的供给。至于食品中的蛋白质,每日每等成年人平均得113公分,在养料总重量中占12.7%,较前述公认标准10.6%为高。

综上所述,上海工厂工人和六处农人的热量和蛋白质都还充足或竟超过,北平工人可就感到重大的欠缺。北平工人的含水炭素适合标准,上海工人可就觉得太多了。这两处工人的脂肪质都嫌不足,而以北平工人为尤甚。就我们所得的这些资料观察,中国工人和农人的滋养料可以说大体上实在不够。

若就中国人的食料作更深的研究,更见其分配之失当。例如,中国人的食品中虽有蛋白质,但品质极劣,因为品质的关系,美国人的适量的食品在中国人只算最低量的食品。这种情形由于粮食和豆类的消化系数较低于肉食,若以这两种植物用作食品的大宗,其差别尤为显著。因为从植物体中取得的蛋白质仅仅只有80%可供养料之用。纵使中国人的食品能够合于标准养料,但就蛋白质论,仍有不足之虞。

中国人的食品中,蔬菜和水果太少,供给钙质滋长体力的乳质食物如牛乳、奶油和干酪等又完全没有,中国食品中钙质是否敷用,实在是一个严重的问题。

中国人食品中的青菜消费量远不及美国人之高,所以在全部食品中甲种生活素(Vitamin A)的成分极少。中国人食品中的生活素是否充足很是可疑。

鸡蛋、原麦和糙米都是供给乙种生活素(Vitamin B)的重要食物,而中国人又极少食用。中国人的食品中缺乏乙种生活素无可否认。

食品是人生健康的基础，较别种的人生需要尤为重要，故不厌琐细，列举中国人食品的缺点如上。这种食品充其极仅足表示最低限度的生存，更低于此则劳工的健康便没法保持了。我们应知道人生所需要的决不仅是最低限度的生存。现代的人民既须努力于其职业，又须竭力尽其公民的义务。要想使这些活动向前发展就必须有较优的生活。曾有人说过，滋养的目标不是最低的供给而是充分的供给，因为最低的供给只能使种族得以勉强维持和蕃育，只有充分的供给才能使它进化和繁殖。所有食品中的滋养料，必须敷用而有余，然后生命的要素，才能得到充分的供给。

四

住房：69 起调查中房租在生活费用中所占的成分极不一致，少至 4% 多至 16%（参阅《社会科学杂志》2 卷 2 期，“中国劳工生活程度”一文第三表）。乡村的房租都比城市要低廉些，有些农人自己有房屋可住，简直用不着付房租。可是从另一方面说，乡间房屋的建筑极其简陋，通风和采光设备常付阙如。中国北部的平原地方，缺乏石料，穷苦的农民，又买不起砖瓦，平常都住土房（在黄土层区域，还有土穴）。这种土房若遇河水泛滥或霪雨暴风立刻就会瓦解的。农家的住房对于卫生和清洁素常也极不注意。将来农民教育普及之后，住房情形必可改善，经济的发展，尤其是家庭入款的增多，更是改革的先决问题。

我国城市工人，如同别国的劳工一样，感到房屋拥挤的痛苦。在乡村里，即使房屋同样的壅塞，害处还不大，因为农夫们终年在田野中工作着，时常过着露天的生活。在城市里工人们时常被迫着拥挤于窄小的房里，却还要出很高的租金。我们依据几个较详细的调查，可把每间房屋平均居住人数和等成年人数列如下表，表中每一间房的面积自 40 至 120 平方英尺不等。

地方别	平均每家住房间数	平均每间房间居住人数	
		平均人数	等成年人数
北平手艺工人及苦力	1.04	4.16	3.04
上海纱厂工人	1.42	3.29	2.59
塘沽工厂工人	1.72	2.67	2.03
北平有技能工人	1.56	2.49	1.96
北平乡民	6.38	0.85	0.64

从上表可以考见北平手艺工人和人力车夫的居住情形极为拥挤，每一间屋住 4.16 人或 3.04 个等成年人。上海工厂工人的情形略优，每间屋住 3.29 人或 2.59 个等成年人。但有一点须要声明，本文所述的上海工厂工人都住在厂主所造的工房里，房租也比一般房东所定的租价为低。塘沽工厂工人和北平有技能工人的住房情形尤优，每一间屋的住等成年人 2 人，北平近郊乡民的房屋最宽畅，每一间屋竟住不到 1 个人。

我们从城市工人的住房情形中得到一个有趣的观察。据我们的推测，假设家庭的入款增加，那么住房的间数一定增加，而每一间屋所住的人数或等成年人数也随之减少。换言之，家庭的经济情形如有进境则住房的情形也必定得同样的结果。可是从上海北平和塘沽的劳工家庭调查中证明这种假设并不一定确切。从调查的结果看来，家庭收入较多，每家住房虽也较多，可是每间屋里住的人数或等成年人数却不见减少。也就是说在某种限度之内，虽然入款增加而居住的拥挤情形不会稍优的，因为家庭中的人口同时也随着繁殖。这似乎足以说明家庭的入款虽因人口的繁殖而增加，但生活程度则不一定因此就见升高。

据英国劳工部的规定，每间房屋以住两个人为标准；又据包雷教授（Prof. A. L. Bowley）在英国工业城市的研究中所规定，每间房屋以住一个多等成年人为标准。无论用哪一个标准来衡测，中国劳工家庭的居住情形都是过挤之状。即使把以上的标准视为理想的居住情形，至少对于中国而言是十分的理想，别国的居住情形，无论如何，总比中国好些。因为中国城市工人家庭的住房平均没有不在两间以下的，而西方各国则不然，如法国和比国工人家庭的住房平均每家为二间，德国为三间，英格兰、威尔斯和美国为四间或五间。论到美国，据劳工统计局的生活费调查，劳工家庭的平均人口为 3 人或 3.5 等成年人，每一间房屋住 1 个人或不到 1 个等成年人；这自然高于上述两种标准的任何一种了。

如果有人以为中国劳工的住房情形根本上不便同西方人相比，那么我们可以再拿印度的情形比一比。据 1917—1918 年印度孟买劳工居住情形的调查，全体家庭中 60%低于英国劳工部所定的标准，94%低于包雷教授所定的标准。于此可见十年以前孟买劳工的居住情形尚且比现在的中国工人为优。

居住的过挤实在是中国的一个重大问题，而在类于上海的大都市尤为显著。上海的地价逐步飞涨，人口日见激增，劳工阶级很难得着适当的住处，除非政府当局予以援助，照现在的情势看来，劳工家庭的过挤情形，毫无止境。一间房内住两家甚或两家以上并不罕见。这些人家往往七八口老少男女全都堆塞在 120 方英尺的小屋里。然而这还并不是工人住房的最劣等呢。许多低工资的劳工只能住在茅草竹杆所造的小棚里，住处既狭隘得不便转动，周围的环境复恶劣不堪。

就是那些住在砖屋里的劳工们也没有私密和愉快可言；简直说罢，他们实在谈不到家庭生活。中国工人所住的房屋没有丝毫习俗的功用，如为休息和愉快，为私密的享受，为家属聚居或会友密谈等等，这些功用一概没有的，所有的只是一席之地以供睡眠，甚或有连这一席之地都得不到的。这种过挤的情形赐给家人们的恶果，不胜枚举。污秽、疾病、不道德和犯罪只是其中不可避免的几种罢了。如果一个人在这种环境之下尚且能够过着健康和安分的生活，那可真要算得咄咄怪事了。上海是罪恶的渊薮，那是尽人皆知的了，而造成这种罪恶的原因，居住情形的不良是其中很重要的一个。向以行政开明自诩的上海公共租界当局，对于在它的权力之下劳工阶级和贫民的居住问题始终不曾过问，却是极有趣味的事。各国资产阶级为营业或地价的利益，尽管利用统计和文件做成长篇大论来维护公共租界，中国的劳工阶级和中下阶级的人民，鉴于他们所受可耻的冷淡的待遇，仍然是要反驳他们的。在上海每年几千百万的洋钱用于建筑宫殿般的饭店、俱乐部和公事楼，或展阔马路以谋汽车阶级的阔人的安适和愉快，可是用之于劳工的居住方面，即使数目仅仅只几百元，却是从来所不经见的，虽则这些工人都为全市的福利而贡献了他们的劳力。在现在这个时代，市政设施尚还完全违背着劳工的福利而行。这个以资产阶级的利益为前提的上海租界究竟能够维持到多久，委实不是我们所能料想的了。

衣服：衣服费用在中国劳工的生活费中极不重要。69 起调查中，平均每家衣服费用有少至只占全生活费的 2.1% 者，半数以上在5%—10%之间。通常只占生活费的10%,很少在20%以上的。

各项调查中只有北平和上海的调查对于衣服费有详细的讨论。北平工人每家每年平均用于衣着的款项为14元,等于生活费总数的6.8%。这个数目当然不够做什么,按现在的行市折算,只合美金3元或英金14先令。衣服消费在劳工生活费中占不重要的地位更可以从48家北平工人家庭的衣服单中显明地看出。每家所存衣服的总值48家平均为23.72元,收入最低一组的家庭平均只值6.83元,收入最高一组的家庭58.85元。这23.72元的平均数便代表平均每家4.6人的全家衣服价值。这样少的衣着,居然够了,并不是他们不注意衣服,实在是为他们贫困不得不如此。但是中国劳工衣着的经济也有限度,他们的衣服费固然省,可是他们决不能不穿衣服,或者穿得过于褴褛以致失掉了他们的身分。所以衣服费的低下并不是说不穿衣服,实是表示衣服质料的坏和件数的少,而且不是出于补缀便是以贱价买来的旧货。

上海工人的衣着情形比北平工人好得多。他们每家每年的衣服费用平均为36.70元,此数比北平工人的高出二倍半有奇。就衣服而论,上海工人或在全国要算首屈一指,因为那个大都市的居民都有爱好修饰的习性。但他们的衣服费用并不失于过多。这是应加说明的。

这里所说的平均每年的衣服费用,实际上或者更少,因为每家的衣服每年不同,而每件衣服的寿命又是不一样的,我们若估定衣服的穿用年数,用以除各件衣服的买价,即可求得每年的平均费用。

乡村家庭的衣服费在生活费中占7.3%。可注意的是不拘气候怎样,北方人的费用比南方人为低,前者6.4%而后者8.6%。这并不足以表示北方人需要衣服较少,而且事实恰恰相反,这只是表示他们的经济的不足罢了。

燃料和灯火:生活费中的第四类是燃料和灯火费。燃料因各地气候和供给不同,消费情形相差极大。譬如北平的房屋必须升火取暖,但在上海却属少见,至少劳工阶级是如此,因此上海人家可以省下很大一笔燃料费用。燃料的价格也是一个重要问题,那是大家晓得的,譬如在矿区附近以一块钱就可以买一吨煤,但在较远的地方却贵至10倍甚至20倍以上。北方乡间,常常以干草、作物的杆子以及从山野拣来的树枝充作燃料。每当秋冬之交,我们可以时常见到乡下的小孩子们背着篮子在道上拣拾散弃了的干草和杆子用以补充家中燃料的不足。燃料对于乡村家庭可以说远不及对于城市家庭的重要。

北平劳工家庭的燃料和灯火费用占生活费总数的10%以上,其中67%是用于购买煤球的,煤球在北平是最重要的燃料。

上海工人家庭的生活费用里,燃料和灯火费用只占7.5%。上海工人用以代煤的木柴消费量和用以发光的煤油消费量恰恰同孟买工人家庭所消费的相同。实是一件很有趣味的现象。

杂费:北平劳工的杂费在生活费中只占3.1%,上海工人则占20.6%。上海工人杂费的百分比很高,生活程度显然地比北平工人为优。如把上海工人杂费中的各项目加以分析,简陋的地方却仍然很多。杂费项目应分为必需费和社会文化费两种,必需费如交通和卫生医药等,如果省免,就连最低的生存问题都要没法维持;社会文化费如教育、娱乐和应酬等,也是人在社会上必须满足的需要,只就社会文化费而论,上海工人家庭每年平均教育费,如学费、书籍、报纸和文具等，只七角七分，平均娱乐费，如电影和戏剧等，亦只一元。所以，即以上海工人的杂项费用而言，也只恰恰足以维持必需的消费，社会文化的需要实在过于不足。

生活费指数：上述各个调查所宣示的生活费用，仅限于某一时期和某一地方的情形，只是一种静止的现象。比较重要而有趣味的似乎是在寻求长时期内生活费用的变动情形。我们应该以某时某地某一类人的生活费用来表示他们的生活程度而求其时间上的变动情形。生活费指数的编制，即要表示这种变动情形。编制的方法先选择某一阶级生活费中重要物品若干种，然后依据他们的重要性和各时期的价格，按照公式，编为百分比数，借以表示各时期物价的变动，货币购买的能力，同时也就是该阶级生活程度所需费用在各时期的变动。现在上海、北平和天津三处都编有这种指数，按月发表。最近五年（1926—1930）的工人生活费指数如下表所示，都增高了20%。这就是说，如果劳工家庭要想维持原来那个生活费用所表示的生活程度，现在所需费用就要较五年前增加20%。除非他们的入款也随着增加，他们的生活程度一定是下降的，不是节省物品的消费量便是降低其品质。

年　别	上　海 （1926＝100）	北　平 （1927＝100）	天　津 （1926＝100）
1926	100.0	91.5	100.0
1927	106.7	100.0	108.4
1928	102.5	102.5	114.2
1929	107.9	112.5	117.5
1930	121.4	115.8	120.5

五

目前中国劳工生活程度，充其极只足以维持生存，已如上文所述，生活程度所以低下，由于生活费用中食品的百分数失之过高而杂项的百分数失之过低。劳工的食品消费从各方面看来都嫌不足，他们的住房过于简陋，他们的衣着和摄身所需直是减无可减，而他们社会文化的或个人的费用简直可以说是等于零。中国劳工的生活仅仅止于维持身体的生存而已。

中国劳工的生活总算是坏透的了，然而我们要知道国内还有千百万同胞的命运比这个还不如呢。二十年来，内战所蹂躏的，既遍全国地域。亢旱、洪水、地震、狂风等天灾所造成的祸害尤为普遍而深重。最近长江流域的泛滥，据说是百余年来所仅见的洪水，只是天灾的一个最高点而已。在这些天灾盛行之下，死于饥馑疾病的何止千百万人，就是那些幸而不死的，也一定都抛失了家室、田园或他们的一切财产。于这种情形之下，赈灾事务在事实上早已为千百万人幸福所寄托而成为国内的固定事业，虽然这句话未免过于冷诮了。近年来国内的天灾和人祸似乎不约而同地对人民下了致命的打击，毁坏了他们生活所需的一切事物。而最可怜的是这些人民，不拘数目怎样众多，当着这些可惊的破坏势力之前似乎是已经无能为力了。

推究人祸和天灾的原因不在本文范围之内。最重要的问题是我们将怎样对付它们。换句话说：在这种环境之下要想改善我们全国人民惨淡的生活情形究竟需要些什么呢？这实在是一个严重的问题，而且所牵涉的问题极复杂，如果只就一方面去救治当然是愚拙的办法。我们知道中国人生活程度的低下无疑地由于国民生产不足。就生产不足而论，计有两种方法可取：不是甘心过着低下的生活便是增加生产。前一种办法是不可行的，因为中世纪僧侣的节欲主义现在全然不时行了，现代的生活已经转变为物质欲望的享受了，而况中国人现在过着的不仅是低下的生活程度，简直可以说是够不上程度呢。因此只有后一个办法可行了。

增加生产也有两种政策可以采用。一种是由国家略加指导和干涉的“放任主义”，各工业国都曾相当地采用过。这种政策进展极慢，而在目今的中国国情之下是否能有成效尚属疑问。另一种政策则显然是由国家以全力来执行或种的经济政策。关于这一种政策，可以举最近俄国的经过为例，它至少在国民生活的基本用品的生产方面已经有了建树。一位曾经精深地研究过俄国的经济生活的人对于俄国的产业组织曾有下述的考语：

> 没有人能够跳出这个论断，就是说现在这个组织方式确能应用大规模的大量生产供给各种基本用品，以备完成现代劳工生活程度之需。

我们的目的并非在誉扬俄国已往的成功，我们所要指示的只是为国民全体的幸福而促进国内经济和实业的发展，要避免靡费，而且在短时期内得以实现，最好是由强有力的政府实施一种有计划的经济制度。

贫穷与人口问题*

一

什么叫做贫穷？依各人生活程度的高低和他收入的多少有不同的解释法。譬如那督军每年要赚几十万元的，看了他的下级士官每年不过有一二千元的收入的，就是穷人。那些丧心的卖国贼所得非义的不道德的收入每年有几十万元的，看了他部下每年只有二三千元收入的官吏，是穷人。行政官吏每年只收入二三千元的，看了那店铺的伙计，每年薪水和花红至多不过四五百元的，是穷人。至于店铺的伙计，做小生意的和中小学校的教习，那一类人每年的收入平均大约四五百元的，看了那做苦工的，每年只赚一二百元的，又是穷人了。由此类推，大概贫穷本没有一定的标准。因各人的身分不同，每年所得的薪俸或工钱不同，他的贫穷的观念也就不同了。

但是贫穷的标准不能如上边所说，专用主观的眼光判定的。我们应该另寻一种看法，定下一个数目做贫穷的标准：凡是一个人

---

* 本文原载于《新青年》1920 年第 7 卷第 4 期，后收入《孟和文存》，亚东图书馆 1925 年版。

的收入在这个数目以上的就不算贫穷,在这个数目以下的就算贫穷。但是人的嗜好不同,脾气不同,因此两个人的收入虽然相同,他们的生活不一样,费用也就不同,生活简单的人还有余賸,花销浩大的人还忧不足,所以这种标准也不是可以随意拟定的。

要知道贫穷是一个社会问题,不是个人问题。我们要找出一个客观的普遍的标准,才可以解释这贫穷的意义。一个人活在世上最不可缺少的当然就是衣、食、住三者。现在文明社会里,无论什么人每天总要有三餐果腹;有可以避风雨、御寒气的房子居住;两三件衣服可以蔽身体、保体温。就是那些诗人、学者,无论他们如何屏弃世俗,超轶群伦,也不能把衣、食、住缺了一样。假使他们缺了一样,他们连活人都做不成,更不必说诗人、学者了。但是衣、食、住的程度(即生活程度)各人不一样。所以我们不能取任一人的——你的或他的——生活程度做标准,上边已经说过了。那客观的、普遍的标准就是一个人的衣、食、住最简单的需要。这种需要不用科学,只用我们普遍的常识也可以考察出来的。那最简单的需要是到什么程度呢?一个人每年至少要吃大米若干升(假使他是北方人,他要吃麦粉或小米若干斤),蔬菜、肉类若干斤,至少要穿单衣棉衣若干件,袜子、鞋子若干双;还要占据若干方尺地,做他栖身之所。这个需要可以算为人的生活最低限;假使生活在这最低限度以上,他可以任普通各种的劳动;假使在这最低限度以下,因为他身体上缺少营养发现了病态或发生其他种种现象就立刻减少他平日劳动的能力。

生理学者和医学者研究人的身体上的组织知道身体上器官的常态变态,应该怎样保养,才可以维持健康。身体健康是劳动不可缺的唯一条件。不健康的人即使可以勉强劳动,他的能力效果总赶不上健康的人。我们借着生理学、医学的知识,可以明白我们的身体应该如何营养;胃里要有相当的食物,才可以取脂肪,保我们的体温,化血液,营养我们的全身,排泄体内的废物;皮肤上要有相当的遮盖,才可以防御体外过分的刺激,维持普通必要的温度;所住的屋里要有充量的新鲜空气,才可以使心里的血液新陈代谢,永远干净。近几十年以来,有机化学,非常进步。分析各种食物,把他们的价值都可以定出来。文明人普通所用的食物,总不外米、面、豆、鱼、肉、蔬菜、盐、糖、牛乳几种。这些种食物从有机化学上看来,有若干原质,为人类身体所必不可缺之成分。有属蛋白质的,有属脂肪质的,有含氢气的,有含铁的;普遍的人保持他的身体常态(即健康态)每日须要有相当的成分、相当的重量。这些成分从普通重要食品里都可以分析出来的。上边所说的生活最低限用常识可以看出来的。现在按着诸种科学的发见,可以寻出一个更可靠的标准来,验明各种重要食品,成人每日须用若干重量才可以保持健康常态。

我们既认定生活最低限为穷贫的标准,那生活最低限又要用衣、食、住的需要指示出来。但是用饮食、衣服、房屋来量生活限度,觉得困难并且麻烦。人的生活所要的固然是衣、食、住,但是人的劳动直接所得的却不是衣、食、住。文明社会的人因为所选的物品、所做的事务,种类繁杂,不能直接的用物品互相交换,所以发明了货币代表物品。交换物品就用货币来做他的媒介。所以一个人由劳动所换来的不是衣、食、住所需要的物品,乃是可以换衣、食、住所需要的物品的货币(金钱或金钱的代替物如纸币、支票等)。所以现在生活最低限,不能取个人的衣、食、住所需要的物品为标准,要取那可以购买他衣、食、住所需要的物品的货币为标准。如此看来，生活最低限究竟还是如本篇第一、二两节所引之例，要用金钱的数目来做标准。但是这个数目却不是随意滥定的，也不是任取一个人的生活程度来做标准，乃要考察普通人生活上最简单的必不可缺的需要才可以定的。调查那个人所居的社会里的重要食品、衣服和房屋的价格，和他收入的金钱，就知道他可以有购买多少物品的能力。假使一个人的劳动换来若干金钱，可以换到他最简单的衣、食、住所需要的物品，他就是在生活最低限以上。倒转来，假使一个人由劳动所换来的金钱，不够换到他生活上所需要最少的物品，他就是在生活最低限以下。但是金钱的收入又不能认为绝对的标准。因为金钱不是物品（Commodition），乃是代表物品的东西。金钱的价格，因物品之增减，时有改变。金钱自身没有绝对的价值。我们用金钱的收入量生活的限度，也是一个不得已的方法。因为现在文明社会里都用金钱代表一切物品，我们所谓生活最低限度不外乎表明所需要的物品，所以我们也只好用金钱指示生活程度。由个人金钱的收入的多少，可以推知他对于物品的购买力。上边说过的，金钱自身的价格不是绝对的，是依赖物品的多寡的，所以我们时时要注意时间上、空间上物品之增减，调查物价的高低。假使这一个地方物价低，每年有 200 元的收入就可以在生活最低限以上。但是另一个地方物价高贵，每年有 200 元的收入的反在生活最低限以下。这是地方上的不同。也有同在一个地方，同是 200 元的收入的，而前一年的生活在最低限以上，后一年的生活落在最低限之下。这又是时间上的不同。所以经济学者在各地方研究物价的升降，用物价指数指示物价的变迁，于研究贫穷问题，是非常重要、非常有用的。

二

以上所说的都是解释什么叫做贫穷。贫穷既然是一个人的劳动,不能换到生活最低限的需要品,那末他与人口的关系,从上文里也就可以大略推出来了。贫穷问题最根本之点,就是衣、食、住所需要之物品。一个人不能满足他最低限度的需要就是一个穷人。他不能满足需要或者有许多的原因。有因为懒惰,不肯劳动去赚钱,来买那生活上的需要品,因此变成穷人的。也有因为身体残废,不能用劳动去谋生活,变成贫民的。这几种都与人口问题没有直接的关系。但是,假使一个人因为社会上劳动力太多,所以不能用他的劳动换得生活上的需要品,或是一个人因为社会上所产出生活需要品,已经到了最高限额,还是不敷分配,他纵有劳动的能力也不能换到生活需要品,这就是人口问题所应该研究的了。

人口问题应该从过多过少两方面研究。人口过少,便是劳动力少,全人口有陷于贫穷的危险。但是人类的趋势向来是合群的、团结的、繁殖的。假使一个地方人口太少,不能生存,他们当然要迁徙到别的地方去与旁的种族结合,或者依赖旁的种族,以求生命的安全。假使他们连迁徙与联合他族的能力都没有,那只好等待自然淘汰,终结将种族完全减绝为止。人类历史上因为人口过少终归灭亡的种族,共有多少,现在无从推测。但是被灭亡的种族大概是由于错综的原因,不能说全由于人口过少的缘故。有因为文化低而被文化高的种族吞并的。这不是人口过少的缘故,是文化的原因。况且被征服的民族常与征服者通婚姻,繁衍成杂种的苗裔,也未必就沦于灭亡。有受疫疠之传染,而种族灭亡的,这也不是原因于人口过少,常因知识低陋不知道卫生或身体上抵抗力薄弱的缘故。我们只能承认那孤立的民族,因为人口过少,不能克服自然,所以引起"减种"的大问题。人口过少果然是要灭种,但是灭种的原因决不是完全为得人口过少。所以人口过少不过是灭种里一个局部的问题。

人类生殖的能力向来是繁衍的。历来发生文明的民族,人口都是繁盛的。欧弗拉底斯河流域、尼罗河流域、黄河流域,这些古代的文明发生地的人口较为稠密。因为人口密度加增,并且有好的环境,才创造文明,发达文明。这里有两层关系:(一)人口加多就是劳动力加多;劳动力是制伏自然界的能力,也就是创造财富的能力。所以在洪荒的时代,人口充足就可以利用自然(如利用河边淤泥从事耕种,利用天生的植物制作衣服、修盖住房)来改进衣、食、住的状况。满足衣、食、住的,需要的物品或役务(Services),经济学者统称做财富(Wealth)。假使一个人口众多的民族住在气候温和土壤肥沃的环境里,各人都从事劳动,就可以增加财富。财富增加是文明发生的根本条件。上边说过的,无论什么人,衣、食、住的需要是缺不得的。人口少的时候,劳动力也少,人民都要努力才可以用劳动换来衣、食、住所需要的物品。人口稠密的时候,劳动力大,财富加增,人民也就可以省出闲暇的工夫,致力于衣、食、住以上的事业。衣、食、住以上的事业就是文明。思想、科学、文学、美术,这些文明都是财富有余时的产物。所以人口密度加增的结果,直接的增加财富,间接的就是产生文明。(二)人口加多的时候,人的相互接触更加复杂。社会关系变复杂了,社会间就容易起利益的冲突。所以维持复杂的社会,须有复杂的社会制度,轨范人民的活动,调和人民的利益。人口密度加增,须有适当的制度维护生命财产的安全,使人民共同活着。所以复杂的社会制度就是人口稠密的结果,同时也就是文明的产物。

从此看来,人口稠密是发生文明的一个条件。但是人口密度增加也须有个限制。那末增加到如何程度,就算过多,并且凋落到如何程度,就算过少,又须找一个标准。

三

过庶问题最初有系统的研究,当然要推英国马尔塞斯的《人口论》。马尔塞斯读了葛德文(Godwin)革命的著作《中正》(*On Justice*)这部书,起了疑惑,他以为考察人类的前途,决不能像葛德文所说的那样,能够达到完满的境界。人口的前途不是可乐观的,于是他搜集材料著了一部《人口论》。他说人口的趋势是繁殖的,那繁殖的能力是每 25 年人口可以增加一倍。幸而事实上却不是如此,因为人口的增加必须受生计(Means of subsistence)的限制。(马尔塞斯《人口论》的第一章说人口是按着几何级数增加,生计是按着数学的级数增加,但是以后全书绝没有提到这一点。所以近来的人口论者以为这句话在他的《人口论》里没有重要关系。)假使生计加增的时候,没有方法去遏制生殖力,人口必然增加。我们现在据马尔塞斯的意见以生计做人口密度的标准。生计就是满足衣、食、住的需要的方法。假使社会里人人都有生计,那社会的人口,不得谓为过多;假使有不得生计的,那就是人口过多的征象。不得生计就必陷于贫穷状态。马尔塞斯又说,除去有大饥馑的时候，生计并不是直接的限制人口。“直接箝制人口的，乃是由于生计缺乏时所酿成的风俗和疾病；还有其他原因，虽然与生计缺乏没有关系，但是他们道德和物质的性质上却有害于身体的。”①

按马尔塞斯的见解，贫穷与人口的关系，更显得密切。贫穷是遏制人口繁殖的一种积极的原因。但是贫穷并不是完全因为人口过多、生计缺乏的征象。马尔塞斯论到生计与人口增加关系的时候，表明贫穷未必与生计缺乏是一件事。他说：“生计或者可以增加，但是考今日社会的现状，决不能把新增加之生计分配给低级社会，所以还是不能发生促进人口增加的势力。”②他在前边也说过，人类的生殖永远是超过生计的增加。因为这个缘故，低级社会常受窘迫，他们的生活状况，不能有经久的改良。③

以上所说的，就是马尔塞斯对于人口研究最有价值的贡献。总括他的意思，就是：生计限制人口，但是生计所以限制人口的不是生计自身，是因生计缺乏时所产出的状况，如疾病、贫穷、恶风俗等等；一国里的低级社会不容易享受生计增加的益处，第一，因为一国的生计向来低级所得的份是少的，第二，因为生计加多的时候，假使不设法遏制生殖力，人口自然要增殖，仍然得不到生计增加的益处。如此看来，人口永远有超过生计的危险，人类也就时时陷于穷困的境遇。马尔塞斯说，从历史上观察，过庶的危险有自然的抑制方法。天灾、战争、疫疠、饿馑，这些不断的祸害，都是天然抑制过庶的大势力。但是马尔塞斯所最希望的最称赞的还是道德的抑制。如文明社会里深思远虑的人到了应该结婚的年龄，遇见

① 原书第6版第12页。

② 原书第24页。

③ 原书第17页。

结婚的机会，再四思维，考究独身生活和结婚生活的利弊，终安于独身生活，就是马尔塞斯所说的一种道德的抑制。①

四

马尔塞斯的《人口论》出版以后，惹起当时多数反对的批评。反对最利害的当然是一般迷信最深的耶教徒。姑且不去论他。现在只就上述马尔塞斯的结论，做我们研究的参考。

人类的趋势永远是繁殖的。现在取各国最近统计的材料，列表如下，足可以证明这个道理：

国别＼年度	1860	1870	1880	1890	1900	1910
合众国	31,443 千	38,558 千	50,156 千	62,948 千	79,995 千	91,972 千
英国	28,927 千	31,485 千	34,885 千	37,733 千	41,459 千	45,222 千
英领印度	不明	不明	不明	287,271 千	294,316 千	315,086 千
澳大利亚	不明	不明	2,253 千	3,183 千	3,773 千	4,455 千
坎拿大	不明	3,518 千	4,336 千	5,035 千	5,592 千	7,447 千
纽锡仑	不明	不明	490 千	637 千	773 千	1,008 千
俄罗斯欧洲本部	不明	65,732 千	71,028 千	91,862 千	106,159 千	131,022 千
挪威	不明	1,702 千	1,813 千	2,001 千	2,240 千	2,392 千
瑞典	3,860 千	4,169 千	4,566 千	4,785 千	5,136 千	5,522 千
丹麦	1,608 千	1,785 千	1,969 千	2,172 千	2,450 千	2,737 千
荷兰	3,309 千	3,580 千	4,013 千	4,511 千	5,104 千	5,858 千
德意志	37,611 千	40,085 千	45,095 千	49,241 千	56,046 千	64,926 千
比利时	4,732 千	5,088 千	5,537 千	6,069 千	6,694 千	7,424 千
法兰西	37,386 千	36,102 千	37,672 千	38,343 千	38,962 千	39,602 千
奥地利	不明	20,218 千	23,144 千	23,895 千	26,151 千	28,572 千
匈牙利	不明	15,509 千	15,739 千	17,464 千	19,155 千	20,886 千
西班牙	15,655 千	16,799 千	16,432 千	17,545 千	18,608 千	19,589 千

① 参看原书第 13 页。

续表

国别＼年度	1860	1870	1880	1890	1900	1910
布尔格利亚	不明	不明	2,008 千	3,200 千	3,744 千	4,329 千
罗马尼亚	4,000 千	4,754 千	5,300 千	5,800 千	5,957 千	6,966 千
阿金丁	不明	1,803 千	不明	3,964 千	不明	7,092 千
乌拉圭	229 千	334 千	438 千	751 千	936 千	1,043 千
日本	不明	33,111 千	36,500 千	40,719 千	44,816 千	50,896 千
意大利	21,777 千	26,810 千	28,460 千	30,536 千	32,450 千	34,671 千

（上表中统计数目见 W.S.Thompson 的人口论文 104 页至 109 页。原书美国克仑比亚大学出版，名《人口论》，别名《马尔塞斯主义之研究》*Population: A Study in Malthusianism*。）

上边所列的国别一共 23 个，有新的国家如澳大利亚、坎拿大、纽锡仑、阿金丁、乌拉圭；有老大的国家，如英国、英领印度、日本、意大利；有工业发达的，如英国、德意志、比利时；有工商业不进步的，如西班牙、罗马尼亚。各国情形虽然完全不同，但是人口逐渐增加，却是一律。按着马尔塞斯所说的道理，人口所以增加的原因自然也是一样，都是因为生计扩张的缘故。但是生计扩张可以称做总原因，此外与生计扩张相伴或是受生计扩张之影响，发生许多不同的现象，也促进人口的增加。待我逐条说来：（一）自从欧洲产业革新之后，人类用机械代筋骨的劳动，省了若干人工，增加生产的分量。满足生活的需要品加增，所以现在世界足可以维持那屡增不已之人口。德意志的人口自 1860 至 1910 年增多 2700 万以上。日本自从 1870 至 1910 年人口增加约近 2000 万。所以人口增加的主要原因，都是因为工商业发达，物品充斥。（二）与产业膨胀相伴的现象就是生活进步、文化进步。所谓生活和文化的进步，未必是全社会或全人类的进步。但是至少必有一部分人享受这个福气，增进他们的文化，改进他们的生活。生活进步的时候，使疾病减少,同时使死亡率低减。人类文化进步的时候,知识发达,明白生活之道。如医学卫生学等都是使死亡率降低。假使生殖率无变更,而死亡率逐渐的低减,结果就是人口增加,人口学者称他为自然增加。(自然增加是生殖率与死亡率的差,研究人口问题的不可专注意生殖率,应该注意生殖率和死亡率的比例。)所以生活进步也是人口增加的一个主要原因。(三)新开辟的地方,天产富饶,一时取之不尽,用之不竭,因此可以吸收无数人口。合众国自1860至1910年,50年间人口增加几有三倍。坎拿大自1870至1910年,40年间人口增加亦有两倍有余。阿金丁在同年内,40年间,人口增加几至四倍。这一类增加的主要原因,也是因为从外国移来的人民多。(四)生计应该包括衣、食、住三种,农产物当然是生计上所最不可缺的。但是也有农产少的国家,人口反倒增加的。例如英国出产的谷类不足养活本国的人口,但是现在借着轮船、铁路等交通的便利,得从谷物丰饶的地方运来供给他们增加的人口。这是因为英国工业发达,可以用他们的制造品,换外国的农产物品,补本国农产的不足。所以一个国家,虽然农产不足,只要工业发达,有交通的便利,人口也是增加的。

综观以上所述四项,人口增加的情形虽然不同,但都是直接或间接原因于生计。生计充裕的表现,或是生活必要品充斥,或是生活程度进步,或是天产富饶为人利用,或是本国的制造发达,用之有余,得以与别国所出产的生活必要品相交换,都是促进人口的增加。十九世纪以来各国人口的增加,可以说都是生计充裕的缘故。假使百年以前,科学没有进步,例如汽机电气没有发见,工业没有革新,新地方没有开拓,国际贸易没有发展,人类生活没有改良,我们敢断言人口绝对不能有那样的增殖。至于人口五六百万以上的伦敦、纽约大都会更是梦想不到了。总而言之，近百年以来，生计扩张，诚然是人类可庆的，并且最可使人注意的事实。生计扩张的结果，不只是供养了无数的增加的人口，并且使人类一部分的生活程度增高，享受物质文明的幸福。(经济学者研究近世纪经济的发展以为最显著的现象，就是财富之增加。究其实，财富之增加就是物品和事业比前代加增，现代人民能享受多量的物品，满足他们生活的需要。)世界人口虽然是累累加增，而马尔塞斯所慄慄危惧的过庶，始终没有现诸事实，这就是生计扩张的缘故。

五

过庶虽然没有现诸事实，但是马尔塞斯的人口论并没有因此推翻。马尔塞斯所说的那遏制人口的贫穷，却变成了文明社会普遍的现象，成为现在人类一种最苦痛的社会病。文华灿烂的国家里面尚且有若干饥寒交迫的贫民。英国的伦敦总算是在都会中首屈一指，文明、经济都是最发达的了。据 1888 年的调查，伦敦人口 30.7%都是在贫穷境里。每十人中总有三人死在贫民院、疯人院、施医院里。[①] 又如纽约总算是新世界第一个都会，物质文明在世界无匹的了。亨特(Hunter)调查他的贫民竟占去 14%至 20%。这种悲惨的现象不特发生在都会里。亨特调查纽约、麻萨珠塞、米西甘等九州的人民，也是有五分之一在贫民之列。由此看来，生计扩张产出两种结果来。一种结果就是供养许多新增加之人口。一种结

① 参看 Charles Booth, *Labour and Life of the People of London*, 1891。

果就是造出贫穷的大问题。我们现在所应该研究的就是,贫穷是不是人口过多的变象。我们在上边已经声明过庶没有现诸事实,那世界普遍的贫穷状况当然不是过庶的变象,一定是由于旁的原因了。

从理论上推想起来,人类确是有过庶的危险。人类的生殖力原来是无限的。马尔塞斯计算人类繁殖25年间可加增一倍。现在生理学者考查男子媾合时一次所泄精虫之数足可供全世界及笄女子受胎之用。人类生殖力之伟大可以想见。但是地球上可居之土地是有限制的。蒙古的高原,美洲的草野,各处人口虽然疏落,但长此以往终有人满之一日。农业化学、食物化学凭他进步多少,食品种类凭他是发见多少,将来出产总有穷竭之时。总之,土地、食物二种是有穷的,生殖是无穷的。后者终须受前者的限制。所以过庶的危险在理论上确是无可疑的。但是现代社会还没有这个危险。为什么呢?因为凡是文明社会,虽然如本篇表上所列,人口逐渐增加,但是自1870以后生殖率却都是日见低减。据人口学者的调查,澳大利亚洲的生殖率降的最低。其次就是比利时、萨逊、纽锡仑、法兰西、德意志、奥地利、英格兰、丹麦、瑞典、挪威这些国家。现在采几国可靠的统计,列出表来,做为参考。

国别＼年度	1870	1880	1890	1900	1910
英格兰	34.8	32.9	29.8	28.3	25.4
澳大利亚	38	36	35	27	27
纽锡仑	40	38	29	26	26
挪威	不明	30.9	30.2	30.0	26.1
瑞典	32.0	29.6	27.9	26.8	25.1
丹麦	21.6	22.0	30.8	29.8	27.8
德意志	40.3	37.9	36.3	35.7	30.7

续表

国别＼年度	1870	1880	1890	1900	1910
比利时	不明	31.6	29.5	28.8	24.4
法兰西	26.1	24.9	22.6	21.8	19.1
奥地利	40.2	38.6	37.3	36.7	33.0

（上表系从前述 Thompson 书中录出。Thompson 所取统计数目都是依据政府统计录。）

总之，世界上文明国家除去合众国、俄罗斯与日本以外，没有一国不是生殖率逐年减少的。生殖率虽然日见低减，但是贫穷问题反是日见困难。据人口学者的研究，一国里各种阶级的生殖率低减的程度也有差别。大概高级社会的生殖率，减少最烈，低级社会的生殖率，低减最微，也有保持原态的或增长的。但是低级社会的死亡率也是最高。所以我们推想近 50 年来世界大部分的人口增加，除去移民不计外，当然是由于自然的增加，就是生产率与死亡率的增高。

现在既证明近年人口增加是自然的增加，我们仍然不能断定自然的增加与过庶有别，不至于发生贫穷的问题。所以我们须考察现在社会的经济状况，世界的产物果否可以敷现在人口的分配。全世界的生产统计，现在不能详述。只看英、美两国的财富，全国人口如何分配，也就可以推知其余的工业社会。英国全国的收入在 1908 年值1,844,000,000金镑。从所得税的统计调查这财富如何分配："全国人口 12% 竟取去全国总收入二分之一，而全国人口三十分之一，只取去三分之一以上。"①美国斯帕尔调查"美国住户

① 参看 Chiozza Money, *Riches and Poverty*, 1910 版。

百分之一竟取去全国总收入四分之一,而住户之50%只取去总收入五分之一。"[①]上边曾说明金钱是代表物品的东西。全国总收入都是按金钱计算,我们用他指示全国一年所出产的物品。所以计算一国生产品值多少价格,即可推知那一国的生计。把生产的价格由全国人民平均分配,即可推知所生产的物品是否能满足人民的需要。按上边所引的调查看起来,那分配的方法,太不公平。例如英国的总收入假使平均分配起来每人每年只可以得40磅,五口之家共可得200磅。实际上贫人的收入不及此数,而富人的收入超过此数千倍万倍以上。所以现在文明社会的贫穷问题,不是由于人口过多,实在是由于分配不均。

但是有一派人反对这个道理。他们说假使把全国的财富平均分配于人民,结果必至使全国人民尽陷于贫穷的境遇。例如假使英国人民每人每年都只收入40磅,他们都不能有安舒的生活。法国经济学者吉德即是这种主张。[②] 他们又说现在低级社会的生殖率已经表示增高,或保持原态的倾向,假使他们的生活进步,将来他们的生殖率扩张,使他们的子孙膨胀于全社会,岂不又产出过庶的现象吗? 对于前者我们可以说分配平均以后一般人的生产力加增,财富加增,人人也就可得到安舒的生活。此论又昧于晚近人口上最显著的事实。那个最显著的事实就是文明越进步,生殖率超低减。文明越进步的国家,他的人民生殖率越低减。一个社会里也是一样,文明最高的阶级也是生殖率最低。爱理司说:"与社会巩固相伴有生殖率低减的倾向诚然是文明的本质。这种倾向在个

---

① 参看 Charles B. Spahr, *An Essay on the Present Distribution of Wealth in the United States*, 1896。

② Charles Gide, *Principe de l' Economie Politique* 论社会主义章内。

人或者是熟思的，但是在社会上只可以认为本能的冲动，用他支配生活的状况，解决贫穷病死的问题。”[①]我们敢说贫穷是生计分配不均的缘故，不是人口过多的缘故。我们并且可进一步说，低级社会的过庶也是生计分配不均所产出的结果。分配问题是经济学的最重要部分，本篇不能离题太远，现在只好置之不论。读者要注意的就是贫穷与分配的关系，较贫穷与人口的关系更为切要。

六

以上所说都是引用外国的学说，采取外国的事实，讨论人口与贫穷的关系。论到中国，有种种的困难，不能为彻底的研究。第一，我们没有详确的人口统计。[②] 第二，我们没有财富的调查。所以我们人口到底是过多或是过少实在无从稽查。中国人口，普通常用的数目是四万万或三万五千万。这个数目是推测的，不是切实调查出来的。假使只有这个数目，没有全国财富的统计，仍然是不能考出中国的人口能否有享受贫穷以上的生活。现在满街跑的是乞丐，到处有的是流氓，是大家都知道的。但是乞丐流氓，是原因于过庶，还是原因于生计分配不均，我们却无从推测。

外人对于中国人口的研究，有说中国的人口将来膨胀不可限量，必然充满全球的。但是细心观察的人都知道中国的生殖率虽

① Havelock Ellis, *The Task of Social Hygiene* 论“低落的生殖率”章第 186 页以下。

② 《续文献通考》论户口登耗说：“国家户口登耗，有绝不可信者。有司之造册，与户科户部之稽查，皆仅儿戏耳。掌民部者宜留心经理焉。”

然极发达,而同时死亡率也异常伟大。10 年前美国的洛斯教授来游历中国,征集了外国医士 33 人的意见,说殇儿在西洋大概是占十分之三,在中国就要占十分之八。[①] 那末,中国的生殖率虽然发达,终结仍然是让死亡率抵消。所以生殖率过度的危险,在中国社会里到底到若何程度我们不能断定。

但是一般的议论常以为中国的贫穷是过庶的弊病。例如山东、广东、福建和扬子江下流诸省份,都是人口密度最高的区域。他们向外移出的人口,非常的多。我们现在没有人口统计与财富统计,不能只依据人民迁徙的现象,就断过庶为事实。中国各地方的人都是从事农业,所以移民的现象,只可认为农业上不能消纳他们。农业以外还有许多职业可以消纳。至于农业上可以消纳若干人口与农业上可供养若干人口又不是一事。前者指从事农产的人口,后者指农产所维持的人口。我们考查每年海关报告,即可以知道中国农产可否维持现存的人口。假使中国的农产不足供给中国人口之用,我们仍然不能就认为过庶的现象。因为农产不足的社会可以用他们的制造品去换食料。上边所举英国的例即是如此。假使农业工业发达的程度都是幼稚,全国人口的生计总须依赖外国的补助,那一国的输入额定然超过他的输出额。这个还不能判定为过庶的现象。例如英国的输入额常是超过输出额的,但是他不感过庶的苦痛。英国的输出品运到外国,变成了生产的要素,在国外更造出物品,输入英国。所以英国所输入的实在还是他以先所输出的变象,由此看来,中国输入额超过输出,还是不敢就认为过庶的现象。

① 参看 E.A. Ross: *The Changing Chinese*。

据我看来，中国人满的现象经过这几层的推敲讨论，只可认为先天的事前的判断，还是缺少归纳的科学的研究。我们再观察社会现状：见那横征暴敛的政府、嚣张跋扈的军人、结党营私的政客、敲剥朘削的财主，在那里肆无忌惮的吸取小民的膏血。收入分配的不均平，一方有月入几万元的军人政客，一方有月入六七元的车夫小贩。全国的物产、产业，向来虽然没有发展，还算是小民公有之物，现在竟渐渐的都集中于少数人之手，或是断送给外国的资本家。看此情形，中国的贫穷更是与人口的关系小，与政治及经济的关系大了。①

民国九，二，廿四

① 假使中国现在所有的人口，每个都是有效率的生产者，能够有公平的经济制度维持他们的生活，那就不会有过庶的危险（假定人口不再继续增加）。若在现今政治经济与社会之情形之下，无论人口多寡，贫穷是不可免的，所以现在中国的贫穷不能只在人口方面注意。

新贫民*

人都知道什么是贫民。他是没有衣服穿的,没有饭吃的,没有房子住的,或者三种都有一点,但是都不够维持他的最低限度的生活的。按理论说,贫穷是社会上变态的现象,但是在事实上他却变成了常态的了。贫穷的情形虽然各不相同,但是差不多没有社会没有贫民的。有的社会因为一般的人的生产能力太低,或者因为自然的、地理的环境太不顺适(如在北冰洋,或寒带北部,或有大天灾),所以全体的人民按我们的眼光看起来都是贫穷的。有的社会一般人的生产能力虽然很高,所生产的足够维持全体人民最低限度的生活,但是因为他的分配财富的方法不公道,或者因为其他人为的原因,所以有一部分的人民是贫穷的。现在所谓文明社会里的贫穷问题,大概都是属于第二类。

救贫是国家一个最重要的责任,中外古今的政治学者都说救贫是国家的要务。贫民对于社会永远是危险的;他是"不劳而获的"靠着人求生活的,他要是不安本分起来,要扰乱社会的治安,危害社会的秩序的。中国历史上朝代的更迭,从一方面看来,都可以说是贫民的扰乱的结果。西洋历史上如希腊、罗马的衰亡,有些历史学者也说是贫民反抗富豪的变乱的。贫民阶级在历史上诚然是

---

* 本文收入《孟和文存》,亚东图书馆1925年版。

一个很重要的要素，研究历史与政治的人绝不可忽略的。

我们中国现在的贫民虽然没有统计，大概一定是不少的。每年各省自然的（如疫疾、水灾、旱灾、风灾、地震灾）与人事的（如兵灾、匪灾、官吏灾、政府灾等等）灾害，一定产出了无数的贫民。这些贫民除了自认命运晦气、坐以待毙的以外，都是危险的分子。他们都是乞丐、盗贼、土匪、盐枭、拐匪、贩私货、卖吗啡，总之一切罪犯的原料，这种情形大概是人所共知的。但是除了这些贫民以外，还有一种"新贫民"，他的危险比贫民还要利害几千几万倍，他的势力比贫民还要大几千几万倍，而他的救济比一般贫民的救济也要困难几千几万倍，是一般人没有注意的。那末，谁是新贫民呢？

贫民的最简单的定义，就是不能够维持最低限度的生活的。所谓最低限度，从各人的眼光看来，原是不一样的。人力车夫每天只有三个大饼，一个容身的地方，每年有单、夹、棉的三四套衣服穿，就可以说有了最低限度的生活。店铺里的伙计的最低限度的生活就比这个高；银行里的行员、衙门里的老爷、学堂里的教员、国会里的议员、国会以外的政客所有的最低限度的生活，又都是各不相同的。再细说起来，就是在一个衙门里的老爷，有做录事的、有做主事的、有做科长司长的、有做参事的、有做总长次长的，他们各人所有的最低限度的生活也未必相同。我现在所说的新贫民就是普遍所谓"中等阶级"，平均收入每月在150元以上至四五百元之间的。

这一类的人的收入从每月赚十几块钱的人力车夫看来，要算是"有钱的"了，要算是"阔人"了，但是他们还是些贫民。他们不是没有饭吃，但是没有好饭吃。他们不是没有衣服穿，但是没有好衣服穿。他们是没有汽车坐，没有洋楼住，没有钱炫耀他们的财富的。除了政府或机关拖欠薪水不计外，这个情形是由以下几种原因酿成的：

（一）货币的跌落与物价的昂贵。普遍收入不足的时候，常是因为货币的价格跌落，所以物价昂贵起来。有人说，北京物价自从民国元年到现在增加了一倍有余。货币没有一定的价格，常常变化，又常有跌落的倾向的，这是货币上最重要的问题，于我们一般人的生活最有密切的关系。假使关于北京的物价的推测是准确的，那末，在民国元年的时候收入为150元的，在民国十二年就应该有300元了。虽然物价未必都是一律的加增了百分之百，那末，至少也应该有250元的收入了。不幸世上的通例都是物价的昂贵在先，而薪俸的增加远在物价昂贵的现象发现以后。所以以先每月收入150元可以足用的，现在就不足用了。这是造就新贫民的一个原因。但是这个原因对于劳动阶级虽然是最重要的，但是对于我所称为中等阶级的却不是最重要的。因为劳动阶级本来是正在贫穷线上，他们的收入勉强正可以维持他们最低限度的生活，这个中等阶级收入不足的时候，却还可以设法“节流”。劳动阶级因为物价腾贵可以发生衣食不足之忧，而中等社会在收入不足的时候，很可以减去衣、食、住以上的消费。这虽然未必是好方法，但是在一定的情形之下是可以实行的。

（二）消费的增加。这是近年来中国最可惊的现象。欧美人近来对于中国抱乐观，夸赞我们有可觇的进步的，就是因为输出入额的增加与工商事业的发达，换言之，就是消费的增加。要知我们现在的消费不特是比我们的祖父、父亲多了许多倍，就比我们自己五年、十年、二十年前都增多了许多倍。我们的祖父或者只有一件长衫，可以穿多少年，我们现在就不能只有一件，并且每年还须做新的。我们的父亲或者每天只吃些土产的鱼肉菜蔬，我们现在享用海内外的山珍海味了。除了衣食住外，我们现在所消耗的物品与职役(Services)不知比以先加增了多少倍。看电影、游公园、坐汽车、吸香烟……这些都是以先没有，蓦地里添加出来的。消费不特有量的增加，还有质的增加。以先二三十元一所的房子因为设备改良竟涨到一二百元了。以先一天二角的小客栈现在因为添设洋式的设备竟涨到十元八元了。量的增加与质的增加都是没有底止的，永远有人在那里设法引起增加的。资本制度的一个结果就是大计划的生产，将生产品设法推销。现代工商业最重要的任务，就是如何将物品及于民众。欧美人所谓中国近年的进步，就是推销他们商品的成功。现在中等社会的人差不多每人都有一副金丝眼镜，几身外国材料的衣服，一个金表，他吸香烟、吃大菜、看电影、坐汽车，他家里用许多外国的器具与装饰品。我们这样销纳外国的商品，他们如何会不恭维我们呢？

但是中等社会的人处在这个时代可就变为新贫民了。他们的收入抵不了这样的消费。他们看了新式的生活，看了现在穿戴陈设的物品，再走进先施公司、永安公司，一看就知道他们的收入不够用了。但是事实所迫又不得不这样的消费。在现代的社会里别乎流俗是最困难的，大部分的人没有标奇立异的魄力，从俗是最容易做的并且最合算的，标奇立异是危险的。人家都是这样打扮，我们自然也就是这样打扮。人家都这样的娱乐的时候，我们也自然要顺着他们。这种社会的压力是很大的。中等社会在这个压力之下可就变为新贫民了。

(三)女子的解放。女子解放一部分是近代资本制度的结果，但是反过来也是促进产业发达的原因。工业发达，女子的职务减轻,所以女子脱离了家庭,入了向来男子所专有的社会。因为女子入了社会,所以她的消费能力也就大增。现代商品有一大部分是专供女子的消耗的,那些商品的种类、品质、价值,真使我们吃惊。几千元的金钢钻与珍珠,数十元一身的织金缎衣,百元一套的绣花衣,千元一袭的貂皮大氅,是现代被解放的女子的要求。现在中等社会一家所有的财产差不多都代表在一个女子的身上,有时恐怕所代表的比她家里的财产还多。女子向来是靠着容貌的,但是容貌秀丽的女子是同天才一样的稀罕,所以所有的女子都不得不装饰,这个装饰的虚荣差不多成了她们的天性,她们惟一的事业。模仿装饰的风气在女界中比在男界中势力更大。这个事实是不能否认的。一位女子最高学府的教授,离开北京一年以后回来同我说:"现在的女子装饰更考究了。"换言之,就是消费能力更大了。女子装饰的消费是无所底止的,时髦的花样不断的翻陈出新,中等社会的人就是将所有的收入都消费在这一端上竭力追赶也是赶不上的。与装饰相连的必须有其他种种消费与他相称。穿貂皮大氅的绝不能坐人力车,至少也须乘一辆破福德。戴钻石的绝不能每天在家"主持中馈",至少也须到公园或游艺园去走走。这种连带的消耗又是一笔大漏卮。从此看来,女子的解放就是中等社会的破产。

(四)额外的消耗。消耗的界限难定,所谓额外或额内本来不容易分别的。但是有些种消耗为一般人所认为"不道德的"或"不正当的"是可别为一类,我们不愿意摆道学先生的面孔沿袭这个"不道德的、不正当的"名称,最好称他为额外的。例如赌博、吸鸦片、纳妾、嫖妓,都是这一类。额外的消耗也是无所底止的,也是须有许多种连带的消耗的。打过十块一底的麻雀也就可以打到五十块、一百块……一底。讨过一个妾的也就可以讨两个、讨三个。嫖妓的总要“修边幅”“摆场面”，吸鸦片的也总须满足他的特别强的“口腹之欲”。中等社会的人要陷入这个额外消耗的欲壑里，一定要变为新贫民的。这个额外的消耗在现代社会上却非常盛行。就在我们所熟知的人中，在多少有用的有为的青年中，已经都沾染了这些嗜好。这些人的行为除了对于他们自己不计外，对于社会所发生的积极的消极的影响一定是很大的。

（五）中国的阶级界限不严密。中国没有像外国那样阶级的区别，这是西洋人称赞我们的话。卖鱼的可以做督军，卖布的可以做总理，做妓女的可以做“一品夫人”，这诚然是我们社会上平等精神的表现。阶级的差别虽然是一种顽固的、不平等的、悖乎民治的制度，但是他的好处却也不能一笔抹煞。有了阶级制度，人人就不敢有非分之想；有了阶级制度，在不同阶级的人接触较少，仿效的机会就减少。他们的行为、习惯、起居、服御，也都各在本阶级以内嬗变，不易转相模仿，甚至于不顾自己的财产与收入的去模仿。欧洲本有阶级制度的各国不必论，就是实行民治主义的合众国也是有阶级的差别的，并且是极严密的区别的。即如去年出版喧传一时的《巴比特》①里边所叙述的即可见一斑。巴比特与马可莱都是都市中重要的人物，但是因为他们的职业与门阀的关系，他们不属于一个俱乐部，家庭间不相往来。巴比特费了几许心血，做了多少次的好梦，勉强来往了一次，终久仍然未能成功。阶级的限界显然是不易打破的。

① *Babbitt* 美国 Sinclair Lewis 所著。著者以先曾做过几本小说，但是直到前年他的《大街》（*Main Street*）出版以后名气才大噪于一时。这两部书在文学上虽无大价值，但是所描写美国中小都市的情形是很有价值的。

中国阶级的情形与此不同。我虽然是每月只赚一百五六十元的小主事,国务总理甚而至于总统也许是与我有亲族上、世谊上或乡谊上的关系,我们可以依旧来往的,至少我们有机会看见他们的生活情形,可以模仿他们,并且还可以倚赖他们的。所谓中等社会都是与那些有权势有财产的社会相连的,而那些有权势有财产的社会在不久以前(或者只在两三个月以前)也就是属于中等社会阶级的。

这样的阶级间的沟通,极容易启人民觊觎幸进之心,引起人民希冀非分之想。现在的人只要肯投资,无论什么人都可以来往的。而女子间的交际更是特别容易。现在有权势有财产的阶级中结交姨太太与小姐是幸进最容易最顺适最可靠的方法。我知道有许多人是用这样的方法进身的。

阶级间的沟通从理论上看来是好的,但是在今日之中国,他正是扰乱社会的一个原因。他在一方面虽然是解放有些人的能力,让他们跃出他们所属的阶级,但是在他方面却使许多人变成了新贫民。

以上所举五端是造成新贫民的主要原因。新贫民如何救济他们自己呢? 就是去做无耻的官僚、政客,冒牌的学者,滑头的工商业家,设法增加他们的收入。但是这些新贫民不是只用增加他们的收入可以救济的。漫说现在国家不能于军费之外再加上一笔新贫民救济费,就是可以有筹措这个费的能力,这也不是根本的办法。这些新贫民也不是用增加生产、奖励国货可以救济的。就是生产可以加增,国货可以发达,也不是根本的救济方法。新贫民是现在社会上、政治上、产业上,乃至教育上最扰乱的分子,我们如果可以将新贫民铲除,我们的社会、政治、产业、教育也就有光明了,有进步了。

民国十二,九,十六

社会调查*

我向来抱着一种宏愿，要把中国社会的各方面全调查一番。这个调查除了学术上的趣味以外，还有实际的功用。一则可以知道吾国社会的好处，例如家庭生活种种事情，婚丧祭祀种种制度，凡是使人民全体生活良善之点，皆应保存；一则可以寻出吾国社会上种种，凡是使人民不得其所，或阻害人民发达之点，当讲求改良的方法。

追溯发这个愿心，却是很早。六年前（1912）的春天，我在伦敦同同学梁君要编纂一部述中国社会生活的书给外国人读。我最初以为凡是中国人，都生长在中国社会里，每天所经验的、所接触的，自然都是中国社会里所发现的事，把他写出来，当不觉有何困难。然而以后写起来的时候，就觉得个人的经验有限，个人所接触的事物限于极小范围，个人所知的社会生活不过是一极小部分。我们过去有好几千年的历史，但是这历史上的社会生活如何，我们却不得而知。我们生长大都在一个地方，我们关于生长地的情形知道的已极不详细，更不必论全中国了。我觉得我们中国各地方人，互相隔阂。所有一知半解，亦不过一小方面，却不是社会之全体。我

---

* 本文原载于《新青年》1918 年第 4 卷第 3 期，后收入《孟和文存》，亚东图书馆 1925 年版。

在编辑的时候于是不得不稍为依赖古今人所著的书籍，补我的经验不完与记忆不清的地方。然而中国关于社会生活的书籍又非常的稀罕，论起群盲所崇拜的人物来，说得“天花乱坠”，叫现在稍有怀疑思想的人看起来，就觉得文人之笔舞文弄墨，不足凭信。及至论到人民一般的状况，记载又失之过于简略。司马迁的《史记》不得不算一部有价值的史书，然而记述人民一般之真状，资料亦非常缺乏。如其《平准书》曰：

> 汉兴七十余年之间……民则人给家足，都鄙廪庾皆满。……

所谓“人给家足”，未免太失之空泛。若是现在研究社会经济的考究起来，搜寻各种材料，只就汉兴七十余年间，足可以再著出一部与《史记》长短差不多的经济史来。后人叙述人民一般的事情，都是沿用一种空泛捉摸不着的套语，一般百姓每天如何生存，未有能详细记载的。

以后我忽然想起我国各地方差不多有《志书》。《志书》里记各地方最近二三百年之风俗制度，关于社会生活的材料定然不少。我于是到剑桥大学藏中国书籍的地方，把各种《志书》都翻阅一过。后来只见江苏某县《志书》内载有一条，大意谓该处人民业蚕桑，每日侵晨有贫穷之民植立桥畔待雇，日得工资若干文，不得者皆懊丧归家。此短文写出人民经济状况，如经济生存之竞争、生活程度、失业问题，实社会研究之好材料。可惜此类之记载极少。其他《志书》所载四季之风俗，婚丧之礼节，不是陈旧套语，就是失之简略。我因此才恍然明白了两件事。一则我们中国人于“生活”（生活有两个意思，一就是生存的意思，最为简单，如各种生物与人类全要生活。一则生活之道的意思，如家庭生活、宗教生活，乃是人所特长。是即文中所用之意。文明愈高，则人的生活之道愈精致、愈高尚。所以人不当只求生活，且须求生活之道；若生活不得其道，则宁可舍去生活，亦不为憾）一道素不注意，素欠研究，所以思想能力用在生活之道者有限。此中固然有种种原因，今日无庸详论，然而此种事实，实在是不可掩的。一则我们人民是不值什么的，不在话下的。我国的文学家宁可以为一个人用几万几十万字夸耀他的功绩德行，不愿用几十个字几百个字叙述一般人民的真状。外国人常好说我们中国重文，所以典籍之多，世界上各国论起数目来都比不上。我以为中国的书籍比较各文明国数目反太少。所有的都是用铺张扬厉的笔法记些英雄恶霸的故事；或者不合理的文笔，发表不合理的想象；或者如胡适之先生所说，用“奴性逻辑”解释陈言，为古人的奴隶。有几部书是专描写一般人民的？就是各种《志书》里亦记些“先儒”“烈女”。先儒烈女之外，众男子众女人不计其数，如何生活，却不可得而知了。我们中国人是一个哑国民。人民的欢乐，人民的冤苦，一般生活的状态，除了些诗歌小说之外，绝少有记出来的。而一般能写能书能发表一已之经验的人，又以为秦政刘邦较当时好几百万的人民重要得多。所谓圣贤豪杰之休戚较诸一般百姓之苦乐重要得多。这种崇拜英雄之理想，就是现在一般愚民希望贤人政治之根源。要知一国之中，不贵在有尧、舜、禹、汤或大彼得、拿坡仑，而贵在一般人民都能发达，不必等着枭雄恶霸就可以自治的。有了“贤人”政客，反防害一般人民能力的发达，“圣人不死”便待人民如聋如哑、如痴如盲，本“圣人”之意旨，定为法律政制，范围社会，那就扰得社会更不宁了。所以研究社会，调查社会上各种现象，有何美点，有何弊病，可以使一般人民全有发展成圣贤之机会，那就用不着“贤人政治”，亦就无“贤人”营私利己之机会了。

我抱着这种希望虽然极久，但是始终没有自身从事调查。三年前，北京青年会设有社会实进会，会员诸君会调查北京城里人力车夫，当时我就着调查的材料作出一份报告，可以见出人力车是否为一种好职业，其收入是否足供衣食住之资，其职业生一种效果于社会。报告虽不详尽，然以上诸端，颇可使我们猛省，发同情谋救济的方法。但是现在中国的社会调查我以为乡村调查最为重要。我国以农业为本，人民的大部分全是务农，或作农业副产物的工作。所以农间生活实在是我们现在最切要的一个大问题，较比都市生活所产出种种问题切要得多。中国人住在都市里的人极少，住在乡村里的人极多；要是不研究乡村里生活的状况与技术的情形，分别他们的好处坏处，引导他们向进步的方面发展，成为能自治之国民，而只盼望生在都市里的人受特殊教育，专去治理这些乡村的人，那就是“贤人政治”的思想。这种办法是无益于民，与今日民治的观念凿枘不相入的。所以我们要从事社会调查，应该先从乡村生活农民生活方面着手。

社会的研究*

科学的性质即对于各种现象及各种现象间之关系为有系统之研究。如普通自然科学的研究即对于自然状态分别种类，研究其间之关系，研究其为同时并现的或先后继现的现象。换言之，即为共存之现象或因果之现象。大凡科学之研究无论种类如何驳杂如何殊异，其研究之性质类无出乎此。研究自然科学者常否认社会的研究可以成立为科学，因为社会现象相互间的关系没有像自然现象那样的清楚。换言之，自然科学研究时所用的研究方法不能适用于社会上的，所以社会学不能成立为科学。此种论法有两个缺点，一个缺点是将科学之范围看得太狭，一个缺点是以为人类现象是无规则的、无律例的。本章既讨论社会的性质，现在更从社会的研究方面讨论社会现象之特点。

社会现象之因果关系没有自然现象的因果关系那样简单，并且那因果的关系也可以倒置。例如金属见了热就涨，热就是使金属涨的原因。此种物理现象的因果关系是简单的、不能掉换的。社会现象上如好教育是好政治的原因，科学进步是发达实业的原因，工钱低是贫穷的原因，法律严是犯罪多的原因。这种因果关系，大概是现在的人所公认的。但是这些因果关系我们也可以反

* 本文原载于国立北京大学《社会科学季刊》1924 年第 1 卷第 3 期。

转过来,说必须有好政治才可有好教育,实业进步了才可以促科学的进步,因为贫穷的人能力薄弱,所以工钱低少,因谓犯罪的增多,所以法律须严酷。社会的现象常可以互相为因果的。社会现象不特因果倒置并且极复杂纠纷。例如欧美生殖率有低落的现象,究其原因不只一端,必有许多互相影响的要素,如(一)生活程度高;(二)知识高,不注意子女之有无;(三)女子在社会上在法律上的解放;(四)理想之改变,以先人皆求子女多,现在则此种观念改变;(五)以先阶级的消灭,人人不受阶级制度之束缚,皆有向上之心,故不愿受子女众多之累;(六)军国主义之倾颓,一国之富庶不在人口,人口仅为次要的;(七)宗教信仰的倾颓,以先人受宗教之教义之束缚对于人口的生殖完全委诸自然,今则宗教之迷信已失其束缚之力,人不以限制人口为违反宗教。又如中国之政治不良,若溯其原因及所以致此之要素则也纷复而互相影响。如(一)督军制度;(二)缺乏宪治;(三)司法不能独立;(四)教育不发达;(五)经济不发展;(六)生活困难,人无暇来注意政治或国家之事务;(七)外国对于国内政治之干涉,挑拨袒助等行为及其侵略政策。使中国政治不良之原因及要素很多,他们相互为因果而各要素之间亦互相为因果。所以中国政治问题,是一个极复杂的问题,没有单解决,也不能有总解决。

如上所举各例,无论何种的社会问题或社会研究都包括着许多的互相依赖的要素。人口减少,或政治不良与飓风、地震潮汐等现象绝不能属于同类。盖物理质的现象因果简单而分明,而社会现象则错综纠纷而相互影响,相互为因果的。研究自然现象的学者见了这种复杂的社会情形,即不承认社会研究亦可以为科学的研究。要知社会现象虽然不与自然现象之性质相同,然亦可应用科学方法，对于社会现象为科学之研究。

科学家常以量计为科学之最高级。如物理现象、化学现象皆可量计，可以用数字表出。科学之发展日益精确，科学精确的程度亦即以其能受精确的量计为比例。社会科学则不能以量计为其最高之发展。因社会科学之所要求者不在量计而在量计以上。社会科学求知社会现象，求了解社会现象，不仅限于获得量计之结果。物理学者诚能量计光之浪、声之浪、色之波动、热之质点，但光、声、色、热之真性质绝非只由量计其波浪或质点所能尽。日月之光辉，音乐之声调，自然之色彩，情之热烈皆是不能量计的而皆比普通所能量计的为多。而这些不能量计的也常是人生所最宝贵的。

可量计的与可知的范围不必皆同。有可量计而吾人不知其意义者如时间是。有不可量计而吾人可知其意义者如幸福、悲痛是。盖可量计者，能量计者，大抵皆是外边的、不知的。而可知者，能知者，大抵皆是内的、意识的、不能量计的。假使科学只限于可量计的，则其所研究之现象必至只限于不知的与不可知的。如科学不以求知为目的而以量计为目的，则其结果专在应用，在乎权力，不在乎了解，在乎支配自然，不在乎明白自然，在乎战胜自然，不在乎知晓自然。所量计之对象与所知晓之对象不同。前者为量而后者为质。若科学之范围只限于所量计之量，则其所研究只可限于不可知之境。量是可以量的，质是只可以体察的、经验的。

社会科学所研究之对象为社会。所研究的事物包括着有意识的人类的关系，支配人类关系的动机与目的，人类生活及活动的方法、状态等等。这些事情都是不能量计的。在社会科学上，能量计者与不能量计者常相混。如财富，是可量计的，而幸福、文化则不可量计。人口的年龄、生殖率、死亡率虽可以量计，而人民的健康习惯则不可量计。现在教育心理学者测计心理,但是人的智慧、人的意志还是不可测计的。有许多东西不能用量来计算的,如智慧即不能相加。千百之平庸人不能成为智者或天才,千百之懦者不能成为勇夫。快乐、忧愁也是不能用量来计算的。千百人之忧未必足抵一人之断肠,千百人之欢忭未必胜于一人之幸福。因为千百人的忧愁、欢忭,系千百个人所感的情操。那个情操是不能相加的。

社会科学与自然科学性质之不同因其对象不同,既如上述。在根本上看来自人类生活方面看来,自然科学所研究者为方法(means),而社会科学所研究者为目的(end),将方法应用于目的。财富、武力皆是方法不是目的。自然现象之自身无目的,他的功能不过为满足一种目的。至于满足之程度也是不能量的。研究自然现象者,常专注意于其所研究,遂至以其所研究者为目的。方法与目的要分别清楚,不可竟因热心方法之故以方法为目的。常见研究科学的热心过度竟认其所研究的为目的。将方法与目的相混或将方法与目的分离,皆能引起极大的危险。近代科学发达最危险的结果,就是将科学是方法这个观念忘记,使人类变为科学的牺牲。人变为机械的牺牲,变为化学的牺牲,变为战术的牺牲。科学极端的进步及遂致使科学不是为人类存在,反倒使人类为科学及科学的成绩存在。这是最不应该的。

还有一种否认社会科学为科学的说法,以为社会科学是不精确的,不能有自然科学的精确。此与上文所述以量计为科学的标准之说为一类。科学如数学、天文、物理、化学,固皆为极精确之科学。其所研究之对象皆可以造出极精确之概念,不容有浮泛空洞或犹疑之词。论到社会科学就不能有这样的精确。我们对于社会现象所得的概念，绝不能如对于物理现象的确切。例如物体如无与地引力相抵之力则不得不落地，这是很精确、很清楚的事实。社会上政治的变迁，经济的变迁虽然可以研究，但是绝没有像物理现象那样的精确。假使我们说政治不良则惹起革命，这个定律就是不确切的。因为在历史上看来，政治不良，亦常有惹不起革命的时候。这个定律与物理学上引力的定律比较起来，精确的程度当然不同。所以社会现象的研究不能成为科学。此种看法的缺点与上文所述之点相同，一则是不明两种对象之不同，一种是将科学的范围看得太狭。科学种类既多，所研究之对象又不相同，则所用之方法，所得之结果亦不必皆为同类。例如原子、细胞，当然不能与观念、欲望相同，寒热可以用寒暑表量计，力可以用量力表量计，但是人的情操、思想、感情就不能由那寒暑表或量力表量计，此外也没有表可以量他。观察植物的生长与观察社会的发展亦不能完全相同。自然律与社会律的不同之点，即前者表示事实，表示现象之关系，后者则仅表示趋向，表示或然的事实。故从狭义的科学观念看来，此种表示倾向的定律不能为科学的定律，但所谓科学不当以此为界限，因凡可以用科学研究的而自成为系统者皆得称为科学。至于所研究之结果精确与否，则视其所研究之对象之性质不同，而精确之程度不同，不能画一。正如对于流动体之定律，不能施用于固体。所以自然科学之定律亦不能合于社会科学。人不能用同样方法研究万有之现象，亦不能以同样的定律包括那万有之现象。

孔德分别科学为阶级，将数学列为最基本的科学，社会学为最高的科学。两种科学实居于两极端。数学是最抽象的，社会学是最具体的。数学所研究的对象只是存在（existence）而社会科学所研究之对象为实际（realities）。社会现象无论哲学家如何解释，在人类看来总是实际的，不是假的。社会科学常用数目以为解释现象的锁钥。如人口统计、财富统计，凡社会事实可以用数目表现的，都可以为发明社会研究之用。但要知社会上的统计自身无价值，而要在能解释事实。如用人口统计可以解释人民健康的变化，生活状态、思想状况之变化，家族的性质之变化，乃至理想与成训的变化，皆可由统计推知。所以数目不难得，而用那数目去解释现象则不见得容易。

社会科学研究的名词与单位问题*

科学成立的标准,不在其内容,而在其方法。凡依据科学方法研究事实或现象都应该认为科学的工作;那所研究的结果,便是科学的知识。自然科学者极早便应用科学方法研究自然界的现象,于是现在自然方面的各种科学都已显出可惊的进步。今日所谓科学殆与自然科学为同一的名词。社会科学的萌芽虽然发端很早,但是因为社会现象的研究限于诸般困难,却还未能多所进步。因此社会科学竟常被否认为严格的科学。社会科学的未曾发展并非因其对象的特殊——实在说,一切科学的对象都各有其特殊的情形——实在因研究者大都未能充分的应用科学的方法。今后研究社会现象的人果能采用严格的科学方法进行他们的研究,日积月累,也自然会构成多少足配称做科学的叙述与原则。

一、 科学方法

什么是科学方法? 在理论上,科学方法可以分为两部分:一部

---

* 本文原载于国立武汉大学《社会科学季刊》1930 年第 1 卷第 3 期。

分是专门的、技术的方法，即观察、量计并记载所研究的现象，并计划这种工作最适宜的情况，以谋获得最丰富的结果；一部分是论理的方法，即按着所搜集的资料的性质，运用思想的技术，以寻绎原理或通则而正确的叙述所研究的现象。前者因研究对象不同，而方法有异。如一位研究经济现象，一位研究政治现象，两人搜集资料的方法、处所、情形、方便，便不能相同。后者是一切科学相通的，即无论任何研究的资料，皆须依论理的程序融会贯通。前者惟有专家，寝馈于某种现象研究的乃能熟练那一种技术的方法。后者则虽然非科学家，只要加以研究，也可以熟悉。论理的方法实在是人人常用而不可须臾离的。

实际上，专门的方法与思想的方法并不是互相排斥的。我们在观察与量计现象的时候，也自然必须遵循思想的定则。各种科学所应付的资料虽然不相同，但是普遍研究的步骤，如（一）设假定以定观察注意的范围；（二）观察并记载所观察的事实；（三）依所搜得的资料的性质而分类组织，时时皆须与思想的程序相合。否则观察、分类必然陷于混乱。

二、 科学方法的性质

以上所说的科学方法，在一般人看来或以为有莫测的高深。但是实际上凡是能对于一种现象细心观察、分类，虽然粗糙，都可以算含有科学的性质。除精神异状者外，一般人殆皆按着现象发现的多寡、同异、先后而加以概括的论断，决定行为的方向。如农人之觇验天时即完全根据此种常识的而带科学性质的观察与思考。我们所以对于一种研究特冠以"科学的"三字者,只是使观察与分类,益加精确、益为客观的罢了。我们常识的观察也常是按着科学的步骤,可是严格的科学的方法,则更将常识所能观察的精确程度与客观性程度提高多少倍罢了。

那末,我们便要问什么是客观性与精确性。科学的一个特色便是他是客观的;他并不因人的差别而变化,也不受人的主观见解的影响。一种科学研究的结果有客观的,正当(validity),因为凡是常态的人只要按着科学方法做同样的研究便都可以证明并承认他。科学的又一个特色便是他比较一般的观察更为精确。譬如我们普通说天气寒冷,水结为冰。按科学的说法,则更为精确,即空气温度到摄氏表零度的时候,水即结冰。又如我们普通都知道光行的速度比声音行的速度大,但是若按科学的更精确的说法,则须说光的速度每秒钟行 30 万公里,而声的速度则在摄氏表 20 度每秒钟只行343.2公尺,所以光的速度比声大 874 倍以上。又如一个人每日饮食变成能力(energy),必须做各种动作以保持他的健康或换取收入,关于常人每日的动作近来也有更精细的推算。据英国专家说,平常一个人(即平均的人)每日工作应等于攀登垂直的梯子半英里或2,600英尺高。此外又有人推算如按每一小时行三英里的速度步行 20 英尺即等于垂直的攀登梯子 1 英尺;所以按同速度行 10 英里即等于登梯半英里。从此更可推算在户内上下 10 英尺高的楼梯一次,即等于登垂直的梯 12 英尺;于是上下同样高的楼梯 117 次也即等于登梯半英里。又如每次脚跟离地用足趾将全身举起 3 英寸,如是 10,400 次也即等于登梯半英里。这种计算看来似觉麻烦、琐碎,但是这种精确的,人人可以测验,人人可以了解的量计正是科学研究的特点。

三、客观的方法

要使所观察的现象有客观的正当，最重要的就是观察必须先有一定的标准。一般人观察同一种现象，或对于同一种现象的反应，固然大体上常是相仿的，如我觉得今天天气热，同时你的感觉也告诉你天气热，而一般人也同样的感觉着，常是不会有大差别的。但是因为观察不能专靠主观的感觉或见解，所以必须造出客观的、共同承认的方法，以为凭据。客观观察的方法在两方面发展。一方面是帮助人的感官，使人的感觉与知觉趋于同，将观察标准化。一方面是画一符号与名词，以便各人有共同的媒介，将所经验的、所观察的都精确的叙述。客观观察方法在这两方面的发展产出下列各种客观的标准与工具：

一、对于所观察的事物必须画清界限，或分为若干单位，这些方法与器械，必须是客观的。如度量衡的标准皆属于此类。

二、助长感官的能力，或显明或放大所观察的现象的工具，如望远镜、显微镜、显微音器、分光镜。

三、合并以上两种功用的工具，即一方面清楚的表现现象，一方面更划定客观的尺度，如寒暑表、风雨表。

自然科学研究上的进步端赖以上所说三类客观的标准与工具的发展。社会现象的研究虽然到如今还不能——有些人还主张永远不能——应用这类精确的、客观的工具，但是无可疑的，近年来社会科学确有趋向于客观与精确的形势。如经济学、政治学、社会学，都渐渐脱下以先哲学的面目，抛弃许多玄妙的概念，或趋于比较的研究,或变为客观事实的搜集与量计;其根据主观的命题,推寻理论、演绎结论者始已绝迹于今日社会科学的领域。即历史学者对于他的最不容易客观化的学问,也未尝不要求他是一个科学家,努力用种种方法求得客观的精确的历史事实。

四、 社会研究上名词的重要

上节说客观观察方法在两方面的发展,一方面便是符号与名词的画一。社会研究离不开记载,无论是披览现存的刊物自做札记,或就个人现在直接的经验有所记录,都要以文字为媒介。但是文字的一个固有的毛病便是所代表的事物或所涵蕴的意义常欠稳定。社会科学家的论战可以说十之八九皆起源于名词滥用或缺乏一定的意义。假使社会科学上所用的名词,皆能画一意义,为一般所公认,则于我们认识社会现象可以清楚许多,而学者之间也可以少起许多不必要的争执。社会名词常缺乏确定之意义,原因于两层的困难。一层困难是名词固有的性质便是不明了、不清楚,容易引起纷歧的见解。

例如说天气寒冷,寒冷两字的意义便可因人、因时、因地而有无数的解判,在夏季的寒冷,在冬季的寒冷,患疟疾的人所觉的寒冷与常人所觉的寒冷,在山上所觉的寒冷与在平原所觉的寒冷便没有一定的标准。所以如能用一种器械,测验客观的温度,更好是用数字表示名词的意义,那才是确定名词意义最完备的方法。数字系最确定、不许含糊的符号,故凡能用数字表现意义的名词都是再精确没有的。如所谓一马力,用数字表示便是等于在海平线上将33,000英磅举高一英尺一分钟所需要的力量。社会科学上大部分的名词可惜还不能变成这样的精确,但是我们至少应该设法使现在社会科学上通用的术语都含有比现在更确切的意义。

名词的另一层困难便是许多术语常含着一个以上的意义,此中最常见的便是因为术语都根本于常识的经验,一个术语在普通言语作一解,在专门讨论的场合便另作一解。

例如政府这个名词,普通只联想到中央政府,但是在专门书籍上则常包括中央的与地方的两种。文化这个名词普通说话只限于高的文化,如在欧美的著作里,意义更为狭隘,只限于西欧型式的文化,但是在现代人类学与社会学上则一切民族的、物质的、精神的成绩统称文化。历史这个名词在常人的解释只限于正式的或官家的记录,如我国的正史,但若从社会学者看来则獉狉的人类,所谓史前的历史,当然也属历史。又如心理学上的行为(Behaviour)、经济学上的财富(Wealth)与货物(Goods)皆有与日常用法不同的涵义。

同一名词不特普通与专门的用法纷歧,即专门家之间也常缺少一致的用法。因此一个名词竟常含有若干不同的意义。同时还有同一观念因著者习惯的用法不同,竟有几个不同的名词表示。这种办法不特引起一般读者的迷惑,并且产出学术上讨论的纠纷与不必要的误解。例如十位美国有名的社会学者所用的重要概念据调查共有142个,就中只有52个名词系为一人以上所用;只有一个为七人所用,另一个名词为六人所用;只有六个为五人所用。从此可见不特名词的采用漫无标准,即概念也有陷于混乱无定之势。名词的意义不确定,用法不划一,社会研究是无法进行的。

如上所述确定名词的意义,划一名词的用法乃是社会研究初步最重要的工作。但是我们同时要认清名词的功用。我们重视名词,并非因名词自身有何固有的价值,或神秘的性质。名词只是一种工具,代表一种概念或具体的事物;他只是为我们研究的方便画出现象的某一部分、某一点或某一特质而已。一个名词的价值只看他能否被应用在客观的叙述,能否让一般人认识并测验他的意义。所以他的价值只靠着他的用处,不合用时即应改变或废弃。我们如果墨守一个名词,不管他适用于客观的叙述与否,继续使用曲为解释,那便是以名词为偶像,而用之者便成为名词的奴隶了。我们读了近年在中国所发表的政治的文章便常觉得都爱犯这里所说的名词不精确的毛病。有的时候所用的名词不与实际的情形相合,于是名词竟变成了玄秘的东西而失去他的意味。例如革命这个名词,在最初用的时候有所专指,指某种事实、某种行为或某种程序,但是后来竟渐渐的与原义脱离,变成一种玄妙的整体(Entity)。又如封建势力这个名词,最初只是用来代表某种势力,后来因为所谓封建势力是与革命相反的,是应该打倒的,结果凡是人们想要打倒的便都归到封建势力项下,而这个名词便包含多少杂乱的、不同质的,甚而至于相冲突的物事了。这样意义含混的名词,就是用在普通的文章里,已经够扰乱思想了,又岂能用来叙述或分析社会现象呢。

五、 社会研究上单位的重要

社会现象本是囫囵的一个或一片,在我们研究的时候,必须将他分析成为若干部分、若干方面,就中或须将某部分或方面中的一件定为单位,供我们仔细的研究。例如我们要对于政治上选举的现象,做精细的考察,我们便可以将选举的全程序分为若干部分,如选举区域、候选人、投票人,都可用来做单位,量计选举的范围与势力。如研究人口现象,则每一个人、每一个生殖、每一个死亡都可以构成一种单位,近代社会研究除绝对不能量计的事物以外,类皆采用统计方法做量的测验。量的测验的基础便是酌定适当的单位。

据美国统计学家查道克(Chaddock)所说,适当的单位必须具有下列四种的资格:

一、恰当(Appropriateness)。凡选定单位时,必须于研究上恰当适用。如研究选举现象,当然要采投票人做单位,研究一国人的战斗力,当然要采用成年男子或身体健全的成年男子做单位,任何一种绝不能用普通计算人口的方法用个人做单位。又如研究人民的生活费,则零售物价为恰当的单位而批发物价即为不恰当的单位。

二、清楚(Clarity)。一个单位必须有精确的、清楚的意义,最好是无论何人看了便晓得他的真确的意义,不会发生误会。例如用物价做单位,最先必须将物价解释清楚,将物价的各种条件都叙述明白,因为同一种物品,而其价有批发零售之别,有时间之不同,有因时间而发生货币价值之不同,有因品质不同而发生价格之差别。又如用年龄做单位,则有中国一般式的年龄计算,有湖南四川式的年龄计算,或扣足日月的年龄计算,各不相同,在用年龄做单位时,必须解释清楚,否则其间相差可至二年。又如普通所谓生殖率是否包括一切的生殖,即死产(Stillbirths)私生也包括在内,必须解释清楚。由以上所举数例可见每用一个名词做单位必须确定他的意义不容有一点含混的。

三、可量计(Measurability)。社会现象有可以客观的量计的,有不能客观的量计的。如对政党的忠诚,对宗教的信仰,学校对学生的影响,诸种现象都没有精确的客观方法或尺度量计。对政党的忠诚虽然不能量计,但是政党党员乃至政党经费的多少或在不同时期内的消长,都是可以量计的。对宗教的信仰固然不能直接的量计,可是间接的却有可量计的事项,如基督教教会的教友人数、每次礼拜人数、教会经费等项都是可以计算的。

学校对学生的影响不能直接的调查,可是如学生考试的成绩、毕业生的职业,都是可以统计的。不能客观的量计的社会事实固然不必勉强量计,即使勉强量计也不能产出有意义的结果。但在社会研究有可以利用统计方法的时候,便应该选择适当的可量计的单位,作统计上的探讨。

四、可资比较(Comparability)。单个的事实是没有什么意义的。一个事实意义不在他自身,而在他与其他事实的关系,或与其他同类事实的比较。如我们只知道北平工人生活费中食品占71%,并看不出什么意义。如果我们除了食品的百分数以外,还知道北平工人的房费只占8%,衣服费只占7%,煤火水只占11%,杂费只占3%,便可以由几个百分数的关系上发见一种意义,就是北平工人的生活过于贫穷,他的生活费的极大部分都用在饮食上,只有极小部分的支出用在衣住并其他生活上。我们从一个事实(或单位)与其他事实的关系上看出他的意义来。

同类事实的比较可分为时间的与区域的两种。前者之例如中国工人生活费在民国元年与在民国十九年的比较;后者之例如某时期中国工人生活费与同时期日本、印度或任何国家工人生活费的比较。这两种的比较皆富有危险性,因为我们所比较的同类的事实或单位,在不同的时代里或不同的区域里,未必具有同样的意义,或同样的内容。譬如我们比较两个时代或两个地方的工人的货币工资,便须十分审慎,因为货币的购买力在时间上在空间上常不相同,只用货币来比较常不能显明什么意义,假定中国内地乡村工人的工资每日五角,都市工人每日工资一元,两种工资的量虽不同,而所能购买的物品质量皆相同,我们便不能说都市工人与内地乡村工人相较,工资高出一倍。其他如国民财富的比较,国民收入的比较,情形与此正同,都应十分慎重,不能率尔比较的。

社会情形因时代不同,迭有变化,名词或单位的意义便也随之改换。如现在用户作人口调查的单位,便须知原来在大家族时代的户到了现在小家庭时代意义已经改变了。

如单用两个时代的户数相比较,我们不能看出人口的增减的。又如用离婚案件,或刑事案件的多寡比较两时代的道德的消长也不是十分妥当,因为在两个时代里,关于离婚或刑事的法律未必相同,法律执行的有效与否未必相同,因此名词的涵义便也相殊,用涵义不同之单位相比较是无意义的。

一种名词或单位在时间上因社会状况的变化已如上述,常引起意义的改变;在空间上,特别是在风俗、制度大不相同的民族之间,名词的意义相去更常辽远。如选举、国会、工会、学校、研究所、资本家、智识阶级、文学家、科学家、民众运动、劳动运动诸名词,我们虽常用来指示中国的社会现象,用关系他们的数字来表示他们的量积,但是我们切要留心不能轻易用来比较外国的同类名词或单位所代表的现象的。名词虽同,他的实质却未必相同的。要使两种单位可以比较,我们必须将他们的涵义划一,必须使他们表示同样的实际客观的现象。

陶孟和先生学术年表*

1887 年(光绪十三年)

11 月 5 日,生于天津,祖籍浙江绍兴。幼年就读于严氏家塾。

1906 年(光绪三十二年)

毕业于天津南开学校第一届师范班。

1906—1910 年(光绪三十二年至宣统二年)

在东京高等师范学校学习历史和地理。

1910 年(宣统二年)

赴英国伦敦大学经济政治学院学习社会学和经济学。

1912 年

与梁宇皋编写《中国乡村与城镇生活》。

1913 年

获经济学博士学位。同年归国后任北京高等师范学校教授。

1914—1927 年

任教于北京大学,担任社会学系主任、文学院院长、教务长等职。在《新青年》发表《人类文化之起源》、《社会》、《女子问题》、《新青年之新道德》、《(社会调查)导言》、《欧战以后的政治》、《我们政治的生命》、《论自杀》、《游欧之感想》、《欧美劳动问题》、《贫

* 本年表由陆益龙撰写。

穷与人口问题》、《新历史》等文章。

1916 年

与杨文洵编译《中外地理大全》。

1925 年

出版《孟和文存》。

1926 年

任社会调查部负责人。

1928 年

出版《北平生活费之分析》,指导编撰《第一次中国劳动年鉴》。

1929 年

社会调查部改为社会调查所,任社会调查所所长。

1930 年

创办并主编《社会科学杂志》。

1931 年

撰写《中国劳工生活程度》一文,提交给在上海举行的太平洋国际学会第四次会议。与林颂河撰写《中国之工业与劳工》一文提交在荷兰海牙召开的世界社会经济会议。

1934 年

社会调查所并入中央研究院社会科学研究所,任所长。

1935 年

被聘任为中央研究院评议会评议员。

1948 年

当选为中央研究院院士。

1949 年

10 月 19 日,被任命为中国科学院副院长,负责社会、历史、考古和语言4个研究所，并兼任社会研究所所长。

1951年

兼任中国科学院图书馆馆长。

1955年

中国科学院撤销编译局，成立中国科学院编译出版委员会，陶孟和担任主任委员。

1960年

4月17日，病逝于上海，享年73岁。

在平民生活里探索社会问题

陆益龙

在中国社会学的本土化过程中，有一些学者、一些研究、一些作品是具有里程碑意义的，陶孟和及其《北平生活费之分析》就是其中的重要代表。

在“社会革命”思想主导的时代，“社会改良”的声音显得微弱，甚至被人们所忽视。如今，社会建设已成为社会发展的主旋律，社会改革之于社会建设来说，其重要意义又被重新发现、重新认识。或许，我们在重温、回顾陶孟和的社会学调查研究的历史及成果中，将会更为深刻地领会那些曾被我们所忽视的重要性。

陶孟和在英国伦敦大学学习期间，深受费边主义的社会改良思潮之影响，主张通过社会调查来研究社会问题以促进社会的改良。他曾经这样说道：“要使民国真正成为人民的、民主的国家，就必须进行社会制度的改革；要进行社会制度的改革，首先应该了解问题之所在，这就需要开展各方面的社会调查。”由此可见，陶孟和将社会学研究与社会调查、社会问题和社会改革紧密地联系在一起，强调社会学对推进社会改革的实际功用。

学成回国后，陶孟和立志在中国实践其社会学思想，广泛开展社会调查，正如他所言：“我向来抱着一种宏愿，要把中国社会的各方面全调查一番，这个调查除了在学术上的趣味以外，还有实际功用。一则可以知道吾国社会的好处,例如家庭生活种种事情,婚丧祭祀种种制度,凡是使人民全体生活良善之点,皆应保存;一则可以寻出吾国社会上种种(问题),凡是使人民不得其所,或阻害人民发达之点,当讲求改良的方法。"1926年,他的理想得以实现。中华教育文化基金会设立社会调查部,聘请陶孟和负责管理调查研究事务。陶孟和到任后,随即提出了三项研究课题:一是关于社会调查方法的研究,二是对北平生活费的调查研究,三是对北平郊区农民生活费的调查研究。《北平生活费之分析》(1928)正是其中的一项调查研究成果,也可以说是陶孟和实践其宏大社会调查志向的重要开端。

1929年,在陶孟和的努力下,社会调查部正式成为独立的调查研究机构——社会调查所。社会调查所成立后,陶孟和带领他的团队在农业经济、工业经济、贸易、金融、劳动问题、人口问题等多方面展开了广泛调查,如河北、山东棉花生产贩运调查、河北深泽县农村经济调查、河北清苑县农村经济调查、定县集市调查、安国县药材市场调查、华北粮食调查、河北及平津劳资矛盾调查、塘沽工厂工人调查、上海工人家计调查、华北铁路工人工资调查、天津面粉厂工人工资调查、华北纺织工人工资调查、山东中兴煤矿工人工资调查、天津地毯厂及工人家庭调查等。纵观这些社会调查,我们不难看出它们具有一些共同特征:第一,它们都是关于某个具体地域的社会经济生活状况的调查,如河北、山东、天津、上海等地;第二,调查研究的对象主要是基层社会的群众,如工人、农民及其家庭;第三,调查研究的基本内容主要是民生问题,如工资调查、家庭生计调查、生活费调查等。由此看来,社会调查所后期的调查研究基本延续了陶孟和在《北平生活费之分析》中的社会调查思想和方法。

就一项社会调查来说，调查方法的系统性和科学性尤为重要。一份社会调查研究报告的规范性及学术价值，也在很大程度上取决于方法的系统性及科学性。《北平生活费之分析》可以说是当时社会调查研究报告一个经典范本，主要就体现在作者对严谨、系统调查研究方法的追求之上。从该书第一章的“绪论”到第三章的“名词之解释”，基本都是在介绍、陈述和解释调查研究的过程、步骤、方法和技术。作者不仅介绍了如何招用调查员以更好执行调查，而且还详细地介绍了调查范围的确定以及具体调查步骤，并对调查中所涉及的关键概念，如家庭、度量衡、货币及收入与支出等也进行了明确的界定。用近三分之一的篇幅来阐述调查研究的过程，表明作者非常注重研究方法的科学性。

《北平生活费之分析》是基于 1926 年对北平手艺工人和小学教员家庭生活状况调查而撰写的研究报告。在此项社会调查中，陶孟和采用了日用记帐法的调查方法。之所以采用记帐法来调查家庭生活费情况，一是因为“帐簿在中国，为用已久”，即中国一些家庭有用帐簿记录日用收支的传统；二是因为通过日用帐簿记载，“可获得关于生活费之详尽材料”。三是因为记帐法能更加准确、更加客观地反映家庭生活状况。

日用帐簿调查是通过调查员来指导或为调查对象家庭逐日记录生活开支细节的调查方法。《北平生活费之分析》就是在对 300 本日用帐簿分析的基础上完成的调查研究报告，其中 288 本是手工艺工人家庭的日用开支帐簿，12 本是小学教员家庭的日用帐簿。在今天看来，日用帐簿调查法已经不是社会学调查研究的主流方法，问卷调查和田野调查则越来越广泛地应用于社会调查研究之中。尽管日用帐簿调查法受当时社会及技术条件的限制而存在一些局限,正如陶孟和所坦诚的那样:“其唯一可指摘之瑕疵,即所调查之家数太少是也。”但是,我们并不能因此而否定或低估这种调查的科学价值。或许在当时乃至今天,仍会有人认为此类调查过于琐碎。然而从历史的角度看,那些细致的调查资料和数据为我们积累了独一无二的历史材料,为我们能更加精确深入地了解那个时代人们的生活方式奠定了基础。譬如,第六章的“食品消费”分析,不仅让我们能了解当时北平手工业工人家庭的食品消费的整体水平和结构比例,而且还能了解各种具体食品的消费情况,这无形中也为我们更深入细致了解当时人们生活方式的细节提供了特有的历史材料。

《北平生活费之分析》清晰地再现了20世纪20年代北平工人及小学教员的生活情形。首先,就工人家庭的基本情况而言,调查显示:工人家庭以汉人居多,约占一半,其次为满族和回族。汉族与少数民族杂居,家庭生活基本相同,较少受民族因素影响。工人家庭的规模以4—5人为主,家庭结构与新式小家庭相近。男性家庭成员多以人力车夫为职业,他们平均每月要工作26天,每天要工作9个多小时。女性成员主要以纺织、成衣为职业,她们平均每月工作23天,每天工作6个多小时。

其次,在家庭收入与支出方面,64.6%的家庭半年的收入在110元以下,而每家支出的平均数为101.5元,而且在这些支出中,食品费就占71.2%,燃料、水费和房租占18.8%,皆属于基本生活支出。如果按此水平推算,较多工人家庭属于入不敷出的情况。由此也就可看出,北平工人家庭普遍面临基本生活难以保障的问题。

此外,陶孟和还重点分析了北平工人家庭的食品消费和居住情况。根据对食品支出帐簿的分析,以及与日本和印度之比较,陶孟和总结出北平工人家庭的食品消费的四个特点:炭水化合物较标准膳食多,蛋白质及脂肪较标准膳食少,蛋白质主要来源于米面食物,以及成年从食物中获得热量低于公认标准。在居住及衣服方面,工人家庭每家平均只有1间房子,面积在5—11平米之间。也就是说一家四五口都要拥挤在一间狭小的房子里。而衣服也是少得可怜,平均每户有棉衣2.4件。从这一分析也就可以看出,北平工人家庭普遍面临着较为严重温饱问题和贫穷问题。

最后,陶孟和在书中重点分析和讨论了两个职业群体的生活状况,一是人力车夫,另一个是小学教员。从调查分析来看,人力车夫是北平手工业工人的最主要职业,在48个家庭中,有41位人力车夫,占男性人数的一半。人力车夫平均每月需要工作29天,他们"终日暴露于风雨寒暑之中,汗透衣服而不能脱,其生活之痛苦,已极可惨"。人力车夫的收入可谓微薄,半年的平均净得收入不到70元,而他们平均需要供养1.4口人,个人费用和供养费用加在一起也就达到70元,所以,即便收入较高的车夫,也难以养家糊口。

至于小学教员,书中的分析仅依据12个家庭的日用帐簿。从分层角度看,小学教员家庭属中间阶级。小学教员的月收入为40元,每家平均月收入达到56.4元,每月平均支出47.7元。在生活方面,小学教员家庭的食物消费和居住条件相对于工人家庭较优,菜蔬、肉类等次要食物的消费比例达到39%,而工人家庭只有20%,平均每人有一间房子。然而,作者对小学教员的生活情形并不乐观。因为小学教员面临着一个突出问题,那就是政府拖欠教员工资问题。1926年,小学教员的工资实际上只发一半。这样,教员家庭也就出现亏空问题,每家平均亏空13.8元。令作者尤为担忧的是,“小学教员在我国积极变化之今日,实负重大责任”。如果小学教员难以过上体面的生活,就会影响教育事业的发展。所以,他极力倡议政府及地方人士要保证教员得到享有舒适生活的费用。

在《北平生活费之分析》中,我们看不到当代社会学研究所推崇的高级统计模型,书中既没有相关分析,也没有回归分析;既没有柱形图,也没有线性图。但是,陶孟和所呈现的调查数据分析,既简明又非常有效,既朴实又能切中要害。例如,他选择北平手工业家庭的收入与支出情形、食物消费结构、居住和衣服情况等方面来加以调查和分析,实际上已精确、清晰地揭示了当时基层社会的突出问题——温饱及贫穷问题。

或许,在今天的一些社会学者看来,陶孟和只是将调查情况客观地反映出来,而没有什么理论分析。如果带着这种观点来读本书,则说明我们并没有理解作者努力开创社会调查之风的大背景及主旨。陶孟和的社会学基本思想是主张通过科学的社会调查来发现社会问题,并寻求解决和改良之策。而在《北平生活费之分析》中,他正是贯彻了这一原则。通过调查分析,他发现了当时最突出的社会问题就是贫穷问题,普通老百姓的温饱得不到保障,而这一问题“实为一经济问题”,也就是物质文明及生产力落后问题,所以,他提出“今欲脱离此困难之环境,唯有努力获得近代西洋人之物质文明,徐图改进耳”。其实,这一思想与我们今天所倡导的“发展是硬道理”,以及改革开放思想是一致的。如果一个小调查,能够揭示出这样一个大道理,其价值和意义是非同寻常的。可惜的是，这种温和的科学建言，难以被当局和世人所理解和接受。当然，这也是一种社会发展逻辑，有些时候我们只有打破一个旧世界，才能建立起一个新世界。但是，建设新世界其实仍然离不开改良，唯有不断地改进和创新，社会才有发展的动力。

本书的下编还收录了《北京人力车夫之生活情形》、《中国目下的失业问题》、《贫穷与人口问题》等研究论文，这几篇论文都是陶孟和探讨当时几个重大社会问题的研究成果。在《北京人力车夫之生活情形》中，陶孟和的用意并不仅仅是为了揭示人力车夫窘迫的生活境地，而是要阐明一种社会问题。正如他所说："人力车夫之问题不仅为个人或国民经济之问题，实为极重要之社会问题。……此恶不除，全社会之生活被其影响，至于无穷，非过言也。""提高人力车夫即是提高社会，而提高人力车夫又不仅仅为人力车夫自身之问题，实为社会全体之问题。"

同样，在《中国目下的失业问题》一文中，陶孟和敏锐地指出："失业的影响是普遍的，不特为失业者本人，即社会一切的人，社会全体的各方面也都是直接的或间接的受失业的灾害。"而要解决这个问题，最先必须设法消除各种造成失业的因素。"汰除失业的因子，私人所能为力者有限，大部分全是政府的责任。"政府如不能尽此责任，就难以巩固其地位。

在《贫穷与人口问题》一文中，陶孟和则旗帜鲜明地提出，贫穷问题是社会问题，其原因主要不是人口过多问题。"收入分配的不均平……全国的物产、产业……现竟渐渐的都集中于少数人之手，或是断送给外国的资本家。看此情形，中国的贫穷更是与人口的关系小，与政治及经济的关系大了。"

《北平生活费之分析》充分再现了陶孟和关注基层社会、重视社会问题研究的社会学思想。今天,此书的重印,在某种意义上,可说是一种传统的再发现和再认识。如今中国社会学的发展,正面临着理论自觉和学科自觉的重任。发现和尊重中国社会学的传统并吸取其中之精华则是理论自觉的重要内容之一,正如郑杭生在重印李景汉《定县社会概况调查》一书的前言所说:“实事求是,尊重历史,正是新中国社会学有信心、有力量的表现。”

中国社会正处在快速发展、快速转型时期,这一时期也将是多种社会矛盾、社会问题凸显时期;中国社会学不能总是尾随西方学术,追求纯粹的专业技术,而是要顺应时代之要求,更加关注民生研究,更加关注社会问题研究,在当代中国的和谐社会建设中,充分展示出自己的智慧和力量。

中华现代学术名著丛书

U0785633

《中华现代学术名著丛书》

【第一辑　四十种】

马氏文通	马建忠
国故论衡	章太炎
王国维文学论著三种	王国维
吴梅词曲论著四种	吴　梅
中国中古文学史 汉魏六朝专家文研究	刘师培
中国文学批评史（上、下）	郭绍虞
甲骨文字释林	于省吾
中国俗文学史	郑振铎
汉语语音史	王　力
红楼梦辨	俞平伯
中国韵文史	龙榆生
汉魏六朝诗论丛	余冠英
台湾通史（上、下）	连　横
秦汉史	吕思勉
中国史学史	金毓黻
史学要论	李守常
中国通史简编（上、下）	范文澜
国史大纲（上、下）	钱　穆
中国史纲（一、二卷）	翦伯赞
春秋史	童书业
魏晋南北朝史论丛	唐长孺
明清社会经济史论文集	傅衣凌
西夏史稿	吴天墀
中国伦理学史（外一种）	蔡元培
新唯识论	熊十力
东西文化及其哲学	梁漱溟
科学与玄学	罗志希
中国艺术精神	徐复观
论逻辑经验主义	洪　谦
九朝律考	程树德
比较宪法	王世杰　钱端升
中国法律与中国社会	瞿同祖
中国民治论	鲍明钤
中国官僚政治研究	王亚南
通货新论	马寅初
中国经济思想史	唐庆增

图书在版编目(CIP)数据

文心雕龙札记/黄侃著.—北京:商务印书馆,2014
(中华现代学术名著丛书)
ISBN 978-7-100-09998-1

Ⅰ.①文… Ⅱ.①黄… Ⅲ.①《文心雕龙》—文学研究 Ⅳ.①I206.2

中国版本图书馆CIP数据核字(2013)第117678号

中华现代学术名著丛书
文心雕龙札记
黄侃 著

商 务 印 书 馆 出 版
(北京王府井大街36号 邮政编码 100710)
商 务 印 书 馆 发 行
北京瑞古冠中印刷厂印刷
ISBN 978-7-100-09998-1

2014年5月第1版 开本880×1240 1/32
2014年5月北京第1次印刷 印张8⅛ 插页1
定价:25.00元

黄　侃

(1886—1935)

裝谷楊及長女覓良壻心諸史遞無餘暇脩人事
通書札亦以彼此平安不勞音驛傳告也日前林生
過此彼之即去未暇與之暢談但覺其面黃頗頷而
已昨得楊書詢孔氏尚書源序此書作偽迄不定其
為誰似言出於鄭沖若近之近覽武成篇題下疏知
昔儒非不疑古文之偽特不敢訟言耳予攝養留心
一衣一食之加損未嘗敢忽乃十八夕雨後感涼并
未滿風而怨欲歎且淚中血絲殊多意殊厭之信哉
生非養所能全也新秋頗好能護餘言今因其之紙
七月廿日晨

作者手迹

出版说明

百年前，张之洞尝劝学曰："世运之明晦，人才之盛衰，其表在政，其里在学。"是时，国势颓危，列强环伺，传统频遭质疑，西学新知亟亟而入。一时间，中西学并立，文史哲分家，经济、政治、社会等新学科勃兴，令国人乱花迷眼。然而，淆乱之中，自有元气淋漓之象。中华现代学术之转型正是完成于这一混沌时期，于切磋琢磨、交锋碰撞中不断前行，涌现了一大批学术名家与经典之作。而学术与思想之新变，亦带动了社会各领域的全面转型，为中华复兴奠定了坚实基础。

时至今日，中华现代学术已走过百余年，其间百家林立、论辩蜂起，沉浮消长瞬息万变，情势之复杂自不待言。温故而知新，述往事而思来者。"中华现代学术名著丛书"之编纂，其意正在于此，冀辨章学术，考镜源流，收纳各学科学派名家名作，以展现中华传统文化之新变，探求中华现代学术之根基。

"中华现代学术名著丛书"收录上自晚清下至20世纪80年代末中国大陆及港澳台地区、海外华人学者的原创学术名著（包括外文著作），以人文社会科学为主体兼及其他，涵盖文学、历史、哲学、政治、经济、法律和社会学等众多学科。

出版“中华现代学术名著丛书”，为本馆一大夙愿。自1897年始创起，本馆以“昌明教育，开启民智”为己任，有幸首刊了中华现代学术史上诸多开山之著、扛鼎之作；于中华现代学术之建立与变迁而言，既为参与者，也是见证者。作为对前人出版成绩与文化理念的承续，本馆倾力谋划，经学界通人擘画，并得国家出版基金支持，终以此丛书呈现于读者面前。唯望无论多少年，皆能傲立于书架，并希冀其能与“汉译世界学术名著丛书”共相辉映。如此宏愿，难免汲深绠短之忧，诚盼专家学者和广大读者共襄助之。

商务印书馆编辑部

2010年12月

凡　例

一、“中华现代学术名著丛书”收录晚清以迄20世纪80年代末，为中华学人所著，成就斐然、泽被学林之学术著作。入选著作以名著为主，酌量选录名篇合集。

二、入选著作内容、编次一仍其旧，唯各书卷首冠以作者照片、手迹等。卷末附作者学术年表和题解文章，诚邀专家学者撰写而成，意在介绍作者学术成就，著作成书背景、学术价值及版本流变等情况。

三、入选著作率以原刊或作者修订、校阅本为底本，参校他本，正其讹误。前人引书，时有省略更改，倘不失原意，则不以原书文字改动引文；如确需校改，则出脚注说明版本依据，以“编者注”或“校者注”形式说明。

四、作者自有其文字风格，各时代均有其语言习惯，故不按现行用法、写法及表现手法改动原文；原书专名（人名、地名、术语）及译名与今不统一者，亦不作改动。如确系作者笔误、排印舛误、数据计算与外文拼写错误等，则予径改。

五、原书为直（横）排繁体者，除个别特殊情况，均改作横排简体。其中原书无标点或仅有简单断句者，一律改为新式标点，专名号从略。

六、除特殊情况外，原书篇后注移作脚注，双行夹注改为单行夹注。文献著录则从其原貌，稍加统一。

七、原书因年代久远而字迹模糊或纸页残缺者，据所缺字数用"□"表示；字数难以确定者，则用"（下缺）"表示。

目　　录

题辞及略例

论文之书，鲜有专籍。自桓谭《新论》、王充《论衡》，杂论篇章，继此以降，作者间出。然文或湮阙，有如《流别》、《翰林》之类；语或简括，有如《典论》、《文赋》之侪。其敷陈详核，征证丰多，枝叶扶疏，原流粲然者，惟刘氏《文心》一书耳。虽所引之文，今或亡佚，而三隅之反，政在达材。自唐而下，文人踊多，论文者至有标橥门法，自成部区，然纲察其善言，无不本之故记。文气、文格、文德诸端，盖皆老生之常谈，而非一家之眇论。若其悟解殊术，持测异方，虽百喙争鸣，而要归无二。世人忽远而崇近，遗实而取名，则夫阳刚阴柔之说，起承转合之谈，吾侪所以为难循，而或者方矜为胜义。夫饮食之道，求其可口，是故咸酸大苦，味异而皆容于舌函；文章之嗜好，亦类是矣，何必尽同？今为讲说计，自宜依用刘氏成书，加之诠释；引申触类，既任学者之自为，曲畅旁推，亦缘版业而散见。如谓刘氏去今已远，不足诵说，则如刘子玄《史通》以后，亦罕嗣音，论史法者，未闻废阁其作；故知滞于迹者，无向而不滞，通于理者，靡适而不通。自愧迂谨，不敢肆为论文之言，用是依傍旧文，聊资启发，虽无卓尔之美，庶几以弗畔为贤。如其弼违纠缪，以俟雅德君子。

《文心》旧有黄注，其书大抵成于宾客之手，故纰缪弘多，所引书往往为今世所无，展转取载而不著其出处，此是大病。今于黄注遗脱处偶加补苴，亦不能一一征举也。

瑞安孙君《札迻》有校《文心》之语，并皆精美，兹悉取以入录。

今人李详审言，有《黄注补正》，时有善言，间或疏漏，兹亦采取而别白之。

《序志》篇云：选文以定篇。然则诸篇所举旧文，悉是彦和所取以为程式者，惜多有残佚，今凡可见者，并皆缮录，以备稽考。唯除《楚辞》、《文选》、《史记》、《汉书》所载，其未举篇名，但举人名者，亦择其佳篇，随宜迻写。若有彦和所不载，而私意以为可作楷槷者，偶为抄撮，以便讲说，非敢谓愚所去取尽当也。

原道第一

原道 《序志》篇云:《文心》之作也,本乎道。案彦和之意,以为文章本由自然生,故篇中数言自然。一则曰:心生而言立,言立而文明,自然之道也。再则曰:夫岂外饰,盖自然耳。三则曰:谁其尸之,亦神理而已。寻绎其旨,甚为平易。盖人有思心,即有言语,既有言语,即有文章,言语以表思心,文章以代言语,惟圣人为能尽文之妙,所谓道者,如此而已。此与后世言文以载道者截然不同。详淮南王书有《原道》篇,高诱注曰:原,本也。本道根真,包裹天地,以历万物,故曰原道,用以题篇。此则道者,犹佛说之"如",其运无乎不在,万物之情,人伦之传,孰非道之所寄乎?《韩非子·解老》篇曰:道者,万物之所然也,万理之所稽也。理者,成物之文也;道者,万物之所以成也。道,公相。理,私相。故曰:道,理之者也。物有理,不可以相薄。物有理不可以相薄,故理之为物之制。万物各异理,而道尽稽万物之理,故不得不化。不得不化,故无常操。无常操,是以死生气禀焉,万智斟酌焉,万事废兴焉。《庄子·天下》篇曰:古之所谓道术者果恶乎在?曰:无乎不在。案庄、韩之言道,犹言万物之所由然。文章之成,亦由自然,故韩子又言圣人得之以成文章。韩子之言,正彦和所祖也。道者,玄名也,非著名也,玄名故通于万理。而庄子且言道在矢溺。今曰文以载道,则未知所载者即此万物之所由然乎?抑别有所谓一家之道乎?如前之说,本文章之公理，无庸标楬以自殊于人；如后之说，则亦道其所道而已，文章之事，不如此狭隘也。夫堪舆之内，号物之数曰万，其条理纷纭，人鬓蚕丝，犹将不足仿佛，今置一理以为道，而曰文非此不可作，非独昧于语言之本，其亦胶滞而罕通矣。察其表则为谖言，察其里初无胜义，使文章之事，愈痟愈削，寖成为一种枯槁之形，而世之为文者，亦不复撢究学术，研寻真知，而惟此窾言之尚，然则阶之厉者，非文以载道之说而又谁乎？通儒顾宁人生平笃信文以载道之言，至不肯为李二曲之母作志，斯则矫枉之过，而非通方之谈，后来君子，庶无瞢焉。

俯察含章　《易上经·坤》六三爻辞：含章可贞。王弼说为含美而可正，是以美释章。

草木贲华　《易》释文引傅氏云：贲，古斑字，文章皃。王肃符文反。此类隔切，音如虎贲之贲。云：有文饰黄白皃。

和若球锽　《书·皋陶谟》曰：戛击鸣球。球，玉磬也。锽，《说文》曰：钟声。《广韵》作锁，云大钟，户盲切。

形立则章成矣，声发则文生矣　故知文章之事，以声采为本。彦和之意，盖谓声采由自然生，其雕琢过甚者，则寖失其本，故宜绝之，非有专隆朴质之语。

肇自太极　《易·系辞上》韩注曰：太极者，无称之称，不可得而名，取有之所极况之太极者也。据韩义，则所谓形气未分以前为太极，而众理之归，言思俱断，亦曰太极，非陈抟半明半昧之太极图。

乾坤两位，独制文言，言之文也，天地之心哉　《周易音义》曰：文言，文饰卦下之言也。《正义》引庄氏曰：文谓文饰，以乾坤德大，故皆文饰以为文言。案此二说与彦和意正同。仪征阮君因以推衍为《文言说》,而本师章氏非之。今并陈二说于后,决之以己意。

古人无笔砚纸墨之便,往往铸金刻石,始传久远;其著之简策者,亦有漆书刀削之劳,非如今人下笔千言,言事甚易也。许氏《说文》:直言曰言,论难曰语;《左传》曰:言之无文,行之不远;此何也?古人以简策传事者少,以口舌传事者多,以目治事者少,以口耳治事者多。故同为一言,转相告语,必有愆误,原注:《说文》:言从口从䇂。䇂,愆也。是必寡其词,协其音,以文其言,使人易于记诵,无能增改;且无方言俗语杂于其间,案此语误。始能达意,始能行远。此孔子于《易》所以著《文言》之篇也。古人歌诗箴铭谚语,凡有韵之文,皆此道也。谨案:音韵与言语并兴,而文字尚在其后。《尔雅·释训》主于训蒙,子子孙孙以下,用韵者三十二条,亦此道也。案陈伯弢先生谓:训即大司乐以乐语教国子之道讽诵言语之道,又即道盛德至善之道,此义真精确无伦。孔子于乾坤之言,自名曰文,此千古文章之祖也。为文章者,不务协音以成韵,修词以达远,使人易诵易记,而惟以单行之语,纵横恣肆,动辄千言万字,不知此乃古人所谓直言之言,论难之语,非言之有文者也,案此数言可证阮君此文实具救弊之苦心,惟古人言语亦有音节,亦须润色修饰,故大司乐称以乐语教言语,而仲尼亦曰:言之无文,行而不远也。非孔子之所谓文也。《文言》数百字,几于句句用韵。孔子于此,发明乾坤之蕴,诠释四德之名,几费修辞之意,冀达意外之言。原注:《说文》曰:词,意内言外也。盖词亦言也,非文也。修辞立其诚。《说文》曰:修,饰也,词之饰者,乃得为文,不得以词即文也。案此语亦稍误。言语有修饰,文章亦有修饰，而皆称之文。言曰文，其修饰者，虽言亦文；其不修饰者，虽名曰文，而实非文也。要使远近易诵，古今易传，公卿大夫皆能记诵。以通天地万物，以警国家身心。不但多用韵，抑且多用偶。案此数言诚为精谛。即如乐行、忧违，偶也。长人、合礼，偶也。和义、干事，偶也。庸言、庸行，偶也。闲邪、善世，偶也。进德、修业，偶也。知至、知终，偶也。上位、下位，偶也。同声、同气，偶也。水湿、火燥，偶也。云龙、风虎，偶也。本天、本地，偶也。无位、无民，偶也。勿用、在田，偶也。潜藏、文明，偶也。道革、位德，偶也。偕极、天则，偶也。隐见、行成，偶也。学聚、问辨，偶也。宽居、仁行，偶也。合德、合明，合序、合吉凶，偶也。先天、后天，偶也。存亡、得丧，偶也。馀庆、馀殃，偶也。直内、方外，偶也。通理、居体，偶也。凡偶皆文也。于物两色相偶而交错之，乃得名曰文，文即象其形也。原注：《考工记》曰：青与白谓之文，赤与黑谓之章。《说文》曰：文，错画也，象交文。然则千古之文，莫大于孔子之言《易》。案此论又信矣。孔子以用韵比偶之法，错综其言，而自名之曰文，何后人必欲反孔子之道，而自命曰文，且尊之曰古也！（《文言说》《揅经室三集》二）

案阮君尚有《书梁昭明太子文选序后》，及《与友人论古文书》，皆推阐其说。又其子福有《文笔对》。《文笔对》太长，兹节录二文于左*：并见《揅经室三集》二。

昭明所选，名之曰文，盖必文而后选也，非文则不选也。

* 原为竖排。为保持原貌，改横排后“左”“右”均不作改动，下同。——编者注。

经也,史也,子也,皆不可专名之为文也。**案此言亦微误,经、史、子亦有文有质,其文者安得不谓之文哉?**故昭明《文选序》后三段,特明其不选之故,必沉思翰藻,始名之为文,始以入选也。或曰:昭明必以沉思翰藻为文,于古有征乎?曰:事当求其始,凡以言语著之简策,不必以文为本者,皆经也,史也,子也。**案此语亦未谛。韵语不必著简策,又经史皆有文,《尚书·尧典》偶语甚多,《诗》三百篇全为文事,《老子》亦用韵用偶。**言必有文,专名之曰文者,自孔子《易·文言》始。**案不如用庄陆之说为正,取于文饰以为文言,非《文言》以前竟无文饰。**《传》曰:言之无文,行之不远。故古人言贵有文。孔子《文言》,实为万世文章之祖,**此语又不误。**此篇奇偶相生,音韵相和,如青白之成文,如《咸》、《韶》之合节,非清言质说者比也,非振笔纵书者比也,非诘屈涩语者比也。是故昭明以为经也,史也,子也,非可专名之为文也;专名为文,必沉思翰藻而后可也。自齐梁以后,溺于声律,**案此语最为分明,骈体之革为古文,以此致之。**彦和《雕龙》,渐开四六之体,至唐而四六更卑,然文体不可谓之不卑,而文统不得谓之不正。自唐宋韩苏诸大家以奇偶相生之文为八代之衰而矫之,于是昭明所不选者,反皆为诸家所取,故其所著者,非经即子,非子即史,**案以此评八家,攻之反以誉之矣。**求其合于昭明所谓文者鲜矣。**案以下有数语略之。**如必以比偶非文之古者而卑之,则孔子自名其言曰文者,一篇之中,偶句凡四十有八,韵语凡三十有五,岂可以为非文之正体而卑之乎?**案已下有数行删去。**(《书梁昭明太子文选序后》)

夫势穷者必变,**案此上有数行删去。**情弊者务新,文家矫厉,每求相胜,其间转变,实在昌黎。昌黎之文,矫《文选》之流弊而已。**此案语亦有疵,文起八代之衰,乃后人以誉昌黎者,昌黎未尝以此**

自任也。天监以还，文渐浮诡，昌黎所革，只此而已。阮云矫《文选》之流弊，与文起八代之衰，皆非知言。○案以下尚有数行略去。（《与友人论古文书》）

案阮氏之言，诚有见于文章之始，而不足以尽文辞之封域。本师章氏驳之，见《国故论衡·文学总略》篇。以为《文选》乃裒次总集，体例适然，非不易之定论；又谓文笔文辞之分，皆足自陷，诚中其失矣。窃谓文辞封略，本可弛张，推而广之，则凡书以文字，著之竹帛者，皆谓之文，非独不论有文饰与无文饰，抑且不论有句读与无句读，此至大之范围也。故《文心·书记》篇，杂文多品，悉可入录。再缩小之，则凡有句读者皆为文，而不论其文饰与否，纯任文饰，固谓之文矣，即朴质简拙，亦不得不谓之文。此类所包，稍小于前，而经传诸子，皆在其笼罩。若夫文章之初，实先韵语；传久行远，实贵偶词；修饰润色，实为文事；敷文摛采，实异质言；则阮氏之言，良有不可废者。即彦和泛论文章，而《神思》篇已下之文，乃专有所属，非泛为著之竹帛者而言，亦不能遍通于经传诸子。然则拓其疆宇，则文无所不包，揆其本原，则文实有专美。特雕饰逾甚，则质日以漓，浅露是崇，则文失其本。又况文辞之事，章采为要，尽去既不可法，太过亦足召讥，必也酌文质之宜而不偏，尽奇偶之变而不滞，复古以定则，裕学以立言，文章之宗，其在此乎？

河图孕乎八卦，洛书韫乎九畴　《汉书·五行志》曰：刘歆以为虙羲氏继天而王，受《河图》，则而画之，八卦是也。禹治洪水，赐《雒书》，法而陈之，《洪范》是也。又曰：初一曰五行以下，凡此六十五字，皆《雒书》本文。彦和云：《洛书》韫乎九畴。正同此说。纪氏谓彦和用《洛书》配九宫，说同于卢辩，是又不详考之言。

唐虞文章 案彦和以元首载歌益稷陈谟属之文章，则文章不用礼文之广谊。

业峻鸿绩 案业绩同训功，峻鸿皆训大，此句位字，殊违常轨。

剬诗缉颂 李详云：案张守节《史记正义·论字例》云：制字作剬。缘古字少，通共用之。《史》、《汉》本有此古字者，乃为好本。据此则剬即制字，既不可依《说文》训剸为齐，亦不必辨制剬相似之讹。谨按：李说是也。

观天文以极变 《易·贲》彖传曰：观乎天文，以察时变；观乎人文，以化成天下。

发辉事业 《周易·乾》音义曰：发挥，音辉，本亦作辉，义取光辉也。

道沿圣以垂文，圣因文而明道 物理无穷，非言不显，非文不传，故所传之道，即万物之情，人伦之传，无小无大，靡不并包。纪氏又傅会载道之言，殊为未谛。

道心惟微 此荀子引道经之言，而梅赜伪古文采以入《大禹谟》，其辩详见太原阎君《尚书古文疏证》。

征 圣 第 二

征圣 此篇所谓宗师仲尼以重其言。纪氏谓为装点门面，不悟宣尼赞《易》、序《诗》、制作《春秋》，所以继往开来，唯文是赖。后之人将欲隆文术于既颓，简群言而取正，微孔子复安归乎？且诸夏文辞之古，莫古于帝典，文辞之美，莫美于《易传》。一则经宣尼之刊著，一则为宣尼所自修。研论名理，则眇万物而为言；董正史文，则先百王以垂范，此乃九流之宗极，诸史之高曾，求之简编，明证如此。至于微言所寄，及门所传，贵文之辞，尤难悉数。详自古文章之名，所包至广，或以言治化，或以称政典，或以目学艺，或以表辞言，必若局促篇章，乃名文事，则圣言于此为隘，文术有所未宏。周监二代，郁郁乎文，此以文言治化也。文王既没，文不在兹，此以文称政典也。余力学文，此以文目学艺也。文以足言，此以文表辞言也。论其经略，宏大如此，所以牢笼传记，亭毒百家，譬之溟渤之宽，众流所赴，玑衡之运，七政攸齐，征圣立言，固文章之上业也。近代唯阮君伯元知尊奉《文言》，以为万世文章之祖，犹不悟经史子集一概皆名为文，无一不本于圣，徒欲援引孔父，以自宠光，求为隆高，先自减削，此固千虑之一失。然持校空言理气，肊论典礼，以为明道，实殊圣心者，贯三光而洞九泉，曾何足以语其高下也！

辞欲巧 郑曰：巧，谓顺而说也。孔疏言辞欲得和顺美巧，不违逆于理，与巧言令色之巧异。案此《诗》所谓有伦有脊者也。《毛传》:伦,道也。脊,理也。

或简言以达旨四句　文术虽多,要不过繁简隐显而已,故彦和征举圣文,立四者以示例。

丧服举轻以包重　黄注:所谓緦不祭,《曾子问》篇文。小功不税,《檀弓》篇文。郑注曰:日月已过,乃闻丧而服曰税,大功以上然,小功轻不服。《丧服小记》注:税者,丧与服不相当之言。

邠诗联章以积句　《七月》一篇八章,章十一句,此风诗之最长者。

儒行缛说以繁辞　据郑注,则《儒行》所举十有五儒,加以圣人之儒,为十六儒也。

昭晰　孙君云:元本晰作哲,哲为晣之借,晰乃晣之讹。《说文·日部》:昭晢,明也,《易》曰:明辩晢也。《释文》云:晢又作哲。后《正纬》、《明诗》、《总术》篇昭晰字,元本皆作哲。按彦和用经字多异于今本,如发挥作发辉是也。

四象　彦和之意,盖与庄氏同,故曰四象精义以曲隐。《正义》引庄氏曰:四象,谓六十四卦之中有实象、有假象、有义象、有用象。

辞尚体要,弗惟好异　伪《古文尚书·毕命》篇:政贵有恒,辞尚体要,不惟好异。梅氏《传》:辞以体实为要,故贵尚之,若异于先王,君子所不尚。

虽精义曲隐　案自《易》称辨物正言,至正言共精义并用,乃承四象二语,以辨隐显之宜,恐人疑圣文明著,无宜有隐晦之言,故申辨之。盖正言者,求辨之正,而渊深之理,适使辨理坚强。体要者,制辞之成,而婉妙之文,益使辞致姱美。非独隐显不相妨碍,惟其能隐,所以为显也。然文章之事,固有宜隐而不宜显者,《易》理邃微，自不能如《诗》、《书》之明菿，《春秋》简约，自不能如传记之周详，必令繁辞称说，乃与体制相乖。圣人为文，亦因其体而异，《易》非典要，故多陈几深之言，史本策书，故简立褒贬之法，必通此意，而后可与谈经；不然，视《易》为卜筮之庾辞，谓《春秋》为断烂之朝报，惑经疑孔之弊，滋多于是矣。

衔华佩实 此彦和《征圣》篇之本意。文章本之圣哲，而后世专尚华辞，则离本浸远，故彦和必以华实兼言。孔子曰：质胜文则野，文胜质则史，文质彬彬，然后君子。包咸注曰：野如野人，言鄙略也。史者，文多而质少；彬彬者，文质相半之貌。审是，则文多者固孔子所讥，鄙略更非圣人所许，奈之何后人欲去华辞而专崇朴陋哉？如舍人者，可谓得尚于中行者矣。

宗经第三

宗经 《汉书·儒林传序》：六艺者，王教之典籍，先王致郅治之成法也。盖古之时，道术未裂，学皆在于王官；王泽既竭，学亦分散，其在于诗书礼乐者，唯宣尼能明之。宗经者，则古昔称先王，而折衷于孔子也。夫六艺所载，政教学艺耳，文章之用，隆之至于能载政教学艺而止。挹其流者，必撢其原，揽其末者，必循其柢。此为文之宜宗经一矣。经体广大，无所不包，其论政治典章，则后世史籍之所从出也；其论学术名理，则后世九流之所从出也；其言技艺度数，则后世术数方技之所从出也。不睹六艺，则无以见古人之全，而识其离合之理。此为文之宜宗经二矣。杂文之类，名称繁穰，循名责实，则皆可得之于古。彦和此篇所列，无过举其大端。纪氏谓强为分析，非是。若夫九能之见于《毛诗》，六辞之见于《周礼》，尤其渊源明白者也。此为文之宜宗经三矣。文以字成，则训故为要；文以义立，则体例居先，此二者又莫备于经，莫精于经。欲得师资，舍经何适？此为文之宜宗经四矣。谨推刘旨，举此四端，至于经训之博厚高明，盖非区区短言所能扬榷也。

皇世三坟至**大宝咸耀** 此数语用伪孔《尚书序》义。彼文曰：《春秋左氏传》曰：楚左史倚相能读三坟五典八索九丘，即谓上世帝王遗书也，先君孔子生于周末，睹史籍之烦文，惧览者之不一，遂乃定礼乐，明旧章，删《诗》为三百篇，约史记而修《春秋》、赞

《易》道以黜八索，述职方以除九丘。

书标七观 案七观所属之篇，皆在伏生二十九篇内，若信为孔子之语，何以不及百篇？疑此为伏生傅益之言，非今古文之通说也。

诗列四始 《诗序》举风、雅、颂之后，即云是谓四始，诗之至也。郑云：始谓王教兴衰所由。则始即指风、雅、颂，非谓《关雎》为风始等也。《齐诗》四始，尤与《毛诗》四始不同。

旨远辞文二句 《正义》曰：其旨远者，近道此事，远明彼事，是其旨意深远，若龙战于野，近言龙战，乃远明阴阳斗争，圣人变笔，是其旨远也。其辞文者，不直言所论之事，乃以义理明之，是其辞文饰也，若黄裳元吉，不直言得中居职，乃云黄裳，是其辞文也。韩康伯注曰：变化无恒，不可为典要。故其言曲而中也。其事肆而隐者，事显而理微也。

书实记言四句 《艺文志》曰：《书》者，古之号令。号令于众，其言不立具，则听受施行者弗晓。古文读应《尔雅》，故通今语而可知也。

诂训同书 《诗疏》曰：毛以《尔雅》之作，多为释《诗》，而篇有《释诂》、《释训》，故依雅训而为《诗》立传。据此，则《诗》亦须通古今语而可知，故曰诂训同书。

婉章志晦 此左氏义。上文五石六鹢之辞，乃公羊说。其实《春秋》精义并不在此。欲详其说，宜览杜元凯《春秋经传集解序》。

览文如诡 案《尚书》所记，即当时语言，当时固无所谓诡也。彦和此语，稍欠斟酌。然韩退之亦云周《诰》殷《盘》，佶屈聱牙矣。

论说辞序，则易统其首 谓《系辞》、《说卦》、《序卦》诸篇为此数体之原也。寻其实质,则此类皆论理之文。

诏策章奏,则书发其原 谓《书》之记言,非上告下,则下告上也。寻其实质,此类皆论事之文。

赋颂歌赞,则诗立其本 谓《诗》为韵文之总汇。寻其实质,此类皆敷情之文。

铭诔箴祝,则礼总其端 此亦韵文,但以行礼所用,故属《礼》。

纪传铭朱云:当作移。**檄,则春秋为根** 纪传乃纪事之文,移檄亦论事之文耳。

禀经以制式二句 此二句为《宗经》篇正意。

体有六义 此乃文能宗经之效。六者之中,尤以事信体约二者为要:折衷群言,俟解百世,事信之征也;芟夷烦乱,剪截浮辞,体约之故也。

正纬第四

正纬 《说文》曰：谶，验也。案谶之为物，皆执后事以验前文，非由前文以得后事。《老子》所谓前识，《中庸》所谓前知，皆持玄理以推测后事，非能明照方来，若数毛发于盘水也。《左氏》所载童谣之应，如鸲鹆来巢，火中取虢，咸由后事比合前文，然谣谚始作之时，必不知有鲁、虢之事。盖人事虽繁，皆在思虑之内，文义虽众，皆具因禅之能，展转分合，虽五经常语，未始不可作百代谶词用也。古世人神杂糅，故隆于禨祥，迄周而旧污未涤，《春秋》史官所记，尚侈陈豫察之言，要之非圣人所作也。谶纬之隆，始于阴阳家；以明谶之术说经，始于道听涂说之今文学；以谶为纬，淆乱经文，始于哀、平以来曲学阿世之儒。何以明其然也？晚周学派六家，老子言有道之国，其鬼不神。又言前识者，道之华而愚之首也。则道家不得有谶。《中庸》言素隐行怪，吾不为之。子不语怪力乱神，夫子言天道不可得闻，则儒家不得有谶。墨子虽尊天明鬼而非命，非命者，事不得前定，则墨家不得有谶。名家检正形名，无诡之言则绝，亦不得有谶。法家出于老子，而旁取名家，施于人事，而贵随时，亦不得有谶。唯独阴阳家本出于司天之官，而末流营于禨祥，泥于小数。邹衍深观阴阳消息，而作怪迂之变、《终始·大圣》之篇十余万言，抽巫祝之绪，而下为方士辟利原，瀛海九州之说，令世主甘心至死而不悟；秦时方士入海者，还奏“亡秦者胡”之谶，始皇将死，复有璧遗滈池之讹言，此皆方士之诈讹，而实滥觞于邹衍矣。南公之谶曰：楚虽三户，亡秦必楚。南公亦阴阳家也。张苍为秦柱下史，故不得不从时主所好而治阴阳，贾生传之，则五曹官制以著，顾其致用，独在五德终始之说耳。观贾生《鵩赋》之辞曰：命不可说，孰知其极？是知前知之谈，通儒所未笃信也。武皇好神仙，与秦政异世同蔽，董仲舒既以引经治狱授张汤，又身为巫师，作土龙以求雨，彼固工于揣摩人主之情者也。汉主好儒，兼好神仙，儒与神仙虽不合，于阴阳则有可缘饰者，故推阴阳以说《春秋》。今《春秋繁露》有《阴阳位》、《阴阳终始》诸篇，明其以邹子南公之道迻书于儒籍矣。仲舒虽不得志，又以大愚见诮于其徒，然其说则已深入于汉主之心，神仙之福未来，而巫蛊之祸踵起，甲兵兴于阙下，储贰缢于穷阎，则仲舒有以致之也。然盛汉之时，谈阴阳者，其能不过推灾异，淫鬼神，而犹不敢淆乱先王之典籍，故刘向校书，不见有纬。图书秘记之目，此即纬家所谓《河图》、《洛书》本文。厪在天文家。当时颂美朝廷者，其能事亦尽于称说符命。自王莽引经作谶，以"伏戎于莽"为己之应，当世阿谀苟合之士，始欲窜乱圣经以投主好，然五经明白近人事，作伪傅会，其事甚难，由是引旧谶而益新文，变其名曰纬，以为经显纬隐，而皆出自圣人，斯足以营惑观者，通人讨覈，谓纬候起自哀平，此至确之言，案以时事人情而合者也。光武以刘氏苗裔兴，远同少康之光复，本不待纬候以自崇，然亲见王莽假符命四十二章以愚民，故亦欲假符命以明刘氏之当再立，赤伏符之至，适会其时，光武虽心知其伪，而亦不得不端拜以受矣。既以纬兴，即宜尊纬，君信于上，臣和于下，于是纬之力超越于经。西汉之儒说经，不过非圣意，而犹近人情，东汉之儒则直以神道代圣言，以神保待孔子，以图谶目圣经，于是《春秋》为汉制法之说昌，微言大义由此斩矣。虽有骨鲠之士辨论其失，而习俗移人，贤者不免。康成大师，笃信图谶，至于为纬作注。《六艺论》云：六艺皆图所生。凡所注书，征引《易说》、《诗说》，皆纬书也。降及宋孝武世，始禁图谶，然郑学既行，为郑学者不得不兼明图谶，是故图谶之学，在汉则用以趋时，而在六朝则资以考古。刘氏生于齐世，其时纬学犹未尽衰，故不可无以正其失，所献四诤，洵为剀明。自隋焚图纬，此学遂亡，纵有残余，只供博览，近世今文学者于谶纬亦不能钩潜发微，徒依阿旧说而已。因读刘文，善其精允，复为推论如上。

纬书今存者，有《乾凿度》二卷、《稽览图》二卷、《辨终备》一卷、《通卦验》二卷、《是类谋》一卷、《坤灵图》一卷，皆《易》纬也。明孙瑴辑《古微书》，无《河》《洛》纬。清赵在翰辑《七纬》，皆甄录佚文，可备参考。说《易》纬者，张惠言有《易纬略义》。

神龟见而洪范耀 九畴本于《雒书》，故庄子谓之《九雒》。先儒不言龟负，惟《中候》及诸纬言之，《洪范》伪《孔传》乃用其说，刘又用伪孔说也。

孝论 即《孝经》、《论语》。

倍擿千里 孙云：此与下文倍摘字并与適通。《方言》云：適，牾也。倍適，犹背迕矣。

八十一篇，皆托于孔子 据《隋志》，则托于孔子者，只七经纬耳。

或说阴阳，或序灾异 其端皆开自仲舒，观《五行志》及《仲舒传》可见。

桓谭疾其虚伪 《后汉书》载谭论谶事，录之如左：

> 是时帝方信谶，多以决定嫌疑。《方术传序》云，光武尤信谶言，士之赴趣时宜者，皆驰骋穿凿争谈之也。故王梁、孙咸，名应图箓，越登槐鼎之任。谭复上疏曰云云。帝省奏，愈不悦。其后有诏会议灵台所处，帝谓谭曰：吾欲谶决之何如？谭默然良久，曰：臣不读谶。帝问其故。谭复极言谶之非经。帝大怒，曰：桓谭非圣无法，将下斩之。谭叩头流血，良久乃得解。

尹敏戏其深瑕 案戏字不误。《后汉书·儒林传》曰：帝以敏博通经记，令校图谶，使蠲去崔发所为王莽箸录次比。敏对曰：谶书非圣人所作，其中多近鄙别字，颇类世俗之辞，恐疑误后生。帝不纳。敏因其阙文增之曰：君无口，为汉辅。帝见而怪之，召敏问其故。敏对曰：臣见前人增损图书，敢不自量，窃幸万一。帝深非之。此文所谓戏，即增阙事也。

张衡发其僻谬 案平子检覈伪迹，至为精当，今录《后汉书》传所序于左：

> 初，光武善谶，及显宗、肃宗，因祖述焉。自中兴以后，儒者争学图纬，兼复附以妖言。衡以图纬虚妄，非圣人之法，乃上疏曰云云。

无益经典，而有助文章 此言甚谛。然如《易》纬所说，有足以证明汉师说《易》者，《书》纬亦有可以考古历法者，未可谓于说经毫无所用也。

辨骚第五

班固曰：赋者，古诗之流也。自变风终陈夏，而六诗不见采于国史。然歌咏胸怀，本于民性，声诗之作，未遽废颓。寻检《左氏》内外传文，所载当世讴谣，不一而足：若南蒯之歌，昭公十二年。莱人之歌，哀公五年。齐人之歌，哀公二十一年。申叔仪之歌，哀公十三年。以及鲁人之讥臧孙，郑人之诵子产，其结言位句，与三百篇固已小殊，而大体无别。是知诗句有时而变通，诗体相承而无革。降及战代，楚国多材，屈子诞生于旧郢，孙卿退老于兰陵，《史记正义》：兰陵县属东海郡。案今山东兖州府峄县东五十里。并为辞人之宗，开赋体之首。观孙卿所作赋及佹诗，是四言为多，而《成相》之辞，则句度长短儳互。屈子《天问》、《大招》及《九章》诸乱辞，亦尽四言，惟《离骚》、《远游》之类，织以长句，而间以语词，后世遂以此体为《楚辞》所独具。检《国语》载晋惠公改葬共世子，臭达于外，国人诵之曰：贞之无报也，孰是人斯而有是臭也！贞为不听，信为不诚，国斯无刑，偷居幸生。不更厥贞，大命其倾！威兮怀兮，各聚尔有，以待所归兮。猗兮违兮，心之哀兮！岁之二七，其靡有征兮。若狄公子，吾是之依兮。镇抚国家，为王妃兮。此先于屈子二百余年，而其句度已长于旧式。《史记》载优孟歌孙叔敖事，亦先于屈子，又南土之旧音也。然则屈子之作，其意等于《风》、《雅》，《史记》：《国风》好色而不淫，《小雅》怨诽而不乱，若《离骚》者可谓兼之。而其体沿自讴谣。自承宣尼删订之绪余，而下作宋、贾、马、扬之矩矱。论其大名，则并之于诗，察其分流，则别称为赋。班固之论，可谓深察名号，推见原流者已。自彦和论文，别骚于赋，盖欲以尊屈子，使《离骚》上继《诗经》，非谓骚赋有二。观《诠赋》篇云：灵均唱骚，始广声貌。是仍以《离骚》为赋矣。《隋书·经籍志》别《楚辞》于总集，意盖亦同舍人。观其序辞云：王逸集屈原以下迄刘向云云，是仍以《楚辞》为总集矣。惟昭明选文，以《楚辞》所录为骚，斯为大失，后之览者，宜悉其违戾焉。《楚辞》是赋，不可别名为骚。《离骚》二字，亦不可截去一字。纪评至谛。

淮南作传 案《国风》好色而不淫已下至与日月争光可也数语，今见《史记·屈原传》。知史公作传，即取《离骚传序》之文。

羿浇二姚，与左氏不合 案班孟坚《序》讥淮南王安作《传》，说羿、浇、少康、二姚、有娀、佚女，皆各以所识，有所增损，非讥屈子用事与左氏不合。彦和此语盖有误。

汉宣嗟叹 见《汉书·王褒传》。

孟坚谓不合传 误如前举。

虽取镕经意，亦自铸伟词 二语最谛。异于经典者，固由自铸其词；同于《风》、《雅》者，亦再经镕湅，非徒貌取而已。

《招魂》《招隐》 《招隐》宜从《楚辞补注》本作《大招》。

《卜居》标放言之致 李云：陈星南云：《论语·微子》篇，隐居放言。《集解》引包曰：放，置也，不复言世务。案《卜居》有云：吁嗟默默，谁知吾之廉贞？故彦和以放言美之。侃案：《卜居》命龟之辞，繁多不剟，故曰放言。放言犹云纵言。陈解未谛。

中巧者猎其艳辞 中巧犹言心巧。

酌奇而不失其真，玩华而不坠其实　彦和论文，必以存真实为主，亦鉴于楚艳汉侈之流弊而立言。其实屈宋之辞，辞华者其表仪，真实者其骨干，学之者遗神取貌，所以有伪体之讥。试取贾生《惜誓》、枚乘《七发》、相如《大人》、扬雄《河东》诸篇细玩之，可以悟摹拟屈宋之法。盖此诸篇，莫不工于变化，非夫沿袭声调，剽剥采藻所敢卬跂也。

彦和以前，论《楚辞》之文，有淮南王《离骚传序》、太史公《屈原传》、《汉书·艺文志·诗赋略序》、班孟坚《离骚序》、《离骚赞序》、王逸《楚辞章句序》及诸篇小序、《楚辞章句》十六卷。自屈原赋二十五篇为七卷，其余为《九辩》、《招魂》、《大招》、《惜誓》、《招隐士》、《七谏》、《哀时命》、《九怀》、《九叹》；附以王逸自作《九思》，为十七卷。宋洪兴祖《补注》最善。朱熹《集注》改易旧章，不为典要。清世惠定宇、戴东原二君并有《屈原赋注》。戴注曾见之，惠注未见。言《楚辞》音者，《隋志》录五家。又云隋时有释道骞善读之，能为楚声，音韵清切，至今传《楚辞》者，皆祖骞公之音。寻《汉书》言九江被公能为《楚辞》，召见诵读。尔则《楚辞》之重楚音，其来旧矣。五家之音虽佚，然劳商遗响，激楚余声，千载下于方语中得之。

明诗第六

古昔篇章，大别之为有韵无韵二类，其有韵者，皆诗之属也。其后因事立名，支庶繁滋，而本宗日以痟削，诗之题号，由此隘矣。彦和析论文体，首以《明诗》，可谓得其统序。然篇中所论，亦但局于雅俗所称为诗者，则时序所拘，虽欲复古而不可得也。品物词人，尽于刘宋之季，自尔迄今，更姓十数，诗体屡变，好尚亦随世而殊，谈诗之书，充盈篇幅，溯观舍人之论，殆无不以为已陈之刍狗者。傍有记室《诗品》，班弟《诗才》，只限梁武之世，所举诸人，今日或不存只字，此与彦和之诗，皆运而往矣。自我观之，诗体有时而变迁，诗道无时而可易，欲求上继风雅，下异讴畲，革下里之庸音，绍词人之正辙，则固有共循之术焉。曰：本之情性，协之声音，振之以文采，齐之以法度而已矣。历观古今诗人成名者，罔不如此。夫然，故彦和、仲伟之论，虽去今辽邈，而经纬本末，自有其期，年耆者又乌得而废之者哉？诗体众多，源流清浊，诚不可以短言尽。往为《诗品讲疏》，亦未卒业，兹但顺释舍人之文云尔。

诗者，持也 《古微书》引《诗纬含神雾》文。

黄帝云门，理不空弦 理不空弦者，以其既得乐名，必有乐词也。

至尧有大唐之歌 唐一作章。《尚书大传》云：报事还归，二年谈然，乃作《大唐之歌》。郑注曰：《大唐之歌》，美尧之禅也。据此文，是《大唐》乃舜作以美尧，则作大章者为是。《乐记》曰：大章，章之也。郑注曰：尧乐名。

九序惟歌 伪《大禹谟》文。

五子咸怨 伪《五子之歌》文。

顺美匡恶 《诗谱序》：论功颂德，所以将顺其美；刺过讥失，所以匡救其恶。

秦皇灭典，亦造仙诗 《史记·秦始皇本纪》：三十六年，使博士为《仙真人诗》，及行所游天下，传令乐人歌弦之。案上文三十五年卢生说始皇曰：真人者，入水不濡，入火不爇，凌云气，与天地久长。于是始皇曰：吾慕真人。自谓真人，不称朕。

辞人遗翰至**五言之冠冕也** 往作《诗品讲疏》，于此辨之甚析，兹录如左：

《文心雕龙·明诗》篇曰：又《古诗》佳丽，或称枚叔。徐陵《玉台新咏》有枚乘诗八首，谓"青青河畔草"一、"西北有高楼"二、"涉江采芙容"三、"庭中有奇树"四、"迢迢牵牛星"五、"东城高且长"六、"明月何皎皎"七、"行行重行行"八，此皆在《十九首》中。《玉台》又有"兰若生春阳"一首，亦云枚乘作。其《孤竹》一篇，则傅毅之辞，《后汉书》：傅毅字武仲，当明、章时。《孤竹》，谓十一首中之"冉冉孤生竹"一篇也。比采而推，两汉之作乎。《文选》李善注云：古诗，盖不知作者，或云枚乘，疑不能明也。诗云：驱车上东门，阮嗣宗《咏怀诗》注引《河南郡图经》曰：东有三门，最北头曰上东门。案：此东都城门名也，故疑为东汉人之辞。又云：游戏宛与洛，《古诗》注曰：《汉书》南阳郡有宛县。洛，东都也。案张平子《南都赋》注引挚虞曰：南阳郡治宛，在京之南，故曰南都。《南都赋》曰：夫南阳者，真所谓汉之旧都者也。诗以宛洛并言，明在东汉之世。此则兼辞东都，非尽是乘明矣。寻李注所言,是古有以《十九首》皆枚乘所作者,故云非尽是乘。孝穆撰诗,但以《十九首》之九首为乘所作,亦因其余句多与时序不合尔。案"明月皎夜光"一诗,其称节序,皆是太初未改历以前之言,诗云玉衡指孟冬,而上云促织鸣东壁,下云秋蝉鸣树间,玄鸟逝安适,是此孟冬正夏正之孟秋,若在改历以还,称节序者不应如此,然则此诗乃汉初之作矣。又"凛凛岁云暮"一诗,言凉风率已厉,凉风之至,候在孟秋,《月令》:孟秋之月,凉风至。而此云岁暮,是亦太初以前之词也。推而论之,五言之作,在西汉则歌谣乐府为多,而辞人文士犹未肯相率模效,李都尉从戎之士,班婕妤宫女之流,当其感物兴歌,初不殊于谣谚,然风人之旨,感慨之言,竟能擅美当时,垂范来世,推其原始,故亦闾里之声也。按《汉书·艺文志》云:自孝武立乐府而采歌谣,于是有代赵之讴,秦楚之风,皆感于哀乐,缘情而发,亦可以观风俗,知厚薄云。歌诗二十八家中,除诸不系于地者,有吴楚、汝南歌诗,燕代讴,雁门、云中、陇西歌诗,邯郸、河间歌诗,齐郑歌诗,淮南歌诗,左冯翊、秦歌诗,京兆尹、秦歌诗,河东、蒲阪歌诗,洛阳歌诗,河南、周歌诗,河南周歌声曲折。周谣歌诗,周谣歌诗声曲折。周歌诗,南郡歌诗,都凡十余家,此与陈诗观风初无二致。然则汉世歌谣之有十余家,无殊于《诗》三百篇之有十五《国风》也。挚仲治《文章流别论》曰:古诗有三言四言五言六言七言九言,大率以四言为体,而时有一句二句杂在四言之间,后世演之,遂以为篇。古诗之三言者,"振振鹭"、"鹭于飞"之属是也,汉郊庙歌多用之。唐山夫人《安世房中歌》"安其所"、"丰草葽"、"雷震震"诸篇,皆三言。《郊祀歌》"练时日"、"太乙况"、"天马徕"诸篇皆三言。五言者,"谁谓雀无角"、"何以穿我屋"之属是也。案当举《郊特牲》伊耆氏《蜡辞》草木归其泽一句,为诗中五言之始见者。于俳谐倡乐多用之。凡非大礼所用者，皆俳谐倡乐，此中兼有乐府所载歌谣。六言者，“我姑酌彼金罍”之属是也，乐府亦用之。如《悲歌》：悲歌可以当泣、远望可以当归二句。《猛虎行》：饥不从猛虎食，暮不从野雀栖二句。又《上留田行》前四句，皆以六言成句者也。七言者，“交交黄鸟止于桑”之属是也，案从鸟字断句亦可，宜举昔也日蹙国百里二句。于俳谐倡乐亦用之。乐府中多以七字为句，如《鼓吹铙歌》中，千来万岁乐无极、江有香草目以兰。此外不能悉举。古诗之九言者，“泂酌彼行潦挹彼注兹”之属是也，案此仍从潦字断句，《诗》三百篇实无九言，当举《卜居》之与波上下偷以全吾躯（句末乎字为助声），《九辩》之吾固知其鉏铻而难入。不入歌谣之章。按《乌生》篇：唶我秦氏家有游荡子及白鹿乃在上林西苑中，皆九言。所谓不入歌谣之章者，盖因其希见尔。以挚氏之言推之，则五言固俳谐倡乐所多有，《艺文志》所列诸方歌谣，皆在俳谐倡乐之内。而《文心雕龙·明诗》篇猥云：成帝品录，三百余篇，朝章国采，亦云周备，而辞人遗翰，莫见五言。此以当世文士不为五言，并疑乐府歌诗亦无五言也。今考西汉之世为五言有主名者，李都尉班婕妤而外，有虞美人《答项王歌》见《楚汉春秋》、卓文君《白头吟》、李延年歌前四语、苏武诗四首。其无主名者，乐府有《上陵》前数语、《有所思》篇中多五言、《鸡鸣》、《陌上桑》、《长歌行》、《豫章行》、《相逢行》、《长安有狭邪行》、《陇西行》、《步出夏门行》、《艳歌何尝行》、《艳歌行》、《怨歌行》、《上留田》“里中有啼儿”一首、《古八变歌》、《艳歌》、《古咄唶歌》。此中容有东汉所造，然武帝乐府所录，宜多存者。歌谣有《紫宫谚》、长安为尹赏作歌、无名人诗八首、“上山采蘼芜”一、“四坐且莫喧”二、“悲与亲友别”三、“穆穆清风至”四、“橘柚垂华实”五、“十五从军征”六、“新树兰蕙葩”七、“步出城东门”八。以上诸篇，或见《乐府诗集》，或见《诗纪》。古诗八首，五言四句，如采葵莫伤根之类。大抵淳厚清婉，其辞近于《国风》，不杂以赋颂，此乃五言之正轨矣。自建安以来，文人竞作五言，篇章日富，然闾里歌谣，则犹远同汉风，试观所载清商曲辞，五言居其什九，托意造句，皆与汉世乐府共其波澜，以此知五言之体肇于歌谣也。彦和云不见五言，此乃千虑之一失。唯仲伟断为炎汉之制，其鉴审矣。

清典可味 典一作曲。纪云：曲字是，字作婉字解。李详云：梅庆生凌云本并作清曲。《御览》八百九十三引张衡《怨诗》曰：秋兰，嘉美人也，嘉而不获，故作是诗也。此是诗序，诗与黄引同。

仙诗缓歌 黄引《同声歌》当之，纪氏讥之，是也。

暨建安之初至**此其所同也** 此节转录《诗品讲疏》释之如左：

详建安五言，毗于乐府。魏武诸作，慷慨苍凉，所以收束汉音，振发魏响。文帝弟兄所撰乐府最多，虽体有所因，而词贵独创，声不变古，而采自己舒，其余杂诗，皆崇藻丽，故沈休文曰：至于建安，曹氏基命，三祖陈王，咸蓄盛藻，甫乃以情纬文，以文被质。言自此以上质胜于文也。若其述欢宴，愍乱离，敦友朋，笃匹偶，虽篇题杂沓，而同以苏李古诗为原，文采缤纷，而不能离闾里歌谣之质，故其称景物则不尚雕镂，叙胸情则唯求诚恳，而又缘以雅词，振其英响，斯所以兼笼前美，作范后来者也。自魏文已往，罕以五言见诸品藻，至文帝《与吴质书》，始称公幹五言诗之善者妙绝时人。盖五言始兴，惟乐歌为众，辞人竞效，其风隆自建安，既作者滋多，故工拙之数可得而论矣。

何晏之徒，率多浮浅 晏诗《诗纪》载拟古失题二首。

江左篇制至**挺拔而为俊矣** 此节转录《诗品讲疏》释之如左：

《谢灵运传论》曰：在晋中兴，玄风独扇，为学穷于柱下，博物止乎七篇，驰骋文辞，义殚乎此。自建武愍帝年号暨于义熙安帝年号，历载将百，虽比响联辞，波属云委，莫不寄言上德，托意玄珠，遒丽之辞，无闻焉尔。《续晋阳秋》宋永嘉太守檀道鸾撰，书已佚，此见《困学纪闻》及《文选注》引。曰：自司马相如、王褒、扬雄诸贤，世尚赋颂，皆体则诗骚，傍综百家之言。及至建安，而诗章大盛。逮乎西朝之末，潘陆之徒，虽时有质文，而宗归不异也。正始中，王弼、何晏好庄、老玄胜之谈，而俗遂贵焉。至过江，佛理尤盛，故郭璞五言，始会合道家之言而韵之。许询及太原孙绰，转相祖尚，又加以三世之辞，而《风》、《骚》之体尽矣。询、绰并为一时文宗，自此学者悉化之。据檀道鸾之说，是东晋玄言之诗，景纯实为之前导，特其才气奇肆，遭逢险艰，故能假玄言以写中情，非夫钞录文句者所可拟况。若孙、许之诗，但陈要妙，情既离乎比兴，体有近于伽陀，徒以风会所趋，仿效日众，览兰亭集诗，诸篇共旨，所谓琴瑟专一，谁能听之？达志抒情，将复焉赖？谓之《风》、《骚》道尽，诚不诬也。《文心雕龙·时序》篇曰：自中朝贵玄，江左弥盛，因谈余气，流成文体，是以世极迍邅，而辞意夷泰，诗必柱下之旨归，赋乃漆园之义疏，故知文变染乎世情，兴废系乎时序，原始以要终，虽百世可知也。此乃推明崇尚玄虚之习，成于世道之艰危。盖恬憺之言，谬悠之理，所以排除忧患，消遣年涯，智士以之娱生，文人于焉托好，虽曰无用之用，亦时运为之矣。

又案：袁孙诸诗，传者甚罕，《文选》载有江文通《拟孙廷尉》诗，可以知其大概。

宋初文咏至**此近世之所竞也**　此节转录《诗品讲疏》释之如左：

《宋书·谢灵运传》曰：灵运博览群书，文章之美，江左莫逮。论曰：爰逮宋氏，颜谢腾声，灵运之兴会标举，延年之体裁明密，并方轨前秀，垂范后昆。《文心雕龙·明诗》篇曰：宋初文咏，体有因革，庄老告退，而山水方滋，俪采百字之偶，争价一句之奇，情必极貌以写物，辞必穷力而追新，此近世之所竞也。案孙许玄言，其势易尽，故殷谢振以景物，渊明杂以风华，浸欲夐规洛京，上继邺下。康乐以奇才博学，大变诗体，一篇既出，都邑竞传，所以弁冕当时，扢扬雅道。于时俊彦，尚有颜鲍二谢之伦，谢瞻、谢惠连。要皆取法中朝，力辞轻浅，虽偶伤刻饰，亦矫枉之理也。夫极貌写物，有赖于深思，穷力追新，亦资于博学，将欲排除肤语，洗荡庸音，于此假涂，庶无迷路。世人好称汉魏，而以颜谢为繁巧，不悟规摹古调，必须振以新词，若虚响盈篇，徒生厌倦，其为蔽害，与剿绝玄语者政复不殊。以此知颜谢之术，乃五言之正轨矣。

四言正体　五言流调　挚虞《文章流别论》曰：雅音之韵，四言为正，其余虽备曲折之体，而非音之正也。

诗有恒裁八句　此数语见似肤廓，实则为诗之道已具于此，随性适分四字，已将古今家数派别不同之故包举无遗矣。

离合之发　兹录孔融《离合诗》一首以备考：

渔父屈节，水潜匿方；离鱼字。与时进止，出行施张。离日字。二字合成鲁。吕公矶钓，阖口渭旁；离口字。九域有圣，无土不王。离或字。二字合成国。好是正直，女回于匡；离子字。海外有截，隼逝鹰扬。离乙字。二字合成孔。六翮将奋，羽仪未彰；离鬲字。蛇龙之蛰，俾也可忘。离虫字。二字合成融。玟璇隐耀，美玉韬光。去玉成文，不须合。无名无誉，放言深藏；离与字。按辔安行，谁谓路长。离手字。二字合成举。（《离合作郡姓名字诗》）

回文所兴二句　李详云:《困学纪闻》十八评诗云:《诗苑类格》谓回文出于窦滔妻所作。《文心雕龙》云:又傅咸有回文反复诗,温峤有回文诗,皆在窦妻前。翁元圻注引《四库全书总目》宋桑世昌《回文类聚》四卷,《艺文类聚》载曹植《镜铭》,回环诵之,无不成文,实在苏蕙以前。详案梅庆生音注本云:宋贺道庆作四言回文诗一首,计十一句,四十八言,从尾至首读亦成韵,而道原无可考,恐原为庆字之误。侃案:道庆之前,回文作者已众,不得定原字为庆字之误。

乐府第七

古者诗歌不别，览《虞书》、《毛诗序》、《乐记》《乐记》曰：凡音之起，由人心生也，人心之动，物使之然也，感于物而动，故形于声，声相应，故生变，变成方，谓之音，比音而乐之，及干戚羽旄，谓之乐。又曰：诗，言其志也，歌，咏其声也，舞，动其容也，三者本于心，然后乐气从之。《正义》曰：先心后志，先志后声，先声后舞，声须合于宫商，舞须应于节奏，乃成于乐，是故然后乐气从之。则可知矣。《汉书·艺文志》亦云：诵其言谓之诗，咏其声谓之歌。《宋书·乐志》云：歌者乐之始，舞又歌之次，歌咏舞蹈，所以宣其喜心，喜而无节，则流淫莫反，故圣人以五声和其性，以八音节其流，而谓之乐。然则乐以节歌，歌以咏诗，诗虽有不歌者，《艺文志》引传曰：不歌而诵谓之赋。而歌未有非诗者也。刘向校书，以诗赋与六艺异略，故其歌诗亦不得不与六艺之诗异类。然观《艺文志》所载，有乐府所采歌谣，吴、楚、汝南歌诗已下，至南郡歌诗。有郊庙所用乐章，《泰一》杂甘泉《寿宫》歌诗十四篇，宗庙歌诗五篇，此即《郊祀歌》十九首。又有诸神歌诗，送迎灵颂歌诗二家。有歌咏功烈乐章，汉兴以来兵所诛灭歌诗十四篇。有帝者自撰歌诗，高祖歌诗。又出行巡狩及游歌诗，盖武帝作。又李夫人及幸贵人歌诗，疑亦武帝所作。有材人名倡所作歌诗，诏赐中山靖王子哙及孺子妾冰、未央材人歌诗，谓以未央材人所作诗赐哙及冰也。又黄门倡车忠等歌诗十五篇。有杂歌诗，杂各有主名歌诗、杂歌诗，又临江王及愁思节士歌诗。此则凡诗皆以入录。以其可歌，故曰歌诗。刘彦和谓子政品文，诗与歌别。殆未详考也。及后文士撰诗者众，缘事立体，不尽施于乐府，然后诗之与歌始分区界。其号称乐府而不能被管弦者，实与缘事立题者无殊，徒以蒙乐府之名，故亦从之入录。盖诗与乐府者，自其本言之，竟无区别，凡诗无不可歌，则统谓之乐府可也；自其末言之，则惟尝被管弦者谓之乐，其未诏伶人者，远之若曹陆依拟古题之乐府，近之若唐人自撰新题之乐府，皆当归之于诗，不宜与乐府淆溷也。《汉书·礼乐志》惟载《房中歌》、《郊祀歌》，《宋书·乐志》稍广之，自郊庙、享宴、大射、铙歌、相和、舞曲莫不悉载，然亦限于乐府所用而止。《隋书·经籍志》总集类有《古乐府》八卷，《乐府歌辞钞》一卷，《歌录》十卷，《古歌录钞》二卷，《晋歌章》八卷，《吴声歌辞曲》一卷，《陈郊庙歌辞》三卷，《乐府新歌》十卷，《乐府新歌》二卷，而梁王书复有乐府歌诗以下十余部，其所收宽狭今不可知，要之以但载乐府所用者为正。其有并载因题拟作，若后之《乐府诗集》者，盖期于博观，而非所以严区画也。郭茂倩曰：凡乐府歌辞，有因声而作歌者，若魏之三调歌诗，因弦管金石造歌以被之，是也。有因歌而造声者，若清商吴声诸曲，始皆徒歌，既而被之弦管，是也。案此本《宋书·乐志》文。有有声有辞者，若郊庙、相和、铙歌、横吹等曲是也。有有辞无声者，若后人之所述作，未必尽被于金石是也。案彦和作《乐府》篇，意主于被弦管之作，然又引及子建、士衡之拟作，则事谢丝管者亦附录焉。故知诗乐界画，漫汗难明，适与古初之义相合者已。今略区乐府以为四种：一乐府所用本曲，若汉相和歌辞，《江南》、《东光》乎之类是也。二依乐府本曲以制辞，而其声亦被弦管者，若魏武依《苦寒行》以制《北上》、魏文依《燕歌行》以制《秋风》，是也。三依乐府题以制辞，而其声不被弦管者，若子建、士衡所作是也。四不依乐府旧题，自创新题以制辞，其声亦不被弦管者，若杜子美《悲陈陶》诸篇、白乐天《新乐府》是也。从诗歌分途之说，则惟前二者得称乐府，后二者虽名乐府，与雅俗之诗无殊。从诗乐同类之说，则前二者为有辞有声之乐府，后二者为有辞无声之乐府，如此复与雅俗之诗无殊。要之乐府四类，惟前二类名实相应，其后二类，但有乐府之名，无被管弦之实，亦视之为雅俗之诗而已矣。

彦和此篇大旨，在于止节淫滥。盖自秦以来，雅音沦丧，汉代常用，皆非雅声。魏晋以来，陵替滋甚，遂使雅郑混淆，钟石斯缪。彦和闵正声之难复，伤郑曲之盛行，故欲归本于正文。以为诗文果正，则郑声无所附丽，古之雅声虽不可复，古之雅咏固可放依。盖欲去郑声，必先为雅曲。至如魏氏三祖所为，犹且谓非正响。推此以观，则简文赋咏，志在桑中，叔宝耽荒，歌高绮艳，隋炀艳篇，辞极淫绮，弥为汉魏之罪人矣。彦和生于齐世，独能抒此正论，以挽浇风，洵可谓卓尔之才矣。然郑声之生，亦本自然，而厌雅憙俗，古今不异，故正论虽陈，听者藐藐，夫惟道古之君子，乃能去奇响以归中和矣。《周礼·大司乐》：凡建国，禁其淫声、过声、凶声、慢声。注曰：淫声，若郑卫也。过声，失哀乐之节。凶声，亡国之声，若桑间濮上。慢声，惰慢不恭。据此，是淫、过、凶、慢之声，历代所有，特以政化清明，故抑而不作耳。及后礼乐崩坏，教化陵夷，则虽君子亦耽俗乐。故魏文侯闻古乐则惟恐卧，听郑卫之音则不知倦。子夏讥新乐进俯退俯，奸声以滥，溺而不止，及优侏儒，獶杂子女，不知父子。是知乐音之有奇衺，自上世而已然。启子太康之锵鸣筦磬，已非正声。在后孔甲好音，殷辛为淫声以变正声，是音之不雅，自古有之矣。雅颂既亡，弥复猖獗，历代虽或规存古乐，而不足以夺时所慕尚者。至于今日，乐器俗，乐声亦俗，而独欲为雅辞，归于正义，此必不可得之数也。君子咏都人士之诗，所以寄怀于出言有章之君子也。

自汉魏有杂曲，至于隋唐，其作渐繁。唐之燕乐，尤称为盛，后遂称其歌词者曰词。宋之燕乐亦杂用唐声调而增广之，于是宋词遂为极多，于乐府外又别立题署，实则词亦乐府之流也。凡填词但依古调为之者，与前世拟乐府无异，盖虽依其平仄，仍未能被诸管弦。正言其体，特长短句之诗耳。以其制篇择辞有殊于雅俗之诗，因而别为区域。然则七言殊于五言，律诗异乎古体，又何不可判画之有？故凡有声之词宜归乐府之条，无声之词宜附近体之列，如此则名实俱当矣。

录古乐府之书，史志以《宋书》为最详最精。其书所录，自晋宋郊庙宴享之诗，及晋世所用相和曲、舞曲、鼓吹、铙歌，莫不备载，《晋书》特依放之耳。《南齐书·乐志》所载乐词，止于郊庙燕享之辞，其余不录，盖以歌辞至繁，难可尽录乎？总集以宋郭茂倩《乐府诗集》所录为最备，其推考源流，解释题号，又至该洽，求古乐府者，未有能舍是书者也。今先顺释舍人之文，次录《乐府诗集》每类序说于后。古乐府部署变迁，盖可得其较略矣。

涂山歌于候人至**西音以兴**　此本《吕氏春秋·音初》篇。案观此，则后世依古题以制辞亦昉于古，涂山有候人之歌，其后《曹风》亦有《候人》之篇，则《曹风》依放涂山也。有娀有燕燕之歌，其后《邶风》亦有《燕燕》之篇，则《邶风》依放有娀也。孔甲有破斧之歌，其后《豳风》有《破斧》之篇，则《豳风》依放孔甲也。然其制题相同，托意则异。庄子言：《折扬》《皇荂》，入于里耳。寻其本，则《折扬》者，非即《风》诗之"折柳樊圃"乎？《皇荂》者，非即《雅》诗之《皇皇者华》乎？汉《鼓吹铙歌》有《朱鹭》，朱鹭，鸟也，而何承天私造乐府曰《朱路》，朱路，车也。汉有《上邪》，邪，语辞也，何承天曰：《上邪》，邪曲也。此则但取声音，不问义旨，用彼旧题，抒我新意，盖其法由来久矣。

情感七始　《汉书·律历志》引《书》曰：予欲闻六律五声八音

七始咏。古文作在治忽、郑作在治曶。释之曰：七始，天地四时，人之始也。《大传》曰：七始，天统也。郑注曰：七始，谓黄钟、太蔟、大吕、南吕、姑洗、应钟、蕤宾也。案《汉志》以林钟为地始，郑以大吕为地始。盖《汉志》以林钟为地正，而郑以大吕为地统。《隋志》用《汉志》说。《房中歌》七始华始，正用《书》义。此则七音之起，起自虞时。而《国语》说武王克商，于是乎有七律。韦昭曰：七律为音器，用黄钟为宫，太蔟为商，姑洗为角，林钟为徵，南吕为羽，应钟变宫，蕤宾变徵也。是二变为武王所加。《左传·昭廿五年》疏云：此二变者，旧乐无之，声或不会，而以律和其声，调和其声，使与五者谐会，谓之七音由此也。武王始加二变，周乐有七音耳，以前未有七。案七始咏为今文异文，未可信，据《国语》说，昭明若此。盖七音实始于武王，《周礼》曰文之以五声，文略故也。

武帝崇礼，始立乐府 此据《汉书·礼乐志》文。《乐府诗集》则云：孝惠时，夏侯宽为乐府令，始以名官，至武帝乃立乐府云。

朱马以骚体制歌 案朱马为字之误。《汉书·礼乐志》云：以李延年为协律都尉，多举司马相如等数十人，造为歌赋。《佞幸传》亦云：是时上欲造乐，令司马相如等作诗颂，延年辄承意弦歌所造诗，谓之新声曲。据此，朱马乃司马之误。

《桂华》杂曲 即目《房中歌》。《房中歌》第七曰《桂华》。

赤雁群篇 即目《郊祀歌》。《郊祀歌·象载瑜》十八。太始三年，行幸东海，获赤雁作。

暨后郊庙四句 案《后汉书·曹褒传》：显宗即位，曹充上言，请制礼乐，帝善之，诏曰：今且改太乐官曰太予乐，诗歌曲操，以俟君子。据此，后汉之乐一仍先汉之旧。《宋书·乐志》：汉明帝初，东平宪王制舞歌一章，荐之光武之庙。案《武德舞歌诗》见《乐府诗集》。又章帝自作食举诗四篇，后汉乐词之可考者仅此。

至于魏之三祖至**韶夏之郑曲** 《宋书·乐志》载《相和歌辞》。《驾六龙》、当《气出倡》。《厥初生》、当《精列》。《天地间》、当《度关山》。《惟汉二十二世》、当《薤露》。《关东有义士》、当《蒿里行》。《对酒歌太平时》、当《对酒》。《驾虹蜺》，当《陌上桑》。皆武帝作。《登山而远望》、当《十五》。《弃故乡》，当《陌上桑》。皆文帝作。又晋荀勖撰《清商三调》，旧词施用者：《平调》则《周西》、《短歌行》。《对酒》《短歌行》。为武帝词。《秋风》、《燕歌行》。《仰瞻》、《短歌行》。《别日》，《燕歌行》。为文帝词。《清调》则《晨上》、《秋胡行》。《北上》、《苦寒行》。《愿登》《秋胡行》。《蒲生》《塘上行》。为武帝词。《悠悠》，《苦寒行》。为明帝词。《瑟调》则《古公》、《善哉行》。《自惜》，《善哉行》。为武帝词。《朝日》、《善哉行》。《上山》、《善哉行》。《朝游》，《善哉行》。为文帝词。《我徂》《善哉行》、《赫赫》，《善哉行》。为明帝词。此外武帝有《碣石》。《大曲·步出夏门行》。文帝有《西山》、《大曲·折杨柳行》。《园桃》。《大曲·煌煌京洛行》。明帝有《夏门》、《大曲·步出夏门行》。《王者布大化》《大曲·櫂歌行》。诸篇。陈王所作，被于乐者亦十余篇。盖乐词以曹氏为最富矣。彦和云三调正声者，三调本周《房中曲》之遗声。《隋书》曰：《清乐》其始即《清商三调》是也。并汉来旧曲，乐器形制并歌章古词，与魏三祖所作者，皆被于史籍。平陈后获之。高祖听之，善其节奏，曰：此华夏正声也。然则三调之为正声，其来已久。彦和云三祖所作为郑曲者，盖讥其词之不雅耳。

傅玄晓音三句 案《晋书·乐志》曰：武帝受命，泰始二年，诏效祀明堂礼乐权用魏仪，但改乐章，使傅玄为之辞，凡十五篇。又傅玄造《四厢乐歌》三首，《晋鼓吹曲》二十二首，《舞歌》二首，《宣武舞歌》四首,《宣文舞歌》二首,《鼙歌》五首。

张华新篇二句　案张华作《四厢乐歌》十六首,《晋凯歌》二首,黄注但举舞歌,非也。

然杜夔调律至**后人验其铜尺**　《魏志·杜夔传》曰:杜夔以知音为雅乐郎,后以世乱奔荆州。荆州平,太祖以夔为军谋祭酒,参太乐事,因令创制雅乐。夔善钟律,聪思过人。时散郎邓静尹商善咏雅乐,歌师尹胡能歌宗庙郊祀之曲,舞师冯肃服养晓知先代诸舞,夔总统研精,远考诸经,近采故事,教习讲肄,备作乐器,绍复先代古乐,皆自夔始也。《晋书·律历志》云:武帝泰始九年,中书监荀勖校太乐,八音不和,始知后汉至魏尺长于古四分有余,勖乃部著作郎刘恭依周礼制尺,所谓古尺也;依古尺更铸铜律吕,以调声韵,以尺量古器,与本铭尺寸无差。又汲郡盗发六国时魏襄王冢,得古周时玉律及钟磬,与新律声韵暗同。于时郡国或得汉时故钟,吹律命之皆应。勖铭所云此尺者,勖新尺也,今尺者,杜夔尺也。荀勖造新钟律,与古器谐韵,时人称其精密,惟散骑侍郎陈留阮咸讥其声高,声高则悲,非兴国之音,亡国之音哀以思,其人困,今声不合雅,惧非德正至和之音,必古今尺有长短所致也。会咸病卒,武帝以勖律与周汉器合,故施用之。后始平掘地,得古铜尺,岁久欲腐,不知所出何代,果长勖尺四分,时人服咸之妙,而莫能厝意焉。史臣案勖于千载之外,推百代之法,度数既宜,声韵又契,可谓切密,信而有征也,而时人寡识,据无闻之一尺,忽周汉之两器,雷同臧否,何其谬哉!《世说》称有田父于野地中得周时玉尺,便是天下正尺,荀勖试以校己所治金石丝竹,皆短校一黍云。《隋书·律历志》云:炎历将终,而天下大乱,乐工散亡,器法湮灭。魏武始获杜夔,使定音律,夔依当时尺度,权备典章。及晋武受命,遵而不革。至泰始十年,光禄大夫荀勖奏造新度,更铸律吕。

又云：诸代尺度一十五等，一周尺、《汉志》王莽时刘歆铜斛尺、后汉建武铜尺、晋泰始十年荀勖律尺，为晋前尺、祖冲之所传铜尺。祖冲之所传铜尺，其铭曰：晋泰始十年。中书考古器，揆校今尺，长四分半，所校古法有七品：一曰姑洗玉律，二曰小吕玉律，三曰西京铜望臬，四曰金错望臬，五曰铜斛，六曰古钱，案《宋史·律历志》曰：古物之有分寸，明著史籍者，惟有古钱而已。七曰建武铜尺。姑洗微强，西京望臬微弱，其余与此尺同。已上皆铭文，凡八十二字。此尺者，勖新尺也，今尺者，杜夔尺也。今以此尺为本，以校诸代尺云。谨案如隋唐《志》言，则勖尺合于周尺，而杜夔尺长于勖尺一尺四分七厘，不合甚明，阮咸讥勖，则《唐志》所谓谬也。荀勖尺不可考。宋王厚之《钟鼎款识》有《古尺铭》曰：周尺、《汉志》镏歆铜尺、后汉建□阮元云：建下一字，戈旁可辨，盖武字也。铜尺、晋前尺并同。此则依放晋前尺而铸者，得以求古律名，信而有征。彦和所言，盖亦《唐志》所云雷同臧否者也。又《隋志》云：晋时始平掘地得古铜尺，实比晋前尺一尺三分七毫。

陈思称李延年闲于增损古辞　按李延年当作左延年。左延年，魏时之擅郑声者，见《魏志·杜夔传》。《晋书·乐志》，增损古辞者，取古辞以入乐，增损以就句度也。是以古乐府有与原本违异者，有不可句度者，或者以古乐府不可句度，遂嗤笑以为不美，此大妄也。

明月照高楼，流光正徘徊；上有愁思妇，悲叹有余哀。借问叹者谁？言是客子妻；君行逾十年，贱妾常独栖。君若清路尘，妾若浊水泥；浮沉各异势，会合何时谐？愿为西南风，长逝入君怀；君怀良不开，贱妾当何依？（陈思王植《七哀诗》原文《文选》）

明月照高楼，流光正裴回；上有愁思妇，悲叹有余哀。一解。

借问叹者谁？自云客子妻；夫行逾十载，贱妾常独栖。二解。

念君过于渴，思君剧于饥；君为高山柏，妾为浊水泥。三解。

北风行萧萧，烈烈入我耳；心中念故人，泪堕不能止。四解。

沉浮各异路，会合当何谐？愿作东北风，吹我入君怀。五解。

君怀常不开，贱妾当何依？恩情中道绝，流止任东西。六解。

我欲竟此曲，此曲悲且长；今日乐相乐，别后莫相忘。七解。（晋乐府所奏楚调怨诗《明月篇》东阿王词七解）

右古乐府与原本违异者。

吾不见公莫时。吾何婴公来。婴姥时吾。思君去时。吾何零。子以邪。思君去时。思来婴。吾去时毋那。何去吾。

右一曲，《晋公莫舞》歌，二十章，无定句，前是第一解，后是第十九二十解，杂有三句，并不可晓解。（《齐书·乐志》载《公莫》辞《宋志》亦载，而文相连不别又与此异）

右古乐不可句度者。

《晋书·乐志》曰：魏《雅乐》四曲，《驺虞》《伐檀》《文王》皆左延年改其声。晋武泰始五年，张华表曰：按《魏上寿食举诗》，及汉氏所施用，其文句长短不齐，未皆合古。盖以依咏弦节，本有因循，而识乐知音，足以制声度曲，法用率非凡近之所能改。二代三京，袭而不变，虽诗章词异，废兴随时，至其韵逗留曲折，皆系于旧，有由然也。据此，是古乐府韵逗有定，故采诗入乐府者，不得不增损其文，以求合古矣。

子建士衡，并有佳篇 案子建诗用入乐府者，惟《置酒》《大曲·野田黄雀行》。《明月》《楚调怨诗》及《鼙舞歌》五篇而已，其余皆无诏伶人。士衡乐府数十篇，悉不被管弦之作也。今案《文选》所载，自陈思王《美女篇》以下至《名都篇》，陆士衡乐府十七首，谢灵运一首，鲍明远八首，谢玄晖《鼓吹曲》，乐府所用。缪熙伯以下三家挽诗，皆非乐府所奏。将以乐音有定，以诗入乐，须有增损。至于当时乐府所歌，又皆体近讴谣，音邻郑卫，故昭明屏不入录乎。

轩岐鼓吹，汉世铙挽 《铙歌》即《鼓吹》，《挽歌》即《相和辞》之《蒿里》。戎丧殊事，谓《铙歌》用之兵戎，《挽歌》以给丧事也。

缪袭所致 按缪袭作魏《鼓吹曲》十二首，又《挽歌》一首。

子政品文二句 此据《艺文志》为言，然《七略》既以诗赋与六艺分略，故以歌诗与诗异类。如令二略不分，则歌诗之附诗，当如《战国策》、《太史公书》之附入《春秋》家矣。此乃为部类所拘，非子政果欲别歌于诗也。《乐府诗集》分十二类，每类皆有叙说原流之辞，极为详赅，兹迻录之略有删节。如左：

自黄帝已后，至于三代，千有余年，而其礼乐之备，可以考而知者，唯周而已。两汉已后，世有制作，其所以用于郊庙朝廷以接人神之欢者，其金石之响，歌舞之容，亦各因其功业治乱之所起，而本其风俗之所由。武帝时，诏司马相如等造《郊祀歌诗》十九章，五郊互奏之。又作《安世歌诗》十七章，荐之宗庙，至明帝乃分乐为四品：一曰《大予乐》，典郊庙上陵之乐。郊乐者，《易》所谓先王以作乐崇德，殷荐上帝。宗庙乐者，《虞书》所谓"琴瑟以咏，祖考来格"，《诗》云"肃雍和鸣，先祖是听"也。二曰《雅颂乐》，典六宗社稷之乐。社稷乐者，《诗》所谓琴瑟击鼓，以御田祖，《礼记》曰：乐施于金石，越于音声，用乎宗庙社稷，事乎山川鬼神是也。永平三年，东平王苍造《光武庙登歌》一章，称述功德，而郊祀同用汉歌。魏歌辞不见，疑亦用汉辞也。武帝始命杜夔创定雅乐，时有邓静尹商善训雅歌，歌师尹胡能习宗庙郊祀之曲，舞师冯肃服养晓知先代诸舞，夔总领之。魏复先代古乐，自夔始也。晋武受命，百度草创，泰始二年，诏郊庙明堂礼乐权用魏仪，遵周室肇称殷礼之义，但使傅玄改其乐章而已。永嘉之乱，旧典不存，贺循为太常，始有《登歌》之乐。明帝太宁末，又诏阮孚增益之。至孝武太元之世，郊祀遂不设乐。宋文帝元嘉中，南郊始设《登歌》，庙舞犹阙，乃诏颜延之造《天地郊庙登歌》三篇。大抵依仿晋曲，是则宋初又仍晋也。南齐梁陈，初皆沿袭，后更创制，以为一代之典，元魏宇文，继有朔漠，宣武已后，雅好胡曲，郊庙之乐，徒有其名。隋文平陈，始获江左旧乐，乃调五音，为《五夏》、《二舞》、《登歌》、《房中》等十四调，宾祭用之。唐高祖受禅，未遑改造；乐府尚用前世旧文。武德九年，乃命祖孝孙修定雅乐，而梁陈尽吴楚之音，周齐杂胡戎之伎，于是斟酌南北，考以古音，作为唐乐，贞观二年奏之。安史作乱，咸镐为墟，五代相承，享国不永，制作之事，盖所未暇，朝廷宗庙典章文物，但按故常，以为程式云。（郊庙歌辞）

《仪礼·燕礼》曰：工歌《鹿鸣》、《四牡》、《皇皇者华》。笙入，奏《南陔》、《白华》、《华黍》。乃间歌《鱼丽》，笙《由庚》，歌《南有嘉鱼》，笙《崇邱》，歌《南山有台》，笙《由仪》，遂歌《乡乐》，《周南·关雎》、《葛覃》、《卷耳》，《召南·鹊巢》、《采蘩》、《采蘋》。此燕飨之有乐也。《大司乐》曰：大射，王出入，奏《王夏》。及射，令奏《驺虞》。诏诸侯以弓矢舞，乐师、燕射，帅射夫以弓矢舞，大师、大射，帅瞽而歌射节。此大射之有乐也。《王制》曰：天子食举以乐。《大司乐》王大食、三宥，皆令奏钟鼓。汉鲍邺曰：古者天子食饮必顺四时五味，故有食举之乐，所以顺天地，养神明，求福应也。此食举之有乐也。《隋书·乐志》曰：汉明帝时，乐有四品，其二曰雅颂乐，辟雍飨射之所用。则《孝经》所谓移风易俗，莫善于乐，《礼记》曰：揖让而治天下者，礼乐之谓也。三曰黄门鼓吹，天子宴群臣之所用，则诗所谓坎坎鼓我，蹲蹲舞我者也。汉有《殿中御饭食举》七曲，《太乐食举》十三曲。魏有雅乐四曲，皆取周诗《鹿鸣》，晋荀勖以《鹿鸣》燕嘉宾，无取于朝，乃除《鹿鸣》旧歌，更作《行礼诗》四篇，先陈三朝朝宗之义，又为《王公上寿酒食举》乐歌诗十二篇。司律陈颀以为三元肇发，群后奉璧，趋步拜起，莫非行礼，岂容别设一乐，谓之行礼？荀讯《鹿鸣》之失，似悟昔缪，还制四篇，复袭前轨，亦未为得也。终宋齐以来，相承用之。梁陈三朝乐有四十九等，其曲有《相和五引》及《俊雅》等七曲。后魏道武初，正月上日，飨群臣，备列宫县正乐；奏燕赵秦吴之音，五方殊俗之曲，四时飨会亦用之。隋炀帝初，诏秘书省学士定殿前乐，工歌十四曲，终大业之世，每举用焉。其后又因高祖七部乐，乃定以为九部。唐武德初，宴享承隋旧制，用九部乐。贞观中，张文收造宴乐，于是分为十部。后更分宴乐为立坐二部。天宝以后，宴乐西凉龟兹部著录者二百余曲，而清乐天竺诸部不在焉。（燕射歌辞）

鼓吹曲，一曰短箫铙歌。刘瓛定《军礼》云：鼓吹，未知其始也，汉班壹雄朔野而有之矣，鸣笳以和箫声，非八音也。骚人曰鸣篪吹竽是也。蔡邕《礼乐志》曰：汉乐四品，其四曰短箫铙歌,军乐也。黄帝、岐伯所作,以建威扬德,风敌劝士也。《周礼·大司乐》曰:王师大献,则令奏恺乐。《大司马》曰:师有功,则《恺乐》献于社。郑康成云:兵乐曰恺,献功之乐也。《宋书·乐志》曰:雍门周说孟尝君鼓吹于不测之渊。说者云,鼓自一物,吹自竽籁之属,非箫鼓合奏,别为一乐之名也。然则短箫铙歌此时未名鼓吹矣。应劭《汉卤簿图》唯有骑执箛。箛即笳,不云鼓吹。而汉世有黄门鼓吹。汉《享宴食举乐》十三曲,与魏世鼓吹长箫同。长箫短箫,《伎录》并云丝竹合作,执节者歌。又《建初录》云:《务成》、《黄爵》、《玄云》、《远期》,皆骑吹曲,非鼓吹曲。此则列于殿庭者名鼓吹,今之从行鼓吹为骑吹,二曲异也。又孙权观魏武军,作鼓吹曲而还,此应是今之鼓吹。魏晋世又假诸将帅及牙门曲,盖鼓吹,斯则其时方谓之鼓吹矣。按《西京杂记》,汉大驾祠甘泉汾阴,备千乘万骑,有黄门前后部鼓吹,则不独列于殿庭者名鼓吹也。汉《远如期》曲辞,有雅乐陈及增寿万年等语,无马上奏乐之意,则《远如期》又非骑吹曲也。《晋中兴书》曰:汉武帝时,南越加置交趾、九真、日南、合浦、南海、郁林、苍梧七郡,皆假鼓吹。《东观汉记》曰:建初中,班超拜长史,假鼓吹麾幢。则短箫铙歌,汉时已名鼓吹,不自魏晋始也。崔豹《古今注》曰:汉乐有黄门鼓吹,天子所以宴乐群臣也。短箫铙歌,鼓吹之一章尔,亦以赐有功诸侯。然则黄门鼓吹、短箫铙歌,与横吹曲得通名鼓吹,但所用异尔。汉有《朱鹭》等二十二曲,列于鼓吹,谓之《铙歌》。及魏受命,使缪袭改其十二曲,而《君马黄》、《雉子班》、《圣人出》、《临高台》、《远如期》、《石留》、《务成》、《玄云》、《黄爵》、《钓竿》十曲并仍旧名。是时吴亦使韦昭改制十二曲，其十曲亦因之。而魏吴歌辞存者唯十二曲，余皆不传。晋武帝受禅，命傅玄制二十二曲，而《玄云》、《钓竿》之名不改旧汉。宋齐并用汉曲，又《充庭》十六曲，梁高祖乃去其四，留其十二，更制新歌，合四时也。北齐二十曲，皆改古名，其《黄爵》、《钓竿》略而不用。后周宣帝革前代鼓吹，制为十五曲，并述功德受命以相代，大抵多言战陈之事。隋制，列鼓吹为四部，唐则又增为五部，部各有曲，唯《羽葆》诸曲，备叙功业，如前代之制，齐武帝时，寿昌殿南阁置白鹭鼓吹二曲，以为宴乐。陈后主常遣宫女习北方箫鼓，谓之《代北》，酒酣则奏之，此又施于燕私矣。（鼓吹曲辞）

横吹曲，其始亦谓之鼓吹，马上奏之，盖军中之乐也。北狄诸国，皆马上作乐，故自汉以来，北狄乐总归鼓吹署。其后分为二部，有箫笳者为鼓吹，用之朝会道路，亦以给赐；汉武帝时，南越七郡皆给鼓吹是也。有鼓角者为横吹，用之军中，马上所奏者是也。按《周礼》云：以鼖鼓鼓军事。旧说云：蚩尤氏帅魑魅与黄帝战于涿鹿，帝乃始命吹角为龙鸣以御之。其后魏武北征乌丸，越沙漠，而军士思归，于是减为半鸣，尤更悲矣。《横吹》有双角，即胡乐也。汉博望侯张骞入西域，传其法于西京，唯得摩诃兜勒一曲，李延年因胡曲更造新声二十八解，乘舆以为武乐，后汉以给边将。和帝时，万人将军得用之。魏晋以来，二十八解不复具存，而世所用者，有《黄鹄》等十曲，其辞后亡。又有《关山月》等八曲，后世之所加也。后魏之世，有《簸逻回歌》，其曲多可汗之辞，皆燕魏之际鲜卑歌辞，虏音不可晓解，盖《大角曲》也。又《古今乐录》有“梁鼓角横吹曲”，多叙慕容垂及姚泓时战阵之事，其曲有《企喻》等歌三十六曲,总六十六曲,未详时用何篇也。自隋以后,始以《横吹》用之卤簿,与《鼓吹》列为四部,总谓之《鼓吹》:一曰㭎鼓部,二曰铙鼓部,三曰大横吹部,四曰小横吹部。唐制,太常鼓吹令掌鼓吹施用调习之节,以备卤簿之仪,而分五部;一曰鼓吹部,二曰羽葆部,三曰铙吹部,四曰大横吹部,五曰小横吹部。(横吹曲辞)

《宋书·乐志》曰:《相和》,汉旧曲也。丝竹更相和,执节者歌。本一部,魏明帝分为二:更递夜宿。本十七曲,朱生、宋识、列和等复合之为十三曲。其后晋荀勖又采旧辞,施用于世,谓之清商三调歌诗,即沈约所谓因管弦金石造歌以被之者也。《唐书·乐志》曰:《平调》、《清调》、《瑟调》,皆周《房中曲》之遗声,汉世谓之三调,又有《楚调》、《侧调》。《楚调》者,汉《房中乐》也。高帝乐楚声,故《房中乐》皆楚声也。《侧调》者,生于《楚调》,与前三调总谓之《相和调》。《晋书·乐志》曰:凡乐章古辞之存者,并汉世街陌讴谣,《江南可采莲》、《乌生十五子》、《白头吟》之属。其后渐被于弦管,即《相和》诸曲是也。魏晋之世,相承用之。永嘉之乱,五都沦覆,中朝旧音,散落江左,后魏孝文、宣武用师淮汉,收其所获南音,谓之清商乐,《相和》诸曲亦皆在焉。所谓清商正声、相和五调伎也。凡诸调歌辞,并以一章为一解。《古今乐录》曰:伧歌以一句为一解。中国以一章为一解。王僧虔启云:古曰章,今曰解。解有多少,当时先诗而后声,诗叙事,声成文,必使志尽于诗,音尽于曲,是以作诗有丰约,制解有多少,犹《诗·君子阳阳》两解、《南山有台》五解之类也。又诸调曲皆有辞有声。而大曲又有艳,有趋,有乱。辞者,其歌诗也。声者,若羊吾夷、伊那何之类也。艳在曲之前,趋与乱在曲之后,亦犹吴声西曲前有和,后有送也。又《大曲》十五曲,沈约并列于瑟调,又别叙《大曲》于其后,唯《满歌行》一曲,诸调不载,故附见于《大曲》之下。其曲调先后,亦准《技录》为次云。(相和歌辞)

清商乐,一曰清乐。清乐者,九代之遗声,其始即相和三调是也。并汉魏以来旧曲。其辞皆古调及魏三祖所作。自晋朝播迁,其音分散。苻坚灭凉得之,传于前后二秦。及宋武定关中,因而入南,不复存于内地。自是已后,南朝文物,号为最盛,民俗国谣,亦世有新声,故王僧虔论三调歌曰:今之清商,实由铜雀,魏氏三祖,风流可怀,京洛相高,江左弥重,而情变听改,稍复零落,十数年间,亡者将半,所以追余操而长怀,抚遗器而太息者矣。后魏孝文讨淮汉,宣武定寿春,收其声伎,得江左所传中原旧曲,《明君》、《圣主》、《公莫》、《白鸠》之属,及江南吴歌,荆楚西声,总谓之清商乐。至于殿庭飨宴,则兼奏之。遭陈梁亡乱,存者盖寡。及隋平陈得之,文帝善其节奏,曰:此华夏正声也。乃微更损益,去其哀怨,考而补之,以新定律吕,更造乐器,因于太常置清商署以管之,谓之清乐。开皇初,始置七部乐,清商伎其一也。大业中,炀帝乃定清乐西凉等为九部,而清乐歌曲有《杨伴》,舞曲有《明君》、《并契》,乐器有钟、磬、琴、瑟、击琴、琵琶、箜篌、筑、筝、节鼓、笙、笛、箫、篪、埙等十五种,为一部。唐又增吹叶而无埙。隋室丧乱,日益沦缺,唐贞观中,用十部乐,清乐亦在焉。至武后时,犹有六十三曲,其后四十四曲存焉。

长安以后，朝廷不重古曲，工伎寖缺，能合于管弦者，惟《明君》、《杨伴》、《晓壶》、《春歌》、《秋歌》、《白雪》、《堂堂》、《春江花月夜》等八曲，自是乐章讹失，与吴音转远。开元中，刘贶以为宜取吴人使之传习，以问歌工李郎子。郎子北人，学于江都人俞才生，时声调已失，唯《雅歌》曲辞，辞典而音雅。后郎子亡去，清乐之歌遂阙。自周隋已来，管弦雅曲，将数百曲，多用西凉乐，鼓舞曲多用龟兹乐，唯琴工犹传楚汉旧声，及清调蔡邕五弄，楚调四弄，谓之九弄，雅声独存。（清商曲辞）

《通典》曰：乐之在耳者曰声，在目者曰容，声应乎耳，可以听知，容藏于心，难以貌观，故圣人假干戚羽旄以表其容，发扬蹈厉以见其意，声容选和，而后大乐备矣。《诗序》曰：咏歌之不足，不知手之舞之，足之蹈之。然乐心内发，感物而动，不觉手之自运，欢之至也，此舞之所由起也。舞亦谓之万。《礼记外传》曰：武王以万人同灭商，故谓舞为万。《商颂》曰"万舞有奕"，则殷已谓之万矣。《鲁颂》曰"万舞洋洋"，《卫诗》曰"公庭万舞"，然则万亦舞之名也。《春秋·鲁隐公五年》："考仲子之宫，将万焉。"因问羽数于众仲。众仲对曰：天子用八，诸侯六，大夫四，士二，舞所以节八音而行八风，故自八而下。于是初献六羽，始用六佾也。杜预以为六六三十六人。而沈约非之，曰：八音克谐，然后成乐，故必以八人为列，自天子至士，降杀以两，两者，减其二列尔。预以为一列又减二人，至士止余四人，岂复成乐？服虔谓：天子八八，诸侯六八，大夫四八，士二八，于义为允也。周有六舞：一曰帗舞，二曰羽舞，三曰皇舞，四曰旄舞，五曰干舞，六曰人舞。帗舞者，析五彩缯，若汉灵星舞子所持是也。羽舞者,析羽也。皇舞者,杂五彩羽如凤凰色,持以舞也。旄舞者,氂牛之尾也。干舞者,兵舞,持盾而舞也。人舞者,无所执,以手袖为威仪也。《周官》:舞师掌教兵舞,帅而舞山川之祭祀;教帗舞,帅而舞社稷之祭祀;教羽舞,帅而舞四方之祭祀;教皇舞,帅而舞旱暵之事。乐师亦掌教国子小舞。自汉以后,乐舞寖盛,故有雅舞,有杂舞。雅舞用之郊庙朝飨,杂舞用之宴会。晋傅玄又有十余小曲,名为舞曲。故《南齐书》载其辞云:获罪于天,北徙朔方,坟墓谁扫,超若流光。疑非宴乐之辞,未详其所用也。前世乐饮,酒酣必自起舞,《诗》云"屡舞僊僊"是也。故知宴乐必舞,但不宜屡尔,讥在屡舞,不讥舞也。汉武帝乐饮,长沙定王起舞,是也。自是以后,尤重以舞相属,所属者代起舞,犹世饮酒以杯相属也。灌夫起舞以属田蚡,晋谢安舞以属桓嗣,是也。近世以来,此风绝矣。(舞曲歌辞)

琴者,先王所以修身理性禁邪防淫者也,是故君子无故不去其身。《唐书·乐志》曰:琴,禁也,夏至之音,阴气初动,禁物之淫心也。《世本》曰:琴,神农所造。《广雅》曰:伏羲造琴,长七尺二寸而有五弦。扬雄《琴清英》曰:舜弹五弦之琴,而天下化。《琴操》曰:琴长三尺六寸六分,象三百六十日;广六寸,象六合也。其上曰池,池,水也,言其平;下曰滨,滨,宾也,言其服也。前广后狭,尊卑象也。上圆下方,法天地也。五弦,象五行也。文王武王加二弦,以合君臣之恩。《古今乐录》曰:今称二弦为文武弦是也。应劭《风俗通》曰:七弦,法七星也。《三礼图》曰:琴第一弦为宫,次弦为商,次为角,次为羽,次为徵,次为少宫,次为少商。桓谭《新论》曰:今琴四尺五寸,法四时五行也。崔豹《古今注》曰：蔡邕益琴为九弦，二弦大，次三弦小，次四弦尤小。梁元帝《纂要》曰：古琴名有清角，黄帝之琴也。鸣鹿、循况、滥胁、号钟、自鸣、空中，皆齐桓公琴也。绕梁，楚庄王琴也。绿绮，司马相如琴也。焦尾，蔡邕琴也。凤凰，赵飞燕琴也。自伏羲制作之后，有瓠巴、师文、师襄、成连、伯牙、方子春、锺子期皆善鼓琴，而其曲有畅、有操、有引、有弄。《琴论》曰：和乐而作，命之曰畅，言达则兼济天下，而美畅其道也。忧愁而作，命之曰操，言穷则独善其身，而不失其操也。引者，进德修业，申达之名也。弄者，情性和畅，宽泰之名也。其后西汉时有庆安世者，为成帝侍郎，善为《双凤离鸾》之曲，齐人刘道疆能作《单凫寡鹤》之弄，赵飞燕亦善为《归风送远》之操，皆妙绝当时，见称后世。若夫心意感发，声调谐应，大弦宽和而温，小弦清廉而不乱，攫之深，醳之愉，斯为尽善矣。古琴曲有五曲、九引、十二操。五曲：一曰《鹿鸣》，二曰《伐檀》，三曰《驺虞》，四曰《鹊巢》，五曰《白驹》。九引：一曰《烈女引》，二曰《伯妃引》，三曰《贞女引》，四曰《思归引》，五曰《霹雳引》，六曰《走马引》，七曰《箜篌引》，八曰《琴引》，九曰《楚引》。十二操：一曰《将归操》，二曰《猗兰操》，三曰《龟山操》，四曰《越裳操》，五曰《拘幽操》，六曰《岐山操》，七曰《履霜操》，八曰《朝飞操》，九曰《别鹤操》，十曰《残形操》，十一曰《水仙操》，十二曰《襄陵操》。自是以后，作者相继，而其义与其所起略可考而知，故不复备论。《乐府解题》曰：《琴操》纪事，好与本传相违，存之者，以广异闻也。（琴曲歌辞）

《宋书·乐志》曰：古者天子听政，使公卿大夫献诗，耆艾修之，而后五斟酌焉，然后被于声，于是有采诗之官。周室下衰，官失其职。汉魏之世，歌咏杂兴，而诗之流乃有八名：曰行，曰引，曰歌，曰谣，曰吟，曰咏，曰怨，曰叹，皆诗人六义之余也。至其协声律，播金石，而总谓之曲。若夫均奏之高下，音节之缓急，文辞之多少，则系乎作者才思之浅深，与其风俗之薄厚。当是时，如司马相如、曹植之徒，所为文章，深厚尔雅，犹有古之遗风焉。自晋迁江左，下逮隋唐，德泽寖微，风化不竞，去圣逾远，繁音日滋，艳曲兴于南朝，胡音生于北俗，哀淫靡曼之辞，迭作并起，流而忘返，以至陵夷。原其所由，盖不能制雅乐以相变，大抵多溺于郑卫，由是新声炽而雅音废矣。昔晋平公说新声，而师旷知公室之将卑；李延年善为新声变曲，而闻者莫不感动；其后元帝自度曲被声歌，而汉业遂衰；曹妙达等改易新声，而隋文不能救。呜呼，新声之感人如此，是以为世所贵。虽沿情之作，或出一时，而声辞浅迫，少复近古。故萧齐之将亡也，有《伴侣》；高齐之将亡也，有《无愁》；陈之将亡也，有《玉树后庭花》；隋之将亡也，有《泛龙舟》。所谓烦手淫声，争新怨衰，此又新声之弊也。杂曲者，历代有之，或心志之所存，或情思之所感，或宴游欢乐之所发，或忧愁愤怨之所兴，或叙离别悲伤之怀，或言征战行役之苦，或缘于佛老，或出自夷虏，兼收备载，故总谓之杂曲。自秦汉以来，数千百岁，文人才士，作者非一。干戈之后，丧乱之余，亡失既多，声辞不具，故有名存义亡，不见所起。而有古辞可考者，则若《伤歌行》、《生别离》、《长相思》、《枣下何纂纂》之类是也。复有不见古辞，而后人继有拟述，可以概见其义者，则若《出自蓟北门》、《结客少年场》、《秦女卷衣》、《半渡溪》、《空城雀》、《齐讴》、《吴趋》、《会吟》、《悲哉》之类是也。又如汉阮瑀之《驾出北郭门》，曹植之《惟汉》、《苦思》、《欲游南山》、《事君》、《车已驾》、《桂之树》等行，《盘石》、《驱车》、《浮萍》、《种葛》、《吁嗟》、《鰕䱇》等篇，傅玄之《云中白子高》、《前有一樽酒》、《鸿雁生塞北行》、《昔思君》、《飞尘》、《车遥遥》篇，陆机之《置酒》，谢惠连之《晨风》，鲍照之《鸿雁》，如此之类，其名甚多。或因意命题，或学古叙事，其辞具在，故不复备论。（杂曲歌辞）

荀子曰：久则论略，近则论详。言世近而易知也。两汉声诗著于史者，唯《郊祀》、《安世》之歌而已。班固以巡狩福应之事，不序郊庙，故余皆弗论。由是汉之杂曲，所见者少，而《相和铙歌》，或至不可晓解，非无传也，久故也。魏晋以后，讫于梁陈，虽略可考，犹不若隋唐之为详，非独传者加多也，近故也。近代曲者，亦杂曲也，以其出于隋唐之世，故曰近代曲也。隋自开皇初，文帝置七部乐：一曰西凉伎，二曰清商伎，三曰高丽伎，四曰天竺伎，五曰安国伎，六曰龟兹伎，七曰文康伎；至大业中，炀帝乃立清乐，西凉、龟兹、天竺、康国、疏勒、安国、高丽、礼毕，以为九部。乐器工衣，于是大备。唐武德初，因隋旧制，用九部乐。太宗增高昌乐，又造宴乐，而去礼毕曲，其著令者十部：一曰宴乐，二曰清商，三曰西凉，四曰天竺，五曰高丽，六曰龟兹，七曰安国，八曰疏勒，九曰高昌，十曰康国，而总谓之燕乐。声辞繁杂，不可胜纪。凡燕乐诸曲，始于武德贞观，盛于开元天宝。其著录者十四调，二百二十二曲。又有梨园，别教院法，歌乐十一曲，云韶乐二十曲，肃代以降，亦有因造，僖昭之乱，典章亡缺，其所存者，概可见矣。（近代曲辞）

言者，心之声也，歌者，声之文也，情动于中，而形于言，言之不足，故嗟叹之，嗟叹之不足，故永歌之，歌之为言也，长言之也。夫欲上如抗,下如坠,曲如折,止如槁木,倨中矩,句中钩,累累乎连如贯珠,此歌之善也。《宋书·乐志》曰:黄帝、帝尧之世,王化下洽,民乐无事,故因击壤之欢,庆云之瑞,民因以作歌。其后风衰雅缺,而妖淫靡曼之去起。周衰,有秦青者善讴,而薛谈学讴于秦青,未穷青之伎而辞归。青饯之于郊,乃抚节悲歌,声震林木,响遏行云,薛谈遂留不去,以卒其业。又有韩娥者,东之齐,至雍门,匮粮,乃鬻歌假食,既去,余响绕梁,三日不绝,左右谓其人不去也。过逆旅,人辱之,韩娥因曼声哀哭,一里老幼悲悉,垂涕相对,三日不食,遽追之,韩娥还,复为曼声长歌,一里老幼喜跃抃舞,不能自禁,忘向之悲也,乃厚赠遣之。故雍门之人善歌哭,效韩娥之遗声。卫人王豹处淇川,善讴,河西之民皆化之。齐人绵驹处高唐,善歌,齐之右地亦传其业。前汉有鲁人虞公者,善歌,能令梁上尘起。若斯之类,并徒歌也。《尔雅》曰:徒歌谓之谣。《广雅》曰:声比于琴瑟曰歌。《韩诗章句》曰:有章曲曰歌,无章曲曰谣。梁元帝《纂要》曰:齐歌曰讴,吴歌曰歈,楚歌曰绝,淫歌曰哇,振旅而歌曰凯歌,堂上奏乐而歌曰登歌,亦曰升歌。故歌曲有《阳陵》、《白露》、《朝日》、《鱼丽》、《白水》、《白雪》、《江南》、《阳春》、《淮南》、《驾辩》、《渌水》、《阳阿》、《采菱》、《下里》、《巴人》,又有《长歌》、《短歌》、《雅歌》、《缓歌》、《浩歌》、《放歌》、《怨歌》、《劳歌》等行。汉世有《相和歌》,本出于街陌讴谣,而吴歌杂曲,始亦徒歌。复有《但歌》四曲,亦出自汉世,无弦节作伎,最先一人唱,三人和,魏武帝尤好之。时有宋容华者,清彻好声,善唱此曲,当时特妙。自晋以后不复传,遂绝。凡歌有因地而作者,京兆邯郸歌之类是也。有因人而作者,孺子才人歌之类是也。有伤时而作者，微子《麦秀歌》之类是也。有寓意而作者，张衡《同声歌》之类是也。宁戚以困而歌，项籍以穷而歌，屈原以愁而歌，卞和以怨而歌，虽所遇不同，至于发乎其情则一也。历世以来，歌谣杂出，今并采录，且以谣谶系其末云。（杂歌谣辞）

乐府之名，起于汉魏，自孝惠帝时夏侯宽为乐府令，始以名官。至武帝乃立乐府，采诗夜诵，有赵代秦楚之讴。则采歌谣被声乐，其来盖亦远矣。凡乐府歌辞，有因声而作歌者，若魏之三调歌诗，因弦管金石造歌以被之是也。有因歌而造声者，若《清商》、《吴声》诸曲，始皆徒歌，既而被之弦管是也。有有声有辞者，若《郊庙》、《相和》、《铙歌》、《横吹》等曲是也。有有辞无声者，若后人之所述作，未必尽被于金石是也。新乐府者，皆唐世之新歌也。以其辞实乐府，而未尝被于声，故曰新乐府也。元微之病后人沿袭古题，唱和重复，谓不如寓意古题，刺美见事，犹有诗人引古以讽之义。近代唯杜甫《悲陈陶》、《哀江头》、《兵车》、《丽人》等歌行，率皆即事名篇，无复倚傍，乃与白乐天李公垂辈谓是为当，遂不复更拟古题。因刘猛李余赋乐府诗，咸有新意，乃作《出门》等行十余篇。其有虽用古题，全无古义，则《出门行》不言离别，《将进酒》特书列女。其或颇同古义，全创新词，则《田家》止述军输，《捉捕》请先蝼蚁，如此之类，皆名乐府。由是观之，自风雅之作以至于今，莫非讽兴当时之事，以贻后世之审音者，傥采歌谣以被声乐，则新乐府其庶几焉。（新乐府辞）

诠赋第八

自淮南作《离骚传》以来，论赋之言，略可见者数家。宣帝好《楚辞》，征被公，召见诵读。帝又云：辞赋大者与古诗同义，小者辩丽可喜，辟如女工有绮縠，音乐有郑卫，今世俗犹以此虞说耳目。辞赋比之，尚有仁义风谕、鸟兽草木多闻之观，贤于倡优博弈远矣。此赞扬辞赋之词最先者。其后刘向、《艺文志》所载诗赋类论语。扬雄、《法言》所载凡数条。桓谭、《新论》有《道赋》篇，其他篇载扬子云论赋语数则。班固、《两都赋序》。王充、《论衡》所载。魏文帝、《典论·论文》。陆机、《文赋》。皇甫谧、《三都赋序》。挚虞，《文章流别》。皆有论赋之词，而以虞所论为最明畅综切，可以与舍人之说互证。其言曰：赋者，敷陈之称，古诗之流也。前世为赋者，有孙卿、屈原，尚颇有古诗之义，至宋玉，则多淫浮之病矣。谓《高唐》、《神女》、《登徒子好色》。《楚辞》之赋，赋之善者也，故扬子称赋莫深于《离骚》；贾谊之作，则屈原俦也。又曰：古之作诗者，发乎情，止乎礼义，情之发，因辞以形之，礼义之旨，须事以明之，故有赋焉，所以假象尽辞，敷陈其志。古诗之赋，以情义为主，以事类为佐；今之赋，以事形为主，以义正为助。情义为主，则言省而文有例矣，事形为本，则言当而辞无常矣。文之烦省，辞之险易，盖由于此。夫假象过大，则与类相远；逸辞过壮，则与事相违；辩言过理，则与义相失；丽靡过美，则与情相悖。此四过者，所以背大体而害政教。是以司马迁割相如之浮说，扬雄疾辞人之赋丽以淫。观彦和此篇，亦以丽词雅义，符采相胜，风归丽则，辞翦美稗为要，盖与仲治同其意旨。然自魏晋以降，赋体渐趋整练，而齐梁益之以妍华，江鲍徐庾之作，盖已不逮古处。自唐迄宋，以赋取士，创为律赋，用便程式，命题贵巧，选韵贵险，其规矩则有破题颔接之称，其精采限于声律对仗之内，故或谓赋至唐而遂绝，由其体尽变，非复古义也。今之作者，亦惟取法挚刘之言，以合六义之旨斯可矣。

论赋原流，以本师所说为核；评古之作者，以张皋文氏之言为精。兹并录之。

《七略》次赋为四家：一曰《屈原赋》，二曰《陆贾赋》，三曰《孙卿赋》，四曰《杂赋》。屈原言情，孙卿效物，《陆贾赋》不可见，其属有朱建、严助、朱买臣诸家，盖纵横之变也。**扬雄赋本拟相如，《七略》相如与屈原同次，班生以扬雄赋隶陆贾下，盖误也。**然言赋者多本屈原。汉世自贾生《惜誓》上接《楚辞》，《鹏鸟》亦方物《卜居》。而相如《大人赋》，自《远游》流变。枚乘又以《大招》《招魂》散为《七发》。其后汉武帝悼李夫人，班婕妤自悼，外及淮南、东方朔、刘向之伦，未有出屈宋唐景外者也。孙卿五赋，写物效情，《蚕箴》诸篇，与屈原《橘颂》异状。其后《鹦鹉》、《焦鹩》，时有方物，及宋世《雪》、《月》、《舞鹤》、《赭白马》诸赋放焉。《洞箫》、《长笛》、《琴笙》之属，宜法孙卿，其辞义咸不类。徐幹有《玄猿》、《漏卮》、《圆扇》、《橘赋》诸篇，杂书征引，时见一端，然勿能得全赋，大抵孙卿之体微矣。陆贾不可得从迹。虽然，纵横者赋之本。古者诵诗三百，足以专对，七国之际，行人胥附，折冲于尊俎间，其说恢张谲宇，䌷绎无穷，解散赋体，易人心志。鱼豢称鲁连、邹阳之徒，援譬引类，以解缔结，诚文辩之隽也。武帝以后，宗室削弱，藩臣无邦交之礼，纵横既黜，然后退为赋家，时有解散。故用之符命，即有《封禅》、《典引》；用之自述，而《答客》、《解嘲》兴，文辞之繁，赋之末流尔也。杂赋有《隐书》者，传曰，谈言微中，亦可以解纷，与纵横稍出入。淳于髡《谏长夜饮》一篇，纯为赋体，优孟诸家顾少耳。东方朔与郭舍人为隐，依以谲谏，世传《灵棋经》诚伪书，然其后渐流为占繇矣。管辂郭璞为人占皆有韵，斯亦赋之流也。自屈宋以至鲍谢，赋道既极，至于江淹、沈约，稍近凡俗。庾信之作，去古逾远。世多慕《小园》、《哀江南》辈，若以上拟《登楼》、《闲居》、《秋兴》、《芜城》之侪，其靡已甚。赋之亡盖先于诗，继隋而后，李白赋《明堂》，杜甫赋《三大礼》，诚欲为扬雄台隶，犹几弗及，世无作者，二家亦足以殿。自是赋遂泯绝。近世徒有张惠言，区区修补，黄山诸赋虽未至，庶几李杜之伦，承千年之绝业，欲以一朝复之，固难能也。然自诗赋道分，汉世为赋者多无诗，自枚乘外，贾谊、相如、扬雄诸公不见乐府五言，其道与故训相俪，故小学亡而赋不作。(《国故论衡·辨诗》篇一节)

凡赋七十家，二百六篇，通人硕士先代所传奇辞奥旨备于此矣；其离章断句，阙佚不属者，与其文不称词者，皆不与是。论曰：赋乌乎统？曰：统乎志。志乌乎归？曰：归乎正。夫民有感于心，有慨于事，有达于性，有郁于情，故有不得已者而假于言。言，象也，象必有所寓，其在物之变化，天之漻漻，地之嚣嚣，日出月入，一幽一昭，山川之崔蜀杳伏，畏佳林木，振硪溪谷，风云雾霿，霆震寒暑，雨则为雪，霜则为露，生杀之代新而嬗故，鸟兽与鱼，草木之华，虫走蝗趋，陵变谷易，震动薄蚀，人事老少，生死倾植，礼乐战斗，号令之纪，悲愁劳苦，忠臣孝子，羁士寡妇，愉佚愕骇，有动于中，久而不去，然后形而为言，于是错综其辞，回牾其理，铿锵其音，以求理其志。其在六经则为《诗》，《诗》之义六：曰风、曰赋、曰比、曰兴、曰雅、曰颂。六者之体，主于一而用其五，故风有雅颂焉，《七月》是也；雅有颂焉，有风焉，《烝民》、《崧高》是也。周泽衰，礼乐缺，《诗》终三百，文学之统熄，古圣人之美言，规矩之奥趣，郁而不发，则有赵人荀卿，楚人屈原，引词表旨，譬物连类，述三五之道以讯切当世，振尘滓之泽，发方香之鬯，不谋同偁，并名为赋。故知赋者，诗之体也。其后藻丽之士，祖述宪章，厥制益繁，然其能之者为之，愉畅输写，尽其物，和其志，变而不失其宗；其淫宕佚放者为之，则流遁忘反，坏乱而不可纪，谲而不觚，尽而不觳，肆而不衍。此物而不丑，其志洁，其物芳，其道杳冥而有常，此屈平之为也，与风雅为节，涣乎若翔风之运轻赧，洒乎若元泉之出乎蓬莱而注渤澥。及其徒宋玉景差为之，其质也华，然其文也纵而后反，虽然，其与物椎拍宛转，泠汰其义，毂锞于物，芴芴乎古之徒也。刚志决理，輐断以为纪，内而不污，表而不著，则荀卿之为也，其原出乎《礼经》，朴而饰，不断而节。及孔臧、司马迁为之，章约句制，奡不可理，其辞深而旨文，确乎其不颇者也。其趣不两，其于物无孱，若枝叶之附其根本，则贾谊之为也，其原出于屈平，断以正谊，不由其曼，其气则引。费而不可执，循有枢，执有庐，颉滑而不可居，开决宧窔，而与万物都，其终也芴莫，而明神为之橐，则司马相如之为也，其原出于宋玉，扬雄恢之，胁入窍出，缘督以及节，其超轶绝尘而莫之控也，其波骇石畀而没乎其无垠也，张衡盱盱，块若有余，上与造物为友，而下不遗埃壗，虽然，其神也充，其精也苶，及王延寿、张融为之，杰格拮掭，钩孑菆牾，而俶佹可睹，其于宗也无蜕也。平敞通洞，博厚而中，大而无瓠，孙而无弧，指事类情，必偶其徒，则班固之为也，其原出于相如，而要之使夷，昌之使明，及左思为之，博而不沈，赡而不华，连犿焉而不可止。言无端厓，傲倪以为质，以天下为郛郭，入其中者，眩震而谬悠之，则阮籍之为也，其原出于庄周，虽然，其辞也悲，其韵也迫，而忧患之辞也。涂泽律切，荂蘛纷悦，则曹植之为也，其端自宋玉，而柝其角，摧其牙，离其本而抑其末，浮华之学者相与尸之，率以变古，曹植则可谓才士矣。搰搰乎改绳墨，易规矩，则佞之徒也，不搰于同，不独于异，其来也首首，其往也曳曳，动静与适，而不为固植，则陆机、潘岳之为也，其原出于张衡、曹植，矫矫乎振时之儁也，以情为里，以物为襮，鑱雕风云，琢削支鄂，其怀永而不可忘也。坌乎其气，煊乎其华，则谢庄、鲍照之为也，江淹为最贤，其原出于屈平《九歌》，其掩抑沈怨，泠泠轻轻，其纵脱浮宕而归大常，鲍照、江淹，其体则非也，其意则是也。逐物而不反，骀荡而驳舛，俗者之囿而古是抗，其言滑滑而不背于涂奥，则庾信之为也，其规步矱骤，则扬雄、班固之所引衔而控辔，惜乎拘于时而不能骋，然而其志达，其思哀，其体之变则穷矣，后之作者，概乎其未之或闻也。（《七十家赋钞序》）

铺采摛文二句　李云：《诗·关雎》正义云：赋者，铺陈今之政教善恶，其言通正变，兼美刺。又云：直陈其事不譬喻者皆赋辞。按彦和铺采二语，特指辞人之赋而言，非六义之本原也。

传云三句　李云：此《毛诗·定之方中》传文。《毛传》登作升。《传》言九能，能赋居第五。

结言𥍯韵　𥍯即短之讹别字。《逢盛碑》：命有悠𥍯。悠𥍯即修短也。《广韵》上声二十四：缓、短，都管切。𥍯同上。（焯案：唐人残写本𥍯正作短。）

荀况礼智　《荀子》赋篇所载六首，《礼》、《知》、《云》、《蚕》、《箴》及篇末《佹诗》是也。兹录《礼》、《知》二篇于左：

爰有大物，非丝非帛，文理成章；非日非月，为天下明。生者以寿，死者以葬；城郭以固，三军以强；粹而王，驳而伯，无一焉而亡。臣愚不识，敢请之王。案此即彦和所云荀结隐语。下《知赋》同。王曰：此夫文而不采者与？简然易知，而致有理者与？君子所敬，而小人所不者欤？性不得，则若禽兽，性得之，则甚雅似者与？匹夫隆之，则为圣人，诸侯隆之，则一四海者与？致明而约，甚顺而体。请归之礼。　礼。此一字题目上文，古书题多在文后，如《礼记·乐记》篇子贡问乐即其例。（荀卿《礼赋》）

皇天隆物，以示下民。或厚或薄，常不齐均。桀纣以乱，汤武以贤。涽涽淑淑，皇皇穆穆；周流四海，曾不崇日。君子以修，跖以穿室。大参乎天，精微而无形；行义以正，事业以成；可以禁暴足穷，百姓待之而后宁泰。杨注云：当为泰宁。臣愚不识，愿问其名。曰：此夫安宽平而危险隘者邪？修洁之为亲而杂污之为狄者邪？狄读为逖。甚深藏而外胜敌者邪，法舜禹而能弇迹者邪？行为动静待之而后适者邪？血气之精也，志意之荣也，百姓待之而后宁也，天下待之而后平也，明达纯粹而

无疵也，夫是之谓君子之知。　知。（荀卿《知赋》）

宋玉风钓　**宋赋自《楚辞》《文选》所载外，有《讽》、《笛》、《钓》、《大言》、《小言》、《舞》六篇，皆出《古文苑》。张皋文氏以为皆五代、宋人聚敛假托为之。今录《钓赋》一篇于左。**

宋玉与登徒子偕受钓于玄洲。**张皋文云：篇内洲字皆当作渊，按即蜎渊，亦即蜎蠉也。**止而并见于楚襄王。登徒子曰：夫玄洲，天下之善钓者也，愿王观焉。王曰：其善奈何？登徒子对曰：夫玄洲钓也，以三寻之竿，八丝之线，饵若蛆螾，钩如细针，以出三赤之鱼于数仞之水中，岂可谓无术乎，夫玄洲芳水饵，挂缴钩，其意不可得，退而牵行，下触清泥，上则波飏，玄洲因水势而施之，**一作善。**颉之颃之，委纵收敛，与鱼沈浮，及其解弛也，因而获之。襄王曰：善。宋玉进曰：今察玄洲之钓，未可谓能持竿也，又乌足为大王言乎？王曰：子之所谓善钓者何？玉曰：臣所谓善钓者，其竿非竹，其纶非丝，其钩非针，其饵非螾也。王曰：愿遂闻之。宋玉对曰：昔尧舜禹汤之钓也，以贤圣为竿，道德为纶，仁义为钩，禄利为饵，四海为池，万民为鱼。钓道微矣，非圣人其孰能察之？王曰：迅哉说乎，其钓不可见也。宋玉对曰：其钓易见，王不察尔。昔殷汤以七十里，周文以百里，兴利除害，天下归之，其饵可谓芳矣。南面而掌天下，历载数百，到今不废，其纶可谓纫矣。群生浸其泽，民氓畏其罚，其钓可谓拘矣。**拘一作善。案当为竭。**功成而不隳，名立而不改，其竿可谓强矣。若夫竿折纶绝，饵坠钩决，波涌鱼失，是则夏桀商纣不通夫钓术也。今察玄洲之钓也，左挟鱼罶，右执槁竿，立乎潢污之涯，倚乎杨柳之间，精不离乎鱼喙，思不出乎鲋鳊，形容枯槁，神色憔悴，乐不役勤，役，张惠言改为复。获不当费，斯乃水滨之役夫也已，君王又何称焉？王若见张改建。尧舜之洪竿，摅张改摅。汤禹之修纶，投之于渎，眎之于海，漫漫群生，孰非吾有？其为大王之钓，不亦乐乎？（宋玉《钓赋》）

陆贾扣其端 贾赋今无可见。

皋翔已下，品物毕图 皋赋今无可见。《汉书·枚皋传》曰：皋为文疾，受诏辄成，故所作者多。枚皋赋百二十篇。见《艺文志》。司马相如善为文而迟，故所作少而善于皋。

草区 草木赋《文选》无载者，兹录魏文帝《柳赋》《西京杂记》载枚乘《柳赋》一篇，恐非真作。以示例。

昔建安五年，上与袁绍战于官渡，时余从行，始植斯柳，自彼迄今，十五载矣，感物伤怀，乃作斯赋，曰：

伊中域之伟木兮，瑰姿妙其可珍；禀灵祇之笃施兮，与造化乎相因。四气迈而代运兮，去冬节而涉春；彼庶卉之未动兮，固肇萌而先辰。盛德迁而南移兮，星鸟正而司分；应隆时而繁育兮，扬翠叶之青纯。修干偃蹇以虹指兮，柔条阿那而蛇伸；上扶疏而孛散兮，下交错以龙鳞。在余年之二七，植斯柳于中庭；始围寸而高尺，今连拱而九成。嗟日月之逝迈，忽亹亹以遄征；昔周游而处此，今倏忽而弗形；感遗物而怀故，俯怅惘以伤情。于是曜灵次乎鹑首兮，景风扇而增暖；丰宏阴而博覆兮，躬恺悌而弗倦；四马望而倾盖兮，行旅仰而回睠。秉至德而不伐兮，岂简卑而择贱；会精灵而寄生兮，保休体之丰衍；惟尺断而能植兮，信永贞而可羡。**此赋王粲亦同作，而文不全。**（魏文帝《柳赋》并序）

枚乘兔园 《古文苑》载有此文，错脱不可理。今就其所知，校释如左：

修竹檀栾（均） 夹池水（句） 旋菟园（均） 旋，回旋之旋。并驰道（句） 并，步浪切。临广衍（均） 长冗坂（均） 长冗二字有误。〔故〕即坂字形近讹。径一作正。〔於〕昆仑（均） 於字疑衍。貇即貌字。观相物〔芴焉〕芴即物字之误。焉涉下字而衍。子兮字之误也。有似乎西山（均） 西山隑隑（均）企立之皃。邮一作邵。焉隗隗（均）即隗字。高皃。巷嶯二字有误。 娄䅺（句） 崟岩峷即纡字加山尔。（嵸）涉上而误。 巍（均） （𩫖）即巍字之误。巍或作岿。归旁俗书或作来。所谓追来为归也。山又讹为巛。焉上有脱。暴熛（句） 激扬尘埃（均） 蛇上有脱文。 龙（句） 奏林薄（句）（竹）疑衍。游风踊焉（句） 秋风扬焉（句） 满庶庶焉（句） 纷纷纭纭（句） 腾踊云乱（均） 枝叶翚散（均） 摩疑当作麾。（来）涉上而形误。 幡幡焉（均） 溪谷沙石（句） 涸波沸日（句） 湲（浸）即湲之误。 疾东流（句） 连焉辚辚（均） 阴发绪此三字有误。菲菲（句） 訚訚讙扰（句） 昆即鹍之省。鸡蝭一作鹈。蛙（均）即鶗鴂也。仓庚密切（句） 别鸟相离（均） 哀鸣其中（均） 若乃附巢蹇鷙二字有误。之傅于列树也（句） 欐欐读与蓰同。若飞雪之重弗丽三字有误。也（句） 西望西山（句） 山鹊野鸠（均） 白鹭鹘桐（均） 盖鹘鸼之误。鹘鹗鸹鵰（均） 翡翠鸲鹆(均)　守盖鸿字之讹。尔雅：鸿，天狗。狗戴胜(句)　巢枝穴藏(句)　被塘临谷(均)　声音相闻(句)　啄读为咮。尾离属(均)　翱翔群熙(均)　交颈接翼(均)　阘而未至(句)　徐飞翋䍿(均)即飒沓。往来霞水(句)　离散而没合(均)　疾疾纷纷(均)　若尘埃之间白云也(均)　予之幽冥(句)　予字有误。究之乎无端(均)　于是晚春早夏(句)　邯郸襄国易阳之容丽人及其燕饰子相子予之讹。读为与。杂遝而往款焉(均)　车马接轸相属(均)　方轮错毂(均)　接服何字有误。骖(句)　披衔迹蹶(均)　自奋增绝(均)　怵惕腾跃(均)　水字有误。　意而未发(均)　因更阴逐心相秩奔一作奋。一作夺。六字有误。隧与坠字同。林临河(句)　怒气未竭(均)　羽盖繇繁字之讹。起(句)　被以红沫　濛濛若雨委雪(均)　高冠扁(均)　即翩之省。焉长剑闲(均)　《文选·宦者传论》注引作闲。盖读为岸。焉　左挟弹焉(均)　右执鞭焉(均)　日移乐衰(句)　游观西园(均)(之芝)二字并涉下衍。芝成宫阙(句)　枝叶荣茂(均)　选择纯熟(句)　挈取含苴(均)读与咀同。　复取其次(均)　顾赐从者(均)　于是从容安步(均)　斗鸡走菟(均)　俯仰钓射(均)　煎熬炮炙(均)　极欢到莫(均)　若乃夫郊采桑之妇人兮　袿裼错纡(均)　连袖方路(均)　摩驰陀之讹。　长髲(句)发之讹。便娟数顾(均)　《文选》谢灵运《会吟行》注引作若采桑之女、连袠方路。磨陀长髻。便娟数顾。　芳温往来(均)　接精之讹。　神(连)即神字讹衍。才结(句)　已诺不分(均)　缥并读为绝。进靖(句)　请之讹。偾读如嚬。笑连便(均)　不可忍视也(均)　于是妇人先称曰(句)　春阳生兮萋萋(均)　不才子兮心哀(均)　见嘉客兮不能归(均)　桑萎蚕饥中人望(句)　奈何(枚乘《梁园菟园赋》)

伟长博通　徐幹赋，《典论》所称《玄猿》、《漏卮》、《圆扇》、《橘赋》四篇，并皆不存，所存赋无一完者。惟《齐都赋》一篇多见征引，劣能窥其体势耳。

彦伯梗概　袁宏赋存者亦无完篇。《晋书·文苑传》曰：宏有逸才，文章绝美，累迁大司马桓温府记室，温重其文笔，专综书记。后为《东征赋》，赋末列称过江诸名德，而独不载桓彝。时伏滔先在温府，又与宏善，苦谏之，宏笑而不答。温知之，甚忿，而惮宏一时文宗，不欲令人显问。后游青山饮归，命宏同载，众为之惧。行数里，问宏云：闻君作《东征赋》，多称先贤，何故不及家君？答曰：尊公称谓，非下官敢专，既未遑启，不敢显之耳。温疑不实，乃曰：君欲为何辞？宏即答云：风鉴散朗，或搜或引，身虽可亡，道不可陨，宣城之节，信义为允也。温泫然而止。宏赋又不及陶侃，侃子胡奴尝于曲室抽刃问宏曰：家公勋迹如此，君赋云何相忽？宏窘急，答曰：我已盛述尊公，何乃言无？因曰：精金百汰，在割能断，功以济时，职思静乱，长沙之勋，为史所赞。胡奴乃止。从桓温北征，作《北征赋》，皆其文之高者。尝与王珣、伏滔同在温坐，温令滔读其《北征赋》，至闻所传于相传，云获麟于此野，诞灵物以瑞德，奚授体于虞者，疚尼父之洞《世说新语·文学》篇注作恸，是也。泣，似实恸而非假，岂一性《世说》注作物。之足伤，乃致伤于天下。其本至此便改韵，珣云：此赋方传千载，无容率尔。今于天下之后，移韵徙事，然于写送之致，似为未尽。滔云：得益写韵一句，或为小胜。温曰：卿思益之。宏应声答曰：感不绝于余心，愬《世说》作泝。流风而独写。珣诵味久之，谓滔曰：当今文章之美，故当共推此生。

组织之品朱紫二句　本司马相如语意。《西京杂记》载相如之词曰:合纂组以成文,列锦绣以为质,一经一纬,一宫一商,此赋之迹也。若赋家之心,控引天地,总览人物,错综古今,此得之于内,不可得而言传。

辞翦美稗 美当作荑。《孟子·告子上》:不如荑稗。荑与蕛通。

颂赞第九

彦和分序文体，自《明诗》以下凡二十篇，韵文之属十又一，《明诗》尽《谐讔》加以《封禅》一首是也。详夫文体多名，难可拘滞，有沿古以为号，有随宜以立称，有因旧名而质与古异，有创新号而实与古同，此唯推迹其本原，诊求其旨趣，然后不为名实玄纽所惑，而收以简驭繁之功。

颂 《周礼》太师注曰：颂之言诵也，容也；诵今之德，广以美之。是颂本兼诵、容二谊。以今考之，诵其本谊，颂为借字，而形容颂美，又缘字后起之谊也。详大司乐以乐语教国子，兴、道、讽、诵、言、语。注曰：倍文曰讽，以声节之曰诵。疏曰：讽是直言无吟咏，诵则非直背文，又为吟咏，以声节之。又瞽矇讽诵诗。注曰：谓暗读之，不依咏也。盖不依咏者，谓虽有声节，而仍不必与琴瑟相应也。然则诵而不依咏，即与歌之依咏者殊，故《左传·襄十四年》云：卫献公使太师歌《巧言》之卒章，师曹请为之，公使歌之，遂诵之。又廿八年《传》云：叔孙穆子食庆封，使工为之诵《茅鸱》。又《毛诗·郑风·子衿》传云：古者教以诗乐，诵之歌之，弦之舞之。据此诸文，是诗不与乐相依，即谓之诵。故《诗·崧高》、《烝民》曰：吉甫作诵。《国语·周语》曰：瞍赋矇颂。《楚语》曰：宴居有师工之诵。《乐师》先郑注云：敕尔瞽，率尔从工，奏尔悲诵。此皆颂字之本谊。及其假借为颂，而旧谊犹时有存。故《太卜》其颂千有二百，卜繇也而谓之诵。籥章歙豳颂，风也而谓之颂。瞽矇讽诵诗，后郑曰：讽诵诗，谓廞作柩谥时也，讽诵王治功之诗以为谥，则诔也而亦谓之颂。《九夏》之章，后郑以为颂之类，则乐曲也而亦可谓之颂。此颂名至广之证也。厥后《周颂》以容告神明为体，《商颂》虽颂德，而非告成功；《鲁颂》则与风同流，而特借美名以示异。是则颂之谊，广之则笼罩成韵之文，狭之则唯取颂美功德。至于后世，二义俱行。属前义者，《原田》、《裘鞸》，屈原《橘颂》，马融《广成》，本非颂美，而亦被颂名。属后义者，则自秦皇刻石以来，皆同其致；其体或先序而后结韵，或通篇全作散语。如王子渊《圣主得贤臣颂》是。又或变其名而实同颂体，则有若赞，彦和云：颂家之细条。有若祭文，彦和云：中代祭文，兼赞言行。有若铭，《左传》论铭云：天子令德，诸侯计功，大夫称伐。又始皇上泰山刻石颂秦德，而彦和《铭箴》篇称之曰铭。有若箴，《国语》云：工诵箴谏。有若诔，彦和云：传体而颂文。有若碑文，彦和云：标序盛德，昭纪鸿懿，此碑之制也。汉人碑文多称颂，如《张迁碑》名表颂，此施于死者。蔡邕《胡公碑》云：树石作颂。《胡夫人灵表》称颂曰：此施于死者。有若封禅，彦和云：颂德铭勋，乃鸿绩耳。其实皆与颂相类似。此则颂名至广，用之者或以为局，颂类至繁，而执名者不知其同然，故不可以不审察也。《文章流别论》云：颂，诗之美者也。古者圣帝明王功成治定而颂声兴，于是史录其篇，工歌其章，以奏于宗庙，告于鬼神，故颂之所美者，圣王之德也，则以为律吕，或以颂声，或以颂形，其细已甚，非古颂之意。昔班固为《安丰戴侯颂》，史岑为《出师颂》、《和熹邓后颂》，与《鲁颂》体意相类，而文辞之异，古今之变也。扬雄《充国颂》，颂而似雅；傅毅《显宗颂》，文与《周颂》相似，而杂以风雅之意。若马融《广成》、《上林》之属，纯为今赋之体，而谓之颂，失之远矣。案仲治论颂，多为彦和所取，然于颂之原流变体有所未尽,故今补述之如上云。

秦政刻文　《史记》载泰山、琅琊台、之罘、东观、碣石、会稽刻石文凡六篇,独不载邹峄山刻石文。案秦刻石文多三句用韵,其后唐元结作《大唐中兴颂》,而三韵辄易,清音渊渊,如出金石,说者以为创体,而不知远效秦文也。

孟坚之序戴侯　文今佚。

武仲之美显宗　并有上颂表,见《文选·责躬诗》注,而文皆佚。

史岑之述熹后　此史岑字孝山,在和帝时,与王莽时谒者史岑字子孝者为二人,见《文选·出师颂》注。《和熹颂》今亦佚。

班傅之北征西巡　班有《窦将军北征颂》、《东巡颂》、《南巡颂》;傅有《窦将军北征颂》、《西征颂》。班之《北征颂》在《古文苑》。

马融之广成上林　《广成颂》见《后汉书》本传。《上林》无可考,黄注谓《上林》疑作《东巡》。案《全后汉文》十八有《东巡颂》佚文,其体颇与《广成》相类。

崔瑗文学　案南阳《文学颂》见《全后汉文》四十五,盖南阳文学官志之颂也。

陈思所缀,以皇子为标　文见《全三国文》十七。

颂惟典雅至**汪洋以树义**　陆士衡《文赋》云:颂优游以彬蔚。李善注云。颂以褒述功美,以辞为上,故优游彬蔚。案彦和此文敷写似赋二句,即彬蔚之说;敬慎如铭二句,即优游之说。

赞　彦和兼举明、助二义,至为赅备。说赞字见经,始于《皋陶谟》。郑君注曰:明也。盖义有未明,赖赞以明之。故孔子赞《易》,而郑君复作《易赞》,由先有《易》而后赞有所施,《书赞》亦同此例。

至班孟坚《汉书赞》，亦由纪传意有未明，作此以彰显之，善恶并施。故赞非赞美之意。《太史书》每纪传世家后称太史公曰，亦同此例。荀悦改名曰论。自是以后，或名序，或名诠，或名评，或名议，或名述，或名奏，要之皆赞体耳。至于历叙纪传用意为韵语，首自太史公《自序》。班孟坚《叙传》则曰述某纪，范氏则又改用赞名。而后史或全不用赞，如《元史》。或其人非善，则亦不赞。如《明史·流贼传》是。此缘以赞为美，故歧误至斯。刘向《列女传》亦颂孽嬖。史赞之外，若夏侯孝若《东方朔画赞》，则赞为画施；陆士龙《荣启期赞》亦同。郭景纯《山海经》、《尔雅图赞》，则赞为图起，此赞有所附者，专以助为义者也。若乃空为赞语以形状事物，则是颂之细条，故亦与颂互称。陆士衡《高祖功臣颂》，与袁彦伯《三国名臣赞》同体。郭景纯《山海经图赞》，与江文通《闽中草木颂》同体。晋左贵嫔有《德柔颂》，又有《德刚赞》，文体如一，而别二名，故知相通。盖始自相如赞荆轲，而其文不传，无以知其结体何若。后之为赞，则大都四言用韵为多，若施之于人事，若戴安道《闲游赞》之属；施之于技艺，若崔子玉《草书势》之属，皆赞之流类矣。赞之精整可法，以范蔚宗《后汉书赞》为最，自云：赞自是吾文之杰思，几无一字虚设。由今观之，自陆袁以降，诚未有美于詹事者也。

伊陟赞于巫咸　《书》序文。

以唱拜为赞　汉代祝文亦称赞飨，见《郊祀志》。

托赞褒贬　谓纪传后《史记》称太史公曰，《汉书》称赞曰之类。

纪传后评　谓太史公《自序》述每篇作意，如云作《五帝本纪》第一之类。《汉书·叙传》亦仿其体，而云述《高祖本纪》第一。诸纪传评皆总萃一篇之中，至范氏《后汉书》始散入各纪传后，而称为赞，其用韵则正马班之体也。

景纯注雅　案景纯《尔雅图赞》，《隋志》已亡，严氏可均辑录得四十八篇。

事生奖叹 案奖叹即托赞褒贬，非必纯为赞美。

促而不广 案四言之赞，大抵不过一韵数言而止，惟东方《画赞》稍长。《三国名臣序赞》及汉书偶一换韵。至崔子玉《草书势》，蔡伯喈《篆势》、《隶势》，则又似赋矣。唐世司空图《二十四诗品》，造语精警，亦赞之美者也。

议对第二十四

周爰谘谋，是谓为议　《说文·言部》：议，语也。论，议也。谋，虑难曰谋。《口部》：谋事曰咨。然则议亦论事之泛称。

鲁桓务议　李详云：《十驾斋养新录》引惠学士士奇云：按文当作鲁僖预议，预与与同，传写讹为务耳。详按《史记·郦生陆贾列传》云：将相调和，则士务附。《集解》徐广曰务一作豫，豫与预通，作务未为不可。侃案惠说是，以通假说之转迂。

始立驳议　《后汉书·胡广传》注引《汉杂事》曰：凡群臣之书通于天子者四品，一曰章，二曰奏，三曰表，四曰驳议。

刘歆之辩于祖宗　文载《汉书·韦贤传》。班彪赞曰：考观诸儒之议，刘歆博而笃矣。

张敏之断轻侮　文见《后汉书·张敏传》：建初中，有人侮辱人父者，而其子杀之，肃宗贯其死刑而降宥之。自后因以为比。是时遂定其议，以为轻侮法。敏驳议曰："夫轻侮之法，先帝一切之恩，不有成科，班之律令也。夫死生之决，宜从上下；犹天之四时，有生有杀。若开相容恕，著为定法者，则是故设奸萌，生长罪隙。孔子曰：民可使由之，不可使知之。《春秋》之义，子不报仇，非子也。而法令不为之减者，以相杀之路不可开故也。今托义者得减，妄杀者有差，使执宪之吏，得设巧诈，非所以导在丑不争之义。又轻侮之比，寖以繁滋，至有四五百科，转相顾望，弥复增甚，难以垂之万载。臣闻师言：救文莫如质。故高帝去烦苛之法，为三章之约。建初诏书有改于古者，可下三公廷尉蠲除其敝。”议寝不省。敏复上疏曰：“臣敏蒙恩，特见拔擢；愚心所不晓，迷意所不解，诚不敢苟随众议。臣伏见孔子垂经典，皋陶造法律，原其本意，皆欲禁民为非也。未晓轻侮之法，将以何禁？必不能使不相轻侮，而更开相杀之路，执宪之吏，复容其奸枉。议者或曰：平法当先论生。臣愚以为天地之性，唯人为贵，杀人者死，三代通制。今欲趣生，反开杀路，一人不死，天下受敝。记曰：利一害百，人去城郭。夫春生秋杀，天道之常；春一物枯即为灾，秋一物华即为异。王者承天地，顺四时，法圣人，从经律。愿陛下留意下民，考寻利害，广令平议，天下幸甚。”和帝从之。

郭躬之议擅诛 事见《后汉书·郭躬传》。永平中，奉车都尉窦固出击匈奴，骑都尉秦彭为副。彭在别屯，而辄以法斩人。固奏彭专擅，请诛之。显宗乃引公卿朝臣平其罪科。躬以明法律召入议。议者皆然固奏。躬独曰：于法，彭得斩之。帝曰：军征，校尉一统于督。彭既无斧钺，可得专杀人乎？躬对曰：一统于督者，谓在部曲也。今彭专军别将，有异于此。兵事呼吸，不容先关督帅；且汉制，棨戟章怀注：有衣之戟曰棨。即为斧钺，于法不合罪。帝从躬议。

程晓之驳校事 文见《魏志·程昱传》：时校事放横。俞正燮《癸巳存稿》七《校事考》曰：魏吴有校事官，似北魏之候官，明之厂卫。《徐邈传》云：邈为尚书郎，私饮，沉醉。校事赵达问以曹事。邈曰：中圣人。达白之太祖。《高柔传》云：宜阳典农刘龟于禁地内射兔，功曹张京诣校事言之，帝匿京名，收龟付狱。《卫臻传》云：殿中监擅收兰台令史。臻言：校事侵官，类皆如此。《高柔传》云：太祖置校事卢洪赵达等，使察群下。柔言：达等擅作威福。太祖曰：要使刺举而办众事，使贤人君子为之，则不能也。其言任人，可云至畅。《常林传》注：《魏略》云：沐並为成皋令，校事刘肇出过县，遣人呼县吏，求索藁谷。未具之间，肇人从入之並阁下，响呼骂詈。並怒，蹹履提刀而出，多从吏卒收肇。肇觉，驱走，具以状闻。有诏，肇为牧司爪牙吏。收並，欲杀之。是黄初中事，其制未革也。晓上疏曰：《周礼》云：设官分职，以为民极。《春秋传》曰：天有十日，人有十等。愚不得临贤，贱不得临贵，于是并建圣哲，树之风声，明试以功，九载考绩，各修厥业，思不出位。故栾书欲拯晋侯，其子不听；死人横于街路，邴吉不问。上不责非职之功，下不务分外之赏，吏无兼统之势，民无二事之役，斯诚为国要道，治乱所由也。远览典志，近观秦汉，虽官民改易，职司不同，至于崇上抑下，显分明例，其致一也。初无校事之官，干与庶政者也。昔武皇帝大业草创，众官未备，而军旅勤苦，民心不安，乃有小罪，不可不察，故置校事，取其一切耳。然检御有方，不至纵恣也。此霸世之权宜，非帝王之正典。其后渐蒙见任，复为疾病，转相因仍，莫正其本，遂令上察宫庙，下摄从司，官无局业，职无分限，随意任情，唯心所适。法造于笔端，不依科诏，狱成于门下，不顾复讯。其选官属，以谨慎为粗疏，以謥詷为贤能；其治事，以刻暴为公严，以循理为怯弱。外则托天威以为声势，内则聚群奸以为腹心，大臣耻与分势，含忍而不言；小人畏其锋芒，郁结而无告。至使尹模公于日下肆其奸慝，罪恶之著，行路皆知，纤恶之过，积年不闻。既非《周礼》设官之意，又非《春秋》十等之义也。今外有公卿将校总统诸署，内有侍中尚书综理万机，司隶校尉督察京辇，御史中丞董摄宫殿，皆高选贤才以充其职，申明科诏以督其违。若此诸贤犹不足任，校事小吏益不可信；若此诸贤各思尽忠，校事区区亦复无益。若更高选国士以为校事，则是中丞司隶重增一官耳。若如旧选，尹模之奸，今复发矣。进退推算，无所用之。昔桑弘羊为汉求利，卜式以为独烹弘羊，天乃可雨。若使政治得失必感天地，臣恐水旱之灾，未必非校事之由也。曹恭公远君子，近小人，《国风》托以为刺；卫献公舍大臣与小臣谋，定姜谓之有罪。纵令校事有益于国，以礼义言之，尚伤大臣之心。况奸回暴露，而复不罢，是衮阙不补，迷而不反也。于是遂罢校事官。裴注引晓别传曰：晓大著文章，多亡失，今之存者不能十分之一。案如此言，则本文士，故其文峻利允当若是矣。

司马芝之议货钱　黄注引《司马芝传》，今传无其文，盖妄引也。《晋书·食货志》云：魏文帝黄初二年，以谷贵，始罢五铢钱，使百姓以谷帛为市买。至明帝代，钱废谷用既久，人间巧伪渐多，竞湿谷以要利，作薄绢以为市，虽处以严刑，而不能禁也。司马芝等举朝大议，以为用钱非徒丰国，亦所以省刑也，今若更铸五铢，于事为便。帝乃更立五铢钱。案芝议可见者，仅此数言而已。

何曾蠲出女之科　案曾使程咸上议，非曾自撰。全文见《晋书·刑法志》：夫司寇作典，建三等之制；甫侯修刑，通轻重之法。叔世多变，秦立重辟，汉又修之，大魏承秦汉之弊，未及革制，所以追戮已出之女，诚欲殄丑类之族也。然则法贵得中，刑慎过制。臣以为女人有三从之义，无自专之道。出适他族，还丧父母，降其服纪，所以明外成之节，异在室之恩。而父母有罪，追刑已出之女；夫党见诛，又有随姓之戮。一人之身，内外受辟。今女既嫁，则为异姓之妻，如或产育，则为他族之母，此为元恶之所忽，戮无辜之所重；于防则不足惩奸乱之源，于情则伤孝子之心；男不得罪于他族，而女独婴戮于二门，非所以哀矜女弱，蠲明法制之本分也。臣以为在室之女，从父母之诛；既醮之妇，从夫家之罚。宜改旧科，以为永制。

秦秀定贾充之谥 见《晋书·秦秀传》:充舍宗族弗授,而以异姓为后,悖礼溺情,以乱大伦。昔鄫养外孙莒公子为后,《春秋》书莒人灭鄫。圣人岂不知外孙亲邪?但以义推之,则无父子耳。又案诏书,自非功如太宰,始封无后如太宰,所取必己自出如太宰,不得以为比。然则以外孙为后,自非元功显德不之得也。天子之礼,盖可然乎?绝父祖之血食,开朝廷之祸门。案谥法:昏乱纪度曰荒,请谥荒公。秀又有何曾谥议,文繁不备录。

应劭为首 《后汉书·劭传》载有《驳韩卓募兵鲜卑议》及《追驳尚书陈忠活尹次史玉议》二首。

傅咸为宗 《晋书·礼志》载有咸议二社表,及驳成粲议太社,又本传载咸为司隶校尉,劾王戎,御史中丞解结以咸为违典制,越局侵官。咸上书自辨,其辞甚繁。李充《翰林论》曰:严辑。世以傅长虞每奏驳事,为邦之司直矣。

陆机断议 案此谓士衡议《晋书》限断也。李充《翰林论》曰:在朝辨政而议奏书,宜以远大为本。陆机议晋断,亦名其美矣。谀辞正谓谄谀之辞。纪云谀当作腴。未知何据?陆文已阙,《全晋文》九十七。录其数语:

> 三祖实终为臣,故书为臣之事,不可不如传,此实录之谓也。而名同帝王。故自帝王之籍,不可以不称纪,则追王之义。

郊祀必洞于礼四句 论议之文,无一可以陵虚构造,必先习其事,明其委曲,然后可以建言。虚张议论,而无当于理,此乃对策八面锋之技,非独不能与于文章之数,亦言政者所憎弃也。彦和此四语,真扼要之言。

晁错仲舒公孙杜钦 各见《汉书》本传。

及后汉鲁丕，辞气质素 袁宏《后汉纪》十六载丕举贤良方正对策文如左：

政莫先于从民之所欲，除民之所恶，先教后刑，先近后远。君为阳，臣为阴；君子为阳，小人为阴；京师为阳，诸夏为阴；男为阳，女为阴；乐和为阳，忧苦为阴；各得其所，则调和。精诚之所发，无不感浃。吏多不良，在于贱德而贵功欲速，莫能修长久之道。古者贡士，得其人者有庆，不得其人者有让。是以举者务力行，选举不实，咎在刺史二千石。《书》曰：天工人其代之。观人之道，幼则观其孝顺而好学，长则观其慈爱而能教，设难以观其谋，烦事以观其治，穷则观其所守，达则观其所施，此所以核之也。民多贫困者急，急则致寒，寒则万物多不成，去本就末，奢所致也。制度明则民用足。刑罚不中，则于名不正。正名之道，所以明上下之称，班爵号之制，定卿大夫之位也。狱讼不息，在争夺之心不绝。法者，民之仪表也，法正则民慤。吏民凋弊，所从久矣，不求其本，浸以益甚。吏政多欲速，又州官秩卑而任重，竞为小功，以求进取，生凋弊之俗。救弊莫若忠。故孔子曰：孝慈则忠。治奸诡之道，必明慎刑罚。孔子曰：导之以礼乐，而民和睦，说以犯难，民忘其死。死且忘之，况使为礼义乎？

断理必纲 此句与下句一意相足，云摛辞无懦，则此纲字为刚字之讹。《檄移》篇赞：三驱弛刚。彼文本作网，讹为纲，又讹为刚；此则刚反讹纲矣。

书记第二十五

圣贤言辞，总谓之书，书之为体，主言者也　案箸之竹帛谓之书，故《说文》曰：箸也。《聿部》。传其言语谓之书，故《说文》曰：如也。序。是则古代之文，一皆称之曰书。故《外史》称三皇五帝之书；又《小史》以书叙昭穆之俎簋。又《小行人》及其万民之利害为一书；其礼俗政事教治刑禁之逆顺为一书；其悖逆暴乱作慝犹与欲同。犯顺者为一书；其札丧凶荒戹贫为一书；其康乐和亲安平为一书。据此诸文，知古代凡箸简策者，皆书之类。又记者，疏也。《说文·言部》。疋，记也。《说文·疋部》。知记之名，亦缘有文字箸之竹帛，不限于告人，故书记之科，所包至广。彦和谓书记广大，衣被事体，笔札杂名，古今多品，是真能悉文章之原者。纪氏乃欲删其繁文，是则有意狭小文辞之封域，乌足与知舍人之妙谊哉？

文翰颇疏　古者使受辞命而行，且简牍繁累，故用书者少。其见于传，与人书最先，实为郑子家。

绕朝赠士会以策　此用服义也。《左传·文十三年正义》曰：服虔云：绕朝以策书赠士会。若杜注则云：策，马挝，临别授之马挝，并示已所策以示情。《正义》曰：杜不然者，寿余请讫，士会即行，不暇书策为辞；且事既密，不宜以简赠人。传称以书相与，皆云与书，此独不宜云赠之以策，知是马挝。据此，解作马策正是。而纪氏乃云杜氏误解为书策，毋亦劳于攻杜，而逸于检书乎！

子家与赵宣子书 见《左传·文十七年》。

巫臣之遗子反 见《左传·成七年》。

子产之谏范宣 见《左传·襄二十四年》。

辞若对面 观此益知书所以代言语矣。

七国献书 今可见者，若乐毅《报燕惠王书》、鲁连《遗燕将书》、荀卿《与春申君书》、李斯《谏逐客书》、张仪《与楚相书》皆是。

汉来笔札 札与牍同，东方朔上书用三千牍，是汉时用纸时少，用木时多。又后称尺牍，汉称短书。古诗“袖中有短书，愿寄双飞燕”是也。

史迁之报任安 见《汉书·司马迁传》及《文选》。

东方朔之难公孙 李详云：《御览》四百六引东方朔《与公孙弘书》：盖闻爵禄不相责以礼，同类之游，不以远近为是。故东门先生居蓬户空穴之中，而魏公子一朝以百骑日造之；吕望未尝与文王同席而坐，一朝让以天下半。夫丈夫相知，何必以抚尘而游，垂发齐年，偃伏以日数哉。玩其辞气，似与公孙弘不协，疑即此书矣。

杨恽之酬会宗 见《汉书·杨恽传》及《文选》。

子云之答刘歆 歆书子云答书并见《方言》卷首，兹录于左：

歆叩头。昨受诏，恣当为案。五官郎中田仪与官婢陈徵、骆驿等私通，盗刷越巾事，即其夕竟。归府，诏问三代周秦轩车使者，遒人使者，以岁八月巡路，求代语僮谣歌戏，欲颇得其最目。因从事郝隆求之有日，篇中但有其目，无见文者。歆先君数为孝成皇帝言：当使诸儒共集训诂，《尔雅》所及，五经所诂不合《尔雅》者，诂籀为病；及诸经氏误字之属皆无证验，博士至以穷。世之博学者偶有所见，非徒无主而生是也。会成帝未以为意，先君又不能独集。至于歆身，修轨不暇，何偟更创。属闻子云独采集先代绝言，异国殊语，以为十五卷，其所解略多矣，而不知其目。非子云澹雅之才，沉郁之思，不能经年锐精，以成此书，良为勤矣。歆虽不遘当为逮。过庭，亦克识先君雅训，三代之书，蕴藏于家，直不计耳。今闻此，甚为子云嘉之已。今圣朝留心典诰，发精于殊语，欲以验考四方之事，不劳戎马高车之使，坐知傜俗，适子云攘意之秋也。不以是时发仓廪以振赡，殊无为明语。将何独挈之宝，上以忠信明于上，下以置恩于罢朽，所谓知蓄积、善布施也。盖萧何造律，张仓推历，皆成之于帷幕，贡之于王门，功列于汉室，名流于无穷。诚以隆秋之时，收藏不殆，当为怠。饥春之岁，散之不疑，故至于此也。今谨使密人奉手书，愿颇与其最目，得使入箓，令圣朝留明明之典。歆叩头叩头。（刘子骏《与扬雄书从取方言》）

雄叩头。赐命谨至，又告以田仪事。事穷竟白，案显出，甚厚甚厚。田仪与雄同乡里，幼稚为邻，长艾相更，视觊动精采，似不为非者，故举至之，雄之任也。不意淫迹暴于官朝，令举者怀赧而低眉，任者含声而冤舌。知人之德，尧犹病诸，雄何惭焉！叩头叩头。又敕以《殊言》十五卷，君何由知之？谨归诚底里，不敢违信。雄少不师章句，亦于五经之训所不解。尝闻先代輶轩之使，奏籍之书，皆藏于周秦之宝。及其破也，遗弃无见之者。独蜀人有严君平、临卬林间翁孺者，深好训诂，犹见輶轩之使所奏言。翁孺与雄外家牵连之亲，又君平过误，有以私遇，少而与雄也。君平财有千言耳。翁孺梗概之法略翁孺往数岁死，妇蜀郡掌氏子，无子而去。而雄始能草文，先作《县邸铭》、《玉佴**当为珎。**颂》、《阶闼铭》及《成都城四隅铭》。蜀人有杨庄者，为郎，诵之于成帝。成帝好之，以为似相如，雄遂以此得外见。**《文选·甘泉赋》注无外字。**此数者，皆都水君常见也，故不复奏。雄为郎之岁，自奏少不得学，而心好沈博绝丽之文，愿不受三岁之奉，且休脱直事之繇，得肆心广意以自克就。有诏：可不夺奉，令尚书赐笔墨钱六万，得观书于石室。如是后一岁，作《绣补》、《灵节》、《龙骨之铭》诗三章。成帝好之，遂得尽意。故天下上计孝廉及内郡卫卒会者，雄常把三寸弱翰，赍油素四尺，以问其异语，归即以铅摘次之于椠，二十七岁于今矣。而语言或交错相反，方覆论思，详悉集之，燕其疑。张伯松不好雄赋颂之文，然亦有以奇之。常为雄道言其父及其先君**竦祖敞也。**憙典训，属雄以此篇目频示其成者。伯松曰：是悬诸日月不刊之书也。又言：恐雄为《太玄经》，由鼠坻之与牛场也。如其用，则实五稼饱邦民；否则为牴粪，弃之于道矣。而雄般**当为服。**之。伯松与雄独何德慧，**惠同。**而君与雄独何谮隟，而当匿乎哉？其不劳戎马高车，令人君坐帏幕之中，知绝遐异俗之语，典流于昆嗣，言列于汉籍，诚雄心所绝极，至精之所想遘也扶**当为夫。**圣朝远照之明，使君宷此。如君之意，诚雄散之之会也。死之日，则今之荣也。不敢有贰，不敢有爱。少而不以行立于乡里，长而不以功显于县官，著训于帝籍，但言词博览，翰墨为事，诚欲崇而就之，不可以遗，不可以怠。即君必欲胁之以威，陵之以武，欲令入之于此，此又未定，未可以见，令君又终之，则缢死以从命也。而可且宽假延期，必不敢有爱。雄之所为，得使君辅贡于明朝，则雄无憾，

何敢有匿。唯执事图之。长监于规绣之就，死以为小，雄敢行之。谨因还使。雄叩头叩头。（杨子云《答刘歆书》）

案子云所以不与歆书者，以其书未成，且又无副本，子骏索之甚急，不得不以死自誓也。古人自视其学问如此，不似今人苟自衒价也。

杼轴乎尺素　李详云：语本《文赋》。

崔瑗尤善　《全后汉文》四十五载其《与葛元甫书》佚文，余无所考。

元瑜文举休琏　《文选》并载其书牍。

嵇康绝友　见《文选》。

赵至叙离　见《文选》。

陈遵祢衡　辞并无考。

详总书体，本在尽言　此数语与书之为体主言者也相应。条畅任气，优柔怿怀，书之妙尽之矣。自晋而降，邱迟《与陈伯之书》、徐孝穆《在北与杨仆射求还书》，皆其选也。

张敞奏书于胶后　见《汉书·张敞传》。

公府奏记而郡将奏笺　案笺之与记，随事立名，义非有别。观《文选》所载阮嗣宗《奏记诣蒋公》，诚为公府所施；而任彦升《到大司马记室笺》，则亦公府也。故知汉来二体非甚分析也。

崔实奏记于公府　今无所考。公府盖谓梁冀，实尝为大将军冀司马也。《后汉书》本传云：所箸碑、论、箴、铭、答、七言、词、文、表、记、书凡十五篇。是子真之文有记。

黄香奏笺于江夏　无考。但本传叙其所著有笺。

公幹箋記 李详云:《魏志·邢颙传》载桢《谏植书》。又《王粲传》注引《典略》桢《答魏文帝书》,此皆彦和所言丽而规益者。《典论·论文》但以琳瑀书记为隽,而云公幹庄而不密,是不重桢之为文,故言弗论。黄注未悉。案《全后汉文》六十五尚辑有桢《与曹植书》,又一首,兹并录于左:

明使君始垂哀怜,意眷日崇,譬之疾病,乃使炎农分药,岐伯下针,疾虽未除,就没无恨。何者?以其天医至神,而营魄自尽也。(《与曹植书》)

家丞邢颙,北土之彦,少秉高节,玄静澹泊,言少理多,真雅士也。桢诚不足同贯斯人,并列左右。而桢礼遇殊特,颙反疏简。私惧观者将谓君侯习近不肖,礼贤不足,采庶子之春华,忘家丞之秋实,为上招谤,其罪不小,以此反侧。(《谏曹植书》)

桢闻荆山之璞、曜元后之宝;随侯之珠,烛众士之好;南垠之金,登窈窕之首;貂𤝞御览作䶂貂。之尾,缀侍臣之帻。此四宝者,伏朽石之下,潜污泥之中,而扬光千载之上,发彩畴昔之外;亦皆未能初自接于至尊也。夫尊者所服,卑者所修也;贵者所御,贱者所先也。故夏屋初成,而大匠先立其下;嘉禾始熟,而农夫先尝其粒。恨桢所带,无他妙饰,若实殊异,尚可纳也。(《答魏太子丕借廓落带书》)

《典略》曰:文帝常赐桢廓落带,其后师死,欲借取以为像,因书嘲桢云:夫物因人为贵,故在贱者之手,不御至尊之侧。今虽取之,勿嫌其不反也。桢答云云。案公幹之文,正与子桓之言相酬酢,故补录《典略》之文于此。

刘廙谢恩 见《魏志·刘廙传》,文如左:

臣罪应倾宗,祸应覆族。遭乾坤之灵,值时来之运,扬汤止沸,使不焦烂。起烟于寒灰之上,生华于已枯之木。物不答施于天地,子不谢生于父母;可以死效,难用笔陈。

案刘廙文,《魏志》目之为疏。

陆机自理 黄注以《谢平原内史表》当之。案表文有云:崎岖自列,片言只字,不关其间,事踪笔迹,皆可推校,而一朝翻然,更以为罪。是士衡本先有自理之文。检《全晋文》九十七载有《与吴王表》佚文二条,则真自理之词也。文如下:

臣以职在中书,诏命所出。臣本以笔札见知。

禅文本草,见在中书,一字一迹,自可分别。

第二条与谢表所举踦跂自列之辞相应。

盖笺记之分也 谓敬而不慑,所以殊于表;简而无傲,所以殊于书。

簿 《艺文志》"杂家"有解子簿书。

制 《史记·封禅书》索隐引刘向《七录》云:文帝所造书有《本制》、《兵制》、《服制》篇。

列 案陆机文有自列之言。又任彦升《奏弹刘整》云:辄摄整亡父旧使到台辨问,列称云云。沈休文《奏弹王源》云:辄摄媒人刘嗣之到台辨问,嗣之列称云云。是列与辞同,即今世谳狱之供招也。

飞伏 《晋·天文志》自下而上曰飞。案伏者,匿不见也。

末代从省，易以书翰矣 案南朝称被台符、被尚书符。其时已用纸，今则称为票。符之与票，非奉音转。

王褒髯奴 即《僮约》，见《全汉文》四十二。《古文苑》有章樵注，讹字亦众，今校定如左，文为俳谐之作，非当时果有此约契也。

蜀郡王子渊以事到湔，止寡妇杨惠舍。惠有夫时奴名便了，子渊倩奴行酤酒，便了拽大杖上夫冢巅，曰：大夫买便了时，但要守冢，不要为他人男子酤酒。子渊大怒，曰：奴宁欲卖耶？惠曰：奴大忤人，人无欲者。子渊即决买券云云。奴复曰：欲使皆上券，不上券，便了不能为也。子渊曰：诺。券文曰：

神爵三年正月十五日，资中男子王子渊从成都安志里女子杨惠买亡夫时户下髯奴便了，决贾万五千。奴当从百役使，不得有二言。晨起早扫，食了洗涤。**扫涤为韵。**居当穿臼缚帚，截竿凿斗。浚渠缚落，锄园斫陌。杜陴地，刻大枷，屈竹作杷，削治鹿卢。出入不得骑马载车，踑箕同坐大呶。下床振头，捶钩刈刍，结苇躐纻。**孟子曰：妻辟纻。**汲水酪，佐酣醆。织履作粗，黏雀张乌。结网捕鱼，缴雁弹凫。登山射鹿，入水捕龟。**与鱼部字为韵，今吴音犹然矣。**后园纵养雁鹜百余，驱逐鸱鸟，持梢牧猪。种姜养芋，长育豚驹。粪除堂庑，餧食**读为饲。**马牛。鼓四起坐，夜半益刍。二月春分，被隄杜疆，落桑皮棕。**谓取椶木皮也。**种瓜作瓠，别茄**当为茬。**披葱。**椶葱为韵。**焚槎发芋，垄集破封。日中早熭，鸡鸣起舂。调治马户，兼落三重。舍中有客，提壶行酤，汲水作铺。**餔酤为韵。**涤杯整碗，园中拔蒜，断苏切脯。筑肉臛芋，脍鱼炰鳖，烹荼尽具。**据此知汉时已饮茶。**已而盖藏，关门塞窦。餧猪纵犬，勿与邻里争斗。奴但当饭豆饮水，不得嗜酒。欲饮美酒，唯得染唇渍口，不得倾盂覆斗。不得辰出夜入，交关并偶。舍后有树，当裁作船。上至江州下到湔，主为府掾求用钱。推访垩，**访当为纺之讹**。贩椶索。**垩索为韵**。绵亭买席，往来都洛。**洛当为落，谓村落也**。当为妇女求脂泽，贩于小市，归都担枲，转出旁蹉。牵犬贩鹅，武都买茶。**即茶也**。杨氏担荷，往来市聚，慎护奸偷。**聚偷为韵**。入市不得夷蹲旁卧，恶言丑骂。**卧骂为韵**。多作刀矛，持入益州，货易羊牛。奴自教精慧；不得痴愚。**矛州牛愚为韵**。持斧入山，断鞣裁辕。若有余残，当作俎几木屐，及犬彘盘。焚薪作炭，礨石薄岸。治舍盖屋，削书代牍。日暮欲归，当送干柴两三束。四月当披，九月当获，十月收豆。穑麦窖芋，南安拾栗采橘，持车载辏。**获芋辏为韵**。多取蒲苎，益作绳索。雨堕无所为，当编蒋织簿。**当作箔**。种植桃李，梨柿柘桑，三丈一树，八尺为行。果类相从，纵横相当。果熟收敛，不得吮尝。犬吠当起，惊告邻里。枨门柱户，上楼击鼓。荷盾曳矛，**还读为环**。落三周。勤心疾作，不得敖游。奴老力索，种莞织席。事讫休息，当舂一石。夜半无事，浣衣当白。若有私钱，主给宾客。奴不得有奸私，事事当关白。奴不听教，当笞一百。**索席石白客白百为韵**。

读券文适讫，词穷咋索。仡仡叩头，两手自搏。目泪下落，鼻涕长一尺。审如王大夫言，不如早归黄土陌，丘蚓钻额。早知当尔，为王大夫酤酒，真不敢作恶。**索搏落尺陌额为韵**。（王子渊《僮约》）

签 签之名盖起于魏。魏文帝为诸王置典签，犹中朝之有尚书尔。

吊亦称谚 案吊唁之唁，与谚语之谚异字。《语文》：唁，吊生也。谚,传言也。音近相假,彦和乃合为一矣。

囊满储中 满当依汪本作漏。储,今《贾子》作贮,作储者当为褚,本字当为齡。《说文》曰:楯也,所以盛米也。楯,载米齡也。楯,陟伦切。《庄子》曰:褚小不可以怀大,即此齡字。囊漏齡中者,遗小而存大也。作贮者亦借字。

掌珠 掌珠不见潘文。傅玄《短歌行》:"昔君视我,如掌中珠。"盖当世常谚矣。或全任质素,或杂用绮丽。观此言,故知文质无常,视其体所宜耳。

既驰金相,亦运木讷 上句谓宜文者,下句谓宜质者。

神思第二十六

神思 自此至《总术》及《物色》篇，析论为文之术，《时序》及《才略》已下三篇，综论循省前文之方。比于上篇，一则为提挈纲维之言，一则为辨章众体之论。诠解上篇，惟在探明征证，榷举规绳而已，至于下篇以下，选辞简练而含理闳深，若非反覆疏通，广为引喻，诚恐精义等于常理，长义屈于短词；故不避骈枝，为之销解，如有献替，必细加思虑，不敢以瓶蠡之见，轻量古贤也。

文之思也，其神远矣 此言思心之用，不限于身观，或感物而造端，或凭心而构象，无有幽深远近，皆思理之所行也。寻心智之象，约有二端：一则缘此知彼，有斠量之能；一则即异求同，有综合之用。由此二方，以驭万理，学术之原，悉从此出，文章之富，亦职兹之由矣。

神与物游 此言内心与外境相接也。内心与外镜，非能一往相符会，当其窒塞，则耳目之近，神有不周；及其怡怿，则八极之外，理无不浃。然则以心求境，境足以役心；取境赴心，心难于照境。必令心境相得，见相交融，斯则成连所以移情，庖丁所以满志也。

陶钧文思，贵在虚静 此与《养气》篇参看。《庄子》之言曰：惟道集虚。《老子》之言曰：三十幅共一毂，当其无，有车之用。尔则宰有者无，制实者虚，物之常理也。文章之事，形态蕃变，条理纷纭，如令心无天游，适令万状相攘。故为文之术，首在治心，迟速纵殊，而心未尝不静，大小或异，而气未尝不虚。执旋玑以运大象，处户牖而得天倪，惟虚与静之故也。

积学以储宝 此下四语，其事皆立于神思之先，故曰驭文之首术，谋篇之大端。言于此未尝致功，即徒思无益，故后文又曰：秉心养术，无务苦虑，含章司契，不必劳情。言诚能秉心养术，则思虑不至有困；诚能含章司契，则情志无用徒劳也。纪氏以为彦和结字未稳，乃明于解下四字，而未遑细审上四字之过也。

酌理以富才 凡言理者，必审于形名，检以法式，虚以待物，而不为成语所拘，博以求通，而不为偏智所蔽，如此则所求之理，真信可凭，智力之充，由渐而致。不然，胶守腐论，锢其聪明，此贼其才，非富才之道也。

暨乎篇成，半折心始 半折心始者，犹言仅乃得半耳。寻思与文不能相傅，由于思多变状，文有定形；加以研文常迟，驰思常速，以迟追速，则文歉于意，以常驭变，则思溢于文。陆士衡云：恒患意不称物，文不逮意。与彦和之言若重规叠矩矣。

张衡、左思 案二文之迟，非尽由思力之缓，盖叙述都邑，理资实事，故太冲尝从文士问其方俗山川，是则其缓亦半由储学所致也。

淮南崇朝而赋骚 孙君云：高诱《淮南子序》云：诏使为《离骚赋》，自旦受诏，至早食已上。此彦和所本。《汉书》本传云：作传。王逸《楚辞序》云：作章句。传及章句，非崇朝所能就，疑高说得之。

骏发之士至**研虑方定** 此言文有迟速，关乎体性，然亦举其大概而已。世固有为文常速，忽窘于数行，为文每迟，偶利于一首,此由机有通滞,亦缘能有短长,机滞者骤难求通,能长者早有所豫,是故迟速之状,非可以一理齐也。

博而能一　四字最要。不博,则苦其空疏;不一,则忧其凌杂。于此致意,庶思学不致偏废,而罔殆之患可以免。

杼轴献功　此言文贵修饰润色。拙辞孕巧义,修饰则巧义显;庸事萌新意,润色则新意出。凡言文不加点,文如宿构者,其刊改之功,已用之平日,练术既熟,斯疵累渐除,非生而能然者也。

体性第二十七

体性 体斥文章形状，性谓人性气有殊，缘性气之殊而所为之文异状。然性由天定，亦可以人力辅助之，是故慎于所习。此篇大旨在斯。中间较论前世文士情性，皆细觇其文辞而得之，非同影响之论。纪氏谓不必皆塙，不悟因文见人，非必视其义理之当否，须综其意言气韵而察之也。安仁《闲居》、《秋兴》，虽托词恬澹，迹其读史至司马安废书而叹，称他人之已工，恨已事之过拙，躁竞之情，露于辞表矣。心声之语，夫岂失之于此乎？原言语所以宣心，因言观人之法，虽圣哲无以易。《易》曰：将叛者其辞惭，中心疑者其辞枝，吉人之辞寡，躁人之辞多，诬善之人其辞游，失其守者其辞屈。是则以言观人，其来旧矣。惟是人情万端，文体亦多迁变，拘者或执一文而定人品，则其说又窒碍而不通。其倒植之甚，则谓名德大贤，文宜则效，神奸巨慝，文宜弃捐，是则刘歆《移让太常》，必不如茂叔《通书》、《横渠》两铭之美，而宋、明语录，其可模式等于九流之书也，是岂通论乎？唐人柳冕有言：以扬、马之才，则不知教化，以荀、陈之道，则不知文章，以孔门之教评之，皆非君子也。其说虽过，然犹愈于颂美大儒，谓道高即文美者。今谓人之贤否，不系于文之工拙，而因文实可以窥测其性情，虽非若景之附形，响之随声，而其大齐不甚相远，庶几契中之论，合于彦和因内符外之旨者欤。

才有庸俊四句　才气本之情性，学习并归陶染，括而论之，性习二者而已。

笔区云谲二语　李详云：扬雄《甘泉赋》：于是大厦云谲波诡。孟康曰：言厦屋变巧，乃为云气水波相谲诡也。

风趣刚柔，宁或改其气　风趣即风气，或称风气，或称风力，或称体气，或称风辞，或称意气，皆同一义。气有清浊，亦有刚柔，诚不可力强而致，为文者欲练其气，亦惟于用意裁篇致力而已。《风骨》篇云：深乎风者，述情必显。又云：思不环周，索莫乏气，无风之验。可知情显为风深之符，思周乃气足之证，彼舍情思而空言文气者，荡荡如系风捕景，乌可得哉？《养气》篇说乃养神气以助思理，与此气殊。

体式雅郑，鲜有反其习　体式全由研阅而得，故云鲜有反其习。

数穷八体　八体之成，兼因性习，不可指若者属辞理，若者属风趣也。又彦和之意，八体并陈，文状不同，而皆能成体，了无轻重之见存于其间。下文云：雅与奇反，奥与显殊，繁与约舛，壮与轻乖。然此处文例，未尝依其次第，故知涂辙虽异，枢机实同，略举畛封，本无轩轾也。

典雅者，镕式经诰，方轨儒门者也　义归正直，辞取雅驯，皆入此类。若班固《幽通赋》，刘歆《让太常博士》之流是也。

远奥者，馥采典文，经理玄宗者也　理致渊深，辞采微妙，皆入此类。若贾谊《鹏赋》，李康《运命论》之流是也。

精约者，覈字省句，剖析豪厘者也　断义务明，练辞务简，皆入此类。若陆机之《文赋》、范晔《后汉书》诸论之流是也。

显附者，辞直义畅，切理厌心者也 语贵丁宁，义求周浃，皆入此类。若诸葛亮《出师表》、曹冏《六代论》之类是也。

繁缛者，博喻酿采，炜烨枝派者也 辞采纷披，意义稠复，皆入此类。若枚乘《七发》、刘峻《辨命论》之流是也。

壮丽者，高论宏裁，卓跞异采者也 陈义俊伟，措辞雄瑰，皆入此类。扬雄《河东赋》、班固《典引》之流是也。

新奇者，摈古竞今，危侧趣诡者也 词必研新，意必矜创，皆入此类。潘岳《射雉赋》、颜延之《曲水诗序》之流是也。

轻靡者，浮文弱植，缥缈附俗者也 辞须蒨秀，意取柔靡，皆入此类。江淹《恨赋》、孔稚珪《北山移文》之流是也。

八体屡迁 此语甚为明憭。人之为文，难拘一体，非谓工为典雅者，遂不能为新奇，能为精约者，遂不能为繁缛。下文云：八体虽殊，会通合数，得其环中，则辐凑相成。此则撢本之谈，通变之术，异夫胶柱锲舟之见者矣。

功以学成 此句已下至才气之大略句，皆言学习之功，虽可自致，而情性所定，亦有大齐，故广举前文以为证。

贾生俊发 《史记·屈贾列传》：廷尉乃言贾生年少，颇通诸子百家之书。文帝召以为博士。是时贾生年二十余，最为少，每诏令议下，诸老先生不能言，贾生尽为之对。此俊发之征。

长卿傲诞 《文选》谢惠连《秋怀诗》注引嵇康《高士传赞》曰：长卿慢世，越礼自放；犊鼻居市，不耻其状，托疾避患，蔑此卿相；乃赋《大人》，超然莫尚。此傲诞之征。

子云沉寂 《汉书·扬雄传》曰：默而好深湛之思，清静亡为，少嗜欲。此沉寂之征。

子政简易 《汉书·刘向传》曰:向为人简易,无威仪,廉靖乐道,不交接世俗。此简易之征。

孟坚雅懿 《后汉书·班固传》曰:及长,遂博贯载籍,九流百家之言,无不穷究。性宽和容众,不以才能高人。此雅懿之征。

平子淹通 《后汉书·张衡传》曰:通五经,贯六艺,虽才高于世,而无骄尚之情。常从容淡静,不好交接俗人。此淹通之征。

仲宣躁锐 《程器》篇亦曰:仲宣轻脆以躁竞。《魏志·王粲传》曰:之荆州,依刘表,表以粲貌寝而体弱通侻,不甚重也。案此彦和所本。

公幹气褊 《魏志》、《王粲传》注引《典略》载桢平视太子夫人甄氏事。谢灵运《拟邺中集诗序》曰:桢卓荦偏人。此气褊之征。

嗣宗俶傥 《魏志·王粲传》曰:籍才藻艳逸,而倜傥放荡,行己寡欲,以庄周为模则。此俶傥之征。

叔夜俊侠 《魏志·王粲传》曰:康文辞壮丽,好言老庄而尚奇任侠。注引康别传曰:孙登谓康曰:君性烈而才俊。此俊侠之征。

安仁轻敏 《晋书·潘岳传》曰:岳性轻躁趋世利,与石崇等谄事贾谧,每候其出,辄望尘而拜。构愍怀文,岳之辞也。此轻敏之征。

士衡矜重 《晋书·陆机传》曰:机服膺儒术,非礼不动。此矜重之征。

才气之大略 此语甚明,盖谓因文观人,亦但得其大端而已。

才有天资,学慎始习 自此已下,言性非可力致,而为学则在人。虽才性有偏,可用学习以相补救。如令所习纰缪,亦足以贼其天性,纵姿淑而无成。贵在省其所短,因其所长,加以陶染之功,庶成器服之美;若习与性乖,则勤苦而罕效,性为习误,则劬劳而鲜成,性习相资,不宜或废。求其无弊,惟有专练雅文,此定习之正术,性虽异而可共宗者也。

风骨第二十八

风骨　二者皆假于物以为喻。文之有意，所以宣达思理，纲维全篇，譬之于物，则犹风也。文之有辞，所以摅写中怀，显明条贯，譬之于物，则犹骨也。必知风即文意，骨即文辞，然后不蹈空虚之弊。或者舍辞意而别求风骨，言之愈高，即之愈渺，彦和本意不如此也。细诵斯篇之辞，其曰怊怅述情，必始于风，沉吟铺辞，莫先于骨者，明风缘情显，辞缘骨立也。其曰辞之待骨，如体之树骸，情之含风，犹形之包气者，明体恃骸以立，形恃气以生；辞之于文，必如骨之于身，不然则不成为辞也，意之于文，必若气之于形，不然则不成为意也。其曰结言端直，则文骨成焉，意气骏爽，则文风清焉者，明言外无骨，结言之端直者，即文骨也；意外无风，意气之骏爽者，即文风也。其曰丰藻克赡，风骨不飞者，即徒有华辞，不关实义者也。其曰缀虑裁篇，务盈守气者，即谓文以命意为主也。其曰练于骨者，析辞必精，深乎风者，述情必显者，即谓辞精则文骨成，情显则文风生也。其云瘠义肥辞，无骨之征，思不环周，无气之征者，明治文气以运思为要，植文骨以修辞为要也。其曰情与气偕，辞共体并者，明气不能自显，情显则气具其中，骨不能独章，辞章则骨在其中也。综览刘氏之论，风骨与意辞，初非有二。然则察前文者，欲求其风骨，不能舍意与辞也；自为文者，欲健其风骨，不能无注意于命意与修辞也。风骨之名，比也；意辞之实，所比也。今舍其实而求其名，则适令人迷罔而不得所归宿，海气之楼台，可以践历乎？病眼之空花，可以把玩乎？彼舍意与辞而别求风骨者，其亦海气、空花之类也。彦和既明言风骨即辞意，复恐学者失命意修辞之本而以奇巧为务也，故更揭示其术曰：镕铸经典之范，翔集子史之术，洞晓情变，曲昭文体，然后能孚甲新意，雕画奇辞。昭体故意新而不乱，晓变故辞奇而不黩。明命意修辞，皆有法式，合于法式者，以新为美，不合法式者，以新为病。推此言之，风藉意显，骨缘辞章，意显辞章，皆遵轨辙，非夫弄虚响以为风，结奇辞以为骨者矣。大抵舍人论文，皆以循实反本酌中合古为贵，全书用意，必与此符。《风骨》篇之说易于凌虚，故首则诠释其实质，继则指明其径途，仍令学者不致迷罔，其斯以为文术之圭臬者乎。

捶字坚而难移 此修辞合法之效。大抵翦截浮词之法，宜令篇无盈句，句无赘字，字在句中，必有其用，非苟以足句也；句在篇中，必有其用，非苟以充篇也。然唐以前文，有不工之文，少不工之句；唐以后之文或工矣，而句或不工。此其故，关于文体者有之，关于捶字之术亦有之也。

结响凝而不滞 此缘意义充足，故声律畅调，凝者不可转移。声律以凝为贵，犹捶字以坚为贵也。不滞者，由思理圆周，天机骏利，所以免于滞涩之病也。

潘勗锡魏 此赞其选辞之美。

相如赋仙三句 此赞其命意之高。李云：《汉书·叙传》述司马相如，蔚为辞宗，赋颂之首。

魏文称文以气为主至**殆不可胜** 案文帝所称气，皆气性之气，此随人而殊，不可力强者，惟为文命意，则可以学致。刘氏引此以见文因性气，发而为意，往往与气相符耳。黄氏谓气是风骨之本，未为大缪，盖专以性气立言也。纪氏驳之谓气即风骨，更无本末。今试释其辞曰：风骨即意与辞，气即风骨，故气即意与辞，斯不可通矣。

风骨乏采 纪曰：风骨乏采，是陪笔开合以尽意，此评是也。骨即指辞，选辞果当，焉有乏采之患乎？

镕铸经典之范至**纰缪而成经矣** 此乃研练风骨之正术，必如此而后意真辞雅，虽新非病。纪氏谓：补此一段，以防纵横逾法之弊。非也。

文术多门已下 此言命意选辞，好尚各异，惟有师古酌中，庶无疵咎也。能研诸虑，何远之有？指明风骨之即辞意，欲美其风骨者，惟有致力于修辞命意也。

通变第二十九

通变 此篇大指，示人勿为循俗之文，宜反之于古。其要语曰：矫讹翻浅，还宗经诰，斯斟酌乎质文之间，而檃括乎雅俗之际，可与言通变矣。此则彦和之言通变，犹补偏救弊云尔。文有可变革者，有不可变革者。可变革者，遣辞捶字，宅句安章，随手之变，人各不同。不可变革者，规矩法律是也，虽历千载，而粲然如新，由之则成文，不由之而师心自用，苟作聪明，虽或要誉一时，徒党猥盛，曾不转瞬而为人唾弃矣。拘者规摹古人，不敢或失，放者又自立规则，自以为救患起衰。二者交讥，与不得已，拘者犹为上也。彦和此篇，既以通变为旨，而章内乃历举古人转相因袭之文，可知通变之道，惟在师古，所谓变者，变世俗之文，非变古昔之法也。自世人误会昌黎韩氏之言，以为文必己出；不悟文固贵出于己，然亦必求合于古人之法，博览往载，熟精文律，则虽自有造作，不害于义，用古人之法，是亦古人也。若夫小智自私，讦言欺世，既违故训，复背文条，于此而欲以善变成名，适为识者所嗤笑耳。彦和云：夸张声貌，汉初已极，自兹厥后，循环相因，虽轩翥出辙，而终入笼内。明古有善作，虽工变者不能越其范围，知此，则通变之为复古，更无疑义矣。陆士衡曰：收百世之阙文，采千载之遗韵，谢朝华于已披，启夕秀于未振。此言通变也。普辞条与文律，良余膺之所服，练世情之常尤，识前修之所淑。此言师古也。抽绎其意，盖谓法必师古，而放言造辞，宜补苴古人之阙遗。究之美自我成，术由前授，以此求新，人不厌其新，以此率旧，人不厌其旧。天动星回，辰极无改；机旋轮转，衡轴常中；振垂弛之文统，而常为世师者，其在斯乎？

文辞气力，通变则久 放言遣辞，运思致力，即一身前后所作，亦不能尽同。前篇云八体虽殊，变通会适，得其环中，则辐凑相成是也。况于规摹往文，自宜斟酌损益，非如契舟胶柱者之所为明矣。

数必酌于新声 新旧之名无定，新法使人厌观，则亦旧矣；旧法久废，一旦出之尘埋之中，加以拂拭之事，则亦新矣。变古乱常而欲求新，吾未见其果能新也。

通变之术，详在后文，所谓规略文统，宜宏大体，先博览以精阅，总纲纪以摄契，然后凭情以会通，负气以适变是也。体统既昧，虽有巧心，亦谓之不善变矣。

黄歌断竹 《断竹歌》见《吴越春秋》，不云作于黄世。彦和《章句》篇又云：《断竹》黄歌，乃二言之始。以为本于黄世，未知何据。

唐歌在昔 案上文黄歌《断竹》，下文虞歌《卿云》，夏歌《雕墙》。《断竹》、《卿云》、《雕墙》，皆歌中字，此云在昔，独无所征，倘昔为蜡之讹与？《礼记》载伊耆氏蜡辞。伊耆氏，或云尧也。

夏歌雕墙 此伪古文《五子之歌》辞。

序志述时，其揆一也 据此，知质文之变，独在文辞。至于实际，古今所均也。

黄唐淳而质六句 此数句犹《礼记》云：虞夏之质，不胜其文；商周之文，不胜其质。乃比较之词，意谓后逊于前，非谓楚汉以下，必无可师也。且彦和之所谓侈艳、浅绮、讹新，今日视之，皆为佳制，故知所谓侈者，视汉于周之言，所谓讹者，视宋于魏之言。彦和生当齐世，故欲矫当时习尚，反之于古，岂知文术随世益衰，后世又不逮宋远甚。或据彦和此言，以为楚汉尚不能无弊，于是侈言旁搜远绍，自东京以下，鲜有不遭攻射者，此则误会前旨之过，彦和不为此曹任咎也。

参伍因革，通变之数也 彦和此言，非教人直录古作，盖谓古人之文，有能变者，有不能变者，有须因袭者，有不可因袭者，在人斟酌用之。大抵初学作文，于摹拟昔文，有二事当知：第一，当取古今相同之情事而试序之。譬如序山川，写物色，古今所同也。远视黄山，气成葱翠，适当秋日，草尽萎黄，古作此言，今亦无能异也。第二，当知古今情事有相殊者，须斟酌而为之。或古无而今有，则不宜强以古事傅会，施床垂脚，必无危坐之仪，髡首戴帽，必无免冠之礼，此一事也。或古有而今无，亦不宜以今事比合，古上书曰死罪，而后世但曰跪奏，古允奏称制曰可，而后世但曰照所请，若改以就古，则于理甚乖，此二事也。必于古今同异之理，名实分合之原，旁及训故文律，悉能谙练，然后拟古无优孟之讥，自作无刻楮之诮，此制文之要术也。

唐刘子玄《模拟》篇，谓模拟之体，厥途有二：一曰貌同而心异，二曰貌异而心同。貌异心同，模拟之上，貌同心异，模拟之下，卒之以拟古不类为难之极。窃谓模拟自以脱化为贵，次之则求其的当，虽使心貌俱同，固无讥也。若乃貌同心异，固不可谓之模拟，但能谓之纰缪。子玄所举杀大夫、称我、袭忘亡、书帝正，称何以书数条，要皆于昔文未尝细覈，率尔仿效，固宜其被诮也。

先博览以精阅 博精二字最要，不博则师资不广，不精则去取不明，不博不精而好变古，必有陷泞之忧矣。

龌龊于偏解，矜激于一致 彦和此言，为时人而发，后世有人高谈宗派，垄断文林，据其私心以为文章之要止此，合之则是，不合则非，虽士衡、蔚宗，不免攻击，此亦彦和所讥也。嘉定钱君有与人书一首，足以解拘挛，攻顽顿，录之如左：

前晤吾兄，极称近日古文家以桐城方氏为最。予取方氏文读之，其波澜意度，颇有韩、欧阳、王之规模，视世俗冗蔓揉集之作，固不可同日语，惜乎其未喻古文之义法尔。夫古文之体，奇正浓淡详略，本无定法，要其为文之旨有四：曰明道，曰经世，曰阐幽，曰正俗。有是四者，而后以法律约之，夫然后可以羽翼经史而传之天下后世。至于亲戚故旧聚散存没之感，一时有所寄托而宣之于文，使其姓名附见集中者，此其人事迹原无足传，故一切阙而不载，非本有所纪而略之，以为文之义法如此也。方氏以世人诵欧公王恭武、杜祁公诸志，不若黄梦升、张子野诸志之熟，遂谓功德之崇，不若情辞之动人心目。然则使方氏援笔而为王、杜之志，亦将舍其勋业之大者，而徒以应酬之空言了之乎？六经三史之文，世人不能尽好，间有读之者，仅以供场屋饾饤之用，求通其大义者罕矣。至于传奇之演绎，优伶之宾白，情辞动人心目，虽里巷小夫妇人无不为之歌泣者，所谓曲弥高则和弥寡，读者之熟与不熟，非文之有优劣也。以此论文，其与孙矿、林云铭、金人瑞之徒何异？文有繁有简，繁者不可减之使少，犹之简者不可使之增多；《左氏》之繁，胜于《公》、《穀》之简，《史记》、《汉书》，互有繁简，谓文未有繁而能工者，非通论也。太史公，汉时官名，司马谈父子为之，故《史记·自序》云：谈为太史公。又云：卒三岁，而迁为太史公。《报任安书》亦自称太史公。公非尊其父之称，而方以为称太史公曰者皆褚少孙所加。《秦本纪》、《田单传》别出它说，此史家存类之法，《汉书》亦间有之，而方以为后人所附缀。韩退之撰《顺宗实录》，载陆贽《阳城传》，此实录之体应尔，非退之所创，方亦不知而妄讥之。盖方所谓古文义法者，特世俗选本之古文，未尝博观而求其法也。法且不知，而义于何有！昔刘原父讥欧阳公不读书，原父博闻诚胜于欧阳，然其言未免太过。若方氏乃真不读书之甚者。吾兄特以其文之波澜意度近于古而喜之，予以为方所得者，古文之糟魄，非古文之神理也。王若霖言：灵皋以古文为时文，却以时文为古文。方终身病之。若霖可谓洞中垣一方症结者矣。泥泞不及面质，聊述所怀，吾兄以为然否？（钱晓徵《与友人书》《潜研堂文集》三十五）

定势第三十

古今言文势者，提封有三焉：其一以为文之有势，取其盛壮，若飘风之旋，奔马之驰，长河大江之倾注，此专标慷慨以为势，然不能尽文而有之。其次以为势有纡急，有刚柔，有阴阳向背，此与徒崇慷慨者异撰矣。然执一而不通，则谓既受成形，不可变革；为春温者，必不能为秋肃，近强阳者，必不能为惨阴。为是取往世之文，分其条品，曰：此阳也，彼阳也，此纯刚而彼略柔也。一夫倡之，众人和之。噫！自文术之衰，窾言文势者，何其纷纷耶！吾尝取刘舍人之言，审思而熟察之矣。彼标其篇曰《定势》，而篇中所言，则皆言势之无定也。其开宗也，曰：因情立体，即体成势。明势不自成，随体而成也。申之曰：机发矢直，涧曲湍回，自然之趣；激水不漪，槁木无阴，自然之势。明体以定势，离体立势，虽玄宰哲匠有所不能也。又曰：循体成势，因变立巧。明文势无定，不可执一也。举桓谭以下诸子之言，明拘固者之有所谢短也。终讥近代辞人以效奇取势，明文势随体变迁，苟以效奇为能，是使体束于势，势虽若奇，而体因之弊，不可为训也。《赞》曰：形生势成，始末相承。明物不能有末而无本，末又必自本生也。凡若此者，一言蔽之曰，体势相须而已。为文者信喻乎此，则知定势之要，在乎随体，譬如水焉，槃圆则圆，盂方则方；譬如雪焉，因方为珪，遇圆成璧，焉有执一定之势，以御数多之体，趣捷狭之径，以偭往旧之规，而阳阳然自以为能得文势，妄引前修以自尉荐者乎！是故彦和之说，视夫专标文势妄分条品者，若山头之与井底也，视徒知崇慷慨者，相去乃不可以道里计也。虽然，势之为训隐矣。不显言之，则其封略不憭，而空言文势者，得以反唇而相稽。《考工记》曰：审曲面势。郑司农以为审察五材曲直、方面、形势之宜。是以曲、面、势为三，于词不顺。盖匠人置槷以县，其形如柱，倳之平地，其长八尺以测日景，故势当为槷，槷者臬之假借。《说文》：臬，射埻的也。其字通作艺。《上林赋》：弦矢分，艺殪仆。是也。本为射的，以其端正有法度，则引申为凡法度之称。《书》曰：汝陈时臬事。《传》曰：陈之艺极。作臬、作槷、作埶，埶即執之后出字。一也。言形势者，原于臬之测远近，视朝夕，苟无其形，则臬无所加，是故势不得离形而成用。言气势者，原于用臬者之辨趣向，决从违，苟无其臬，则无所奉以为准，是故气势亦不能离形而独立。文之有势，盖兼二者之义而用之。知凡势之不能离形，则文势亦不能离体也；知远近朝夕非槷所能自为，则阴阳刚柔亦非文势所能自为也；知趣向从违随乎物形而不可横杂以成见，则为文定势，一切率乎文体之自然，而不可横杂以成见也。惟彦和深明势之随体，故一篇之中，数言自然，而设譬于织综之因于本地，善言文势者，孰有过于彦和者乎？若乃拘一定之势，驭无穷之体，在彦和时则有厌黩旧式，颠倒文句者；其后数百年，则有磔裂章句，隳废声均者，彼皆非所明而明之，知文势之说者所不予也。要之文有坦涂而无门户，彼矜言文势，拘执虚名，而不究实义，以出于己为是，以守旧为非者，盍亦研撢彦和之说哉。

并总文势至**刚柔虽殊，必随时而适用** 此明言迭用柔刚，势必加以铨别，相其所宜，既非执一而鲜通，亦非杂用而不次。

宫商朱紫，随势各配 宫商谓声律，朱紫谓采藻。观此，知文质之用，都无定准。

章表奏议已下六句　《典论·论文》与《文赋》论文体所宜，与此可以参观。

刘桢语　文之体指实强弱句有误。细审彦和语，疑此句当作文之体指贵强，下衍弱字。

陆云语　尚势，今本《陆士龙集》作尚洁，盖草书势絜形近，初讹为絜，又讹为洁也。

情采第三十一

舍人处齐梁之世，其时文体方趋于缛丽，以藻饰相高，文胜质衰，是以不得无救正之术。此篇旨归，即在挽尔日之颓风，令循其本，故所讥独在采溢于情，而于浅露朴陋之文未遑多责，盖揉曲木者未有不过其直者也。虽然，彦和之言文质之宜，亦甚明憭矣。首推文章之称，缘于采绘，次论文质相待，本于神理，上举经子以证文之未尝质，文之不弃美，其重视文采如此，曷尝有偏畸之论乎？然自义熙以来，力变过江玄虚冲淡之习而振以文藻，其波流所荡，下至陈隋，言既隐于荣华，则其弊复与浅露朴陋相等，舍人所讥，重于此而轻于彼，抑有由也。综览南国之文，其文质相剂，情韵相兼者，盖居泰半，而芜辞滥体，足以召后来之谤议者，亦有三焉：一曰繁，二曰浮，三曰晦。繁者，多征事类，意在铺张；浮者，缘文生情，不关实义；晦者，窜易故训，文理迂回。此虽笃好文采者不能为讳。爱而知恶，理固宜尔也。或者因彦和之言，遂谓南国之文，大抵侈艳居多，宜从屏弃，而别求所谓古者，此亦失当之论。盖侈艳诚不可宗，而文采则不宜去；清真固可为范，而朴陋则不足多。若引前修以自张，背文质之定律，目质野为淳古，以独造为高奇，则又堕入边见，未为合中。方乃标树风声，传诒来叶，借令彦和生于斯际，其所讥当又在此而不在彼矣。故知文质之中，罕能不越，或失则过质，或失则过文。救质者不得不多其文，救文者不得不隆其质，刍狗有时而见弃，澼绕有时而利师，善学者高下在心，进退可法，何必以井蛙夏虫自处，而妄诮冰海也哉？若夫言与志反，刘氏所呵，察此过愆，非昔文所独具。夫志深轩冕而泛咏皋壤，心缠几务而虚述人外，此之谖诈，诚可笑嗤，还视后贤，岂无其比？博弈饮酒而高言性道，服食炼药而呵骂浮屠，乞丐权门而夸张介操，不窥章句而傅会六经，从政无闻而空言经济，行才中人而力肩道统，此虽其文过于颜、谢、庾、徐百倍，犹谓之采浮华而弃忠信也，焉得谓文胜之世士有夸言，质胜之时人皆笃论哉？盖闻修辞立诚，大《易》之明训，无文不远，古志之嘉谟。称情立言，因理舒藻，亦庶几彬彬君子。孰谓中庸不可能哉？

镕裁第三十二

作文之术，诚非一二言能尽，然挈其纲维，不外命意修词二者而已。意立而词从之以生，词具而意缘之以显，二者相倚，不可或离。意之患二：曰杂，曰竭。竭者，不能自宣；杂者，无复统序。辞之患二：曰枯，曰繁。枯者，不能求达；繁者，徒逐浮芜。枯竭之弊，宜救之以博览；繁杂之弊，宜纳之于镕裁。舍人此篇，专论其事。寻镕裁之义，取譬于范金制服；范金有齐，齐失则器不精良；制服有制，制谬而衣难被御；洵令多寡得宜，修短合度，酌中以立体，循实以敷文，斯镕裁之要术也。然命意修词，皆本自然以为质，必知骈拇县疣，诚为形累，凫胫鹤膝，亦由性生。意多者未必尽可訾謷，辞众者未必尽堪删剟；惟意多而杂，词众而芜，庶将施以炉锤，加之剪截耳。又镕裁之名，取其合法，如使意郁结而空简，辞枯槁而徒略，是乃以铢黍之金，铸半两之币，持尺寸之帛，为逢掖之衣，必不就矣。或者误会镕裁之名，专以简短为贵，斯又失自然之理，而趋狭隘之途者也。

草创鸿笔已下八语，亦设言命意谋篇之事，有此经营。总之意定而后敷辞，体具而后取势，则其文自有条理。舍人本意，非立一术以为定程，谓凡文必须循此所谓始中终之步骤也，不可执词以害意。舍人妙达文理，岂有自制一法，使古今之文必出于其道者哉？近世有人论文章命意谋篇之法，大旨谓一篇之内，端绪不宜繁多，譬如万山旁薄，必有主峰，龙衮九章，但挈一领，否则首尾冲决，陈义芜杂，其言本于舍人而私据以为戒律，蔽者不察，则谓文章格局皆宜有定，譬如案谱着棋，依物写貌，戕贼自然以为美，而举世莫敢非之，斯未可假借舍人以自壮也。章实斋《古文十弊》篇有一节论文无定格，其论闳通，足以药拘挛之病，与刘论相补苴，兹录于左：

古人文成法立，未尝有定格也。传人适如其人，述事适如其事，无定之中有一定焉。知其意者旦暮遇之，不知其意，袭其形貌，神弗肖也。往余撰《和州志·故给事成性传》，性以建言著称，故采录其奏议。然性少遭乱离，全家被害，追悼先世，每见文辞，而《猛省》之篇，尤沉痛可以教孝，故于终篇全录其文。其乡有知名士赏余文曰：前载如许奏章，若无《猛省》之篇，譬如行船，鹢首重而柁楼轻矣，今此婪尾，可谓善谋篇也。余戏诘云：设成君本无此篇，此船终不行耶？盖塾师讲授四书文义，谓之时文，必有法度以合程式；而法度难以空言，则往往取譬以示蒙学：拟于房室，则有所谓间架结构；拟于身体，则有所谓眉目筋节；拟于绘画，则有所谓点睛画毫；拟于形家，则有所谓来龙结穴，随时取譬，然为初学示法，亦自不得不然，无庸责也。惟时文结习，深锢肠府，进窥一切古书古文，皆此时文见解，动操塾师启蒙议论，则如用象棋枰布围棋子，必不合矣。（《古文十弊》一节）

“士衡才优”已下一段，极论文之不宜繁，自是正论。然士龙所云清新相接，不以为病，士衡所云榛楛勿翦，蒙茸集翠，亦有此一理。古人文伤繁者，不廑士衡一人，阅之而不以繁为病者，必由有新意清气以弥缝之也。患专在辞，故其疵犹小，若意辞俱滥，斯真无足观采矣。

声律第三十三

为文须论声律，其说始于魏晋之际，而遗文粲然可见者，惟士衡《文赋》数言。其言曰：暨音声之迭代，若五色之相宣；虽逝止之无常，固崎锜而难便；苟达变而识次，犹开流以纳泉；如失机而后会，恒操末以续颠；谬玄黄之袟叙，故淟涊而不鲜。齐陆厥《与沈约书》云：自魏文属论，深以清浊为言，刘桢奏书，大明体势之致。是韩卿以声律之说，宜祖曹刘。《典论·论文》但云气之清浊有体，非谓音律清浊，陆论似不无差失。至公斡明体势者，今无可见，故但举士衡之言为首。细审其旨，盖谓文章音节须令谐调，本之《诗序》情发于声，成文为音之说，稽之《左氏》琴瑟专壹，谁能听之之言，故非士衡所创获也。其后范蔚宗自谓识宫商，别清浊，能适艰难，济轻重，遂乃讥诃古今文人，谓其多不全了此处。沈约作《宋书》，于《谢灵运传》后为论云：灵均以来，此秘未睹。或暗与理合，匪由思至。其说勇于自崇，而皆忘士衡导其先路，所以来韩卿之议也。然声律之论，实以永明为极盛之时。《南史·陆厥传》云：时盛为文章，吴兴沈约、陈郡谢朓、琅邪王融，以气类相推毂，汝南周颙善识音韵。封演《闻见记》：周颙好为体语，因此切字皆有纽，纽有平上去入之异。戴君《声韵考》曰：颙无书。梁武帝不解四声，以问周舍，舍即颙之子，盖周、沈诸人同时治声韵，各有创识，议论各出，而约为尤盛。约等文皆用宫商，将平上去入四声以此制韵，有平头、上尾、蜂腰、鹤膝，五字之中，轻重悉异，两句之内，角徵不同，不可增减，世呼为永明体。夫王谢诸贤，身皆贵显，佐以词华，宜其致士流之景慕，为文苑别辟术阡。即实论之，文固以音节谐适为宜，至于襞积细微，务为琐屑，笑古人之未工，诧此秘为独得，则亦贤哲之过也。彦和生于齐世，适当王沈之时，又《文心》初成，将欲取定沈约，不得不枉道从人，以期见誉。观《南史》舍人传，言约既取读，大重之，谓深得文理，知隐侯所赏，独在此一篇矣。当其时，独持己说，不随波而靡者，惟有锺记室一人，其《诗品》下篇诋诃王谢沈三子，皆平心之论，非由于报宿憾而为之。《南史·嵘传》：嵘尝求誉于约，约拒之，及约卒，嵘品古今诗为评，言其优劣云云，盖追宿憾，以此报之也。今案记室之言，无伤直道，《南史》所言，非笃论也。若举此一节而言，记室固优于舍人无算也。嗟乎！学贵随时，人忌介立，舍人亦诚有不得已者乎！自梁以来，声律之学，愈为精密，至于唐世，文则渐成四六，诗则别有近体，推原其溯，不能不归其绩于隐侯，此韩卿所云质文时异，今古好殊，谓积重难反则可，谓理本宜然则不可也。纪氏于《文心》它篇，往往无故而加攻难，其于此篇则曰：齐梁文格卑靡，独此学独有千古，两独字不词。锺记室以私憾排之，未为公论也。夫言声韵之学，在今日诚不能废四声，至于言文，又何必为此拘忌？纪氏盖以声韵之学与声律之文并为一谈，因以献谀于刘氏。元遗山诗云：少陵自有连城璧，争奈微之识碔砆。纪氏之于《文心》亦若此矣。详文章原于言语，疾徐高下，本自天倪，宣之于口而顺，听之于耳而调，斯已矣。典乐教胄子以诗歌，成均教国子以乐语，斯并文贵声音之明验。观夫虞夏之籍，姬孔之书，诸子之文，辞人之作，虽高下洪细，判然有殊，至于便籀诵、利称说者，总归一揆，亦何必拘拘于浮切，龂龂于宫徵，然后为贵乎？至于古代诗歌，皆先成文章，而后被声乐，谐适与否，断以胸怀，亦非若后世之词曲，必按谱以为之也。自声律之论兴，拘者则留情于四声八病，矫之者则务欲隳废之，至于佶屈蹇吃而后已，斯皆未为中道。善乎锺记室之言曰：文制本须讽读，不可蹇碍，但令清浊通流，口吻调利，斯为足矣。斯可谓晓音节之理，药声律之拘。《庄子》云：市南宜僚弄丸，而两家之难解。惟锺君其足以与此哉。今仍顺释舍人之文，附沈陆钟三君之说于后。

夫音律所始至**声非学器者也**　《诗大序》疏云：原夫作乐之始，乐写人音，人音有小大高下之殊，乐器有宫徵商羽之异，依人音而制乐，托乐器以写人，是乐本效人，非人效乐。案冲远此论，与彦和有如合符矣。

故言语者，文章神明枢机，吐纳律吕，唇吻而已　案彦和此数语之意，即云言语已具宫商。文章下当脱二字，者下一豆，神明枢机四字一豆，吐纳律吕四字一豆。

古之教歌四句　《韩非子·外储说》右上曰：夫教歌者，使先呼而诎之，其声反清徵者乃教之。一曰，教歌者先揆以法，疾呼中宫，徐呼中徵，疾不中宫，徐不中徵，不可谓与为同教。案韩非之言，乃验声之术，彦和引用以为声音自然之准，意与韩子微异。

商徵响高，宫羽声下　案此二句有讹字。当云宫商响高，徵羽声下。《周语》曰：大不逾宫，细不逾羽。《礼记·月令》郑注云：凡声尊卑取象五行，数多者浊，数少者清。案宫数八十一，商数七十二，角数六十四，徵数五十四，羽数四十八，详见《律历志》。是宫商为浊，徵羽为清，角清浊中。彦和此文为误无疑。

抗喉二句　此言声所从发，非蒙上为言。

廉肉　《乐记》云：使其曲直繁瘠，廉肉节奏，足以感动人之善心而已矣。注曰：曲直，歌之曲折也，繁瘠廉肉，声之鸿杀也；节奏，阕作进止所应也。《正义》曰：曲谓声音回曲，直谓声音放直，繁谓繁多，瘠谓省约，廉谓廉棱，肉谓肥满。案从郑注，廉肉属乐器言，不属人声言。

内听难为聪 言声乐不调，可以闻而得之，独于文章声病往往不憭。

凡声有飞沉至**亦文家之吃也** 此即隐侯所云前有浮声，后须切响，两句之中，轻重悉异者也。飞谓平清，沉谓仄浊。双声者二字同纽，叠韵者二字同韵。一句之内，如杂用两同声之字，或用二同韵之字，则读时不便，所谓双声隔字而每舛，叠韵杂句而必睽也。一句纯用仄浊，或一句纯用平清，则读时亦不便，所谓沉则响发而断，飞则声扬不还也。辘轳交往二语，言声势不顺。黄注引《诗评》释之，大谬。

左碍而寻右二句 此与士衡音声迭代，五色相宣之说同旨，究其治之之术，亦用口耳而已，无他妙巧也。记室云：清浊通流，口吻调利。盖亦有寻讨之功焉，非得之自然也。

声画 即谓文。扬子《法言》曰：言心声也，书心画也。

寄在吟咏，吟咏滋味 案下吟咏二字衍。

异音相从谓之和 案一句之内，声病悉祛，抑扬高下，合于唇吻，即谓之和矣。沈约云：十字之文，颠倒相配。正谓此耳。

宫商大和至**可以类见** 案此谓能自然合节与不能自然合节者之分。曹潘能自然合节者也，陆左不能自然合节者也。纪评未憭。

诗人综韵 此诗人对下《楚辞》而言，则指三百篇之诗人。

知楚不易 案《文赋》云：亮功多而累寡，故取足而不易。彦和盖引其言以明士衡多楚。不以张公之言而变，知楚二字乃涉上文而讹。

凡切韵之动四句　此言文中用韵，取其谐调，若杂以方音，反成诘诎。今人作文杂以古韵者，亦不可不知此。

南郭之吹竽　南，原作东。孙云：《新论·审名》篇：东郭吹竽而不知音。袁孝政注亦以齐宣王东郭处士事为释。是古书南郭自有作东郭者，不必定依《韩子》，但滥竽事终与文义不相应。侃谨案：彦和之意，正同《新论》，亦云不知音而能妄成音，故与长风过籁连类而举。章先生云：当作南郭之吹于耳，正与上文相连。《庄子》前者唱于而随者唱喁，此本南郭子綦语，而彦和遂以为南郭事，俪语之文，固多此类，后人不明吹于之义，遂误加竹耳。侃谨案：如师语亦得，但原文实作东郭。自以孙说为长。

响滑榆槿　槿，《礼记》作堇。《释文》曰：菜也。

割弃支离二句　言声病既祛，宫商自正也。

史臣曰：民禀天地之灵，含五常之德，刚柔迭用，喜愠分情。夫志动于中，则歌咏外发，六义所因，四始攸系，升降讴谣，纷披风什，虽虞夏以前，遗文不睹，禀气怀灵，理或无异，然则歌咏所兴，宜自生民始也。周室既衰，风流弥著，屈平、宋玉，导清源于前，贾谊、相如，振芳尘于后，英辞润金石，高义薄云天。自兹以降，情志愈广，王褒、刘向、杨、班、崔、蔡之徒，异轨同奔，递相师祖，虽清辞丽曲，时发乎篇，芜音累气，固亦多矣。若夫平子艳发，文以情变，绝唱高踪，久无嗣响。至于建安，曹氏基命，三祖陈王，咸蓄盛藻，甫乃以情纬文，以文被质。自汉至魏，四百余年，辞人才子，文体三变：相如工为形似之言，二班长于情理之说，子建、仲宣，以气质为体，并标能擅美，独映当时。是以一世之士，各相慕习。源其飚流所始，莫不同祖《风》《骚》，徒以赏好异情，故意制相诡。降及元康，潘、陆特秀，律异班、贾，体变曹、王，缛旨星稠，繁文绮合，缀平台之逸响，采南皮之高韵，遗风余烈，事极江左。有晋中兴，玄风独扇，为学穷于柱下，博物止乎七篇，驰骋文辞，义殚乎此。自建武暨于义熙，历载将百，虽比响联辞，波属云委，莫不寄言上德，托意玄珠，遒丽之辞，无闻焉尔。仲文始革孙许之风，叔源大变太元之气。爰逮宋氏，颜、谢腾声，灵运之兴会标举，延年之体裁明密，并方轨前秀，垂范后昆。若夫敷衽论心，商榷前藻，工拙之数，如有可言。夫五色相宣，八音协畅，由乎玄黄律吕，各适物宜，欲使宫羽相变，低昂舛节，若前有浮声，则后须切响，一简之内，音韵尽殊，两句之中，轻重悉异，妙达此旨，始可言文。至于先士茂制，讽高历赏，子建函京之作，仲宣灞上之篇，子荆零雨之章，正长朔风之句，并直举胸情，非傍诗史，正以音律调均，取高前式。自灵均以来，多历年代，虽文体稍精，而此秘未睹，至于高言妙句，音韵天成，皆暗与理合，匪由思至。张、蔡、曹、王，曾无先觉，潘、陆、颜、谢，去之弥远，世之知音者，有以得之，此言非谬。如曰不然，请待来哲。（沈约《宋书·谢灵运传论》）

范詹事《自序》：性别宫商，识清浊，特能适轻重，济艰难，古今文人，多不全了斯处。纵有会此者，不必从根本中来。尚书亦云：自灵均以来，此秘未睹，或暗与理合，匪由思至，张、蔡、曹、王，曾无先觉，潘、陆、颜、谢，去之弥远。大旨欲使宫羽相变，低昂舛节，若前有浮声，则后须切响，一简之内，音韵尽殊，两句之中，轻重悉异。辞既美矣，理又善焉。但观历代众贤，似不都暗此，而云此秘未睹，近于诬乎。案范云不从根本中来，尚书云匪由思至，斯可谓揣情谬于玄黄，摛句差其音律也。范又云：时有会此者，尚书云或暗与理合，则美咏清讴，有辞章调韵者，虽有差谬，亦有会合。推此以往，可得而言。夫思有合离，前哲同所不免，文有开塞，即事不得无之。子建所以好人讥弹，士衡所以遗恨终篇，既曰遗恨，非尽美之作，理可诋诃。君子执其诋诃，便谓合理为暗，岂如指其合理，而寄诋诃为遗恨邪！自魏文属论，深以清浊为言，刘桢奏书，大明体势之致，岨峿妥帖之谈，操末续颠之说，兴玄黄于律吕，比五色之相宣，苟此秘未睹，兹论为何所指邪？故愚谓前英已早识宫徵，但未屈曲指的若今论所申，至于掩瑕藏疾，合少谬多，则临淄所云人之著述不能无病者也。非知之而不改，谓不改则不知，斯曹陆又称竭情多悔不可力强者也。今许以有病有悔为言，则必自知无悔无病之地，引其不了不合为暗，何独诬其一了一合之明乎！意者亦质文时异，古今好殊，将急在情物而缓于章句。情物文之所急，犹且美恶相半，章句意之所缓，故合少而谬多，义在于斯，必非不知明矣。《长门》、《上林》，殆非一家之赋，《洛神》、《池雁》，便成二体之作；孟坚精整，《咏史》无亏于东主，平子恢富，《羽猎》不累于凭虚；王粲《初征》，他文未能称是，杨修敏捷，《暑赋》弥日不献。率意寡尤，则事促乎一日，翳翳愈伏，而理赊于七步。一人之思，迟速天悬，一家之文，工拙壤隔，何独宫商律吕，必责其如一邪？论者乃可言未穷其致，不得言曾无先觉也。（陆厥《与沈约书》《全齐文》二十四）

宫商之声有五，文字之别累万，以累万之繁，配五声之约，高下低昂，非思力所举。又非止若斯而已也。十字之文，颠倒相配，字不过十，巧历已不能尽，何况复过于此者乎？灵均以来，未经用之于怀抱，固无从得其仿佛矣。若斯之妙而圣人不尚，何邪？此盖曲折声韵之巧，无当于训义，非圣哲立言之所急也。是以子云譬之雕虫篆刻，云壮夫不为。自古辞人，岂不知宫羽之殊，商徵之别。虽知五音之异，而其中参差变动，所昧实多，故鄙意所谓此秘未睹者也。以此而推，则知前世文士便未悟此处。若以文章之音韵，同弦管之声曲，则美恶妍蚩，不得顿相乖反，譬犹子野操曲，安得忽有阐缓失调之声。以《洛神》比陈思他赋，有如异手之作，故知天机启则律吕自调，六情滞则音律顿舛也。士衡虽云炳若缛锦，宁有濯色江波，其中复有一片是卫文之服，此则陆生之言，即复不尽者矣。韵与不韵，复有精粗，轮扁不能言，老夫亦不尽辨此。（沈约《答陆厥书》《全梁文》三十八）

昔曹、刘殆文章之圣，陆、谢为体贰之才，锐精研思千百年中，而不闻宫商之辨，四声之论；或谓前达偶然不见，岂其然乎！尝试言之曰：古诗颂皆被之金竹，故非调五音无以谐会，若置酒高堂上，明月照高楼，为韵之首，故三祖之词，文或不工，而韵入歌唱，此重音韵之义也，与世之言宫商者异矣。今既不被管弦，亦何取于声韵耶？齐有王元长者，尝谓余云：宫商与二仪俱生，自古词人不知之，唯颜宪子乃云律吕音调，而其实大谬，唯见范晔、谢庄颇识之耳。常欲造《知音论》，未就。王元长创其首，谢朓、沈约扬其波，三贤咸贵公子孙，幼有文辨，于是士流景慕，务为精密，襞积细微，转相凌架，故使文多拘忌，伤其真美。余谓文制本须讽读，不可蹇碍，但令清浊通流，口吻调利，斯为足矣。至于平上去入，则余病未能，蜂腰鹤

膝，闾里已具。(《诗品下》序)

沈休文酷裁八病，令人苦之。所谓八病者，平头、上尾、蜂腰、鹤膝、大韵、小韵、旁纽、正纽是也。记室云：蜂腰鹤膝，闾里已具。盖谓虽寻常歌谣，亦自然不犯之，可毋严设科禁也。兹檃括《诗纪》别集二所说释八病如次。

平头。第一字不宜与第六字同声，第二字不宜与第七字同声，如"(今)(日)良宴会，(欢)(乐)难具陈"。一说句首二字并是平声，如"(朝)(云)晦初景，(丹)(池)晚飞雪"。

上尾。第五字不得与第十字同声，如"西北有高(楼)，上与浮云(齐)"。

蜂腰。第二字不得与第五字同声，如"远(与)君别(者)，乃至雁门关"。一说第三字不得与第七字同声，如"徐步(金)门旦，言(寻)上苑春"。

鹤膝。第五字不得与第十五字同声，如"新制齐纨(素)，皎洁如霜雪，裁为合欢(扇)，团团似明月"。

大韵。五言诗两句中除韵外，余九字不得有字与韵犯，如"(胡)姬年十五，春日独当(垆)"。

小韵。五言两句中除韵外，余九字有自相同韵者，如"薄帷鉴(明)月，(清)风吹我衿"。

旁纽。双声同两句杂用，如"田夫亦知礼，(寅)宾(延)上坐"。

正纽。一纽四声两句杂用，如"我本汉(家)子，来(嫁)单于庭"。

章句第三十四

结连二字以上而成句，结加二句以上而成章，凡为文辞，未有不辨章句而能工者也；凡览篇籍，未有不通章句而能识其义者也；故一切文辞学术，皆以章句为始基。所恶乎章句之学者，为其烦言碎辞，无当于大体也。若夫文章之事，固非一憭章句而即能工巧，然而舍弃章句，亦更无趋于工巧之途。规矩以驭方员，虽刻琱众形，未有遯于规矩之外者也；章句以驭事义，虽牢笼万态，未有出于章句之外者也。汉师之于经传，有今文与古文异读者焉，有后师与前师异读者焉，凡为此者，无非疑其义训之未安，而求其句读之合术而已。域外之文，梵土则言名句文身，而释典列为不相应行，又有离合六释，求名义者所宜悉。远西自罗马以降，则有葛拉玛之书，其国土殊别，言语佤离者，无不有是物焉。近世有人取其术以驭中国之文，而或者以为不师古；不悟七音之理，字母之法，壹皆得之异域，学者言之而不讳，祖之以成书，然则文法之书，虽前世所无，自君作故可也。彦和此篇，言句者联字以分疆。又曰：因字而生句。又曰：句之清英，字不妄也。又曰：句司数字，待相接以为用。其于造句之术，言之晢矣。然字之所由相联而不妄者，固宜有共循之途辙焉。前人未暇言者，则以积字成句，一字之义果明，则数字之义亦必无不明，是以中土但有训诂之书，初无文法之作，所谓振本知末，通一万毕，非有阙略也。为文章者，虽无文法之书，而亦能暗与理合者，则以师范古书，俱之相习，能憭古人之文义者，未有不能自正其文义者也。及至丹徒马氏学于西土，取彼成法，析论此方之文，张设科条，标举品性，考验经传，而驾驭众制，信前世所未有也。《文通》之书具在，凡致思于章句者所宜览省，小有罅隙，亦未足为疵，盖创始之难也。今释舍人之文，加以己意，期于夷易易遵，分为九章说之：一释章句之名，二辨汉师章句之体，三论句读之分有系于音节与系于文义之异，四陈辨句简捷之术，五略论古书文句异例，六论安章之总术，七论句中字数，八论句末用韵，九词言通释。

一，释章句之名　《说文》：丶，有所绝止，丶而识之也。施于声音，则语有所稽，宜谓之丶；施于篇籍，则文有所介，宜谓之丶。一言之遯，可以谓之丶；数言联贯，其辞已究，亦可以谓之丶。假借为读，所谓句读之读也，凡一言之停遯者用之。或作句投，或作句豆，或变作句度，其始皆但作丶耳。其数言联贯而辞已究者，古亦同用绝止之义，而但作丶。从声以变则为章，《说文》乐竟为一章是也。言乐竟者，古但以章为施于声音之名，而后世则泛以施之篇籍。舍人言章者明也，此以声为训，用后起之义傅丽之也。句之语原于𠄌，《说文》：𠄌，钩识也，从反亅。是𠄌亦所以为识别，与丶同意。章先生说：《史记·滑稽列传》，东方朔至公车上书，公车令两人共持举其书，人主从上方读之。止，辄乙其处。乙非甲乙之乙，乃钩识之𠄌。𠄌字见于传记，惟有此耳。声转为曲，曲古文作𠃊，正象句曲之形，凡书言文曲，《荀子》。言曲折，《汉书·艺文志》。言曲度，傅毅《舞赋》。皆言声音于此稽止也。又转为句。《说文》曰：句，曲也。句之名，秦汉以来众儒为训诂者乃有之，此由讽诵经文，于此小遯，正用钩识之义。舍人曰：句者，局也。此亦以声为训，用后起之义傅丽之也。

《诗》疏曰古者谓句为言,《论语》以思无邪为一言。《左传》臣之业在《扬之水》卒章之四言,谓第四句不敢以告人也。及赵简子云大叔遗我以九言。皆以一句为一言也。案古称一言,非必词意完具,但令声有所稽,即为一言,然则称言与称句无别也。总之,句、读、章、言四名,其初但以目声势,从其终竟称之则为章,从其小有停遯言之则为句、为曲、为读、为言。降后乃以称文之词意完具者为一句,结连数句为一章。或谓句读二者之分,凡语意已完为句,语意未完语气可停者为读,此说无征于古。检《周礼·宫正》注云:郑司农读火绝之,云禁凡邦之事跸。又《御史》注云:郑司农读言掌赞书数,玄以为不辞,故改之。案康成言读火绝之,是则语意已完乃称为读。又云不辞,不辞者,文义不安之谓,若语势小有停顿,文义未即不安,何以必须改破。故知读亦句之异名,连言句读者,乃复语而非有异义也。要之,语气已完可称为句,亦可称为读,前所引先郑二文是矣。语气未完可称为读,亦可称为句,凡韵文断句多此类矣。《文通》有句读之分,取便学者耳,非古义已然。若乃篇章之分,一著简册之实,一著声音之节,以一篇所载多章皆同一意,由是谓文义首尾相应为一篇,而后世或即以章为篇,则又违其本义。案《诗》三百篇,有一篇但一章者,有一篇累十六章者,此则篇章不容相混也。其他文籍,如《易》二篇不可谓之二章,《孟子》七篇不可谓之七章,《老子》著书上下篇,不可谓之二章。自杂文猥盛,而后篇章之名相乱。舍人此篇云:积章成篇,篇之彪炳,章无疵也。又云:篇有小大。盖犹是本古谊以为言。今谓集数字而显一意者,谓之一句;集数意以显一意者,谓之一章。一章已显则不待烦辞,一章未能尽意则更累数章以显之,其所显者仍为一意,无问其章数多寡。或传一人,或论一理,或述一事,皆谓之一篇而已矣。

二，辨汉师章句之体 《学记》曰：古之教者，一年视离经辨志。郑曰：离经，断句绝也。详记文所述学制，郑皆以《周礼》说之，是则古之教者，谓周代也。其时考校已以离析经理断绝章句为最初要务，尔则章句之学，其来久矣。凡离析文理，必先辨字谊，故六书之学，课于保氏，而周公亲勒《尔雅》之文。《诗·烝民》曰“古训是式”。孔子告哀公曰：《尔雅》以观于古。盖未有不憭古训，而能离析经理者，故知经之有传训，凡以为辨别章句设也。寻《左氏》载春秋时人引《诗》，往往标举篇章次弟，若楚庄王之述《周颂》，及称《巧言》之卒章，《扬之水》卒章之四言者，知尔时离析章句，为学者所习为矣。子夏序《诗》，于《东山》篇分别四章之义，明文炳然，然则毛公故言所分章句，皆子夏传之也。章句本专施于《诗》，其后离析众书文句者，亦有章句，《易》则有施、孟、梁丘章句，《书》则有欧阳、大小夏侯章句，《春秋》则有《公羊》、《穀梁》章句，《左氏》尹更始章句，班固、贾逵则作《离骚经》章句。章句之始，盖期于明析经理而止。经有异家，家有异师，训说不同，则章句亦异，弟子传师说者，或更增益其文，务令经义敷畅。至其末流，碎义逃难，便辞巧说，破坏形体，而章句之文于是滋多，秦恭延君增师法至百万言，说《尧典》篇目两字十余万言，但说“曰若稽古”三万言，此则破析经文，与章句之本义乖矣。桓荣受朱普学章句四十万言，荣减为二十三万言，其子郁复删省成十二万言，是则章句之文可以损之又损，知其多者皆浮辞也。汉师传经，亦有不用章句者，如费氏传《易》，但以《十翼》解经，而申公传《诗》，亦独有训故，然皆以诠明经义为主，斯有章句之善，而无章句之烦，故足邵也。若其驰逐不反，以多为贵，学者但记师说，幼童而守一艺，白首而后能言，是以通人耻之，若《扬子云自传》，称不为章句，训诂通而已；《班固传》亦称固不为章句，但举大义；《论衡·超奇》篇目能说一经者为儒生，博览古今者为通人，知章句之末流，为人诟病甚矣，然未可因是而遂废章句也。经传章句存者，上有《毛传》，次有赵岐之于《孟子》，王逸之于《楚词》，其他东汉经师章句遗文犹有可考见者，盖皆雅畅简易，不如西汉今文诸师之烦，固知章句亦自有可法者在也。详章句之体，毛公最为简洁，其于经文，但举训故，又义旨已具《序》中，自非委曲隐约者，不更敷畅其词。若邠卿、叔师则既作训故，又重宣本文之义，视毛公已为繁重矣。案邠卿《孟子题辞》言为之章句，具载本文，章别其旨，此则一章之谊，已在章指之中，而又每句别加注解，斯可谓重出，然本取施于新学，故可宗也。赵氏章句，大抵复衍本文，有类后世讲章，如孟子见梁惠王句下章句云：孟子适梁，惠王礼请孟子见之。此为不解而能明者也。叔师之作《楚词章句》，亦以明指趣为急，故文有繁焉，如“朕皇考曰伯庸”句，既已逐字注解，又总释之曰：屈原言我父伯庸体有美德，以忠辅楚，世有令名，以及于己。此亦不待烦言。汉师说经，于文义难知处，或加疏释，其文亦不辞繁，观服子慎《左氏解谊》，释宣二年传文一则可见。宣二年传：宋郑战于大棘，囚华元。将战，华元杀羊食士，其御羊斟不与，及战，与入郑师，故败。宋人以兵车百乘，文马百驷，以赎华元于郑，半入，华元逃归，见叔牂，曰：子之马然也。对曰：非马也，其人也，既合而来奔。杜以子之马然为华元之辞，对曰为羊斟之词，既合而来奔，记者之词。《正义》引服虔载三说，皆以子之马然为叔牂之语，对曰以下为华元之辞。贾逵云：叔牂，宋守门大夫，华元既见叔牂，牂谓华元曰：子见获于郑者，是由子之马使然也。华元对曰：非马自奔也，其人为之也，谓羊斟驱入郑也；奔，走也，言宋人赎我之事既和合，而我即来奔耳。郑众云：叔牂即羊斟也，在先得归，华元见叔牂，牂即诬之曰：奔入郑军者，子之马然也，非我也。华元对曰：非马也，其人也。言是女驱之耳。叔牂既与华元合语而即来奔鲁。又一说：叔牂，宋人，见宋以马赎华元，谓元以赎得归，谓元曰：子之得来，当以马赎故然。华元曰：非马也，其人也。言已不由马赎，自以人事来耳，赎事既合，而我即来奔。详此三说之殊，皆数言可了，必复引经文，增字为释，此章句之体也。要之章句之用，在使经文之章句由之显明，是故丁将军说《易训故》举大义，亦称为小章句，故知顺释经文，使人因之以得文曲者，虽不名章句，犹之章句也。汉师句读经文，今古文或殊，前后师或殊，所以违异，必加辨说之辞。康成之注《三礼》，有屡改旧读者已，何邵公《公羊解诂序》，亦闵笑援引他经失其句读者，故知家法有时而殊，离经彼此不异。降至后世，义疏之作，布在人间，考证之篇，充盈箧笥，又孰非章句之幻形哉？今谓擘探古籍，必自分析章句始，若其骈枝之辞，漫羡之说，则宜有所裁。

三，论句读有系于音节与系于文义之异　文章与语言本同一物，语言而以吟咏出之，则为诗歌。凡人语言声度不得过长，过长则不便于喉吻，虽词义未完，而词气不妨稽止，验之恒习，固有然矣。文以载言，故文中句读，亦有时据词气之便而为节奏，不尽关于文义。至于诗歌，则句度齐同，又本无甚长之句，颜延之讥挚虞《文章流别》以诗有九言为非，以为声度阐缓，不协金石，斯可谓谙制句之原者也。世人或拘执文法，强作分析，以为意具而后成句，意不具则为读，不悟诗之分句，但取声气可稽，不问义完与否，如《关雎》首章四句，以文法格之，但两句耳，“关关雎鸠”，“窈窕淑女”，但当为读，盖必合下句而义始完也。今则传家并称为句，故知诗之句徒以声气分析之也。又如《定之方中》篇：“树之榛栗，椅桐梓漆。”《七月》篇：“十月纳禾稼，黍稷重穋，禾麻菽麦。”自文法言皆一句也，而传家仍分为二若三，此又但以声气论也。其最长者，如《韩奕》篇：王锡韩侯，淑旂绥章，簟茀错衡，玄衮赤舄，钩膺镂锡，鞹鞃浅幭，鞗革金厄。凡二十八字，使但诵为一句，不几令人唇吻告劳矣乎？诗歌既然，无韵之文亦尔，如《书·皋陶谟》曰：予欲观古人之象日月星辰山龙华虫作会宗彝藻火粉米黼黻絺绣以五彩彰施于五色作服。自文法言，亦廑一句，然当帝舜出言时，必不能使声气蝉联，中无间断，故知自声势言，谓之数句可也。《左传》载臧僖伯谏隐公之辞，有曰：鸟兽之肉不登于俎，皮革齿牙骨角毛羽不登于器，则公不射。又栾武子论楚事之辞，有曰：楚自克庸以来，其君无日不讨国人而训之，于民生之不易，祸至之无日，戒惧之不可以怠。此皆累数十名而成一辞，当其发语之时，其稽止之节，固已数矣。要之，以声气为句者，不憭文法必待意具而后成辞，则义旨或至离析；以文法为句者，不憭声气但取协节，则词言或至失调，或乃曰意完为句，声止为读，此又混文义声气为一，只以增其纠纷。今谓句读二名，本无分别，称句称读，随意而施，以文义言，虽累百名而为一句，既不治之以口，斯无嫌于冗长，句中不更分读可也；以声气言，字多则不便讽诵，随其节奏以为稽止，虽非句而称句可也。学者目治之时，宜知文法之句读，口治之时，宜知音节之句读。

文法之句虽长，有时不能中断，盖既成一辞，即无从中截削之理。如上举《左氏》文，但言楚自克庸以来，知此六字缘何而发，但言日讨国人而训之，知其所训何事，又或别析祸至之无日戒惧之不可以怠为二句，知其上蒙何文，故此二十五字中，无处可加钩识，强立读名，斯无谓也。

四，陈辨句简捷之术　《马氏文通》于析句之术，言之綦详。其言曰：凡有起词语词而辞意已全者曰句，凡有起词语词而辞意未全者曰读，凡句读中字少长而辞意应少住者曰顿，顿者，所以便诵读，于句读之义无涉也。读之用有三：一用如名字，二用如静字，三用如状字。谨案马氏所立三名，特以资讲说之便，即实论之，览文惟须论句而已。顿之名，马氏自云于句读之义无涉，今不复辨。至如马氏所谓读，实即句中之句，其用于句中，虽累十名等于一字之用，然则了于成句之理者，未有不能辨字位之所处者也，知数字在句中所处之位，与一字在句中所处之位相同，则读之名可废矣。今谓辨句之法，但察其意义完具与否，有时以二字成句可也，有时累百名成句可也。盖今世所谓句，古昔谓之辞，其本字为词。《说文》曰：词，意内而言外也。此谓以言表意，言具而意显，然则虽言而意不显，不得谓之成词。《易》曰：情见乎辞。又曰：辞以尽言。故语言成辞，则情趣可见，文章成辞，则意谊自昭，昔之审谍文义，申说旨趣者，皆视其成辞与否，故汉师于旧解失义者谓之不辞，言辞不比叙，意不昭明也。子夏读《晋史》“三豕渡河”，而知其为己亥之误，以三豕渡河四字不辞也。孟仲子读《诗》“维天之命，於穆不已”为不似，毛公用其天命无极之说，而不从其读，以天命不似为不辞也。《公羊》释伯于阳经文，以为史记之误，以伯于阳三字不辞也。《穀梁》释夏五经文，以为传疑，以夏五二字不辞也。故审乎立辞之术，则古书文读可以理董而无滞矣。《荀子·正名》篇之释名辞辨说，盖正名之术，实通一切文章，固知析句之法，古人言之已憭，后有述者，莫能上也。《荀子》之言曰：名闻而实喻，名之用也。杨注曰：名之用本在于易知也。又曰：累而成文，名之丽也。注曰：累名而成文辞，所以为名之华丽，读书之言皆是也。或曰：丽同俪，配偶也。又曰：用丽俱得，谓之知名。注曰：浅与深俱不失其所，则为知名也。又曰:名也者,所以期累实也。注曰:名者,期于累数其实以成言语。或曰:累实当为异实,所以期于使实各异也。又曰:辞也者,兼异实之名以论一意也。注曰:辞者,说事之言辞,兼异实之名。谓兼数异实之名以成言辞,犹若元年春王正月公即位,兼说异实之名以论公即位之一意也。又曰:辨说也者,不异实名以喻动静之道也。注曰:动静,是非也。言辨说也者,不唯兼异常实之名,所以喻是非之理,辞者论一意,辨者明两端者也。案古所谓名,即后世所谓字。《仪礼》记:百名以上。谓百字以上也。由字得义,故曰名闻实喻,字与字相傅丽,比辑之以成辞,故曰累而成文。积字以表义,故曰名以期累实。集数字为一辞,字义虽殊,所诠惟一,故曰兼异实之名以论一意。设辞尽情,辞具而意章,错综众字以阐一事,故曰不异实名以喻动静之道。夫其解析文理有伦有脊若此,孰谓文法之书,惟西土擅长乎?今即《荀子》所谓辞以辨文句,则凡能成意者皆得谓之句,是故桓公元年经书春王正月即位,必连公即位三字而后成辞,隐公元年不书即位,而亦得成辞,以不书即所以见意也,定公元年春王三月,不书正月,以正月未行即位礼故,然书王三月与隐公三年经之王二月,传之王三月,词例正复相同,彼既不得断春王为句,知此亦不得断春王为句,而《公》、《穀》二家并从春王断句,斯未识春王二字不成辞也,《左氏》于此不释,杜本亦从二家于春王断句盖误。循是推之,凡集数字成文,如其意有所诠,虽文有阙省,亦复成辞,则知字虽多而意不显,不能谓之成辞也。兹取《史记》文数则释之,但以集数字论一意者为句,期令断句之术,简捷易知。若夫马氏之言,自有《文通》之书在,无事剿说于此也。

少君者故深泽侯舍人主方句　匿其年及其生长句　常自

谓七十句　能使物却老句　其游以方遍诸侯句　无妻子句　人闻其能使物及不死更馈遗之句　常余金钱衣食句　人皆以为不治生业而饶给又不知其何所人愈信争事之句　少君资好方善为巧发奇中句　尝从武安侯饮句　坐中有九十余老人句　少君乃言与其大父游射处句　老人为儿时从其大父识其处句　一坐尽惊句　少君见上句　上有古铜器句　问少君句　少君曰句　此器齐桓公十年陈于栢寝句　已而案其刻果齐桓公器句　一宫尽骇以为少君神数百岁人也句　少君言上曰句　祠灶则致物句　致物而丹砂可化为黄金句　黄金成以为饮食器则益寿句　益寿而海中蓬莱仙者乃可见句　见之以封禅则不死句　黄帝是也句　臣尝游海上见安期生句　安期生食臣枣大如瓜句　安期生仙者通蓬莱中句　合则见人句　不合则隐句　于是天子始亲祠灶遣方士入海求蓬莱安期生之属而事化丹砂诸药齐为黄金矣句(《史记·封禅书》)

余读孔氏书想见其为人句　适鲁观仲尼庙堂车服礼器诸生以时习礼其家句　余低回留之不能去云句　天下君王至于贤人众矣，当时则荣没则已焉句　孔子布衣传十余世学者宗之句　自天子王侯中国言六艺者折中于夫子可谓至圣矣句(《史记·孔子世家》)

以上二文，《文通》亦征引之，而断句颇有不同。愚今以意分析，未敢自谓不谬也。

《文通·十象》六《释读》，言读之别有三：一有接读代字，如者字所字。用者字者，《公羊传》：天下诸侯宜为君者，唯鲁侯尔。用所字者，《庄子》云：无形者数之所不能分也。案天下至为君已成句，加者字则等于一名词矣；数不能分已成句，加所字则等于一名词矣。故凡用接读代字者，无异化数字以为一名词也。二起语二词之间，参以之字。如《孟子》北宫黝之养勇也。流水之为物也。案北宫养勇已成句，加之字则等一名词矣。三弁读之连字，谓若句首用若即如使虽纵等字。案此等句以文理言，但作句观，不视同一字。

马氏又言读之用三：一用如名词。二用如静字，是则读等于字，可毋烦言。三用如状字，谓以读记处，若《论语》居是邦也，事其大夫之贤者。以读记时。若《左传》昔夏之方有德也，远方图物。以读记容。若《左传》夫子之在此也，如燕之巢于幕上。案读用如状字之式。有读即为句，如第三式是也。有读作一字，用前二式是也。

五，约论古书文句异例　恒文句读，但能辨解字谊，悉其意旨，即可憭然无疑，或专以文法剖判之，亦可以无差忒。惟古书文句驳荦奇侅者众，不悉其例，不能得其义旨，言文法者，于此又有所未暇也。幸顾王、俞诸君，有成书在，兹删取其要，分为五科，科有细目，举旧文以明之，皆辨审文句之事。若夫订字谊，正讹文，虽有关于文句，然于成辞之质无所增省，虽有条例，不阑入于此云。

第一，倒文

（一）句中倒字

《左传·昭十九年》：谚所谓室于怒，市于色。顺言当云怒于室，色于市。

《孟子·尽心下》：若崩厥角稽首。顺言当云厥角稽首若崩。

（二）倒字叶韵

《诗·节南山》篇：弗问弗仕，勿罔君子，式夷式已，无小人殆。顺言当云无殆小人。

《墨子·非乐上》引《武观》曰：启乃淫溢，野于饮食，将将铭苋磬以力。顺言当云饮食于野。

(三)倒句

《左传·闵公二年》:为吴太伯不亦可乎!犹有令名,与其及也。顺言当云与其及也,犹有令名。

《礼记·檀弓》篇:盖殡也,问于郰曼父之母。顺言当云问于郰曼父之母,盖殡也。

(四)倒序

《周礼》大宗伯职:以肆献祼享先王。以次第言,祼在先,献次之,肆又次之。

《书·立政》:或五六年,或四三年。

第二,省文

(一)蒙上省

《书·禹贡》:终南惇物至于鸟鼠。不言治,蒙上荆岐既旅之文。

《左传·定四年》:楚人为食,吴人及之,奔,食而从之。奔不言楚人,食而从之不言吴人,蒙上。

(二)因下省

《书·尧典》:期三百有六旬有六日。三百者,三百日也,不言日,因下省。

《诗·七月》篇:七月在野,八月在宇,九月在户,十月蟋蟀入我床下。在野在宇在户,皆蟋蟀也。不言者,因下省。

(三)语急省

《左传·庄二十二年》:敢辱高位以速官谤。敢,不敢也,语急省。

《公羊传·隐元年》:如勿与而已矣。如,不如也,语急省。

(四)因前文已具而省

《易·同人》九五:同人先号咷而后笑。《象》曰:同人之先,以中直也。《象》意当说同人之先号咷而后笑，以中直也。今但曰同人之先，蒙上省也。《易传》此例至多。

《诗·板》篇：天之牖民，如埙如篪，如璋如圭，如取如携，携无曰益，牖民孔易。无曰益，但承携言。以文不便，省埙篪以下也。

（五）以疏略而省

《论语》：沽酒市脯不食。当云沽酒不饮，疏略也。

《左传·襄二年》：以索马牛皆百匹。牛当称头，疏略也。

（六）反言省疑词

《书·西伯戡黎》：我生不有命在天？言有命在天也。

《老子》七十七章：是以圣人为而不恃，功成而弗处，其不欲见贤？言其不欲见贤乎。

（七）记二人之言省曰字

《孟子·滕文公》篇：从许子之道至屦大小同则贾相若。皆陈相之词，上省曰字。

《礼记·檀弓》篇：悼公之丧，季昭子问于孟敬子，曰：为君何食？敬子曰：食粥，天下之达礼也。吾三臣者之不能居公室也，四方莫不闻矣，勉而为瘠则吾能，毋乃使人疑夫不以情居瘠者乎哉！我则食食。自吾三臣者以下皆昭子之词，而省曰字。

第三，复文

（一）同义字复用

《左传·襄三十一年》：缮完葺墙以待宾客。缮完葺三字同谊。○二字复用不可悉数。

《左传·昭十六年》：庸次比耦以艾杀此地。庸次比耦四字同义。

（二）复句

《易·系辞》：言天下之至赜而不可恶也，言天下之至赜而不可乱也。下藬字郑、虞、王本皆同,今本作动。

《孟子·梁惠王》篇。故王之不王,非挟泰山以超北海之类也。王之不王,是折枝之类也。《诗》中复句极多,不能悉数。

(三)两字义类相因牵连用之而复

《礼记·文王世子》篇:养老幼于东序。言养幼者,牵于老而言之。

《玉藻》篇:大夫不得造车马。言造马者,牵于车而言之。

(四)语词叠用

《尚书·多方》篇:尔曷不忱裕之于尔多方?尔曷不夹介乂我周王享天之命?今尔尚宅尔宅,畋尔田,尔曷不惠王熙天之命?尔乃迪屡不靖,尔心未爱,尔乃不大宅天命,尔乃屑播天命,尔乃自作不典图忱于正。十一句中,三尔曷不字,四尔乃字。

《诗·大雅·绵》篇:乃慰乃止,乃左乃右,乃疆乃理,乃宣乃亩。四句叠用八乃字。

(五)语词复用

《书·秦誓》:尚犹询兹黄发。言尚又言犹。

《礼记·檀弓》篇:人喜则斯陶。言则又言斯。

(六)一人之词中加曰字

《左传·哀十六年》:乞曰:不可得也;曰,市南有熊宜僚者,若得之,可以当五百人矣。下曰字仍为乞语,此记者加以更端。

《论语》:怀其宝而迷其邦,可谓仁乎?曰:不可。曰字阳虎自答,此自为问答之词。

第四,变文

(一)用字错综

《春秋·僖十六年》:陨石于宋五。是月六鹢退飞过宋都。上言石五,下言六鹢,错言之耳。

《论语》:迅雷风烈。即迅雷烈风。

（二）互文见义

《礼记·文王世子》篇：诸父守贵宫贵室，诸子诸孙守下宫下室，诸父诸兄守贵室，子弟守下室，而让道达矣。郑曰：上言父子孙，此言兄弟，互相备也。

《祭统》篇：王后蚕于北郊，以共纯服；夫人蚕于北郊，以共冕服。郑曰：纯服亦冕服也，互言之尔。

（三）连类并称

《仪礼·少牢馈食礼》：日用丁巳。或用丁，或用巳。

《孟子》：华周、杞梁之妻，善哭其夫，而变国俗。哭夫为杞梁妻事，华周妻乃连类言之也。

（四）两语平列而实相联

《论语》：君子耻其言而过其行。言君子耻其言之过其行也。

《诗·荡》篇：侯作侯祝。《传曰》：作祝诅。

（五）两语小殊而实一意

《诗·关雎》：参差荇菜，左右流之；参差荇菜，左右求之。《传》曰：流，求也。

《礼记·表记》：仁有数，义有长短小大。数即长短小大。

（六）变文叶韵

《易·小畜》上九：既雨既处。处，止也，与雨韵，故变言处。

《诗·鄘风·柏舟》：母也天只，不谅人只。《传》曰：天，谓父也。《正义》曰：先母后天，取其韵句。案变父言天，亦取韵句耳。

（七）前文隐没至后始显

《礼记·曲礼》篇：天子谓之伯父，异姓谓之伯舅。下言异姓，则上言同姓明矣。

《檀弓》篇：晋献公之丧，秦穆公使人吊公子重耳。子显以致命于秦穆公。上不言使人为谁,至后始显。

(八)举此见彼

《易·文言》:地道也,臣道也,妻道也,地道无成而代有终也。不言臣妻。

《礼记·王制》。大国之卿不过三命,下卿再命,小国之卿与下大夫一命。郑曰:不著次国之卿者,以大国之下互明之。

(九)上下文语变换

《书·洪范》:金曰从革,土爰稼穑。爰即曰也。

《论语》:爱之能勿劳乎? 忠焉能勿诲乎? 焉即之也。

(十)叙论并行

《左传·僖三十三年》:秦伯素服郊次,向师而哭,曰:孤违蹇叔以辱二三子,孤之罪也。不替孟明,孤之过也,大夫何罪! 且吾不以一眚掩大德。不替孟明乃记者之词。

《史记·周本纪》:尹佚筴祝曰:殷之末孙季纣,殄废先王明德,侮蔑神祇不祀,昏暴商邑百姓,其章显闻于皇天上帝。于是武王再拜稽首,曰:膺更大命,革殷受天明命。武王又再拜稽首。于是武王再拜稽首曰,九字夹叙于祝文之中,再拜稽首叙其事,曰者,史佚更读祝文也。

(十一)录语未竟

《左传·襄二十五年》:盟国人于大宫,曰:所不与崔庆者。下无文。

《史记·高纪》:诸君必以为便,便国家。下无文。

第五,足句

(一)间语

《书·君奭》:迪惟前人光。惟,间语也。

《左传·隐十一年》:天而既厌同德矣。而,间语也。

(二)助语用虚字

《诗·车攻》篇:徒御不惊,大庖不盈。《传》:不惊,惊也。不盈,盈也。

《书·洪范》:皇建其有极。有极,极也。

(二)以语词齐句

《诗·匏有苦叶》篇:济盈不濡轨,雉鸣求其牡。不字所以齐句。

《无羊》篇:众维鱼矣,旐维旟矣。维字所以齐句。

右所甄举,大抵取之《古书疑义举例》中。其文与恒用者殊特,不憭其例,则于其义茫然,或因以生误解。文法书虽工言排列组织之法,而于旧文有所不能施用。盖俞君有言,执今人寻行数墨之文法,而以读周秦两汉之书,犹执山野之夫,而与言甘泉建章之巨丽也。斯言谅矣。兹为讲说计,窃取成篇,聊以证古书文句之异,若其详则先师遗籍具在,不烦罗缕于此云。

六,论安章之总术　舍人此篇,当与《镕裁》、《附会》二篇合观,又证以《文赋》所言,则于安章之术灼然无疑矣。此篇云:句司数字,待相接以为用;章总一义,须意穷而成体。其控引情理,送迎际会,譬舞容回环,而有缀兆之位;歌声靡曼,而有抗坠之节也。章句在篇,如茧抽绪,原始要终,体必鳞次。启行之辞,逆萌中篇之意;绝笔之言,追媵前句之旨;故能外文绮交,内义脉注,跗萼相衔,首尾一体。若辞失其朋,则羁旅而无友,事乖其次,则飘寓而不安。是以搜句忌于颠倒,裁章贵于顺序,斯固情趣之指归,文笔之同致也。案此文所言安章之法,要于句必比叙,义必关联。句必比叙,则浮辞无所容;义必关联,则杂意不能羼。章者,合句而成,凡句必须成辞,集数字以成辞,字与字必相比叙也,集数句以成章,则句与句亦必相比叙也;字与字比叙,而一句之义明,句与句比叙,而一章之义明;知安章之理无殊乎造句,则章法无紊乱之虑矣。《文心》云:引而伸之,则两句敷为一章,约以贯之,则一章删成两句。夫句可展为章,章可删为句,知章句之理本无二致矣。一章所论,必为一意,一意非一句所能尽,故必累句以明之,而此诸句所言,皆趣以明彼之一意,然则诸句之间,必有相待而不能或离者,是故前句之意,或以启下文,后句之意,或以足上旨,使去其一句,则义因之以晦,横增一句,则义因之不安,盖句中一字之增损,足以累句,章中一句之增损,亦足以累章,若知义必关联,则二意两出同辞重句之弊可以祛矣。然临文安章,每苦杌陧,操末续颠,势所不免,是故《镕裁》篇说安章要在定准,准则既定,奉以周旋,则首尾圆合,条贯统序,文成之后,与意合符,此则先定章法,后乃献替节文,亦安章之简术也。凡篇章立意,虽有专主,而枝分条别,赖众理以成文,操毫时既有牵缀之功,脱稿后复有补苴之事,文不加点,自古所稀,易句改章,文士常习,是以舍人复有《附会》之篇,以明修润之术,究其要义,亦曰总纲领、求统绪、识腠理、会节文而已。大抵文既成篇,更有增省,必须俯仰审视,细意弥缝,否则删者有断鹤之忧,补者有赘肬之诮,尽接寸附,为功至烦,故曰改章难于造篇,易字艰于代句,此已然之验也。《文赋》曰:或仰逼于先条,或俯侵于后章,或辞害而理比,或言顺而义妨,离之则双美,合之则两伤,考殿最于锱铢,定去留于毫芒,苟铨衡之所裁,固应绳其必当。此文所言安章之术虽简,实足包括舍人三篇之言。至言铨衡所裁,应绳必当。注云:言铨衡所裁,苟有轻重,虽应绳墨,须必除之,则章法谨严极矣。统之,安章之术,以句必比叙,义必关联为归,命意于笔先,所以立其准,删修于成后,所以期其完,首尾周密,表里一体,盖安章之上选乎。

七,论句中字数　此篇言句中字数,兼文笔二者言之。无韵之文,句中字数盖无一定,彦和言四字密而不促,六字格案格为裕之误而非缓,或变之以三五,盖应机之权节也。此谓无韵之文,以四字六字为适中,密而不促,裕而非缓,即谓得缓急之中,变以三五,但为权节,则四字六字为合中明矣。李详云:《十驾斋养新录》据此谓骈俪之文,宋人或谓之四六,梁时文字已多用四字六字矣。盖犹拘于当时文体,其实句中字数,长短无恒,特古人文章即是言语,若遇句中字多,无害中加稽止,观前所引《诗·大雅》、《左传》文而可明也。至后世之文,则造句不宜过长,若贾谊《过秦论》,于是六国之士有甯越、徐尚、苏秦、杜赫之属为之谋三句,范蔚宗《宦者传论》,若夫高冠长剑纡朱怀金者布满宫闱六句,皆难于讽诵,必当中加稽止,斯固不必轻于仿效者也。自四六体成,反之者变为古文,有意参差其句法,于是句度之长,有古所未有者,此又不足以讥四六也。曾巩《南齐书序》:是可不谓明足以周万事之理,道足以适天下之用,智足以通难知之意,文足以叙难显之情者乎?又曰:是岂可不谓明不足以周万事之理,道不足以适天下之用,智不足以通难知之意,文不足以叙难显之情者乎?又曰:然顾以谓明不足以周万事之理,道不足以适天下之用,智不足以通难知之意,文不足以叙难显之情者何哉?句法奇长若此,令人怪笑。然此犹曰无韵之文也,至欧阳修《祭尹师鲁文》,苏轼《祭欧阳文忠公文》,皆为韵语,而句法长,有一句三十四字者,有一句三十二字者,此真古之所未有也。

夫文之句读,随乎语言,或长或短,取其适于声气,拘执四六者固非,有意为长句者亦未足范也。若夫有韵之文,句中字数,则彦和此篇所说,大要本之挚虞。《文章流别论》曰:古之诗有三言,四言,五言,六言,七言,九言。古诗率以四言为体,而时有一句二句杂在四言之间。后世演之,遂以为篇。古诗之三言者,“振振鹭,鹭于飞”之属是也,汉《郊庙歌》多用之。五言者,“谁谓雀无角”之属是也,于俳谐倡乐多用之。六言者,“我姑酌彼金罍”之属是也,乐府亦用之。七言者,“交交黄鸟止于桑”之属是也,于俳谐倡乐多用之。古诗之九言者,“泂酌彼行潦挹彼注兹”之属是也,不入歌谣之章,故世希为之。《诗疏》引颜延之云:诗体本无九言者,将由声度缓阐,不协金石,仲治言未可据。夫诗虽以情志为本,而以成声为节,然则雅音之韵,四言为正,其余虽备曲折之体,而非诗之正也。此彦和说所本。《诗疏》则云:句者联字以为言,则一字不制也,以诗者申志,一字则言蹇而不会,故诗之成句,少不减二,即“祈父”、“肇禋”之类。三字者,“绥万邦”、“屡丰年”之类。四字者,“关关雎鸠”之类。五字者,“谁谓雀无角”之类。六字者,“昔者先王受命”、“有如召公之臣”之类。七字者,“如彼筑室于道谋”之类。八字者,“十月蟋蟀入我床下”之类。其外更不见九字十字者。据冲远之言,则《诗》无九字,盖自《楚辞》有之。汉人赋句有十余字者,以不歌而诵,故无嫌也。然至十余字止矣,未有若宋人之一句三十余字者也。

《竹弹》之谣,李详引黄生《义府》云:此未知诗理,盖此必四言成句,语脉紧,声情始切,若读作二言,其声啴缓而不激扬,恐非歌旨。若昔人读黄绢幼妇外孙齏臼为二言四句,此实妙解文章之味。又古人八字用四韵者,《老子》知足不辱,知止不殆;《韩非》名正物定,名徙物倚是也。案黄歌四句,而黄生以为二句,黄绢辞二句,而黄生以为四句,且曰妙解文章之味,未知抑扬之所由。

八,论句末用韵　彦和引魏武之言,今无所见。士龙说见《与兄平原书》。书云:四言转句,以四句为佳。彦和谓其志同枚、贾,观贾生《吊屈原》及《鵩赋》,诚哉两韵辄易,《惜誓》及枚乘《七发》乃不尽然。彦和又谓刘歆、恒谭百韵不迁,子骏赋完篇存者惟《遂初赋》,固亦四句一转也。其云折之中和,庶保无咎者,盖以四句一转则太骤,百句不迁则太繁,因宜适变,随时迁移,使口吻调利,声调均停，斯则至精之论也。若夫声有宫商，句中虽不必尽调，至于转韵，宜令平侧相间，则声音参错，易于入耳。魏武嫌于积韵，善于资代，所谓善于资代，即工于换韵耳。

前释汉师章句之体条中，引《礼记》离经辨志。但据郑注，以离经为断句。近世黄元同先生更以辨志为断章，且极论离经辨志之要，其言甚美，兹移录如左：

《学记》：一年视离经辨志，三年视敬业乐群，五年视博习亲师，七年视论学取友。为中年考校之法。郑注离经辨志，其义本通，后人转求其深，反失《记》意。初年所视，义毋深说。《易》曰：浚恒之凶，始求深也。《记》曰：不陵节而施之谓孙，此之谓也。且如郑所解离经辨志，亦甚难矣。古离经有二法，一曰句断，一曰句绝。句断今谓之句逗，古亦谓之句投，《文选·长笛赋》。断与逗投皆音近字，句断者，其辞于此中断，而意不绝，句绝则辞意俱绝也。郑注离训断绝，兼两法言，云断句绝也者，欲句字两属之尔。《礼经》有其例，注亦多用斯意。离经专以析句言，孔疏章句兼说，既非郑义，俗本作章断句绝也，更失郑意。断章乃辨志之事，志与识通，辨志者，辨其章指而标识之也，郑读志如字，云别其志意之趣乡，趣乡释志，志者心之所之也，其志意谓经之志意也；孔疏志属学者，辨属考校者，于上视字既触，于下文法亦违，郑意当不尔也。古者教国子以诗书礼乐四术，《诗·周南》本作一什，《关雎》之后即继《葛覃》，学者以其志趣不同，分之为篇，别之以章，题曰《关雎》几章，《葛覃》几章，题即标识之谓也，而云辨者，章法无一定，任学者自分之。《毛诗》云：《关雎》五章，章四句，故言三章，其一章四句，二章章八句。《释文》云:五章是郑所分,故言以下是毛公本意,是毛郑标识不同也。《常棣》,《毛诗》分八章,章四句,《中庸》连引妻子好合六句,辨其志趣,后两章宜合为一。由是推之,《毛诗》所分五章六章,亦谓御侮思兄弟,平安又重友生,辨其志趣亦不必分为二,说详先君《儆居集》。是毛公之标识,亦不能无失也。《闷宫》之分章,至今无定说,然此犹其小焉者也,至《毛诗》分《周颂》《恒》、《赉》为两篇,据《左传》,《恒》为大武之六章,《赉》为大武之三章,是篇弟之标识亦有不同矣。此非辨志有各别而考校者所当视乎?《尚书》汩作九共槀饫,皆述帝厘下土方设居方别生分类之事,古初当亦同篇;曰汩作,曰九共,曰槀饫,殆亦后之学者,辨其志趣之异标识之。《大禹谟》、《皋陶谟》、《益稷》亦犹是已。《盘庚》本一篇,今分上中下,而郑注亦以上篇《盘庚》为臣时事,中下篇《盘庚》为君时事。《康王之诰》或分王出以下为篇,或分王若曰以下为篇,亦辨志者之标识之各别也。《礼经》散佚已多,今所传《士礼》十七篇,注家于每篇中分别其章,标识其目,亦辨志之事。《乐经》全亡,而小戴所载《乐记》一篇,刘向《别录》有《乐本论》十一目,即辨志之遗法也。今诸经章句,注家标识,大半已明,若初学读《史记》、《汉书》用离经辨志法,令之点句画段,标明大旨,一展视之,便知其用意之浅深,洵良法也。初年讲学,宜知是意,小成而后,由所辨而措诸身心,由所志而见诸事业,道德经济文章,皆由此其选也。(黄以周《离经辨志说》)

九,词言通释　世人或言:语词多无本字。朱君允倩书遇语词不得语根者,辄谓为托名标识。或言:语词多无实义。马建忠书谓夫盖则以而等字无解。夫言语词无本字，则不知义之所出；言语词无实义，则不知义之所施。兹故采《说文》及传注之言，删取二王、俞、黄之书，作此一篇。凡古籍常用之词，类多通假，惟声音转化无定，如得其经脉，则秩然不乱，非夫拘滞于常文者所能悟解也。马氏书以意读古书，而反斥王君有征之言，此大失也。寻《尔雅》《释诂》《释言》之三篇，释词言者数十条，《方言》、《广雅》亦放物之，固知昔人训解书籍，未有不以此为急者。《文心雕龙》云：夫惟盖故者，发端之首唱，之而于以者，乃劄句之旧体，乎哉矣也，亦送末之常科，据事似闲，在用实切。夫语助施于恒文，其要已若此，况于诵籀故书，而可忽之乎？

《说文》：曰，词也，从口，乙声，亦象口气出也。《广雅》：曰，言也，通作谓。《广雅》：谓，说也，又通作云。《经传释词》：云，言也，又通作为。《释词》：为，犹曰也。谓亦通作为。《释词》：为，犹谓也。

《说文》：欥，诠词也，从欠，曰声，字亦作曰，亦作聿，亦作遹。

《说文》：粤，亏也，寀慎之词者，从亏，从寀，字亦作越。《夏小正传》：越，於也，通作爰。《尔雅》：爰，于也，於也，曰也。

粤又但为发声之词。《尔雅》：粤，曰也，通作曰。黄以周说曰亦发声之词。

《说文》：亏，於也，象气之舒，从丂，从一。一者，其气平之也。字亦作於。通作繇。《尔雅》：繇，於也。字亦作由，亦作猷。又通作曰。黄说：曰，于也。又通作为。《释词》：为，犹於也。又通作如。《释词》：如，犹於也。又通作那。《尔雅》：那，犹於也。又通作诸，作都。《仪礼》注曰：诸，於也。《尔雅》曰：都，於也。又通作之。《释词》：之，犹诸也，於也。亏又有在谊，字亦作於，通作乎。《吕览》注：乎，於也。又通作许。《文选》注：许，犹所也。又通作所。所本音许，转为齿音，其作喉音者，於之借也。又通作可。《礼记》注：可，犹所也。亏又有於是之义，通作安。《释词》：安，犹於是也，乃也，则也，字亦作案，亦作焉。又通作惟。《文选》注：惟，是也。又通作侯。《尔雅》：侯，乃也。又通作一。《吕览》注：一，犹乃也。亏又但为发声之词。《左传》注：于，发声。亏又为叹词，字亦作於。《诗传》：於，叹词。亦作乌，乌呼即於乎。亦作呜，通作猗。《诗传》：猗，叹词。又通作噫。《释词》曰：噫，叹声。亦作意，作懿，作抑。

《说文》：吁，惊语也，从口亏声。通作呼。《左传》注：呼，发声。

《说文》：为，母猴也，其为禽好爪，引申有作为之谊。通作以。《玉篇》：以，为也。又通作用。《释词》：用，词之为也。又通作与。《释词》：与，犹为也。又通作于。《仪礼》注：于，犹为也。字亦作於。《释词》：於，犹为也。又通作曰。《释词》：曰，犹为也。又通作谓。《释词》：谓，犹为也。又通作爰。《玉篇》：爰，为也。又通作惟。《玉篇》：惟，为也。又通作有。《释词》：有，犹为也。

为引申为人相为之为，则读去声。亦通作与。《释词》：与，犹为也。亦通作于。《释词》：于，犹为也。字亦作於。《释词》：於，犹为也。亦通作谓。《释词》：谓，犹为也。

《说文》：已，已也。四月阳气已出，阴气已藏，万物见，成文章，故引申以为已止已过之谊，而有似、以二音。其训过者，又有太谊、甚谊。《考工记注》通作以。《左传》：赢曰以刚。

《说文》：目，用也，从反已。字又作以，或作已。通作用，字亦作庸。通作与。《释词》：与，犹以也。又通作由。《广雅》：由，以用也，字亦作犹，亦作攸。又通作允。《释词》：允，犹用也。又：犹以也。又通作为。《释词》：为，犹以也。

《说文》：矣，语已词也，从矢，目声，字亦作已。《汉书》注：已，语终辞。又通作焉。《玉篇》：焉，语已之辞也。又通作也。《释词》：也，犹矣也。又通作云，字亦作员。《诗疏》：云、员，古今字，助句辞也。

《说文》：唉，应也。通作诶。《说文》：一曰，诶，然也。又通作已。《书传》：已，发端叹辞。字亦作熙。《汉书》注：熙，叹词。又通作譆。《释词》：譆，叹辞也。字亦作嘻。

《说文》：诶，可恶之辞。字亦作唉，又作譆。《说文》：譆，痛也。字亦作嘻。

《说文》：猧，屰恶惊辞也。读若楚人名多夥，字亦作夥。

《说文》：余，语之舒也。从八，舍省声，引申为我之称，通作予，又通作台。

《说文》：欤，安气也。以为语词，与余同谊。《玉篇》：欤，语末词。字亦作与。《国语》注：与，辞也。通作为。《礼记》疏曰：为，是助语。

《说文》：与，党与也。引申以为相连及之词。《礼记》注：与，及也。通作以。《广雅》：以，与也。《虞氏易注》曰：以，及也。又通作曰。黄以周说：曰，及也。字亦作越。《广雅》：越，与也。又通作谓。《释词》：谓，犹与也。又通作爰。《释词》：爰，犹与也。又通作于。《释词》：于，犹与也。又通作为。《释词》：为，犹与也。又通作惟。《释词》：惟，犹与也，及也，字亦作维。又通作如。《释词》：如，犹与也，及也。又通作若。《释词》：若，犹与也，及也。又通作而。《释词》：而，犹与也，及也。

《说文》：卤，气行貌，从乃，卤声，读若攸，字变作逌。通作攸。《释词》：攸，语助也。字亦作猷。

《说文》:唯,诺也。通作俞。《尔雅》:俞,然也。唯又但为发声之词,字亦作惟,作维,作虽。通作伊。《尔雅》:伊,维也,字亦作繄。又通作允。《释词》:允,发语词。又通作夷。《周礼》注:夷,发声。又通作有。《释词》:有,语助也。又通作或。《释词》:或,语助也。又通作抑。《释词》:抑,发语词。字亦作噫,作意。又通作亦。《释词》曰:亦有但为语助者。唯又引申而有两设之词,字亦作惟,作虽。《玉篇》:虽,词两设也。唯又有是义,字亦作惟,作维,作虽,引申又训独。又通作繄。《诗笺》:繄,是也。字亦作伊,又通作一,引申训皆,实用惟是之义。字亦作壹。

《说文》:又,手也,引申为手所有之谊,凡有无字皆以又为本字,字亦作有,通作或。《广雅》:或,有也。又通作为。《孟子》注:为,有也。又通作惟。薛综《东京赋注》:惟,有也。又通作云,字亦作员。《广雅》:云、员,有也。有,又有或义。《穀梁传》:一有一无曰有。通作或。《易传》:或之者,疑之也。又通作抑。《左传》注:抑,疑辞。字亦作意,作噫,作億,作懿,又通作一。《释词》:一,或也。又通作云。《释词》:云,或也。又,又为有继之辞,见《穀梁传》。《诗》疏:又,亚前之辞。字亦作有。《诗笺》:有,又也。又通作或。《释词》:或,犹又也。又通作亦。《公羊》注曰:亦者,两相须之意。又通作惟。黄以周说:惟,又也。又通作犹。《礼记》注曰:犹,尚也。《尔雅》:可也。《释词》:犹之言由也。字亦作猷。

《说文》:因,就也,引申为因由之谊,通作由,又通作目。《汉书》注:目,由也。又通作用。《释词》曰:用,词之由也。

《说文》:欲,贪欲也。其于词声转为为。《孟子》:克告于君,君为来见也。赵注:君将欲来,是以欲释为。《史记》:为欲置酒,为欲复言尔。

《说文》:兮,语所稽也。通作殹。《石鼓文》:汧殹沔沔。秦斤以殹为也字,又通作也。《玉篇》:也,所以穷上成文也。《释词》:也,犹兮也。又云:也,犹者也。又通作猗。《释词》:猗,兮也。又通作邪。《释词》:邪,犹也也。又通作矣。《释词》:矣,犹也也。又通作焉。《释词》:焉,词助也。又:犹也也。又通作安。《释词》:安,焉也。又通作与。《释词》:与,犹也也。

《说文》:兄,长也。引申有兹益谊。《诗传》:兄,兹也。字亦作况。《诗传》:况,兹也。亦作皇,又通作行。《汉书》注:行,且也。兄又引申为匹拟之词。《广韵》:况,匹拟也。此由矧况谊引申。

《说文》:曷,何也。字亦作害,又通作盍。《尔雅》:曷,盍也。《广雅》:盍,何也。字亦作盖,盖又引申为发端之词。《释词》:盖,大略之词。又通作何,又通作奚,又通作胡,字亦作遐,作瑕。《礼记》注:瑕之言胡也。又通作侯。《吕览》注:侯,何也。又通作号。《释词》:号,何也。又通作安。《易》疏:安,犹何也。又通作焉。《广雅》:焉,安也。又通作庸。《释词》:庸,犹何也,安也,讵也。又通作台。《释词》:台,犹何也。又通作恶,字亦作乌。《吕览》注:恶,安也。又曰:乌,安也。

《说文》:乎,语之余,从兮,象声上越扬之形也。又通作于。《吕览》注:于,乎也。又通作欤,字亦作与。《吕览》注:欤,邪也。《论语》疏:与,语不定之词。又通作邪。《释词》:邪,犹欤也,乎也。又通作也。《释词》:也,犹邪也,欤也,乎也。又通作如。《释词》:如,犹乎也。又通作夫。《释词》:夫,乎也。乎又为发声,字通作侯。《诗传》:侯,维也。《尔雅》:伊维,侯也。又通作洪。《释词》:洪,发声,字亦作鸿。《尔雅》:鸿,代也。

《说文》:号,痛声也,号呼也。通作皋。《仪礼》注:皋,长声也。

《说文》:故,使为之也,引申为申事之词,发端之词,又与则谊通。《释词》:故,犹则也。则本字为曾,亦申事之词;故为推其所由,故又有本然之谊。字亦作固,作顾。《释词》:固,必也。又通作苟。《释词》:苟,诚也。

《说文》:顾,还视也,引申为词之反。许君《淮南注》曰:顾,反也。

《说文》:夃,秦以市买多得为夃,从乃,从夂,益至也。引《诗》:我夃酌彼金罍。今《诗》作姑,字亦作姑,且也。又通作顾。《释词》:顾,但也。又通作苟。《释词》:苟,但也,且也。

《说文》:今,是时也,从亼从乛。乛,古文及字,今引申但训是。《释词》:今,指事之词也。又但训即。《释词》:今,犹即也。

《说文》:可,肯也。哿,可也。通作克,又通作堪,又通作所。所,本音许;可,本音叵,故得相通。《释词》:可,犹所也。

《说文》:及,逮也。从又,从人。㠯,众与词也。《尔雅》:及,与也。及又为更端之词。《释词》:及,犹若也。

《说文》:乚,钩识也。从反亅,读若橛,引申以为指事之词,犹▲孳乳以为者是诸字矣。通作厥。《尔雅》:厥,其也,通作其,又通作汽。《左传》注:汽,其也。又通作幾。《易注》:幾,词也。又虞注:幾,其也。又通作岂。《广韵》:岂,词之安也,焉也,曾也。又通作讵。《释词》:讵,岂也。字亦作巨,作距,作钜,作遽,作渠。又通作祈。《礼记》注:祈之言是也。又通作既,经传多以既其互文,既亦其也。

其又但为语助,或读如记,字亦作己,作记,作近,作忌。其又作问词而读如姬,字亦作居,作期。乚又通作羌。《广雅》:羌,乃也。其有乃训,故羌亦训乃。字亦作庆,作卿,作謇。《离骚》:謇吾法夫前修,謇朝谇而夕替,謇皆羌也。

《说文》:幾,微也,殆也,殆之训。字又通作汽。《诗》笺:汽,幾也。又通作既,已也,由已引申,又有终谊。黄以周说:经传以既与初与始连文,既皆训终。

《说文》:吾,我自称也。我,施身自谓。又通作言。《尔雅》:言,我也。我又但为语词,亦通作言。《尔雅》:言,间也。又通作宜,作仪,作义。《释词》云:皆助语词也。又通作慭。

《左传》注:慭,发语也。

《说文》:宜,所安也,引申为推测之词。《释词》:宜,犹殆也。

《说文》:啻,语相诃歫也,从口歫辛。通作恶。《释词》:恶,不然之词。字亦作哑。

《说文》:者,别事词也,从白,米声。米,古文旅。通作诸。《仪礼》注:诸,之也。诸又训於,又通作都。《尔雅》:都,於也。又通作之。之,指事之词。本字皆作者。又通作是。《释词》:是,之也。字亦作氏。又通作时。《尔雅》:时,是也。又通作寔。《尔雅》:寔,是也。字亦作实。又通作适。《释词》:适,是也。之又通作旃。《诗传》:旃,之也。者又引申为叹词,通作都。《书传》:都,於,叹美之词。

《说文》:尚,曾也,庶几也。从八,向声,曾之谊。字通作当。《释词》:当,犹则也。庶几之谊。字亦作上,又通作当。《释词》:当,犹将也。又为或然之词,字亦作党,作傥。又通作殆。《礼记》注:殆,几也。《释词》:殆,将然之词也。又通作庶。《尔雅》:庶,幸。庶几,尚也。字亦作恕。尚又但为发声之词。又通作诞。《释词》:诞,发语词。又通作迪。《释词》:迪,发语词也。又通作噬,作逝。《释词》:逝,发声也。又通作式。《诗笺》:式,发声也。尚又有犹谊,由曾谊引申。

《说文》:只,语已词也。从口,象气下引之形。字亦作咫,作枳,作旨。又通作止。《诗传》:止,辞也。又通作诸。《左传》服注:诸,辞也。又通作之。《尔雅》:之,言间也。《左传》注:之,语助也。《释词》:之,犹与也。之,犹若也。只又训则,通作是。《释词》:是,犹则也。

《说文》:冬,四时尽也。从仌,夂声。夂,古文终。经传用终为语词,既也。

《说文》:正,是也。从止,一以止。是,直也。从日,从正,通作直。《吕览》注:直,特也。《淮南》注:直,但也。又通作特,又通作徒。《吕览》注:徒,但也。又通作但,又通作独,又通作祇。《诗传》:祇,适也。字亦作多。又通作适。《释词》:谓适然也。又通作属。《国语解》:属,适也。

《说文》:啻,语时不啻也。字亦作翅,作适。

《说文》:矤,况也,词也。从矢,引省声。从矢取词之所之如矢也。

《说文》:曷,词也。曷,谁词也。谁,何也。曷亦作畴。《尔雅》:畴,谁也。通作孰。《尔雅》:孰,谁也。《释词》:孰,何也。又通作独。《吕览》注:独,孰也。曷又但为发声,字亦作畴。《礼记》注:畴,发声也。通作谁。《尔雅》注:谁,发语辞。

《说文》:乃,曳词之难也,象气之出难。迺,惊声也。从乃省,卤声。或曰:迺,往也,读若仍。案乃古亦读若仍,字亦作仍。《尔雅》:仍,乃也。通作而。《礼记》注曰:而,犹乃也。又通作然。《释词》:然,犹而也。又通作如。《释词》:如,犹而也,乃也,则也。又通作若。顾欢《老子》注曰:若,而也。又通作宁。《诗》笺:宁,犹曾也。又通作能。《释词》:能,犹而也,乃也。乃又为指事之词,通作若,作汝,作女,作而,作戎,作尔。乃又但为发声。《礼记》疏曰:乃者,言之助也。通作若。《释词》:若,词之惟也。又通作来。《释词》:来,句中语助也。又通作宁。《释词》:宁,语助也。乃又为句绝,字作而。《汉书》:而者,句绝之辞。又通作来。《释词》:来,句末语助也。

《说文》:宁,愿词也。《释词》:将也。

《说文》:尒,词之必然也。从入丨八,八象气之分散。字亦作尔。《礼记》注:语助也。尒又训如此,见《释词》。通作耳。《释词》:耳,犹而已也。

《说文》:嘫,语声也。字亦作然。《广雅》:然,譍也。《太玄》范望注:然,是也。《礼记》注:然之言焉也。通作尔。《释词》:尔,亦然也。又通作而。《释词》:而,犹然也。

《说文》:诺,应也。字亦作若,用作语词。《易》注:若,辞也。通作如,《易》子夏传:如,辞也。《释词》:如,犹然也。

《说文》:如,从随也,引申以为相类相当之谊。通作若。《周礼》注:若,如也。《释词》:若,犹或也。又通作乃。《释词》:乃,若也。又通作而。《易》虞注:而,如也。又通作柰。《释词》:柰,如也。又通作那。《释词》:那者,柰之转也。又通作于,作於。《释词》:于,犹如也;於,犹如也。又通作与。《广雅》:与,如也。又通作犹,作猷。《诗传》:犹,若也。《尔雅》:猷,若也。又通作因。《释词》:因,犹也。又通作为。《释词》:为,犹如也。又通作云。《释词》:云,犹如也。又通作谓。《释词》:谓,犹如也。

《说文》:䛪,事有不善言䛪。又通作僇。《说文》:一曰且也。字亦作憀,作聊。《诗》笺:聊,且略之辞。

《说文》:曾,词之舒也。从八,从曰,囮声。《吕览注》:曾,则也。通作则,又通作即。《释词》:即,犹遂也。即今也,是也,若也。

又通作斯。《释词》:斯,犹则也。又通作兹。《释词》:兹,犹斯也。字亦作兹。曾又训尝,尝本字即尚,而读曾则小变。

《说文》:哉,言之间也。字亦作载。《释词》:载,犹则也。亦作𢦏。《广雅》:𢦏,词也。通作且。《吕览》注:且,将也。又通作将。《论衡》:将,且也。又通作作。《诗传》:作,始也。哉又为语已词,通作则,何则即何哉。又通作且。《诗传》:且,辞也。又通作斯。《释词》:斯,语已词也。

《说文》:朁,曾也。引《诗》曰:朁不畏明。字亦作憯,作惨。

《说文》:嗞,嗟也。䍃,嗞也。䍃,字亦作嗟,作蹉,嗟嗞连言,或作嗟兹,或作嗟子。嗟又但为语词。《释词》:嗟,语助也。又通作斯。《尔雅》:斯,此也。又通作鲜。黄以周说:鲜,斯也。此又通作且。《诗传》:且,此也。字亦作徂,又通作巳。《尔雅》:巳,此也。巳本音,详里切。

《说文》:呰,苛也。苛即诃,引申以为语词。字亦作訾,作些。《广雅》:些,词也。通作思。《释词》:思,语已词也,发语词也,语助也。又通作斯。《释词》:斯,语已词也,语助也。又通作所。《释词》:所,语词也。又通作爽。《释词》:爽,发声也。又通作率。《释词》:率,语助也。

《说文》:豙,从意也。亦作遂,通作肆。《尔雅》:肆,故也。《释词》:肆,遂也。又通作率。《释词》:率,词也。案:率亦豙也。

《说文》:比,密也。皆从比,故比亦为俱词。《孟子注》:比,皆也。

《说文》:不,鸟飞上翔不下来也。象形,通作弗,又通作非。《汉书》服注曰:非,不也。字亦作匪。《释词》:匪,不也。又通作无。薛综《东京赋注》:无,不也。又通作罔。《释词》:罔,犹不也。又通作蔑。《释词》:蔑,不也。不又但为语词,有发声,有承上文。

《玉篇》:不,词也。字亦作丕,作否,通作薄。《诗传》:薄,辞也。又通作夫,作烦。《礼记》注:夫,或为烦,皆发声。

《说文》:否,不也。从口,从不。

《说文》:非,违也。从飞下翅,取其相背。字亦作匪。《诗传》:非,匪也。通作彼。《释词》:彼,匪也。又通作不,作否。《释词》:不,否,犹非也。又通作无。《释词》:无,犹非也。又通作微。《礼记》注:微,非也。又通作勿。《广雅》:勿,非也。

《说文》:彼,往有所加也。通作夫。《释词》:夫,犹彼也,此也。又通作匪。《广雅》:匪,彼也。

《说文》:凡,最括也。从二,从乛,通作夫。《孝经疏》引刘瓛曰:夫,犹凡也。

《说文》:未,味也。案引申为未来之未,通作末。《释词》:末,犹未也。又通作无。《释词》:无,犹未也。

《说文》:亡,逃也。无,亡也。通作罔。《释词》:罔,无也。又通作微。《诗传》:微,无也。又通作末。《释词》:末,无也。又通作蔑。《释词》:蔑,无也。又通作不,作否。《释词》:不,否,无也。

《说文》:毋,止之也。通作无。《释词》:无,毋也。又通作勿。《释词》:勿,莫也,无也。又通作末。《释词》:末,勿也。又通作不。《释词》:不,毋也。毋又为发声,通作无。《汉书》孟康注:无,发声助也。又通作勿。《释词》:勿,语助也。又通作末。《释词》:末,发声也。毋又为转语词,字亦作亡,作无,作妄,通作每。《尔雅》:每有,虽也。《诗传》:每,虽也。

综上所列,词言条理,有可求者数事:一,词言之音,大抵同类相转,如己、于、吁、兮、乎、粤、曰、欥,皆喉音;未、亡、无、毋、非,皆唇音是也。二,词言本写声气,故每由感叹之词以为语词,故虽即唯，若即诺，然即嘫，其初但为语声，后乃以为语助是也。三，词言之字，本无定性，如乃、者、彼诸字，有时泛为指事，有时专有所斥是也。四，词言诸字，有时但以助语而不关谊，故其在句首即为发端，其在句中即为间语，其在句末即为终句，如乎本语之余，而在句首，则声转为洪；尚训庶几，而以为发端，则声转为逝；我本自称，而声转为言，则为间语；其本指事，而声转为几，则徒以成句；且字本于哉，句首句末，施用无恒；之字本于者，句中句下，位置无定是也。五，实义之字转作语词，必与音同音近之语词意义不甚相远，如为与曰通，曰谊即可包为；是与者通，者谊即可包是是也。

丽辞第三十五

文之有骈俪，因于自然，不以一时一人之言而遂废。然奇偶之用，变化无方，文质之宜，所施各别。或鉴于对偶之末流，遂谓骈文为下格；或惩于俗流之恣肆，遂谓非骈体不得名文；斯皆拘滞于一隅，非闳通之论也。惟彦和此篇所言，最合中道。一曰高下相须，自然成对。明对偶之文依于天理，非由人力矫揉而成也。次曰岂营丽辞，率然对尔。明上古简质，文不饰雕，而出语必双，非由刻意也。三曰句字或殊，偶意一也。明对偶之文，但取配俪，不必比其句度，使语律齐同也。四曰奇偶适变，不劳经营。明用奇用偶，初无成律，应偶者不得不偶，犹应奇者不得不奇也。终曰迭用奇偶，节以杂佩。明缀文之士，于用奇用偶，勿师成心，或舍偶用奇，或专崇俪对，皆非为文之正轨也。舍人之言，明白如此，真可以息两家之纷难，总殊轨而齐归者矣。原夫古之为文，初无定术，所可识者，文质二端，奇偶偏畸，即由此起。盖文言藻饰，用偶必多，质语简淳，用奇必众，《尚书》、《春秋》，同为国史，而一则丽辞盈卷，一则俪语无闻；《周官》、《礼经》，同出周公，而一则列数陈文，一则简辞述事；至于《易传》、《书序》，皆宣圣亲撰之书，《易传》纯用骈词，《书序》皆为奇句，斯一人之作无定者也；《洪范》、《大诰》，同为外史所掌之籍，《洪范》分胪名数，《大诰》直举词言，斯一书之体无定者也。此皆举六艺为征，而奇偶无定已若此。至于子史之作，更无一成之规，老庄同为道家，而柱史之作，尽为对语，园吏之籍，不尽骈言；左、马同属史官，而《春秋外传》捶词多偶，《太史公书》叙语皆奇，此则子史之文用奇用偶绝无定准者矣。总之，偏于文者好用偶，偏于质者善用奇，文质无恒，则偶奇亦无定，必求分畛，反至拘墟。历考前文，差堪商榷：自汉魏以来，迄于两晋，雅俗所作，大半骈词为多，于时声病之说未起，对偶之法亦宽，又有文笔之分途，幸存文质之大介，降至齐梁以下，始染沈谢之风，致力宫商，研精对偶，文已驰于新巧，义又乖于典则，斯苏绰所以拟典谟，隋炀所以非轻侧，魏征所以讥流宕，子昂所以革浮侈，而退之于文，或至比之于武事，有摧陷廓清之功，则骈俪之末流，亦诚有以致讥召谤者乎。观彦和所言，气无奇类，文乏异采，碌碌丽辞，昏睡耳目。则骈文之弊，自彼时而已然。至刘子玄作《史通》，乃言史道陵夷，芜音累句，云蒸泉涌，其为史也，大抵编字不只，捶句皆双，修短取均，奇偶相配，故应以一言蔽之者，辄足为二言，应以三句成文者，必分为四句，弥漫重沓，不知所裁，此其弊又及于史矣。文质之介，漫汗不分，骈偶之词，用之已滥，然则丽辞之末流，不亦诚有当节止者乎？唐世复古之风，始于伯玉而大于昌黎，其后遂别有所谓古文者，其视骈文，以为衰敝之音。苏子瞻至谓昌黎起八代之衰，直举汉魏晋宋而一切抹杀之。宋子京修《唐书》，以为对偶之文，不可以入史策，斯又偏滞之见，不可以适变者也。观唐世裴度、李翱之言，知彼时固未尝尽以对偶之文为非法而弃之，其以是自张标志者，特一方之私见，非举世之公谈也。裴与李翱书曰：观弟近日制作，大旨常以时世之文，多偶对俪句，属缀风云，羁束声韵，为文之病甚矣，故以雄词远致一以矫之，则是以文字为意也。且文者，圣人假之以达其心，达则已，理穷则已，非故高之下之详之略之也。昔人有见小人之违道者，耻与之同形貌，共衣服，遂思倒置眉目，反易冠带以异之，不知其倒之反之非也；虽失于小人，亦异于君子矣。故文之异，在气格之高下，思致之深浅，不在磔裂章句，隳废声韵也。人之异，在风神之清浊，心志之通塞，不在于倒置眉目，反易冠带也。李翱之答王载言书亦曰：溺于时者曰文章必当对，其病于是者曰文章不当对，此皆情有所偏，滞而不流，未识文章之所生也。古之人能极于工而已，不知其辞之对与否也。《诗》曰“忧心悄悄，愠于群小”，此非对也。又曰“遘闵既多，受侮不少”，此非不对也。学者不知其方，而称说云云，如前所陈者，非吾之所敢闻也。案翱方以古文自矜，而其言乃若此，知其服膺晋公所诲矣。今观唐世之文，大抵骈散皆有，若敬舆之《翰苑集》，皆属骈体，而肫挚畅遂，后世诵法不衰；即退之集中，亦有骈文；樊南之文，别称四六；则为古文者亦不废斯体也。宋世欧苏王三子，皆为古文大家，其于四六，亦复脱去恒蹊，自出机轴，谓之变古则可，谓其竟废斯体则不可也。近世褊隘者流，竞称唐宋古文，而于前此之文，类多讥诮，其所称述，至于晋宋而止。不悟唐人所不满意；止于大同已后轻艳之词，宋人所诋为俳优。亦裁上及徐庾，下尽西昆，初非举自古丽辞一概废阁之也。自尔以后，骈散竟判若胡秦，为散文者力避对偶，为骈文者又自安于声韵对仗，而无复迭用奇偶之能。以愚意论之，彼以古文自标橥者，诚可无与诤难，独奈何以复古自命者，亦自安于骈文之号，而不一审究其名之不正乎。阮伯元云：沈思翰藻始得为文，而其余皆经史子。是以骈文为文，而反尊散文为经史子也。李申耆选晚周之文以讫于隋，而名之曰《骈体文钞》，是以隋以前文为骈文，而唐以后反得为古文也。何其于彦和此篇所说通局相妨至于如是耶！今录阮李二君文四篇于后，以备考镜：

读足下之文，精微峻洁，具有渊源。甚善甚善。顾蒙来问，谨陈陋识焉：元谓古人于籀史奇字，始称古文，至于属辞成篇，则曰文章，故班孟坚曰：武宣之世，崇礼官，考文章。又曰：雍容揄扬，著于后嗣，大汉之文章，炳焉与三代同风。是故两汉文章，著于班范，体制和正，气息渊雅，不为激音，不为客气，若云后代之文，有能盛于两汉者，虽愚者亦知其不能矣。近代古文名家，徒为科名时艺所累，于古人之文，有益时艺者，始竞趋之。元尝取以置之两《汉书》中诵之，拟之淄渑不能同其味，宫徵不能壹其声，体气各殊，弗可强已。若谓前人朴拙，不及后人，反复思之，亦未敢以为然也。夫势穷者必变，情弊者务新，文家矫厉，每求相胜，其间转变，实在昌黎。昌黎之文，矫《文选》之流弊而已。昭明《选序》，体例甚明，后人读之，苦不加意。《选序》之法，于经子史三家不加甄录，为其以立意纪事为本，非沉思翰藻之比也。今之为古文者，以彼所弃，为我所取，立意之外，惟有纪事，是乃子史正流，终与文章有别。千年坠绪，无人敢言，偶一论之，闻者掩耳，非聪颖特达深思好问如足下者，元未尝少为指画也。呜呼！修涂具在，源委远分，古人可作，谁与归欤？愿足下审之。（阮伯元《与友人论古文书》前《原道》篇札记只节取，兹全录之）

昔《考工》有言：青与白谓之文，赤与白谓之章。良以言必齐偕，事归镂绘。天经错以地纬，阴偶继以阳奇。故虞廷采色，臣邻施其璪火；文王寿考，诗人美其追琢。以质杂文，尚曰彬彬，以文被质，乃称彧彧。文之与质，从可分矣。懿夫人文大著，肇始六经。典坟邱索，无非体要之辞；礼乐诗书，悉著立诚之训。商瞿观象于文言，邱明振藻于简策，莫不训辞《尔雅》，音韵相谐。至于命成润色，礼举多文，仰止尼山，益知宗旨。使其文章正体，质实无华，是犬羊虎豹，反追棘子之谈，黼黻青黄，见斥庄生之论矣。周末诸子奋兴，百家并骛，老庄传清净之旨，孟荀析善恶之端，商韩刑名，吕刘杂体，若斯之类，派别子家，所谓以立意为宗，不以能文为本者也。至于纵横极于战国，春秋纪于楚汉，马班创体，陈范希踪，是为史家，重于序事，所谓传之简牍，而事异篇章者也。夫以子若彼，以史若此，方之篇翰，实有不同。是惟楚国多才，灵均特起，赋继孙卿之后，词开宋玉之先，隐耀深华，警采绝艳；故圣经贤传，六艺于此分途，文苑词林，万世咸归围范矣。贾生、枚叔，并辔汉初，相如、子云，联镳西蜀。中兴以后，文雅尤多，孟坚、季长之伦，平子、敬通之辈，综两京文赋诸家，莫不洞穴经史，钻研六书，耀采腾文，骈音丽字；故雕虫绣帨，拟经者虽改修涂，月露风云，变本者妄执笑柄也。建安七子，才调辈兴，二祖、陈王，亦储盛藻，握径寸之灵珠，享千金于荆玉。至于三张二陆、太冲、景纯之徒，派虽弱于当涂，音尚闻夫正始焉。文通、希范，并具才思，彦昇、休文，肇开声韵；轻重之和，拟诸金石，短长之节，杂以咸韶，盖时会使然，故元音尽泄也。孝穆振采于江南，子山蜚声于河北。昭明勒选，六代范此规模，彦和著书，千古传兹科律。迄于陈隋，极伤靡敝，天监、大业之间，亦斯文升降之会哉。唐初四杰，并驾一时，式江、薛之靡音，追庾、徐之健笔。若夫燕、许之宏裁，常、杨之巨制，《会昌一品》之集，元白《长庆》之编，莫不并掞龙文，联登凤阁。至于宣公《翰苑》之集，笃挚曲畅，国事赖之，又加一等矣。义山、飞卿，以繁缛相高，柯古、昭谏，以新博领异，骈俪之文，斯称极致。赵宋初造，鼎臣、大年，犹沿唐旧，欧、苏、王、宋，始脱恒蹊，以气行则机杼大变，驱成语则光景一新；然而衣辞锦绣，布帛伤其无华，工谢雕几，虡业呈其朴凿。南渡以还，《浮溪》首倡，《野处》、《西山》，亦称名集，《渭南》、《北海》，并号高文，虽新格别成，而古意寖失。元之袁、揭，弁冕一世，则又扬南宋余波，无复三唐雅调也。载稽往古，统论斯文，日月以对待曜采，草木以错比成华，玉十瑴而皆双，锦百两而名匹，明堂斧藻，视画缋以成文，阶戺笙镛，听铿锵而应节，自周以来，体格有殊，文章无异。若夫昌黎肇作，皇、李从风，欧阳自兴，苏、王继轨，体既变而异今，文乃尊而称古，综其议论之作，并升荀、孟之堂，核其叙事之辞，独步马班之室，拙目妄讥其纰缪，俭腹徒袭为空疏，此沿子史之正流，循经传以分轨也。考夫魏文《典论》，士衡《文赋》，挚虞析其《流别》，任昉溯其《原起》，莫不谨严体制，评骘才华；岂知古调已遥，矫枉或过，莫守彦和之论，易为真氏之宗矣。我师乌程孙司马，职参书凤，心擅雕龙，综览万篇，博稽千古，文人之能事，已揽其全，才士之用心，深窥其秘。王铚《选话》，惟纪两宋，谢伋《谈麈》，略有万言，虽创体裁，未臻美备。况夫学如沧海，必沿委以讨原，词比邓林，在揣本而达末。百家之杂编别集，尽得遗珠，七阁之秘笈奇书，更吹藜火。凡此评文之语，勒成讲艺之书。四骈六俪，观其会通，七曜五云，考其沈博。而且体分十八，已括萧、刘，序首二篇，特标《骚选》；比青丽白，卿云增绣黼之辉，刻羽流商，天籁遏笙簧之响；使非胸罗万卷，安能具此襟期？即令下笔千言，未许臻兹酝酿也。元才圉陋质，心好丽文，幸得师承，侧闻绪论，妄执丹管而西行，愿附骥尾而千里。固知卢王出于今时，流江河而不废，子云生于后世，悬日月而不刊者矣。（阮伯元《四六丛话序》）

福问曰：《文心雕龙》云：今之常言，有文有笔。以为无韵者笔也，有韵者文也，据此，则梁时恒言有韵者乃可谓之文，而《昭明文选》所选之文，不押韵脚者甚多，何也？曰：梁时恒言所谓韵者，固指押脚韵，亦兼谓章句中之音韵，即古人所言之宫羽，今人所言之平仄也。福曰：唐人四六之平仄，似非所论于梁以前。曰：此不然，八代不押韵之文，其中奇偶相生，顿挫抑扬，咏叹声情，皆有合乎音韵宫羽者。《诗》、《骚》而后，莫不皆然。而沈约矜为创获，故于《谢灵运传论》曰：夫五色相宣，八音协畅，由乎玄黄律吕，各适物宜，欲使宫羽相变，低昂舛节，若前有浮声，则后须切响，一简之内，音韵尽殊，两句之中，轻重悉异，妙达此旨，始可言文。又曰：自灵均以来，此秘未睹，至于高言妙句，音韵天成，皆暗与理合，匪由思至。又沈约《答陆厥书》云：韵与不韵，复有精粗，轮扁不能言之，老夫亦不尽辨此。休文此说，乃指各文章句之内有音韵宫羽而言，非谓句末之押脚韵也。**即如雌霓连蜷，霓字必读仄声是也**。是以声韵流变而成四六，亦只论章句中之平仄，不复有押脚韵也。四六乃有韵文之极致，不得谓之为无韵之文也。昭明所选不押韵脚之文，本皆奇偶相生，有声音者，所谓韵也。休文所矜为创获者，谓汉魏之音韵，乃暗合于无心，休文之音韵，乃多出于意匠也。岂知汉魏以来之音韵，溯其本原，亦久出于经哉。孔子自名其言《易》者曰文，此千古文章之祖。《文言》固有韵矣，而亦有平仄声音焉。即如湿燥龙虎作睹上下八句，何等声音，无论龙虎二句不可颠倒，若改为虎龙燥湿睹作，即无声音矣。无论其德其明其序其吉凶四句不可错乱，若倒不知退于不知亡不知丧之后，即无声音矣。此岂圣人天成暗合，全不由于思至哉？由此推之，知自古圣贤属文时，亦皆有意匠矣。然则此法肇开于孔子，而文人沿之。休文谓：灵均以来，此秘未睹，正所谓文人相轻者矣。不特《文言》也，《文言》之后，以时代相次，则及于卜子夏之《诗大序》。序曰：情发于声，声成文谓之音。又曰：主文而谲谏。又曰：长言之不足，则嗟叹之。郑康成曰：声谓宫商角徵羽也。声成文者，宫商上下相应。主文，主与乐之宫商相应。此子夏直指诗之声音而谓之文也，不指翰藻也。然则孔子《文言》之义益明矣。盖孔子《文言》、《系辞》，亦皆奇偶相生，有声音嗟叹以成文者也，声音即韵也。《诗·关雎》鸠洲逑押脚有韵，而女字不韵，得服侧押脚有韵，而哉字不韵，此正子夏所谓声成文之宫羽也。此岂诗人暗与韵合，匪由思至哉？**王怀祖先生云：《三百篇》用韵，有字字相对极密，非后人所有者。如有弥，有鷕，济盈，不濡轨，雉鸣，求其牡，凤皇，梧桐，鸣矣，生矣，于彼，于彼，高冈，朝阳，菶菶，雝雝，萋萋，喈喈，无一字不相韵，此岂诗人天成暗合，全无意匠于其间哉？此即子夏所谓声成文之显然可见者。**子夏此序，《文选》选之，亦因其中有抑扬咏叹之声音，且多偶句也。**“乡人”、“邦国”偶一，“风教”偶二，“为志”、“为诗”偶三，“手之”、“足之”偶四，“治世”、“乱世”、“亡国”偶五，“天地”、“鬼神”偶六，“孝敬”、“人伦”、“教化”、“风俗”偶七、八，“化下”、“刺上”偶九，“言之”、“闻之”偶十，“礼义”、“政教”偶十一，“国异”、“家殊”偶十二，“伤人伦”、“哀刑政”偶十三，“发乎情”、“止乎礼义”偶十四，“谓之风”、“谓之雅”偶十五，“系之周”、“系之召”偶十六，**

“正始”、“王化”偶十七,“哀窈窕”、“思贤才”偶十八,偶之长者,如周公召公一节,后世四书文即基于此。综而论之,凡文者在声为宫商,在色为翰藻。即如孔子《文言》云龙风虎一节,乃千古宫商翰藻奇偶之祖;非一朝一夕之故一节,乃千古嗟叹成文之祖。子夏《诗序》情文声音一节,乃千古声韵性情排偶之祖。吾固曰韵者即声音也,声音即文也。**韵字不见于《说文》,而王复斋《楚公钟》篆刻内实有韵字,从音从匀,许氏所未收之古文也。**然则今人所便单行之文,极其奥折奔放者,乃古之笔,非古之文也。沈约之说,或可横指为八代之衰体,孔子子夏之文体,岂亦衰乎?是故唐人四六之音韵,虽愚者能效之,上溯齐梁,中材已有所限,若汉魏以上至于孔卜,非上哲不能拟也。乙酉三月阅兵香山阻风,舟中笔以训福。(阮伯元《文韵说》)

少读《文选》,颇知步趋齐梁。后蒙恩入庶常,台阁之制,例用骈体,而不能致工,因益搜辑古人遗篇,用资时习。区其巨细,分为三篇,序而论之曰:天地之道,阴阳而已。奇偶也,方圆也,皆是也。阴阳相并俱生,故奇偶不能相离,方圆必相为用,道奇而物偶,气奇而形偶,神奇而识偶。孔子曰:道有变动故曰爻,爻有等故曰物,物相杂故曰文。又曰分阴分阳,迭用柔刚。故易六位而成章,相杂而迭用。文章之用,其尽于此乎!六经之文,班班具存,自秦迄隋,其体递变,而文无异名。自唐以来,始有古文之目,而目六朝之文为骈俪。而为其学者,亦自以为与古文殊路。既岐奇与偶为二,而于偶之中又岐六朝与唐与宋为三。夫苟第较其字句,猎其影响而已,则岂徒二焉三焉而已,以为万有不同可也。夫气有厚薄,天为之也,学有纯驳,人为之也。体格有迁变,人与天参焉者也,义理无殊途,天与人合焉者也。得其厚薄纯杂之故,则于其体格之变,可以知世焉,于其义理之无殊,可以知文焉。文之体,至六代而其变尽矣。沿其流极而泝之,以至乎其源,则其所出者一也。吾甚惜夫岐奇偶而二之者之毗于阴阳也,毗阳则躁剽,毗阴则沉膇,理所必至也,于相杂迭用之旨,均无当也。(李申耆《骈体文钞序》)

比兴第三十六

题云比兴，实侧注论比，盖以兴义罕用，故难得而繁称。原夫兴之为用，触物以起情，节取以托意，故有物同而感异者，亦有事异而情同者，循省六诗，可榷举也。夫《柏舟》命篇，《邶》、《鄘》两见。然《邶诗》以喻仁人之不用，《诗·邶风·柏舟》笺云：舟载渡物者，今不用而与众物泛泛然俱流水中。兴者，喻仁人之不见用而与群小人并列，亦犹是也。《鄘诗》以譬女子之有常。《鄘风·柏舟》笺云：舟在河中，犹妇人之在夫家，是其常处。《杕杜》之目，风雅兼存，而《小雅》以譬得时，《小雅·杕杜》传云：杕杜犹得其时蕃滋，役夫劳苦，不得尽其天性。《唐风》以哀孤立，《唐风·有杕之杜》传云：道左之阴人所宜休息也。笺云：今人不休息者，以其特生阴寡也。兴者，喻武公初兼其宗族，不求贤者与之在位，君子不归，似乎特生之杜然。此物同而感异也。九罭鳟鲂，鸿飞遵渚，二事绝殊，而皆以喻文公之失所。《豳风·九罭》传云：九罭，缨罟小鱼之网也。鲟鲂，大鱼也。《疏》引王肃云：以兴下土小国，不宜久留圣人。又"鸿飞遵渚"传云：鸿不宜循渚也。笺云：鸿，大鸟也，不宜与凫鹥之属飞而循渚，以喻周公今与凡人处东都之邑失其所也。牂羊坟首，三星在罶，两言不类，而皆以伤周道之陵夷。《小雅·苕之华》传云：牂羊坟首，言无是道也。三星在罶，言不可久也。笺云：无是道者，喻周已衰，求其复兴不可得也。不可久者，喻周将亡，如心星之光耀，见于鱼笱之中，其去须臾也。此事异而情同也。夫其取义差在豪厘，会情在乎幽隐，自非受之师说，焉得以意推寻。彦和谓明而未融，发注后见；冲远谓毛公特言，为其理隐，诚谛论也。孟子云：学诗者以意逆志，此说施之说解已具之后，诚为谠言，若乃兴义深婉，不明诗人本所以作，而辄事探求，则穿凿之弊固将滋多于此矣。自汉以来，词人鲜用兴义，固缘诗道下衰，亦由文词之作，趣以喻人，苟览者恍惚难明，则感动之功不显。用比忘兴，势使之然，虽相如、子云，未如之何也。然自昔名篇，亦或兼存比兴，及时世迁贸，而解者只益纷纭，一卷之诗，不胜异说。九原不作，烟墨无言。是以解嗣宗之诗，则首首致讥禅代，笺杜陵之作，则篇篇系念朝廷，虽当时未必不托物以发端，而后世则不能离言而求象。由此以观，用比者历久而不伤晦昧，用兴者说绝而立致辨争。当其览古，知兴义之难明，及其自为，亦遂疏兴义而希用，此兴之所以浸微浸灭也。近世有人解李商隐诗，“虎过遥知阱”，以为刺时政。解温庭筠《菩萨蛮》词，以为与《感士不遇赋》同旨。解《咏怀诗》，“天马出西北”，以为马乃晋姓。解《洛神赋》君王，以为即文帝。此皆所谓强作解事，离其本真者已。虽然，微子悲殷，实兴怀于禾黍，屈平哀郢，亦假助于江山，兴之于辞，又焉能遽废乎。

毛公述传四句　风通，通字是也。《诗疏》曰：赋者，铺陈今之政教善恶，其言通正变，兼美刺也。又曰：比之与兴，虽同是附托外物，比显而兴隐，当先显而后隐，故比居兴先也。《毛传》特言兴也，为其理隐故也。

比者附也十句　《周礼·大师》先郑注曰：比者，比方于物也。《诗》孔《疏》引而释之曰：诸言如者，皆比辞也。兴者，托事于物也。孔《疏》曰：兴者起也，取譬引类，起发己心，诗文诸举草木鸟兽以见意者，皆兴辞也。后郑注曰：比，见今之失，不敢斥言，取比类以言之。兴，见今之美，嫌于媚谀，取善事以喻劝之。成伯玙《毛诗指》说：物类相从，善恶殊态，以恶类恶，谓之为比，《墙有茨》比方是子者也；以美喻美，谓之为兴，叹咏尽致，善之深也。听关雎声和，知后妃能谐和众妾，在河洲之阔远，喻门阃之幽深，鸳鸯于飞，陈万化得所，此之类也。案后郑以善恶分比兴，不如先郑注谊之确。且墙茨之言，《毛传》亦目为兴，焉见以恶类恶，即为比乎。至钟记室云：文已尽而意有余，兴也；因物喻志，比也。其解比兴，又与诂训乖殊。彦和辨比兴之分，最为明晰。一曰起情与附理，二曰斥言与环譬，介画憭然，妙得先郑之意矣。

关雎有别二句　《周南》，《毛传》云：雎鸠，王雎也。鸟挚而有别。《笺》云：挚之言至也。《释文》：挚本亦作鸷。陆玑《疏》云：雎鸠，大小如鸱，深目，目上骨露，幽州人谓之鹫。而扬雄、许慎皆曰白鹭，似鹰，尾上白。

尸鸠贞一二句　《召南》，《毛传》云：鸠，鸤鸠，秸鞠也。鸤鸠不自为巢，居鹊之成巢。《曹风》传云：鸤鸠之养其子，朝从上下，暮从下上，平均如一。《尔雅》注云：今布谷也。江东呼获谷。

无从于夷禽　从当为疑字之误。

金锡　《卫风·淇奥》传云：金锡湅而精。

圭璋　《大雅·卷阿》笺云：王有贤臣，与之以礼义相切磋，如玉之圭璋也。

螟蛉　《小雅·小宛》传云：螟蛉，桑虫也；蜾蠃，蒲卢也。《笺》云：蒲卢取桑虫之子，负持而去，煦妪养之以成其子，喻有万民不能治，则能治者将得之。

蜩螗　《大雅·荡》传云：蜩，蝉；螗，蝘也。《笺》云：饮酒号呼之声，如蜩螗之鸣。

澣衣　《邶风·柏舟》笺云：衣之不澣，则愦辱无照察。

席卷　《邶风·柏舟》传云：席虽平，尚可卷。

麻衣如雪 《曹风·蜉蝣》传云:如雪,言鲜洁。笺云:麻衣,深衣。

两骖如舞 《郑风·大叔于田》传云:骖之与服,和谐中节。

讽兼比兴 王逸《楚辞章句·离骚序》云:《离骚》之文,依诗取兴,引类譬喻,故善鸟香草以配忠贞,恶禽臭物以比谗佞,灵脩美人以媲于君,宓妃佚女以譬贤臣,虬龙鸾凤以托君子,飘风云霓以喻小人。案《离骚》诸言草木,比物托事,二者兼而有之。故曰,讽兼比兴也。

纤综比义 纤当为织字之误。

安仁萤赋 《全晋文》九十二载其文,兹录于左:

> 嘉熠耀之精将,此字疑误。与众类乎超殊。东山感而增叹,行士慨而怀忧。翔太阴之玄昧,抱夜光以清游。颎若飞焱之霄逝,彗似移星之云流。动集阳晖,灼如隋珠,熠熠荧荧,若丹英之照葩;飘飘频频,一作款款。案当作颎颎。若流金之在沙。载飞载止,光色孔嘉;无声无臭,明影畅遐。饮湛露于旷野,庇一叶之垂柯;无干欲于万物,岂顾恤于网罗。至夫重阴之夕,风雨晦冥,万物眩惑,翩翩独征;奇姿燎朗,在阴益荣。犹贤哲之处时,时昏昧而道明;若兰香之在幽,越群臭而弥馨。随阴阳之飘繇,非饮食之是营。同鑫斯之无忌,希夷惠之清贞。羡微虫之琦玮,援彩笔以为铭。(潘安仁《萤火赋》)

比类虽繁,以切至为贵 切至之说,第一不宜沿袭,第二不许蒙笼。纪评谓太切转成滞相,按此乃措语不工,非体物太切也。

如川之涣 涣字失韵,当作澮,字形相近而误。澮淡,水貌也。

夸饰第三十七

语之所贵者意也，意有所随，意之所随者，不可以言传也，然而不可不力期其传。古之为言，有肆而隐者矣，有曲而中者矣，意之既得，虽言可遗也，言之难传，虽溢无害也。盖十口相传，谓之为古，俗语不实，流为丹青，皇初之蛊事，莫非载籍之饰言，自此以来，人智开明，而学术日趋贞信，然而言语不能必与意相符，文辞不能必与言合轨，则夸饰之病，终无由以毕祛，后之人知其违而止其滥斯可矣。舍人有言：夸饰在用，文岂循检。其于用舍之宜，言之不亦明审矣哉？今且求之经传，以征夸饰之不能悉祛，更为析言夸饰所由成之理，而终之以去夸不去饰之说。往古之书，未经圣师删定者，若《山经》、《归藏》之属，其言奇佩不恒，虽可以考见先民之思智，而或为荐绅所不言，今亦无庸研论。至如经传所载，孔孟所言，其间夸饰之文，在在有之，略举数事如下：《大戴礼·五帝德》篇：宰我问于孔子曰：昔者予闻诸荣伊言，黄帝三百年。请问黄帝者人耶？抑非人耶？何以至于三百年乎？孔子曰：生而民得其利百年，死而民畏其神百年，亡而民用其教百年，故曰三百年。由孔子之言论之，黄帝三百年，饰词也。殷辛暴虐，《书》有明文，而孔子曰：纣之不善，不如是之甚也。由此言之，状殷辛之恶者，亦多饰词也。《楚语》：昭王问于观射父曰：《周书》所谓重、黎实使天地不通者何也？若无然，民将能登天乎？对曰：司马氏宠神其祖，以取威于民，曰:重实上天,黎实下地,遭世之乱,而莫之能御也。由此言之,《书》所谓绝地天通者,亦饰词也。孟子曰:说诗者不以文害辞,不以辞害志,以意逆志,是为得之。如以辞而已矣,《云汉》之诗曰:周余黎民,靡有孑遗;信斯言也,是周无遗民也。由此言之,言周民无遗者,亦饰词也。孟子又曰:尽信书则不如无书,吾于《武成》取二三策而已矣,仁人无敌于天下,以至仁伐至不仁,而何其血之流杵也。赵注曰:经有所美,言事或过,若《康诰》曰:冒闻于上帝。《甫刑》曰:帝清问下民。《梓材》曰:欲至于万年。又曰:子子孙孙永保民。人不能闻天,天不能问民,万年永保,皆不可得为,书岂可案文而皆信之哉?由此言之,书之所载,多饰词也。已上所言,皆经传所陈也,更求之九流:《庄子·秋水》篇曰:至德者火弗能热,水弗能溺,寒暑弗能害,禽兽弗能贼,非谓其薄之也。由此推之,传记所为寓言,皆饰词也。《列子·黄帝》篇曰:庖牺氏、女娲氏、神农氏、夏后氏,蛇身人面,牛首虎鼻,此非有人之状,而有大圣之德。张注曰:人形貌自有偶与禽兽相似者,古诸圣人多有奇表,所谓蛇身人面,非被鳞腹行,无有四支,牛首虎鼻,非戴角垂胡,曼额解领,亦如相书龟背鹄步,鸢肩鹰喙耳。由此推之,《山经》所说奇状傀形,无非饰词也。《淮南子·氾论训》曰:世俗言曰:飨太高者而彘为上牲;葬死人者裘不可以藏;相戏以刃者,太祖軵其肘;枕户橉而卧者,鬼神蹠其首。此皆不著于法令而圣人之所不口传也。夫神明独飨彘者何也?以为彘者,家人所常畜而易得之物也,故因其便以尊之;裘者,难得贵贾之物也,无益于死者,而足以养生,故因其资以詟之;相戏以刃,必为过失,过失相伤,其患必大,故因太祖以累其心;户牖者,风气之所往来,而风气者,阴阳相捔者也,离者必病,故托鬼神以申诫之也。由此推之,世俗恒言有所虚托者,皆饰词也。此皆古之人已知之矣。汉世王充好为辨诘，琐碎米盐，著为《书虚》、《语增》、《儒增》、《艺增》之篇，凡经传饰词，一概加以抨击，世或喜其谛实，而实不达词言之情。彼其言曰：世俗所患，患言事增其实，著文垂辞，辞出溢其真，称美过其善，进恶没其罪。何则？俗人好奇，不奇，言不用也，故誉人不增其美，则闻者不快其意，毁人不益其恶，则听者不惬于心，闻一增以为十，见百益以为千，使夫纯朴之事，十剖百判，审然之语，千反万畔，言审莫过圣人，经艺万世不易，犹或出溢，增过其实。如仲任言，意在检正文词，一切如实，然后使人不迷，其辨别妖异禨祥之言，驳正帝王感生天地感变诸说，诚足以开蔽蒙矣，至谓文词由此当废增饰，则谬也。近世汪中知古人文词有曲，有形容，说祖之充，而不能明其故，以为但欲睲其意而已，是终不得为明清之言。谨求其故，有五说焉：一曰，言有不能斥其事，则玄言其理也。《书》叙尧之德，钦明以下四十余言，若欲历叙其事，则繁而不杀，数百千言而仍不能尽，故括以钦明恭让，而尧之德可知，表以既睦昭明于变，而尧之所以亲九族，辨百姓，和万邦者可知。此一事也。二曰，言有不能指其数，则浑括其事也。《书》言禹九山刊旅，九川涤原，九泽既陂。此不得历言九州山泽，禹皆毕至，言此而禹功所被之广可知，历指则反于文为害。此二事也。三曰，言有不能表其精微，而假之物象。《易传》曰：圣人有以见天下之啧，而拟诸形容，象其物宜。言龙战于野，而阴阳斗争之理寓焉，但言阴阳斗争，义不晰也；言黄裳元吉，而得中居职之理寓焉，但言得中居职，义不晰也。此三事也。四曰，言有不能断限，而模略以为词。《书》曰"欲至万年"，此非真欲万年，然云欲至某千某百年，则不词也。《诗》曰"子孙千亿"，此亦非谓真能众多如此，然云子孙某百某十人，则亦不词也。此四事也。五曰，言有质而意不显，文而意显者。如云：晏子一狐裘三十年。一裘诚不必经一世之长，然但云晏子狐裘久而不易，则其久如何不可知，而晏子之俭德不显。如云：积甲与熊耳山齐。甲多诚不能与山比峻，然但云收甲甚多，则其多如何不可知，而光武之武功不著。此五事也。总而言之，文有饰词，可以传难言之意；文有饰词，可以省不急之文；文有饰词，可以摹难传之状；文有饰词，可以得言外之情。古文有饰，拟议形容，所以求简，非以求繁，降及后世，夸张之文，连篇积卷，非以求简，只以增繁，仲任所讥，彦和所诮，固宜在此而不在彼也。

河不容舠　孙云：《诗》释文：刀，字书作舠。《广雅》作舠。彦和依字书作。《说文》有舠字。云：舠，船行不安也。从舟，刖省声，读若兀。与《诗》容刀字音义俱别。

鸮音之丑　《诗》毛传云：鸮，恶声之鸟也。

披瞽而骇聋矣　李云：枚乘《七发》：发瞽披聋。

本师所著《征信论》二篇，其于考案前文，求其谛实，言甚卓绝，远过王仲任《艺增》诸篇，兹录于左，以供参镜。

古人运而往，其籍尚在，籍所不著，推校其疑事，足以中微，而世遂质言之，虽适，谓之诬。往者高祖困于平城，用陈平计使阏氏，围得解，其计既秘，世以为工妙踔善，故匿藏不传，独恒谭揣其必言汉有好女，今以围急，欲进之单于，内有媢者，则兵祸自沮，其量度事情，诚以眇合，虽刘子骏亦称善；然皆以为揣得其状，非质言之备故府藏录也，及应劭说《汉书》，遽骍然以为成事；故虑事一也，以辩议则适，以记注则诬。章学诚以李陵答苏武书世疑其伪者非也，必江左之士，降北失职，忧愤而为之，自谓其说踸踔度越于守文者，而任大椿亦称其善。此即与桓、刘之事无异。中世秦宓、谯周，亦推经传言神怪者傅之人事，其得情为多，卒以议无左验，不自言遂事也。此皆明哲已知之矣。或曰：淮南王推说禨祥，言相戏以刃，太祖軵其肘者，以为过失相伤，其患必大，无涉血之仇争忿斗，而以小事自内于刑戮，愚者所不知忌也，故因太祖以累其心。枕户橉而卧，鬼神履其首者，以为户牖者，风气之所从往来，而风气者，阴阳相捔者也，离者必病，故托鬼神以伸诫之也。此则可以质言乎？应之曰：凡事无期验推校而得之者，习俗与事状异其职矣。彼习俗者，察之无色，把握之不得其体，推校而得，则无害于质言之。若淮南王所订，习俗也，而桓谭所订，事状也。事状者，上有册府，下有私录，殚求而不获，虽善推，愆其质言矣。二者立言之大齐，不以假借者也。世儒以后之可订，而责前之故然，虽皮傅妄言，逾世则浸以为典要。昔唐人言庄周之学本田子方，推其根于子夏；近世章学诚作《经解》篇取之，以庄子称田子方，则谓子方是庄子师，然其《让王》亦举曾参、原宪，其他若《则阳》、《徐无鬼》、《庚桑楚》名在篇目，将一一是庄子师邪？宋人远迹子思之学，上隶曾参，寻《制言》、《天圆》诸篇，与子思所论述殊矣。《檀弓》篇记曾子呼伋，古者言质，长老呼后生，则斥其名，微生亩亦呼孔子曰丘，非师弟子之征也。《檀弓》复记子思所述，郑君曰：为曾子言难继，以礼抑之，足明其非弟子也。近世阮元为《子思子章句》，亦云：师曾迪孟。**见其自序。**孟轲之受业，则太史公著其事矣，师曾者，何征而道是邪？释迦言空，不因于老庄，景教事天，不本于墨子，远西之言历算者,不资于厉王丧乱,畴人在夷,世人取其近似言之,遂若典常,此三谬也。清代之遇属国,不大孰何,仍汉、唐、明之旧贯则然,非取法于罗马,戴氏作《原善》及《孟子字义疏证》,遂人情而不制以理,两本孟子、孙卿,王守仁以降,唐甄等已开其题端,至戴氏遂光大之,非取法于欧罗巴人言自由者,世人欲以一端傅会,忘其所自来,此二谬也。独汉人自西域来,说近情实,远之可傅身毒、大夏,而近犹在氐羌,羌与髳狎,故亦与西南诸苗同种,今之苗,古之髳也,与三苗处洞庭、彭蠡间者异实,而世以三苗为神州旧人,汉族攘其地有之,益失实状。汉族虽自西方来,传记所见,不及安息条去沙碛之地,今人复因以傅会,此为陈平秘计之流,探啧索隐则无害,犹不予其质言也。不然者,世久而视听濈渍,率尔之言,将相保以为实录,其过宏矣。是以孙卿曰:言之信者,在乎区盖之间。(《征信论》上)

传曰:圣有谟勋,明征定保。故非独度事为然也,凡学皆然,其于抽史尤重。何者?诸学莫不始于期验,转求其原,视听所不能至,以名理刻之,独治史志者为异,始卒不逾期验之域而名理却焉。今之散儒曾不谕是也,故微言以致诬,玄议以成惑。昔者孙卿有言,曰:五帝之外无传人,非无贤人也;五帝之中无传政,禹、汤有传政而不若周之察,非无善政也,久故也。传者久则论略,近则论详,略则举大,详则举小,愚者闻其略而不知其详,闻其详而不知其大,是以文久而灭,节族久而绝。《非相》篇。夫《尚书》者不具之史,略引大体,文若铭诔,非质言以纪事,故流别异《春秋》。高贵乡公曰:仁者必有勇,诛暴必用武。少康武烈之威,岂降于高祖哉?夏书沦亡,故勋美阙而罔载，唯有伍员粗述大略，其言复禹之绩，不失旧物，祖述圣业，旧章不愆，自非大雅兼才，孰能与于此？向令坟典具存，行事详备，则不得有异同之论也。高贵乡公可谓知往志者也。《春秋》已作，而纪传胪言，其道行事始悉，然犹多所残遗，远者庄跻取滇，秦开却胡，事大而文已约，及夫氐羌僭制，政事尽文，**前代苻姚近世西夏之属**。群盗略地，兵事槃牙，而多奇计者，皆不如帝室详。下逮近世，韩宋之兴，诸将若关先生、破头潘、芝麻李、大刀敖等，史传犹轶其名，关先生始起绛州，逾太行，转战出塞，毁上都而蔺高丽，其武略虽不逮明祖，视中山、开平犹近，《明史》则已失其行军图法，此则近犹论略，非独久也。学者宜以高贵乡公为法，知其有略，不敢妄意其事，妄意之即与巫言等，比邻神仙之国。旧史盖岁有变更，国有贤豪，则为之生事，延缘巷市之语，以造奇词，往者中土虽有猥语短书，今皆举于士大夫之口，兔丝缘木，虒蝓缘墙，苟可以傅丽者，无所不蓏，则是使张鲁撰记，而寇谦之为图也。昔者庄周有言，曰：世之所贵道者书也，书不过语，语之所贵者意也，意有所随，不可以言传，而世因贵言传书，虽贵之犹不足贵也。**《天道》篇**。史官陈列往迹详矣，事有巨而因于细，是故吴楚之战，昝始采桑，昭公之出，衅在斗鸡，其类非一也，正史或记其著，不能推本于其微者，桑鸡之事，顾幸而党见尔。细亦因巨，是故陈平以大牢草具为端，足以间亚父，陆生大言汉皇帝贤，而可以臣南越，项王尉佗虽戆，则必不可以一言去就，固有巨者足以离合之，顾史官未尝言，故曰，意有所随，其言不传久矣。愚者儌以为智，随成心以求其情，比于谣诼，是以君子多见阙殆。昔者韩非有言，曰：听言之道溶若醉，彼自离之，吾因以知之，参伍比物，事之形也。《扬榷》篇。夫治史尽于有征，两征有异，犹两曹各举其契，此必一情一伪矣。往世诸子竞于扬己，著书陈事，败人则录之，己屈则不述也，转以九流相校，而更为雌雄者众，其有从横之士，短长之书，必不自言画策无效，或饕天功以为己力，是故鲁连不帝秦王，言秦军却五十里，校以《平原君传》，却秦军者，李同敢死之士之功。贾诩以袁、刘父子答魏王，而言太子遂定，校以文帝陈王纪传，文帝以五官中郎将副丞相，而陈王则为平原小侯，魏王志定久矣。两国殊党，各为其尊亲讳，亦务进己而黜辱人，是故更始始于借交报仇，终于刮席，拓跋始为刘、石附庸，终以言敌国，皆自离也。下及近世，《宋史》称岳飞破胡，兀术号慱大奔，《金史》阙如也。邵长蘅称阎应元守江阴，满洲名王三人，大将八人，皆授首城下，然清官书亦不言，不知胜者溢传之邪？其败者有所讳邪？魏源驳长蘅说云：官书无三王八将名，且亦不见赠恤，断其为诬。案此未可断也，死难有恤，本汉土之制，阎应元守江阴时，满洲入中国六岁耳，未能悉谙中国典礼，降臣亦未必乐为文致，不得以赠恤不及，断其为诬；又其支属甚多，位号有滥，虽官书不见，不得谓竟无其人。至于张克捷而讳挠败，又满洲之常度，观诸遗民记载，明师斩馘大捷者，非独郑成功、李定国三数事也，而满洲官书不述其事，直云王师失利而已，足知情存隐讳，不欲布之简书。江阴之役，纵毙三王八将，其文牍且或讳言，况史臣记载邪？从是仇质，自离者诚有可知，亦或忽恍如不可知，抽史者若以法吏听两曹，辨其成狱，不敢质其疑事，愚者以事有两异，虽本无异辞者犹疑，此何但史传邪？曩夕之言，今日亦疑也，鸡鸣之事，日中可谰也。昔者老聃有言，曰：天下有始，以为天下母，既得其母，以知其子，既知其子，复守其母，没身不殆。守者，《墨经》云：弥异所也。古言守司者，犹言寻伺。母子者，犹今所谓因果，因以求果，果以求因，辨异而不过，推类而不悖，是故邪说不能离，百家无所窜，则终身免于疑殆，是抽文之枢要也。夫礼俗政教之变，可以母子更求者也，虽然，三统迭起，不能如循环，三世渐进，不能如推毂，颂貌变异，诚有成型无有哉？世人欲以成型定之，此则古今之事可以布算而知，虽燔炊史志犹可。且夫因果者，两端之论耳，无缘则因不能独生，因虽一，其缘众多，故有同因而异果者，有异因而同果者，愚者执其两端，忘其劳起，以断成事，因以起其类例，成事或与类例异，则颠倒而组裂之，是乃殆以终身，弊之至也。凡物不欲结，丝结于金柅则不解，马结于曼荆则不驰，夫言则亦有结，结于成型，以物曲视人事，其去经世之风亦远矣。**今世社会学者多此病。**昔者孙卿有言曰：《礼》、《乐》法而不说，《诗》、《书》故而不切，《春秋》约而不速。方其人之习君子之说，则尊以偏矣，周于世矣。**《劝学篇》。**夫古今虽异能，相类似者不绝，故引史传以为端绪，其周用犹什三四，当其欲用，必骛于辩说者，犹赋诗有断章，愚者喜论史事为华，因以史尚平议，不尚记事，此其言尽员舆成国之秀民若一概也。往者干宝始为《晋纪·总论》，其言挥绰，而还与事状应，然大端不过数首，及孙盛、袁宏、习凿齿、范晔之伦，吹毛索疵，事议而物辩之，固无当夫举措之异，利病之分；譬如弈棋，胜负者非一区之势也，疏附牵掣于旁者，其子固多，史之所记，尽于一区，其旁子不具见，**细碎冥昧之事，史官固不悉知，知之亦不可具载。**时既久远，而更欲求举措之意，利病之势，犹断棋一区以定弈法，哙口弊唇，犹将无益也。**近世鄙倍之说，谓史有平议者合于科学，无平议者不合科学。案史本错杂之书，事之因果，亦非尽随定则，纵多施平议，亦乌**

能合科学邪？若夫制度变迁，推其沿革，学术异化，求其本师，风俗殊尚，寻其作始，如班固、沈约、李淳风所志，亦可谓善于平议矣。而今世之平议者，其情异是，上者守社会学之说而不能变，下者犹近苏轼《志林》、吕祖谦《博议》之流，但词句有异尔。学校讲授，徒陈事状、则近于优戏，不得已乃多施平议，而己不能自知其故，借科学之号以自尊，斯所谓大愚不灵者矣。又欲以是施之史官著作，不悟史官著书，师儒口说，本非同剂，惟有书志当经考索之功，其论一代政化，当引大体而已，若毛举行事，订其利病，是乃科举发策之流，违于作述之志远矣。彼所持论，非独暗于人事，亦不达文章之体也。章炳麟曰：是五志者，皆明德之远言，耆艾之高致也，智者用之以尽伦，愚者用之以绝理，苟非其人，道不虚行，岂谓是邪？言而有畛，连犿无伤者则有矣。盖昔老聃良史之宗，定箸八十一章，其终有乱，夫其信言不美，美言不信，吾以告今文五经之家；知者不博，博者不知，吾以告治晚书疑前史者；颜师古注《汉书》，凡后出杂书纬候异事，一切刊落，最为可法。善者不辩，辩者不善，吾以告出入风议尚论古人之士。（《征信论》下）

事类第三十八

文之为用，自喻喻人而已。自喻奚贵？贵乎达；喻人奚贵？贵乎信。《传》曰言以足志，文以足言，达之说也。《书》曰圣有谟勋，明征定保，信之说也。夫以言传意，自古殆已有不能吻合之患，是故譬喻众而假借繁。水深曰深，室深亦曰深；布广曰幅，地广亦曰幅，此譬喻也。相之字，观木也，而凡视皆曰相；㬎之字，日中视丝也，而凡明皆曰㬎；此假借也。言期于达，而不期于与本义合，则故训之用，由此滋多。若夫累字成句，累句成文，而意仍有时而蹇碍，则兴道之用，由此兴焉。道古语以剀今，道之属也。取古事以托喻，兴之属也。意皆相类，不必语出于我，事苟可信，不必义起乎今，引事引言，凡以达吾之思而已。若夫文之以喻人也，征于旧则易为信，举彼所知则易为从。故帝舜观古象，太甲称先民，盘庚念古后之闻，箕子本在昔之谊，周公告商而陈册典，穆王详刑而求古训，此则征言征事，已存于《左》、《史》之文。凡若此者，皆所以为信也。尚考经传之文，引成事述故言者，不一而足。即以宣尼大圣，亲制《易传》、《孝经》之辞，亦多甄采前言，旁征行事。降及百家，其风弥盛。词人有作，援古尤多。夫《沧浪》之歌，一见于《孟子》，素餐之咏，远本于诗人。彦和以为屈、宋莫取旧辞，斯亦未为诚论也。逮及汉魏以下，文士撰述，必本旧言，始则资于训诂，继而引录成言，汉代之文几无一篇不采录成语者，观二《汉书》可见。终则综辑故事。爰至齐梁，而后声律对偶之文大兴，用事采言，尤关能事。其甚者，捃拾细事，争疏僻典，以一事不知为耻，以字有来历为高，文胜而质渐以漓，学富而才为之累，此则末流之弊，故宜去甚去奢，以节止之者也。然质文之变，华实之殊，事有相因，非由人力，故前人之引言用事，以达意切情为宗，后有继作，则转以去故就新为主。陆士衡云：虽杼轴于予怀，怵他人之我先，苟伤廉而愆义，故虽爱而必捐。岂唯命意谋篇，有斯怀想，即引言用事，亦如斯矣。是以后世之文，转视古人，增其繁缛，非必文士之失，实乃本于自然。今之訾謷用事之文者，殆未之思也。且夫文章之事，才学相资，才固为学之主，而学亦能使才增益。故彦和云：将赡才力，务在博见。然则学之为益，何止为才裨属而已哉？然浅见者临文而踌躇，博闻者裕之于平素，天资不充，益以强记，强记不足，助以钞撮，自《吕览》、《淮南》之书，《虞初》百家之说，要皆探取往书，以资博识。后世《类苑》、《书钞》，则输资于文士，效用于谀闻，以我搜辑之勤，祛人翻检之剧，此类书所以日众也。惟论文用事，非可取办登时，观天下书必遍而后为文，则皓首亦无操觚之事。故凡为文用事，贵于能用其所尝研讨之书，用一事必求之根据，观一书必得其绩效，期之岁月，浏览益多，下笔为文，何忧贫窭。若乃假助类书，乞灵杂纂，纵复取充篇幅，终恐见笑大方。盖博见之难，古今所共，俗学所为多谬，浅夫视为畏涂，皆职此之由矣。又观省前文，迷其出处，假令前人注解已就，自可因彼成功，若笺注未施，势必须于翻检。然书尝经目，翻检易为，未识篇题，何从寻讨？是以昔人以遭人而问为懿，以耳学不精为耻，李善之注《文选》，得自师传，颜籀之注《汉书》，亦资众解，是则寻览前篇，求其根据，语能得其本始，事能举其原书，亦须年载之功，岂能卤莽以就也。尝谓文章之功，莫切于事类，学旧文者不致力于此，则不能逃孤陋之讥，自为文者不致力于此，则不能免空虚之诮。试观《颜氏家训·勉学》、《文章》二篇所述，可以知其术矣。

练字第三十九

文者集字而成，求文之工，必先求字之不妄。然自六书肇造，孳为九千，转注假借之例既立，而众字之形声义训往往互相牵缀，故用字者因之无定，此一事也。名无固宜，名无固实，在乎约定俗成，然造字之始，或含义本狭，而后扩充以为宽，或含义至通，而后减削以为局；至于采用之顷，随情取舍，义界模糊，刑名文名，盖由官府定著，论学术者亦或自定名例以便诠说，寻常文翰固无是也，故字义纷纶，检择无准，此二事也。又古字虽曰九千，亦有复重，非尽特立，即其确为本字者，恒文或转舍而不用，取彼同类之音，以为通假，取彼同类之义，不为判分，后来造字猥多，则数逾四万，用字狭少则不逾四千，由古察今，弥为漫汗，然则字义不定，辨析尤艰，此三事也。夫雅俗常奇，古今兴废，名成于对待，故可随情设施，岂无今世恒俗之言，远本绝代輶轩之语，但求实义的当，何必拘滞所闻，然文士裁篇用字，或贵于艰深，或趋于简易，师范古籍，则资借奇字以成己文，依附流俗，则苟安鄙别以求人喻，不悟字之取舍，以义之当否为标，而辨义正名，实非易业，此四事也。舍人言练字者，谓委悉精熟于众字之义，而能简择之也。其篇之乱曰：依义弃奇。此又著文之家所宜奉以周旋者也。历观自古文章，用字不定，求其所由，盖有三焉：一曰缘形而不定。字有正假，任意而书，体有古今，随情而用，仁义之义本作谊，威仪之仪本作义，举本字者，书仁谊可作言旁宜，从常行者，书威仪不作羊下我；孝弟之字别作悌，欢说之字别作悦，好古文者但书偏旁，从常行者加心始足。凡字有通假正变，施于文章，皆准斯例。二曰缘义而不定。字有同训者，训同则用此与彼，于义无殊，是故庶绩咸熙，易为众功皆兴可也；察其所由，易为揆厥所元可也；《春秋》书元年，子夏问何不称初哉首基，即以诸字同训为始，而发此难也。字有殊名者，名殊则用此与彼于实是一，是故鳲曰尸鸠，殊名也，《召南》曰鸠，《曹风》曰尸鸠；藻为聚藻，殊名也，诗人曰藻，《左氏》释以蕴藻；《春秋》书遇垂，而《传》家释之以犬丘，由此故也。字有同类者，同类则散言有别，通言不殊，礼器以白黑为素青，本于秦语，然素本白缯，非凡白之号，青为东色，非火熏之名，缘其大类相同，所以有斯变乱，逮于后世，或以繶犗目青牛，或号龙门为虬户。考之经典，《礼经》以雁为鹅，《周易》以雉为鸡，固斯志也。凡字有同训，殊名同类，施于文章，皆准斯例。三曰缘声而不定。诗歌协韵，必取谐调，则用字可无定准，《诗》言母也天只，变父言天，《易》言既雨既处，变止言处；后世如扬子云变梁父为梁基，蔡伯喈以祖踪代祖武，皆其征也。至于声偶之文，尤贵叶律，苟不宜于迭代，即须变以求谐，故危涕坠心，有时互易常位，赪茎素毳，有时悉变本名；一天也，调仄句则称有昊，调平句则曰穹苍；一地也，调平句则曰媪神，调仄句则为后土；此即千殊万异，亦与字之本质何关？又况对伏既成，字取相配，苟一偏而有踸踔之患，斯两句皆归删落之科，然则声偶之文，用字弥无常则，奚足怪哉？综上三因，以包古今用字之情态，庶云得其梗概矣。然文人好尚，复有乖违，或是古而非今，或慕难而贱易，或崇雅而鄙俗，或趋奇而厌常，矫是四弊，亦恒有过其直者，斯用字所以愈益纷纭也。略举其族，盖有数焉：一者，字必汶长之书，训必《苍》、《雅》

所载，攀援之字，必写从反廾，恒久常语，必改为烝尘，甚至摹经典者，弃子史之成文，拟《史》、《汉》者，摈晋宋之代语，上自相如《封禅》摹拟《诗》、《书》，下至近代文家步趋韩、柳，高低有判，为弊不殊。二者，文阻难运，彦和之谠言，字贵易识，隐侯之卓识。而亭林顾君讥人舍恒用字而借古字之通用者为自盖其俚浅，亦沈、刘之意也；然人情见诡异而震惊，亦见平庸而厌鄙，故难易之宜，至今莫定，此如黾勉密勿，本是一言，黾勉习见，故密勿为难，差池柴虒，字义无二，以差池过常，则柴虒为贵，假令时人所行，虽逸籍亦成恒语，故三豕别风，举世莫之敢议，如时人所废，虽雅诰亦为奇侅，故《汉书》、《庄子》，有时视为僻书，然则难易之分，徒以兴废为断耳。三者，易抚盘为推案，变脱帽为免冠，子玄所讥，于今未改，故饮茶或曰饮荈，垂脚而云危坐，驰铁道曰附轺车，乘轮舟曰附番舶，苟俗间所恒用，必须易以故言，纵令为实有殊，不复勘其名义；加以俗言蕃众，俗书纠纷，既不知其本字本音，则从俗转觉艰阻，不如求之故籍，反可自盖荒伧，然从俗之情，亦有科判，或取便于施用，或以饰其粗疏，岂可一概而论也。四者，字不问古今，义不问雅俗，但使奇侅，遂加采获，于是孙休、武曌之奇字，与篆隶而共篇，短书译籍之异文，将经史而同录，以人所弗知为上，以世所共晓为下，用字之乱，必以此曹为最矣。又文士用字，有依人者，有自撰者，大抵贵己出者，以自撰为多，汉世小学精练，故辞赋之文，用字多由自造，魏晋以来，用字盖有常检；唐世韩愈称奇，樊绍述称涩，然如《曹成王碑》，用剜鞣钹掀撇掇筴跐诸字，《绛守居园池记》，有瑶翻碧潋鬼眼倾耳等语，不今不古，亦何为哉？至于用字依人，亦有依古依俗之别，依古者，从所常习，奉为准绳，以时代言，则读秦汉以上书者，文中绝少近世之语，以部类言，则习经传之雅诂者，文中必无恒俗之言;依俗者,但取通行,不殊今古,称兄弟为昆玉,目城池以金汤,此本子史而成俗也,以苛切为吹毛求疵,以自欺为掩耳盗铃,此本古语而成俗者也,以心行为思想,目平准曰金融,此本译语而成俗者也,取于众所共知,不复审谛其义,然则自撰与依人,各有短长,亦互相讥姗,自非闳览深识之士,乌从定之?愚谓文体有文质,文用有高庳,其为质言,无论记事言理,必当考覈名义,求其谛实,古所有而当,遵之可也,古文所无,今撰可也,一篇文中,字无岐出,前所已见,后宜尽同,观于浮屠译经,其德业诸名,以及动静状助诸字,皆有恒律,又观正史记事,大抵本于官府成言,萌俗通语,漓质趋文,大雅所笑,今之纪事言理者,必当知其利病,然后可与言文,否则研弄声调,涂饰华采,虽复工巧,等于玉卮无当者已。文饰之言,非效古固不能工妙,而人之好尚,不能尽同,此当听其自为,不必齐以一是,正如通历算者,为文或引《九章》,解佛书者,为文亦有译语,安其所习,亦何嫌哉?然效古以似为上,犹之学方言者,一语有差,一音不正,则群焉笑之,谓为不善学者,效古亦然,一句不类,一字不安,则亦有败绩失据之患,故效古人之文者,必用其人所经用之字,否则必用出乎其前之字,否则必用与其文相称之字,虽曰拘滞哉,其情在于求似也。若乃恒俗之文,取便于用,用字之准,惟在废兴,此如官府文移,学校讲疏,报纸记载,日用书疏,契约列诉之辞,平话剧曲之类,其用至庳,亦惟循常蹈故,不事更张可也。然自小学衰微,则文章痟削,今欲明于练字之术,以驭文质诸体,上之宜明正名之学,下亦宜略知《说文》、《尔雅》之书,然后从古从今,略无蔽固,依人自撰,皆有权衡,厘正文体,不致陷于卤莽,传译外籍,不致失其本来,由此可知练字之功,在文家为首要,非若锻句炼字之徒,苟以矜奇炫博为能也。

子思弟子，於穆不祀 孙云：祀当作似。《诗·周颂》："於穆不已。"《毛传》引孟仲子说。《正义》引郑《谱》云：孟仲子者，子思弟子。又云：子思论诗，於穆不已。孟仲子曰：於穆不似。此彦和所本。

傅毅制诔，已用淮雨 李详云：卢文弨《钟山札记》卷一引傅毅制诔，已用淮雨，下有"元长作序，亦用别风"八字。卢氏又云：《古文苑》载傅毅《北海靖王兴诔》云"白日幽光，淮雨杳冥"。今《雕龙·诔碑》篇所载，为后人易以氛雾杳冥矣。李云元长序无考，又宋本《蔡中郎集·杨赐碑》："烈风淮雨，不易其趣。"今本淮雨改作虽变，疑烈风亦后人所改也。卢氏说。李又云：陆士衡《九愍》：思振袂于别风。

字靡异流 异当作易。

隐秀第四十

自始正而末奇，至朔风动秋草朔字，纪氏以《永乐大典》校之，明为伪撰，然于波起辞间一节，复云纯任自然，彦和之宗旨，即千古之定论，是仍为伪书所绐也。详此补亡之文，出辞肤浅，无所甄明，且原文明云：思合自逢，非由研虑，即补亡者，亦知不劳妆点，无待裁镕，乃中篇忽羼入驰心、溺思、呕心、煅岁诸语，此之矛盾，令人笑诧，岂以彦和而至于斯？至如用字之庸杂，举证之阔疏，又不足诮也。案此纸亡于元时，则宋时尚得见之，惜少征引者，惟张戒《岁寒堂诗话》引刘勰云“情在词外曰隐，状溢目前曰秀”，此真《隐秀》篇之文。今本既云出于宋椠，何以遗此二言？然则赝迹至斯愈显，不待考索文理而亦知之矣。夫隐秀之义，诠明极艰，彦和既立专篇，可知于文苑为最要，但篇简佚空，微言遂闷，是用仰窥刘旨，旁缉旧闻，作此一篇，以备搴采。然褚生续史，或见哂于通人，束皙补诗，聊存思于旧制。其辞曰：

夫文以致曲为贵，故一义可以包余，辞以得当为先，故片言可以居要。盖言不尽意，必含余意以成巧，意不称物，宜资要言以助明。言含余意，则谓之隐，意资要言，则谓之秀。隐者，语具于此，而义存乎彼；秀者，理有所致，而辞效其功。若义有阙略，词有省减，或迂其言说，或晦其训故，无当于隐也。若故作才语，弄其笔端，以纤巧为能，以刻饰为务，非所云秀也。然则隐以复意为工，而纤旨存乎文外,秀以卓绝为巧,而精语峙乎篇中。故曰:情在辞外曰隐,状溢目前曰秀。大则成篇,小则片语,皆可为隐,或状物色,或附情理,皆可为秀。目送归鸿易,手挥五弦难,隐之喻也;玉在山而草木润,渊生珠而岸不枯,秀之喻也。然隐秀之原,存乎神思,意有所寄,言所不追,理具文中,神余象表,则隐生焉;意有所重,明以单辞,超越常音,独标苕颖,则秀生焉。此皆功存玄解,契定机先,非涂附之功,非雕染之事,若意本浅露,语本平庸,出之以庾辞,加之以华色,此乃蒙羊质以虎皮,刻无盐为西子,非无彪炳之文,粉黛之饰,言寻本质,则伪迹章明矣。故知妙合自然,则隐秀之美易致,假于润色,则隐秀之实已乖,故今古篇章,充盈篋笥,求其隐秀,希若凤麟。陆士衡云:虽纷蔼于此世,嗟不盈于余掬,盖谓此也。今试分征前载,考彼二长,若乃圣贤述作,经典正文,言尽琳琅,句皆韶夏,摘其隐秀,诚恐匪宜,然《易传》有言中事隐之文,《左氏》明微显志晦之例,《礼》有举轻以包重,《诗》有陈古以刺今,是则文外重旨,唯经独多,至若禹拜昌辞,不过慎身数语,孔明诗旨,蔽以无邪一言,《书》引迟任之词,只存三句,《传》叙大武之颂,惟取卒章,是则举彼话言,标为殊义,于经有例,亦非后世创之也;孟子之释《书》文,《武成》一篇,洵多隐义,谢安之举经训,讦谟二语,偏有雅音;举例而思,则隐秀之在六经,如琅玕之盈玉府,更仆难数,钻仰焉穷者矣。自屈宋以降,世有名篇,略指二三,以明隐秀:若夫《离骚》依诗以取兴,《九辨》述志以谏君,贾谊《吊屈》以自伤,扬雄《剧秦》以寓讽,王粲《登楼》,叹匏悬之不用,子期闻笛,愍麦秀于为墟,令升《晋纪》之论,明金德之异包桑,元卿《高帝》之颂,诮炀失而思鱼藻。他若《古诗》十有九章,皆含深旨,《咏怀》八十二首,悉寓悲思,陈思有离析之哀,则托情于黄发,公幹含卓荦之气,故假喻于青松，虽世远人遐，本怀难尽昭晢，以意逆志，亦可得其依稀焉。又如先士茂制，讽高历赏，屈赋之青青秋兰，小山之萋萋春草，班姬之团团明月，嵇生之浩浩洪流，子荆《陟阳》之章，用晨风为高唱，兴公《天台》之赋，叙瀑布而擅场，彦伯《东征》，泝流风以尽写送之致，景纯《幽思》，述川林以寄萧瑟之怀。至若云横广阶，月照积雪，吴江枫落，池塘草生，并自昔胜言，至今莫及。且其为秀，亦不限于图貌山川，摹写物色，故所遇无故物，王恭以为佳言，思君若流水，宋帝拟其音调，延年疏诞，咏古有自寓之辞，曹公古直，乐府有悲凉之句，故知叙事叙情，皆有秀语，岂必连篇累牍，不出月露之形，积案盈箱，唯是风云之状，争奇一字，竞巧一韵，然后为秀哉？盖闻玉藻琼敷，等中原之有菽，错金镂采，异芙蕖之出波，隐秀之篇，可以自然求，难以人力致。要之理如橐籥，与天地而罔穷，思等流波，随时序而前进，缀文之士，亦唯先求学识，次练体裁，摹雅致以定习，课精思以驭篇，然后穷幽洞微，因宜适变，斲轮自辨其疾徐，伊挚自输其甘哷，古来隐秀之作，谁云其不可复继哉？赞曰：意存言表，婉而成章；川含珠玉，澜显圆方；苕发颖竖，托响非常；千金一字，历久逾芳。

指瑕第四十一

陈思王《与杨德祖书》曰：世人著述，不能无病，昔尼父制《春秋》，游、夏之徒，乃不能措一辞，过此而言不病，吾未之见也。盖有南威之容，乃可以论于淑媛，有龙泉之利，乃可以议其断割。刘季绪才不能逮于作者，而好诋诃文章，掎摭利病，昔田巴毁五帝，罪三王，呰五霸于稷下，一旦而服千人，鲁连一说，使终身杜口，刘生之辩，未若田氏，今之仲连，求之不难，可无息乎。人各有好尚，兰茝荪蕙之芳，众人所好，而海畔有逐臭之夫；咸池六茎之发，众人所共乐，而墨翟有非之之论，岂可同哉？详陈王此书之旨，首言常文鲜无瑕谪，次明自非作者不宜妄讥古人，复明好尚不同，故是非互异，此可为说伦矣。然文人讥弹昔作之情，亦有数族，未可谓评量古人，即为轻薄，先士所作，确见其违，偶用纠绳，便为虐古也。其或实知之士，辨照是非，广览书传，疾彼误书，不能默尔，于是考之以心，效之以事，披寻证验，以考虚浮，虽使古人复生，不得罪其诽谤，此上第也。至若明知前失，恐误后人，笔之简篇，以戒沿误，虽于古人为不恭，而于后生则有益，此其次也。若夫情有爱憎，意存偏党，素所嗜好，虽明悉其误而不言，夙所鄙蚩，虽本无疵颣而狂举，此为下矣。才非作者，学不周浃，滥下雌黄，轻施抨击，以不俗为俗，以不狂为狂，此乃妄人，亦无足诛斥也。自古在昔，先民有作，文章利病，诚亦多途，后生评论前贤，若非必不得已，原不必妄肆诋諆，载之纸素，若意在求胜，工诃古人，翻驳旧作，寻摘疮痏，夫岂谨厚之道？观韩退之推许三王，极崇李杜，即太白亦称崔颢，少陵亦纂兰成，何必以哂笑前文为长哉？人情每明于知人，而暗于察己，盖班固讥司马迁之蔽，而傅玄复讥固之失，所谓笑他人之未工，忘己事之已拙，上智犹其若此，而况庸庸者哉？是以论量古人，取其鉴己，己果无瑕，何必以胜古为乐，己若有过，自救不暇，而暇论人乎？好诃古者，不可不深思此义也。至于同时之文，尤不可轻于议论，昔葛洪论时人之文，每撮其所得之佳者，而不指摘其病累，故无毁誉之怨；颜之推称山东风俗，不通击难，吾初入邺，常以此忤人，至今为悔。观此二条，则弹射人文，正非佳事，自非子姓门徒，惟有括囊以求无咎云。

此篇所指之瑕，凡为六类：一，文义失当之瑕；二，比拟不类之瑕；三，字义依稀之瑕；四，语音犯忌之瑕；五，掠人美辞之瑕；六，注解谬误之瑕。虽举证稀阔，正宜引申以求。观《颜氏家训》、《匡谬正俗》诸书，知文士属辞，实多瑕纇。古人往矣，诚宜为之掩藏，然覆车之轨，无或重迹，别白书之，亦所以示鉴也。窃谓文章之瑕，大分五族，而注谬之瑕不与焉。一曰体瑕；二曰事瑕；三曰语瑕；四曰字瑕；五曰勦袭之瑕。体瑕者，王朗《杂箴》，乃置巾履；陈思《文诔》，旨言自陈是也。事瑕者，相如述葛天之歌，千唱万和；曹洪谬高唐之事，不记绵驹是也。语瑕者，陈思之圣体浮轻，潘岳之将反如疑是也。字瑕者，诡异则若哅呶，依稀则若赏抚是也。以上举例，皆本原书。勦袭之瑕，苏绰拟《周书》而作《大诰》，扬雄拟《易》而作《太玄》是也。此本颜君说。总之，古人之瑕，不可不知，己文之瑕，亦不可不检。元遗山诗曰：撼树蚍蜉自觉狂，书生技痒爱论量，老来留得诗千首，却被何人较短长。今之人欲指斥前瑕者，岂可不知斯旨哉。

管仲有言九句　案《管子·戒》篇文曰：管仲复于恒公曰：无翼而飞者声也，注：出言门庭，千里必应，故曰无翼而飞。无根而固者情也，注：同舟而济，胡越不患异心，故曰无根而固。无方而富者生也。公亦固情谨声，以严尊生，此谓道之荣。案彦和引此，断章取义，盖以无翼而飞，无根而固，喻文之传于久远，易为人所记识，即后文文章岁久而弥光，若能檃栝一朝，可以无惭千载之意。亦即赞斯言一玷，千载弗化意。

虑动二句　本陈思。

武帝诔　《金楼子·立言》篇下有管仲有言，至施之尊极，不其嗤乎云云，与此篇校，但少或逸才以爽迅二句耳。又《颜氏家训·文章》篇云：陈思王《武帝诔》，遂深永蛰之思，潘岳《悼亡赋》，乃怆手泽之遗，是方父于虫，匹妇于考也。

左思七讽　今无考，然六朝人实有太不避忌者，吴均集有《破镜赋》，颜之推斥之曰：亦见《文章》篇。昔者邑号朝歌，颜渊不舍，里名胜母，曾参敛襟，盖忌夫恶名之伤实也，破镜乃凶逆之兽，事见《汉书》，为文者幸避此名也。

崔瑗诔李公　文无考，然汉文多有此类，不足为嫌。

高厚之诗二句　六朝人常好引此事以讥人。《金楼子·杂记》篇上：何僧智者，尝于任昉坐赋诗而言其诗不类。任云：卿诗可谓高厚。何大怒曰：遂以我为狗号。任逐后解说，遂不相领。

终无抚叩酬即之语　无当作有。

夫赏训锡赉四句　用赏者，如沈休文《宋书·谢灵运传论》之讽高历赏。用抚者，如傅季友《为宋公修张良庙教》之抚事弥深。

赏际奇至抚叩酬即二语　今不知所出。

斯实情讹之所变六句　案晋来用字有三弊：一曰造语依稀，如赏抚二字之外，戒严曰纂严，送别曰瞻送，解识曰领悟，契合曰会心。至如品藻称誉之词，尤为模略，如嵇绍劭长，高坐渊箸，王微迈上，下壶峰距，王恭亭亭直上，王忱罗罗清疏，叩其实义，殊欠分明，而世俗相传，初不撢究。二曰用字重复，容貌姿美，见于《魏书》，文艳博富，亦载《国志》，此皆三字稠叠；两字复语，尤难悉数。三曰用典饰滥，呼征质曰周郑，谓霍乱为博陆，言食则餬口，道钱则孔方，称兄则孔怀，论婚则宴尔，求莫而用为求瘼，计偕而以为计阶，转相祖述，安施失所，比喻乖方，斯亦彦和所云文浇之致弊也。

比语求蚩，反音取瑕　《金楼子·杂记》篇上云：宋玉戏太宰屡游之谈，流连反语，遂有鲍照伐鼓，孝绰布武，韦粲浮柱之作。案伐布浮皆双声，惟布今属于邦纽，清浊小异，然则三语一也。《颜氏家训·文章》篇云：世人或有文章引《诗》伐鼓渊渊者，宋玉已有屡游之诮，案此事今无考。如此流比，幸须避之。此云比语反音者，如《吴志》成子阁反石子冈，《晋书》清暑反楚声，《宋书》袁愍孙反殒门，《齐书》东田反癫童，旧宫反穷厩，《梁书》鹿子开反来子哭，《南史》叔宝反少福，此所谓求蚩取瑕也。此所谓比语求蚩，只在比语反音，而唐宋以来，并忌字音，如宋人笑德迈九皇为卖韭黄，明太祖疑为世作则为为世作贼。然则彦和云不屑于古，有择于今者，岂虚也哉！

中黄育获　按今本《西京赋》薛综注，删去阉尹之说。

令章靡疚二句　此言文章但求无病。《颜氏家训·文章》篇曰：学为文章，先谋亲友，得其评论者，然后出手，慎勿师心自任，取笑傍人也。自古执笔为文者，何可胜言，至于宏丽精华，不过数十篇耳，但使不失体裁，辞意可观，遂称才士，要须动俗盖世，亦俟河之清乎。

养气第四十二

养气谓爱精自保，与《风骨》篇所云诸气字不同。此篇之作，所以补《神思》篇之未备，而求文思常利之术也。《神思》篇曰：枢机方通，则物无隐貌，关键将塞，则神有遯心，是以陶钧文思，贵在虚静，疏瀹五藏，澡雪精神。又云：秉心养术，无务苦虑，含章思契，不必劳情也。《文赋》亦曰：应感之会，通塞之纪，来不可遏，去不可止，或竭情而多悔，或率意而寡尤，虽兹物之在我，非余力之所勠。以二君之言观之，则文思利钝，至无定准，虽有上材，不能自操张弛之术，但心神澄泰，易于会理，精气疲竭，难于用思，为文者欲令文思常赢，惟有弭节安怀，优游自适，虚心静气，则应物无烦，所谓明镜不疲于屡照也。然心念既澄，亦有转不能构思者，士衡云：理翳翳而愈伏，思乙乙其若抽；虽使闭聪塞明，一念若兴，仍复未静以前之状，故彦和云：意得则舒怀命笔，理伏则投笔卷怀；亦惟听其自然，不复强思以自困，若云心虚静者，即能无滞于为文，则亦不定之说也。大凡为学为文，皆有弛张之数，故《学记》云：君子之于学也，藏焉、修焉、息焉、游焉。注云：藏，谓怀抱之；修，习也；息，谓作劳休止之谓息；游，谓闲暇无事之谓游，然则息游亦为学者所不可缺，岂必终夜以思，对案不食，若董生下帏，王劭思书，然后为贵哉？至于为文伤命，益有其征，若夫相如含笔而腐毫，扬雄辍翰于惊梦，桓谭疾感于苦思，王充气竭于思虑，彦和既举之矣。后世若杜甫之性耽佳句，李贺之呕出心肝，又有吟成一字，撚断数髭，二句三年，一吟流泪，此皆销铄精胆，蹙迫和气，虽有妙文，亦自困之至也。又人才有高下，不可强为，故《颜氏家训》云：钝学累功，不妨精熟，拙义研思，终归蚩鄙，但成学士，自足为人，必乏天才，勿强操笔。此言才气庸下，虽使沥辞镌思，终然无益也。大抵年少精力有余，而照理不深，虽用苦思，而文章未即工妙，年齿稍长，略谙文术，操觚之际，又患精力不能赴之，此所以文鲜名篇，而思理两致之匪易也。恒人或用养气之说，尽日游宕，无所用心，其于文章之术未尝研炼，甘苦疾徐未尝亲验，苟以养气为言，虽使颐神胎息，至于百龄，一旦临篇，还成龃龉，彦和养气之说，正为刻厉之士言，不为逸游者立论也。

仲任置砚以综述 李详云：《北堂书钞·著述》篇引谢承《后汉书》云：王充贫无书，往市中省所卖书，一见便忆，门墙屋柱皆施笔砚而著《论衡》。

虽非胎息之迈术 李详云：《后汉书·方术传》：王真能为胎息服食之法。章怀注：《汉武内传》曰：王真，字叔经，上党人，习闭气而吞之，名曰胎息。

附会第四十三

《晋书·文苑·左思传》载刘逵《三都赋序》曰：傅辞会义，抑多精致。彦和此篇，亦有附辞会义之言，傅附同类通用字。正本渊林，然则附会之说旧矣。循玩斯文，与《镕裁》、《章句》二篇所说相备，然《镕裁》篇但言定术，至于术定以后，用何道以联属众辞，则未暇晰言也。《章句》篇致意安章，至于章安以还，用何理以斠量乖顺，亦未申说也。二篇各有首尾圆合、首尾一体之言，又有纲领昭畅、内义脉注之论，而总文理定首尾之术，必宜更有专篇以备言之，此《附会》篇所以作也。附会者，总命意修辞为一贯，而兼草创讨论修饰润色之功绩者也。大抵著文裁篇，必有所诠表之一意，约之为一句，引之一为章，长短之形有殊，而所诠之一意则不异，或以质直为体，或以文饰为貌，文质之形有殊，而必有所诠，所诠必一则不异，造次出辞，精微谈理，高下之等有殊，而皆求一所诠则不异，累字以成句，累句以成章，繁简之状有殊，而累众意以诠一意则不异。王辅嗣之说《易》也，曰：众之所以得咸存者，主必致一也，动之所以得咸运者，原必无二也，物无妄然，必由此理，统之有宗，会之有元，自统而寻之，物虽众则知可以执一御也，由本而观之，义虽博则知可以一名举也。善哉！夫孰知文辞之众，亦可以执一御乎？彦和此篇，言整派者依源，理枝者循干，驱万涂于同归，贞百虑于一致，使众理虽繁，而无倒置之乖，群言虽多，而无棼丝之累，自非明致一之义,乌能言之如此简易哉?虽然,文之所诠,必为一而不能有两出矣,而所以诠则无定,假令所诠易了,虽一言可明,所诠繁细,则必集众多所诠以成一所诠,此彦和所云大体文章,类多枝派者也。即实论之,一句之文必集二字以上,二字者各各含一所诠,然则虽谓一句集众所诠以成一所诠可也,此众所诠与彼一所诠相待而成两端,虽其文枝叶扶疏,鰓理纷杂,对彼所共之一所诠,亦只处一端之地。何也?彼众所诠无一不与此一所诠相系,一也;众所诠之间,又无一不自相系以归于彼一所诠,二也。是故表其名曰源派,曰本枝,曰主朋,《章句》篇赞曰:理资配主,辞忌失朋。则不过两端而已矣。《荀子》曰:辞也者,兼异实之名,以论一意也,辨说也者,不异实名以喻动静之道也。杨倞注曰:辞者,论一意,辨者,明两端也。文辞举理虽众,成辞虽多,孰非举一端以明一端哉?知斯义也,离合同异,各尽厥能,文变多方,而两端可尽,处璇玑以观大运,顺情伪以极变化,焉有繁杂失统之讥,骈枝疣赘之患乎?或谓事理之变,诚亦纷纭,但设两端,岂能赅括,不悟一端既定,得其环中,变虽无穷,而系中则一,所系相共,焉得而不目以一端哉?且思理牵系,有恒数可求,纵其为义相反,为类有殊,而反殊之名,缘正同而立,离一不成,是故每有一所诠,其所借之众所诠必与此一所诠有必不能离之故,用思者赖此而不忧涣散,辨体者赖此而不误规型,裁章者赖此而能翦截浮辞,酌典者赖此而能配合事类,故曰镕笵所凝,各有司匠,虽无严郛,难得逾越,定势之说如此,命意之说亦如此矣。据此言之,文之成立,盖有定法,篇章字句,皆具不易之规,隐显繁简,皆合必然之例,虽随手之变,难以定法相绳,及其成篇,必与定法相会。然巧者密合,拙者多疵,晓术者易为功,暗理者难为美,譬之语言有辨有讷,辨者言事或繁或简皆足达情,讷者言事或繁或简皆难喻意,知语言以辨为贵,则文辞以巧为功,虽无术者未尝无暗合之时,而有术者则易收具美之绩。但言非尽意之器,故传意之道亦多,每有文章所诠毕同,而设辞则异,或本隐以之显,或从易以至难,或沿波以讨源,或因枝以振叶,是以缀文之理例,诚有可言,缀文之格式,难以强立,语其较略,亦惟曰句必比叙,义必关联而已,论其方术,亦惟曰密于接附,工于改易而已,考其功绩,亦惟曰统首尾合涯际而已。总上所言,可成六义:章句长短,必有所诠,所诠必一,一也。凡一所诠,待众所诠,二也。此众所诠对一所诠而为两端,三也。思有恒数,苟知致一,则众义部次,不忧淩杂,四也。文有定法,晓术者易成,五也。虽有定理,而无定式,循理为之,必无败绩失据之患,六也。若夫浮词炫博,虚响取神,隶事于失伦之所,窜句于无用之地,雕镌数语,而于篇义无关,修饰一字,而于句义罔益,虽劳苦之情,或倍蓰于恒俗,其于附会,盖无与焉。

总术第四十四

此篇乃总会《神思》以至《附会》之旨，而丁宁郑重以言之，非别有所谓总术也。篇末曰：文体多术，共相弥纶，一物携贰，莫不解体，所以列在一篇，备总情变。然则彦和之撰斯文，意在提挈纲维，指陈枢要明矣。自篇首至知言之选句，乃言文体众多。自此以下，则明文体虽多，皆宜研术，即以证圆鉴区域大判条例之不可轻。纪氏于前段则云汗漫，于次节则云与前后二段不相属，愚诚未喻纪氏之意也。今当取全文而为之销解，庶览者毋惑焉。若夫练术之功，资于平素，明术之效，呈于斯须。割情析采，笼圈条贯，摛神性，图风势，苞会通，阅声字，其事至多，其例至密，其利害是非之辨至纷纭。必先之以博观，继之以勤习，然后览先士之盛藻，可以得其用心，每自属文，亦能自喻得失。真积力久，而文术稠适，无所滞疑，纵复难得善文，亦可退求无疚，虽开塞之数靡定，而利病之理有常。颜之推云：但使不失体裁，辞意可观，遂称才士。言成就之难也。是以练术而后为文者，如轮扁之引斧，弃术而任心者，如南郭之吹竽。绳墨之外，非无美材，以不中程而去之无吝；天籁所激，非无殊响，以不合度而听者告劳。是知术之于文，等于规矩之于工师，节奏之于矇瞍，岂有不先晓解而可率尔操觚者哉？若夫晓术之后，用之临文，迟则研《京》以十年，速则奏赋于食顷，始自用思，终于定稿，同此必然之条例，初无岐出之衢途。盖思理有恒，文体有定，取势有必由之准臬，谋篇有难畔之纲维，用字造句，合术者工而不合术者拙，取事属对，有术者易而无术者难。声律待术而后安，采饰待术而后美，果其辨之有明通之识，斯为之无愦惑之虞。虽文意细若秋毫，而识照朗于镜燧。故曰乘一总万，举要治繁也。欲为文者，其可不先治练术之功哉。

今之常言八句　此一节为一意，论文笔之分。案彦和云：文笔别目两名自近代；而其区叙众体，亦从俗而分文笔，故自《明诗》以至《谐隐》，皆文之属；自《史传》以至《书记》，皆笔之属。《杂文》篇末曰：汉来杂文，名号多品；《书记》篇末曰：笔劄杂名，古今多品。详杂文名目猥繁，而彦和分属二篇，且一曰杂文，一曰笔札，是其论文叙笔，囿别区分，疆畛昭然，非率为判析也。《谐隐》篇曰：文辞之有谐隐，譬九流之有小说。是彦和之意，以谐隐为文，故列《史传》前。书中多以文笔对言，惟《事类》篇曰事美而制于刀笔；为通目文翰之辞。《镕裁》篇草创鸿笔，先标三准；为兼言文笔之辞。《颂赞》篇相如属笔，始赞荆轲；为以笔目文之辞。盖散言有别，通言则文可兼笔，笔亦可兼文，刘先生云：笔不该文，未谛。审彼三文，弃局就通尔。然彦和虽分文笔，而二者并重，未尝以笔非文而遂屏弃之，故其书广收众体，而讥陆氏之未该。且其驳颜延之曰：不以言笔为优劣。亦可知不以文笔为优劣也。其他并重文笔之辞，曰：文场笔苑，有术有门。本篇赞。曰：文藻条流，托在笔札。《书记》篇赞。曰：藻耀而高翔，固文笔之鸣凤也。《风骨》篇。曰：裁章贵于顺序，文笔之同致也。《章句》篇。斯皆论文与论笔相联，曷尝屏笔于文外哉？案《文心》之书，兼赅众制，明其体裁，上下洽通，古今兼照，既不从范晔之说，以有韵无韵分难易，亦不如梁元帝之说，以有情采声律与否分工拙，斯所以为笼圈条贯之书。近世仪征阮君《文笔对》，综合蔚宗、二萧昭明、元帝。之论，以立文笔之分，因谓无情辞藻韵者不得称文，此其说实有救弊之功，亦私心夙所喜好，但求之文体之真谛，与舍人之微旨，实不得如阮君所言；且彦和既目为今之常言，而《金楼子》亦云今人之学，则其判析，不自古初明矣。与其屏笔于文外，而文域狭隘，曷若合笔于文中，而文囿恢弘？屏笔于文外，则与之对垒而徒启斗争，合笔于文中，则驱于一途而可施鞭策；阮君之意诚善，而未为至懿也，救弊诚有心，而于古未尽合也。学者诚服习舍人之说，则宜兼习文笔之体，洞谙文笔之术，古今虽异，可以一理推，流派虽多，可以一术订，不亦足以张皇阮君之志事哉？今录范、沈、二萧之说于后，加以诠释。

范蔚宗《在狱与甥侄书》曰：常谓情志所托，故当以意为主，以文传意，然后抽其芬芳，振其金石耳。性别宫商，识清浊，斯自然也。案此言文以有韵为主，韵即谓宫商清浊。手笔差易于文，不拘韵故也。案此言无韵为笔，韵亦谓宫商清浊。吾思乃无定方，特能济艰难，适轻重，所禀之分，犹当未尽。案此蔚宗自言兼工文笔也。

笔札之语，始见《汉书·楼护传》：长安号曰谷子云笔札。或曰笔牍，《论衡·超奇》。或曰笔疏，同上。皆指上书奏记施于世事者而言。然《论衡》谓采掇传书以上书奏记者为文人，是固以笔为文，文笔之分，尔时所未有也。今考六朝人当时言语所谓笔者，如《晋书·王珣传》，珣梦人以大笔如椽与之，既觉，语人曰：此当有大手笔事。俄而帝崩，哀册谥议，皆珣所草。《南史·颜延之传》，宋文帝问颜之诸子才能，延之曰：竣得臣笔，测得臣文。《沈庆之传》，庆之谓颜竣曰：君但知笔札之事。《任昉传》，时人云：任笔沈诗。《刘孝绰传》，三笔六诗，三孝仪，六孝威也。诸笔字皆指公家之文，殊不见有韵无韵之别。今案文笔以有韵无韵为分，盖始于声律论既兴之后，滥觞于范晔、谢庄，《诗品》引王元长之言云：惟见范晔谢庄颇识之耳。而王融、谢朓、沈约扬其波，以公家之言，不须安排声韵，而当时又通谓公家之言为笔，因立无韵为笔之说，其实笔之名非从无韵得也。然则属辞为笔，自汉以来之通言，无韵为笔，自宋以后之新说，要之声律之说不起，文笔之别不明，故梁元帝谓古之文笔，今之文笔，其源又异也。

沈休文《宋书·谢灵运传论》曰：夫五色相宣，八音协畅，由乎玄黄律吕，各适物宜。欲使宫羽相变，低昂舛节，若前有浮声，则后须切响。一简之内，音韵尽殊，两句之中，轻重悉异。妙达此旨，始言可文。案此休文袭蔚宗之说而以有韵为文也。

案彦和《声律》篇云：摛文乖张而不识所调。又云：亦文家之吃也。又云：缀文难精，而作韵甚易。此所谓文，皆同隐侯之说。《南史·陆厥传》云：永明末，盛为文章，沈约、谢朓、王融，以气类相推毂，汝南周颙善识声韵，为文皆用宫商，以平上去入为四声。以此制韵，有平头，上尾，蜂腰，鹤膝。五字之中，音韵悉异，两句之内，角徵不同，不可增减，世呼为永明体。又《庾肩吾传》云：齐永明中，王融、谢朓、沈约，文章始用四声，以为新变。至是转拘声韵，弥为丽靡。是有韵为文之说，托始范、谢而成于永明，所谓文者，即指句中声律而言。沈约既云，词人累千载而未悟，则文笔之别，安可施于刘宋以前耶？愚谓文笔之分，不关体制，苟惬声律，皆可名文，音节粗疏，通谓之笔。此永明以后声韵大行时之说，与专指某体为文，某体为笔之说，又自不同，然则以有韵为押脚韵者隘矣。要之文笔之辨，缴绕纠缠，或从体裁分，则与声律论有时牴牾；永明以前虽诗赋亦有时不合声律，休文明云，张、蔡、曹、王，曾无先觉，潘、陆、颜、谢，去之弥远矣。或从声律分，则与体裁或致参差。章表奏议在笔之内，非无高文，封禅书记，或时用韵。今谓就永明以前而论，则文笔本世俗所分之名，初无严界，徒以施用于世俗与否为断，而亦难于晰言。就永明以后而论，但以合声律者为文，不合声律为笔，则古今文章称笔不称文者太众，欲以尊文，而反令文体狭隘，至使苏绰、韩愈之流起而为之改更，矫枉过直，而文体转趣于枯槁，磔裂章句，隳废声韵，而自以为贤。夫孰非襞积细微，转相凌架，文多拘忌，伤其真美者之有以召衅哉。故曰，中之为用，故未可远也。

梁昭明太子《文选序》曰：自姬汉以来，眇焉悠邈，时更七代，数逾千祀，词人才子，则名溢于缥囊，飞文染翰，则卷盈乎缃帙，自非略其芜秽，集其清英，盖欲兼功太半，难矣。**以上言选文以清英为贵。**若夫姬公之籍，孔父之书，与日月俱悬，鬼神争奥，孝敬之准式，人伦之师表，岂可重以芟夷，加之剪截。**以上言尊经不选之意。**老庄之作，管孟之流，盖以立意为宗，不以能文为本；今之所撰，又以略诸。**以上言子以立意为宗，而文未必善，故不选。**若贤人之美辞，忠臣之抗直，谋夫之话，辨士之端，事美一时，语流千载，概见坟籍，旁出子史，若斯之流，又亦繁博，虽传之简牍，而事异篇章，今之所集，亦所不取。**以上言子史载言，虽美不取。**至于记事之史，系年之书，所以褒贬是非，纪别同异，方之篇翰，亦已不同。**以上言不选史之意。**若其赞论之综缉辞采，序述之错比文华，事出于沉思，义归于翰藻，故与夫篇什杂而集之。以上言不选史而选史之赞论序述之意。篇什，谓文章之单行者。

案此昭明自言选文之例，据此序观之，盖以综缉辞采，错比文华，事出沉思，义归翰藻为贵，所谓集其清英也，然未尝有文笔之别。阮君补苴以刘彦和、梁元帝二家之说，而强谓昭明所选是文非笔耳。

梁元帝《金楼子·立言》篇下曰：古人之学者有二，今人之学者有四。夫子门徒，转相师受，通圣人之经，谓之儒。屈原、宋玉、枚乘、长卿之徒，止于辞赋，则谓之文。此言古之学二。今之儒博穷子史，但能识其事，不能通其理者，泛谓之学。此言儒分为二。至如不便为诗如阎纂，善为章奏如伯松，若此之流，泛谓之笔。此言文分为二，而指明今之所谓笔之义界。吟咏风谣，流连哀思谓之文。此言今之所谓文之义界。又曰：笔退则非谓成篇，此篇即单篇，亦即昭明所云篇什。进则不云取义，谓有所立义如经史子，然则以经史子为笔者非矣。神其巧惠，笔端而已。此言笔但以当时施用能达意而已。至如文者，惟须绮縠纷披，即昭明所谓综缉辞采，错比文华，亦即翰藻。宫徵靡曼，唇吻遒会，所谓有韵为文。情灵摇荡。即前所云吟咏风谣，流连哀思，亦即昭明所谓事出沉思。此以上言今之所谓文，其好尚如此。而古之文笔，其源又异。此言古之文笔以体裁分，今之文笔以声律分。

案文笔之别，以此条为最详明。其于声律以外，又增情采二者，合而定之，则曰有情采韵者为文，无情采韵者为笔。然自永明以来，声律之说新起，所重在韵，但言有韵为文，无韵为笔。虽然，若从梁元帝之说，则文笔益不得以体制分也。详声律之说，为梁武所不好。见《沈约传》。而昭明、简文、《与湘东王书》推谢朓、沈约之诗，任昉、陆倕之笔。元帝似皆信从。固知风气既成，举世仿效，自非锺记室，岂敢言平上去入，余病未能哉。李详云：彦和言文笔别目两名自近代，而颜延之以为笔之为体，言之文也。案此尚言笔文未分，然《南史·颜延之传》言其诸子，竣得臣笔，测得臣文，又作首鼠两端之说，则无怪彦和诋之矣。而南朝所言文笔界目，其理至微。阮文达《揅经室文集》有《学海堂文笔策问》，其子阮福《拟对》附后，即文达所修润也。《拟对》略云：《金楼子》云：吟咏风谣，流连哀思者谓之文。而学者率多不便属辞，守其章句，迟于通变，质于心用，徒能扬搉前言，抵掌多识，然而挹源知流，亦足可贵。笔退则非谓成篇，进则不云取义，神其巧惠，笔端而已。至如文者，惟须绮縠纷披，宫徵靡曼，唇吻遒会，情灵摇荡。福又引彦和无韵为笔，有韵为文，谓文笔之义，此最分明。盖文取乎沉思翰藻，吟咏哀思，故有情辞声韵者为文。笔从聿，亦名不聿。聿，述也，故直言无文采为笔。详案阮氏父子断断于文笔之别，最为精审，而以情辞声韵附会彦和之说，不使人疑专指用韵之文而言，则于六朝文笔之分豁然矣。谨案：李氏之引《文心》，不达章句。延之论笔一节，本不与上八句相联，其言言笔之分，与其竣得臣笔，测得臣文之语，自为二事，未见其首鼠两端也。阮福之引《金楼》，亦不达章句，中间论今之所谓学数语，引之何为？又永明以来，所谓有韵，本不指押韵脚而言，文贵情辞声韵，本于梁元，亦非阮氏独创。至彦和之分文笔，实以押韵脚与否为断，并无有情采声韵为文之意。阮氏不能辨于前，李君亦不能辨于后，斯可异已。又案：彦和他篇，虽分文笔，而此篇则明斥其分别之谬。故曰：文以足言，理兼诗书，别目两名，自近代耳。师法彦和者,断从此篇之论可也。

颜延之以为笔之为体至**非以言笔为优劣也** 此一节为一意,先序颜延之言笔之分,中举证以驳之,终述己意以折颜。颜延年之说,今不知所出,宜在所著之《庭诰》中。盖颜氏尝多论文之辞,而颇多疏失,如《诗品》下引王融之言曰:宫商与二仪俱生,自古词人不知之,唯颜宪子即延之之谥。乃云律吕音调,其实大缪。延之论音律,而见诮于元长,亦犹论言笔而见诮于彦和矣。颜氏之分言笔,盖与文笔不同,故云笔之为体,言之文也,此文谓有文采,经典质实,故云非笔,传记广博,故云非言,然《易》明有《文言》,是经典亦可称笔,彦和以此驳之,殊为明快。近世阮氏谓文非经史子,而亦引《文言》成说,可谓矛盾自陷,与颜氏异代同惑者矣。

若笔不言文 不字为为字之误。纪氏以此一字不憭,而引郭象注《庄》之语以自慰,览古者宜如是耶?予以为以下数语,言属笔皆称为笔,而经传又笔中之细名。同出于言,同入于笔,经传之优劣在理,而不以言笔为优劣也。信如此言,则上一节所云文笔之分,何不可以是难之。以此而观,知彦和不坚守文笔之辨明矣。

分经以典奥为不刊 分当作六。

昔陆氏文赋至**知言之选难备矣** 此一节言陆氏《文赋》所举文体未尽,而自言圆鉴区域大判条例之超绝于陆氏。案《文赋》以辞赋之故,举体未能详备,彦和拓之,所载文体,几于网罗无遗。然经传子史,笔劄杂文,难于罗缕,视其经略,诚恢廓于平原,至其诋陆氏非知言之选,则亦尚待商兑也。

凡精虑造文至**盖有征矣** 此一节言作文须术,而无术者之外貌,有时与有术者外貌相同,譬诸调钟张琴,其事匪易,而庸工奏乐，亦时有可取，究之不尽其术，则适然之美不足听也。

案部整伍至**辞气丛杂而至** 此言晓术之后，未必所撰皆工，初求令章靡疚，所谓因时顺机，动不失正也。天机骏利，或有奇文，所谓数逢其极，机入其巧，则义味腾跃而生，辞气丛杂而至也。然不知恒数者，亦必无望于机入其巧矣。

视之则锦绘四句 此颂文之至工者，犹《文赋》末段所云配金石流管弦耳。黄氏评四者兼之为难，直是呓语。

思无定契，理有恒存 八字最要。不知思无定契，则谓文有定格，不知理有恒存，则谓文可妄为，救此二流，咨惟舍人矣。

序志第五十

涓子琴心　涓子，盖即《史记·孟子荀卿列传》之环渊。环渊楚人，为齐稷下先生。此《列仙传》所以称为齐人。言黄老道德之术，著书上下篇。《琴心》盖即此书之名，犹《王孙子》一名《巧心》也。环一作蠉，一作蜎，声类并同。

古来文章，以雕缛成体　此与后章文绣鞶帨离本弥甚之说，似有差违，实则彦和之意，以为文章本贵修饰，特去甚去泰耳。全书皆此旨。

夫有肖貌天地　此数语本《汉书·刑法志》。彼文曰：夫人肖天地之貌，怀五常之性。则此有字当作人字。

执丹漆之礼器　丹漆之礼器，盖笾豆也。《三礼图》玉函山房辑本。凡有辑本者，不更举出处，以省繁复。云：豆以木为之，受四升，高尺二寸，桼赤中。《周礼》注曰：笾，竹器圆者。

魏文述典　谓《典论·论文》。《文选》有。

陈思序书　《与杨德祖书》中有序列文士之言。《文选》有。

应玚文论严可均辑《全后汉文》四十二。凡采自严辑者，但举严书卷数，不更举出处。

盖皇穹肇载，阴阳初分，日月运其光，列宿曜其文，百谷丽于土，芳华茂于春。是以圣人合德天地，禀气淳灵，仰观象于玄表，俯察式于群形，穷神知化，万物是经。故否泰异趋，道无攸一，二政代序，有文有质。若乃陶唐建国，成周革命，九官咸乂，济济休令，火龙黼黻，炜韡于廊庙，衮冕旂旒，舄奕乎朝廷，冠德百王，莫参其政，是以仲尼叹焕乎之文，从郁郁之盛也。夫质者端一，玄静俭啬，潜化利用，承清泰，御平业，循轨量，守成法。至乎应天顺民，拨乱夷世，摛藻奋权，赫奕丕烈，纪禅协律，礼仪焕列，览坟丘于皇代，建不刊之洪制，显宣尼之典教，探微言之所弊。若乃和氏之明璧，轻縠之袿裳，必将游玩于左右，振饰于宫房，岂争牢伪之势，金布之刚乎？且少言辞者，孟僖之所以答郊劳也，寡智见者，庆氏之所以困相鼠也。今子弃五典之文，暗智礼之大，信管望之小，寻老氏之蔽，所谓循轨常趋，未能释连环之结也。且高帝龙飞丰沛，虎据秦楚，唯德是建，唯贤是与，陆、郦摛其文辩，良、平奋其权谞，萧何创其章律，叔孙定其庠序，周、樊展其忠教，韩、彭列其威武，明建天下者非一士之术，营宫室者非一匠之矩也。逮自高后乱德，损我宗刘。朱虚轸其虑，辟彊释其忧，曲逆规其模，郦友诈其游，袭据北军，实赖其畴，冢嗣之不替，实四老之由也。夫谏则无议以陈，问则服汗沾濡，岂若陈平敏对，叔孙据书，言辨国典，辞定皇居，然后知质者之不足，文者之有余也。（应玚《文质论》）

案此文泛论文质之宜，似非文论。以黄注指为此篇，故录之。

陆机文赋　《文选》有。

仲治流别　见《全晋文》七十七，全论已佚，仅得十许条，文繁不录，随宜征引于别篇。

宏范翰林 李充，《晋书》字弘度，此云宏范，或其字两行。文仅存数条。见《全晋文》五十三。

> 或问曰：何如斯可谓之文？答曰：孔文举之书，陆士衡之议，斯可谓成文矣。
>
> 潘安仁之为文也，犹翔禽之羽毛，衣被之绡縠。
>
> 容象图而赞立，宜使辞简而义正。孔融之赞杨公，亦其义也。
>
> 表宜以远大为本，不以华藻为先，若曹子建之表，可谓成文矣。诸葛亮之表刘主，裴公之辞侍中，羊公之让开府，可谓德音矣。
>
> 驳不以华藻为先，世以傅长虞每奏驳事，为邦之司直矣。
>
> 研求名理，而论难生焉。论贵于允理，不求支离，若嵇康之论文矣。
>
> 在朝论政而议奏出，宜以远大为本。陆机议晋断，亦名其美矣。
>
> 盟檄发于师旅，相如《喻蜀父老》，可谓德音矣。（李充《翰林论》）

此《翰林论》之一斑，观其所取，盖以沉思翰藻为贵者，故极推孔陆而立名曰《翰林》。

陆赋巧而碎乱 碎乱者，盖谓其不能具条贯。然陆本赋体，势不能如散文之叙录有纲，此与《总术》篇所云，皆疑少过。

君山 桓谭《新论》颇有论文之言，今略举数条如左：见《全后汉文》十。

贾谊不左迁失志，则文彩不发；淮南不贵盛富饶，则不能广聘俊士，使著文作书；太史公不典掌书记，则不能条悉古今；扬雄不贫，则不能作《玄言》。《新论·求辅》篇。

余少时好《离骚》，博观他书，辄欲反学。《新论·道赋》篇。

扬子云工于赋，余欲从学。子云曰：能读千赋则善赋。同上。

谚曰：侏儒见一节，而长短可知。孔子言举一隅足以三隅反。观吾小时二赋，亦足以揆其能否。同上。

公幹　刘桢论文之言，今无考。

吉甫　应贞论文之言，今无考。

士龙　士龙与兄平原书牍，大抵商量文事，兹且录一首，以示一节。《全晋文》一百二。

云再拜。往日论文，先辞而后情，尚洁而不取悦泽。尝忆兄道张公父子论文，实欲自得，今日便欲宗其言。兄文章之高远绝异，不可复称言。然犹皆欲微多，但清新相接，不以此为病耳。若复令小省，恐其妙欲不见可复称极，不审兄由以为尔不。

论文取笔　六朝人分文笔，大概有二途：其一以有韵者为文，无韵者为笔；其一以有文采者为文，无文采者为笔。谓宜兼二说而用之。详具《总术》篇札记。

原始以表末四句　谓《明诗》篇以下至《书记》篇每篇叙述之次第。兹举《颂赞》篇以示例：自昔帝喾之世起，至相继于时矣止，此原始以表末也。颂者容也二句，释名以章义也。若夫子云之表充国以下，此选文以定篇也。原夫颂惟典雅以下，此敷理以举统也。

及其品列成文七句　此义最要。同异是非，称心而论，本无成见，自少纷纭。故《文心》多袭前人之论，而不嫌其钞袭，未若世之君子必以己言为贵也。即如《颂赞》篇大意本之《文章流别》，《哀吊》篇亦有取于挚君，信乎通人之识，自有殊于流俗已。

傲岸泉石　鲍照《代挽歌》："傲岸平生中，不为物所裁。"

附录　物色第四十六

长沙骆鸿凯绍宾撰

春秋代序，阴阳惨舒至**况清风与明月同夜，白日与春林共朝哉**　此言写景文之所由发生也。夫春庚秋蟀，集候相悲，露本风荣，临年共悦，凡夫动植，且或有心，况在含灵，而能无感？是以望小星有嗟实命，遇摽梅而怨愆期，《风》诗十五，信有劳人思妇触物兴怀之所作矣。何况慧业文人，灵珠在抱，会心不远，眷物弥重，能不见木落而悲秋，闻虫吟而兴感乎？尔则写景之篇，充盈文囿，非无故也。

陆机《文赋》曰：悲落叶于劲秋，喜柔条于芳春。锺嵘《诗品序》曰：气之动物，物之感人，摇荡性灵，形诸歌咏。又曰：若乃春风春鸟，秋月秋蝉，夏云暑雨，冬月祁寒，斯四候之感诸诗者也。昭明《答湘东王求文集诗苑书》曰：或日因春阳，具物韶丽，树花发，莺鸣和，春泉生，暄风至，陶嘉月而熙游，借芳草而眺瞩，或朱炎受谢，白藏纪时，玉露夕流，金风时扇，悟秋士之心，登高而远托，或夏条可结，倦于邑而属词，冬雪千里，睹纷霏而兴咏。简文《答张缵示集书》曰：至如春庭落景，转蕙承风，秋雨且晴，檐梧初下，浮云生野，明月入楼，时命亲宾，乍动严驾，是以沉吟短翰，补缀庸音，寓目写心，因事而作。萧子显《自序》曰：若乃登高极目，临水送归，风动春朝，月明秋夜，早雁初鹭，开花落叶，有来斯应，每不能已也。陈后主《与詹事江总书》曰：每清风朗月，美景良辰，对群山之参差，望巨波之滉瀁，或玩新花，时观落叶，既听春鸟，又聆秋雁，未尝不促膝举觞，连情发藻。此诸家之言，皆谓四序之中缘景生情，发为吟咏，与刘氏之意正同。

是以诗人感物至**辞人丽淫于繁句也**　此言《诗》、《骚》、汉赋写景迁变也。诗人感物，连类不穷者，明《三百篇》写景之辞所以广也。赋体之直状景物者姑置无论，即比兴之作，亦莫不假于物，事难显陈，理难言罄，辄托物连类以形之，此比之义也。外境当前，适与官接，而吾情郁陶，借物抒之，此兴之义也。比有凭而兴无端，故兴之为用，尤广于比。举例明之：兴有物异而感同者，亦有物同而感异者，九罭鳟鲂，鸿飞遵渚，二事绝殊，而皆以喻文公之失所；牂羊坟首，三星在罶，两言不类，而皆以伤周道之陵夷，此物异而感同也；《柏舟》命篇，《邶》、《鄘》两见，然《邶诗》以喻仁人之不用，《鄘诗》以况女子之有常；《杕杜》之目，《风雅》兼存，而《小雅》以譬得时，《唐风》以哀孤立，此物同而感异也。夫其托物在乎有意无意之间，而取义仅求一节之合，如《关雎》篇诗人仅借雎鸠挚而有别以起兴，非即以雎鸠比淑女也。兴之在诗，所以为用无穷也。

《豳风·九罭》传云：九罭，緵罟，小鱼之网也。鳟鲂，大鱼也。《疏》引王肃云：以兴下土小国不宜久留圣人。又"鸿飞遵渚"传云：鸿不宜遵渚也。笺云：鸿，大鸟也，不宜与凫鹥之属飞而遵渚，以喻周公今与凡人处东都之邑，失其所也。

《小雅·苕之华》传云：牂羊坟首，言无是道也。三星在罶，言不可久也。笺云：无是道者喻周已衰，求其复兴不可得也。不可久者，喻心星之光耀见于鱼笱之间，其去须臾也。

《邶风·柏舟》笺云：舟载渡物者，今不用，而与众物泛泛然俱流水中。兴者，喻仁人之不用而与群小并列，亦犹是也。

《邶风·柏舟》笺云：舟在河中，犹妇人之在夫家，是其常处。

《小雅·杕杜》传云：杕杜犹得其时蕃滋，役夫劳苦，不得尽其天性。

《唐风·有杕之杜》传云：道左之阳，人所宜休息也。笺云：今人不休息者，以特生阴寡也。兴者，喻武公初兼其宗族，不求贤者与之在位，君子不归，似特生之杜然。

气谓物之神气，采谓物之色采也；既随物以宛转，亦与心而徘徊，二语互文足义，犹云写气图貌，属采附声，既随物以宛转，亦与心而徘徊也。夫气貌声采，庶汇各殊，侔色揣称，夫岂易事？又况大钧槃物，坱圠无垠，迎之未形，揽之已逝，智同胶柱，事等契舟，然则物态各殊既如彼，无常又如此，自非入乎其内，令神与物冥，亦安能传其真状哉？

王夫之云：池塘生春草，明月照积雪，蝴蝶飞南园，皆心中目中与相融洽，一出语时即得珠圆玉润。又云：会景而生心，体物而得神，则自有灵通之句，参化工之妙，若但于句求巧，则性情先为外荡，生意索然矣，观此，知心物未融，则写景未有能臻工妙者也。

诗人写景，以少总多，情貌无遗。观刘氏所举，已见梗概。兹更录王夫之说以示例：

庭燎有辉，乡晨之景，莫妙于此，晨色渐明，赤光杂烟而埃瞥，但以有辉二字写之，唐人除夕诗，殿庭银烛上熏天之句，写除夜之景，与此仿佛，而简至不逮远矣。花迎剑佩，差为晓色朦胧传神，而又云星初落，则痕迹露尽，益叹《三百篇》之不可及也。

苏子瞻谓桑之未落，其叶沃若，诗人体物之工，固也，然得物态，未得物理。桃之夭夭，其叶蓁蓁，灼灼其华，有蕡其实，乃穷物理。夭夭者，桃之稚者也，桃至拱把以上，则液流蠹结，花不荣，叶不盛，实不蕃，小树弱枝，婀娜妍茂为有加耳。

此云《离骚》，包《楚辞》而言。嵯峨之类聚，崴蕤之群积云者，谓写山水草木之词渐趋繁富也。兹举例如次：

山峻高以蔽日兮，下幽晦以多雨，霰雪纷其无垠兮，云霏霏而承宇。《涉江》。

上高岩之峭岸兮，处雌蜺之标颠，据青冥而摅虹兮，遂倏忽而扪天。《悲回风》。

右写山

朝骋骛兮江皋，夕弭节兮北渚。鸟次兮屋上，水周兮堂下。《湘君》。

冯昆仑以澄雾兮，隐岷山以清江，惮涌湍之礚礚兮，听波声之汹汹。《悲回风》。

右写水

嫋嫋兮秋风，洞庭波兮木叶下。《湘夫人》。

雷填填兮雨冥冥，猿啾啾兮狖夜鸣，风飒飒兮木萧萧。《山鬼》。

右写风云

秋兰兮蘼芜，罗生兮堂下，绿叶兮素茎，芳菲菲兮袭予。《少司命》。

秋兰兮青青，绿叶兮紫茎。同上。

右写草木

字必鱼贯者，谓好用连语双声叠韵诸联绵字也。此盖因扬马之流，精通小学，故能撮字书之单词，缀为俪语，或本形声假借之法，自铸新词。刘氏所谓扬马之作，旨趣幽深，读者非师传不能析其辞，非博学不能综其理也。兹举相如《上林赋》句为例：

汹涌澎湃，滭弗宓汩，逼侧泌瀄，横流逆折，转腾潎冽，滂濞沆溉。崇山矗矗，巃嵸崔巍，深林巨穴，崭岩参差。九嵕南山，巀嶭峨峨，岩陁甗锜，摧崣崛崎。

至如雅咏棠华至**则繁而不珍**　此言写景文不宜多用五色之词也。昔人诮为诗好用珠玉等字者为七宝妆，吾师每称陈文述诗为国旗体，亦嫌其一篇之中多用采色字也。

自近代以来，文贵形似至**即字而知时也**　此节与《明诗》所论，皆明刘宋以后诗赋写景之异于前代也。

《明诗》云：宋初文咏，体有因革，庄老告退，而山水方滋，俪采百字之偶，争价一句之奇，情必极貌以写物，辞必穷力而追新，此近世之所竞也。

体物为妙，功在密附数语，刘氏虽以此评当时，实亦凡写景者所当奉为准则也。盖物态万殊，时序屡变，摛辞之士，所贵凭其精密之心，以写当前之境，庶阅者于字句间悠然心领，若深入其境焉，如此则藻不徒抒，而景以文显矣；不则状甲方之景，可移乙地，摹春日之色，或似秋容，剿袭雷同，徒增厌苦，虽烂若缛绣，亦何用哉？

《岘傭说诗》云：写景须曲肖此景，渡头余落日，墟里上孤烟，确是晚村光景；两边山木合，终日子规啼，确是深山光景；黄云断春色，画角起边愁，实是穷边光景；野径云俱黑，江船火独明，确是暮江光景。观此，则写景之贵于密附，益可见矣。

《诗麈》云：写景之句，以雕琢工致为妙品，真境凑泊为神品，平淡率真为逸品。如芳草平仲绿，清夜子规啼沈佺期；明月松间照，清泉石上流王维；雨中山果落，灯下草虫鸣王维；绿树村边合，青山郭外斜孟浩然；松生青石上，泉落白云间贾岛；泉声入秋寺，月色遍寒山于武陵；皆逸品也。如日落江湖白，潮来天地青王维；四更山吐月，残夜水明楼杜甫；柳塘春水漫，花坞夕阳迟严维；鸡声茅店月，人迹板桥霜温庭筠；皆神品也。其他登妙品者，则不可枚举也。按此所谓逸品，所谓神品，皆指其功在密附言之。

然物有恒姿至晓会通也　此言写景文之作术也。物有恒姿至或精思愈疏，谓物之姿态有恒，而人之运思多变，或率尔操觚，竟能密合，或镂心洒翰，转益浮词也。寻心物之感，其机至微，其时至速，故有卒然遇之，不劳而获者，亦有交臂失之，回顾已远者，此中张弛通滞之数，虽有上材，恒不能自喻其故，文家常言，以为天机骏利易于烛物，六情壅塞难于用思，通塞之宜，文之工拙分焉，斯诚不刊之论矣。然欲令机恒通而鲜塞，亦自有术。刘氏《神思》篇云：陶钧文思，贵在虚静。盖谓不虚不静，则如有物障塞于中，而理之在外者，无自而入，意之在内者无自而出，关键不通，斯机情无由畅遂也。此虽为一切文言，而写景尤要。是故缀文之士，苟能虚心静气以涵养其天机，则景物当前，自能与之默契，抽毫命笔，不假苦思，自造精微，所谓信手拈来，悉成妙谛也；不则以心逐物，物足以扰心，取物赴心，心难于照物，思虑虽苦，终如系影捕风矣。

诗骚所标并据要害至**善于适要虽旧弥新**　此言写景变化之法也。夫文贵自出心裁，独标新颖，谢朝华之已披，启夕秀于未振，焉取规摹仿效，致来因袭之讥。然写花鸟，绘烟岚，则诚有不尽尔者。盖物色古今所同，远视黄山，气成葱翠，适当秋日，草尽萎黄，古有此景，今亦无以异也。是故古人之作，虽已泄宇宙之秘，穷化工之妙，清辞丽句，脍炙文林，然后贤有作，倘能即势会奇，因方借巧，妙得规摹变化之诀，自成化腐为新之功。又况意之为用，其出不穷，同叙一景而以悲愉各异，则后者初非袭前，如落日照大旗，马鸣风萧萧，杜甫《后出塞》。与萧萧马鸣，悠悠旆旌，《诗·大雅·角弓》篇。一叙愁惨之象，一状整暇之容，语同而用意别，特作者临文偶然凑合，非相袭也。同赋一物而比兴不同，则诸作各擅其胜，如同一咏蝉，虞世南居高声自远，端不借秋风，是清华人语；骆宾王露重飞难进，风多响自沉，是患难人语；李商隐本以高难饱，徒劳恨费声，是牢骚人语；此因比兴之不同而各据胜境也。由此观之，雨滴空阶，月照积雪，亭皋叶下，池塘草生，凡诸美景，虽至不可纪极之世，言之亦无害为佳构，李文饶所谓文章譬诸日月，虽终古常见而光景常新，不其然哉。

文章变化之法，古人有不易其意而别造新语，或规摹其意而形容之者，有翻意者，有点化成句者，有用意造语不嫌雷同者，而且文诗赋词得相通变，学者措意于此，其于刘氏所谓因方借巧，即势会奇，可以知所从事矣。兹各举例明之：

山谷云：诗意无穷而人之才有限，以有限之才追无穷之意，虽少陵渊明，不得工也。然不易其意而造其语，谓之换骨法，规模其意而形容之，谓之夺胎法。如郑谷《十月菊》曰：自然今日人心别，未必秋香一夜衰，此意甚佳，而病在气不长。曾子固曰：诗当使人一览语尽而意有余，乃古人用心处，所以舒王《菊》诗曰：千花百卉凋零后，始见闲人把一枝。坡则云：万事到头都是梦，休！休！明日黄花蝶也愁。李翰林曰：鸟飞不尽暮天碧。又曰：青天尽处没孤鸿。其病如前所论。山谷《登达观台》诗曰：瘦藤挂到风烟上，乞与游人眼暂开，不知眼界开多少，白鸟去尽青天回。凡此之类，皆换骨法也。顾况诗曰：一别五十年，人堪几回别。其诗简缓而立意精确。舒王《与故人》诗曰：一日君家把酒杯，六年波浪与尘埃，不知乌石江边路，到老相寻得几回。乐天曰：临风杪秋树，对酒长年身，醉貌如霜叶，虽红不是春。东坡《南中》诗曰：儿童误喜朱颜在，一笑那知是酒红。凡此皆夺胎法。《冷斋夜话》。

杜牧之《阿房宫赋》云：明星荧荧，开妆镜也；绿云扰扰，梳晓鬟也；渭流涨腻，弃脂水也；烟斜雾横，焚椒兰也；雷霆乍惊，宫车过也；辘辘远听，杳不知其所之也。盛言秦之奢侈。杨敬之作《华山赋》有云：见若咫尺，田千亩矣；见若环堵，城千雉矣；见若杯水，池百里矣；见若蚁蛭，台九层矣；蜂窠联联，起阿房矣；小星荧荧，焚咸阳矣。《华山赋》杜佑常称之，牧之乃佑孙，是仿敬之所作信矣。《野客丛书》：或读《阿房宫赋》至歌台暖响，春光融融，舞殿冷袖，风雨凄凄，一宫之间而气候不齐。击节叹赏，以为善形容广大。仆谓盖体魏卞兰《许昌宫赋》，曰：其阴则望舒凉室，羲和温房，隆冬御絺，盛夏重裘，一宇之深邃，致寒暑于阴阳。非出于此乎？《瑞桂堂暇录》。

右不易其意而造其语，及规模其意而形容者。

王楙曰：山谷《酴醾》诗：露湿何郎试汤饼，日烘荀令炷炉香一联，盖出于商隐之意，而翻案尤工耳。商隐诗曰：谢郎衣袖初翻雪，荀令熏炉更换香。《冷斋夜话》。

徐世俊曰。张仲宗《踏莎行》：醉来扶上木兰舟，将愁不去将人去。引用李端诗：青枫绿草将愁去，远入吴云暝不还。此返用之而胜。王阮亭曰：有词翻来极浅反为入情者，孙葆光云：双桨不知消息，远汀时起鸂鶒；洪玙云，醉来扶上木兰舟，醒来忘却桃源路；无如查荎云：斜阳影里，寒烟明处，双桨去悠悠。翻令人不能为怀。并《古今词话》。

词家多翻诗意入词。李后主《一斛珠》末句云：绣床斜凭娇无那，烂嚼红绒，笑向檀郎唾。杨孟载《春绣》绝句云：闲情正在停针处，笑嚼红绒唾碧窗。此却翻词入诗。《诗筌》。

右翻意者。

诗家有换骨法,谓用古人意而点化之使加工也。刘禹锡云:遥望洞庭山水翠,白银盘里一青螺。山谷点化之则云:可惜不当湖水面,银山堆里看青山。孔稚珪《白苧歌》云:山虚钟磬彻。山谷点化之则云:山空响管弦。学诗者不可不知此。水田飞白鹭,夏木啭黄鹂,李嘉祐诗也,王摩诘衍之为七言,曰:漠漠水田飞白鹭,阴阴夏木啭黄鹂,而兴益远。九天阊阖开宫殿,万国衣冠拜冕旒,王摩诘诗也,杜子美删之为五言句,阊阖开黄道,衣冠拜紫宸,而语益工。诗人点化前作,正如李光弼将郭子仪之军,重经号令,精彩数倍。**《韵语阳秋》**。

王勃《滕王阁序》:层台耸翠,上出重霄,飞阁流丹,下临无地。即王巾《头陀寺碑文》。层轩延袤,上出云霓,飞阁逶迤,下临无地。落霞与孤鹜齐飞,秋水共长天一色,即庾子山《马射赋》:落花与芝盖齐飞,杨柳共春旗一色。**《湛渊诗话》**。

《铁围山丛谈》云:寒鸦飞数点,流水逸孤村。隋炀帝语也。少游《满庭芳》引用之,云:斜阳外,寒鸦数点,流水绕孤村。**《古今词话》**。

右点化成句者。

唐人诗句不厌雷同,绝句尤多。试举其略:杜牧边上闻胡笳诗云:何处吹笳薄暮天,塞垣高鸟没狼烟,游人一听堪头白,苏武争禁十九年。胡曾诗云:漠漠黄沙际碧天,问人云此是居延,停骖一顾犹魂断,苏武争消十九年。戎昱《湘浦曲》云:虞帝南巡不复还，翠蛾幽怨水云间，昨夜月明湘浦宿，闺中环珮度空山。高骈云：帝舜南巡不复还，二妃幽怨水云间，当时珠泪垂多少，只到而今竹尚斑。李贺《咏竹》云：无情有恨何人见，露压烟笼十万枝。皮日休《咏白莲》云：无情有恨何人见，月晓风清欲堕时。《升庵诗话》。

右用意造语不嫌雷同者。

四序纷回，而入兴贵闲至**情晔晔而更新**　数语尤精。四序纷回，入兴贵闲者，盖以四序之中，万象森罗，触于耳而寓于目者，所在皆是，苟非置其心于翛然闲旷之域，诚恐当前好景，容易失之也。陶诗：采菊东篱下，悠然见南山，山气日夕佳，飞鸟相与还，此中有真意，欲辩已忘言。因采菊而见山，一与自然相接，便见真意，而至于欲辩忘言，使非渊明摆落世纷，寄心闲远，曷至此乎？物色虽繁，析辞尚简者，盖以一时之内，一地之间，物态皆极缤纷，表之于文，惟须约其词旨，务令略加点缀，即已真境显然；陶诗：暧暧远人村，依依墟里烟，狗吠深巷中，鸡鸣高树颠四语，着墨不多，而村墟景象，如溢目前，若事铺陈，诚恐累牍连篇有所不尽也。味飘飘而轻举，情晔晔而日新者，味即文味，情即文情也。夫既以闲旷之兴领略自然之美，则观察真矣，复以简至之辞摄取物象之神，则技术巧矣，写景如是，而文之情味有不引人入胜者哉？

若乃山林皋壤至**抑亦江山之助乎**　此言物色之有助于文思也。彼灵均之赋，隐深意于山阿，寄遥情于木末，烟雨致其绵渺，风云托其幽遐，所谓得助江山，诚如刘说。他若灵运山水，开诗家之新境，柳州八记，称记体之擅场，并皆得自穷幽揽胜之功，假于风物湖山之助。林峦多态,任才士之品题,川岳无私,呈宝藏于文苑。所谓取不尽而用不竭者,其此之谓乎。

赞曰山沓水匝至**兴来如答** 此与本篇首节意同。纪昀曰:诸赞之中,此为第一。正因题目佳耳。

后　　记

先君以公元一九一四年至一九一九年间任教于北京大学，用《文心雕龙》等书课及门诸子，所为《札记》三十一篇，即成于是时。一九一九年后，还教武昌高等师范学校凡七载，复将《札记》印作讲章。一九三五年秋，先君逝于南京，前中央大学所办《文艺丛刊》拟出纪念专号，乃检箧中所藏武昌高等师范所印讲章，录出《原道》以下十一篇畀之。《神思》以下二十篇，则先君一九二七年居北京时，已付北京文化学社刊印。二十余年以来，《文艺丛刊》及文化学社所印之本皆不易得，海内之欲读是书者，时以重印为嘱。爰将一九二七及一九三五年两次印行各篇都为一集，重加勘校，并断句读，交中华书局上海编辑所出版。或疑《文心雕龙》全书为五十篇，而《札记》篇第止三十有一，意先君当日所撰，或有逸篇未经刊布者。惟文化学社所刊之二十篇，为先君手自编校，《时序》至《程器》五篇如原有《札记》成稿，当不应删去。且骆君绍宾所补《物色》篇，《札记》即附刊二十篇之后，此可证知先君原未撰此五篇。至《祝盟》讫《奏启》十四篇是否撰有札记，尚疑莫能明。顷询之刘君博平，刘君固肄业北大时亲聆先君之讲授者，亦谓先君授《文心》时，原未逐篇撰写札记，且检视所藏北大讲章，讫无《祝盟》以下十四篇及《时序》下五篇。于是知武昌高等师范所印讲章全据北大原本，并未有所去取，而三十一篇实为先君原帙，固非别有逸篇未经刊布也。伏念先君之殁，已二十有五年，承学之士，得其寸缣片楮，咸珍若球璧，则此三十一篇之刊布，要为不可缓已。一九五九年九月，黄念田识。

黄侃先生学术年表*

1886 年(清光绪十二年)

4 月,生于成都。初名乔馨,学名乔鼐,后更名侃,字季刚,晚年自署量守居士。

1889 年(清光绪十五年)

从江瀚问字,初学《论语》。

1891 年(清光绪十七年)

随父还居湖北蕲春。

1894 年(清光绪二十年)

由父亲指点,居家读书。

1898 年(清光绪二十四年)

10 月,父亲病逝。

是年,居家,从范晋卿学习制艺及文史。

1899 年(清光绪二十五年)

居蕲春,从黄虬仙学。

1901 年(清光绪二十七年)

居蕲春,考中秀才。

---

* 本年表资料来源为《黄侃年谱》(司马朝军、王文晖合撰,湖北人民出版社 2005 年版),文字有改动。

1902 年(清光绪二十八年)

至武昌。

1903 年(清光绪二十九年)

考入湖北省文普通学堂,为第一期学生。得到张之洞指点。

1905 年(清光绪三十一年)

因与友人密谋反清,被学校除名。得张之洞资助,赴日本留学,参加同盟会。与汪东订交。

1906 年(清光绪三十二年)

居日本,结识章太炎。

1907 年(清光绪三十三年)

秋,师事章太炎。

与章太炎论学。作《蕲州方言小志》,其中佳者被章太炎采入《新方言》。作《新方言后序》。

与刘师培订交。

1908 年(清光绪三十四年)

2 月,生母病危,还家侍疾。

5 月,《春秋名字解诂补谊》发表在《国粹学报》第 4 卷第 4 期。

7 月,生母病逝。遭清政府侦缉,再走日本。

1909 年(清宣统元年)

3 月,与钱玄同订交,谈论学问。抵日本,见章太炎。

1910 年(清宣统二年)

居日本,从章太炎学。

作《国故论衡赞》、《在日本移汉学社书》。

1911 年(清宣统三年)

上半年,至河南,任豫河旅学国文教员。因宣传革命,被解职。

7 月,返回蕲春。

10 月,在武昌谋聚义师。

1912 年

1 月,被选为参议员。

2 月,任《民声日报》主编。与柳亚子结识。

4 月,参加南社第六次雅集。

11 至 12 月,作《读司马相如传》。

12 月,与汪东、刘仲蘧和《清真词》。

1913 年

2 月,始定古声为十九类、古韵二十八部。开始撰写《音略》。

6 月,与况周仪谈词。

1914 年

1 月,与钱玄同讨论音韵。

3 月,居上海,专心著述。

9 月,与钱玄同讨论音韵、书法。受聘为北京大学教授,讲授文字、词章及中国文学史。

10 月,向范文澜讲授《文心雕龙》之学。

是年,编撰《制言》杂志。

1915 年

春,与章太炎讨论学术。与同门组织营救被幽禁的章太炎。向钱玄同讲授十九纽二十八部之说。

是年,在北京大学讲授《文选》、《文心雕龙》等课。

1916 年

是年,在北京大学讲授词学。指导俞平伯学习《清真词》。

1917 年

11 月,与刘师培论学。

是年，建议蔡元培聘请刘师培来北大任教，与刘师培在北京大学合讲中国文学。撰《补文心雕龙隐秀篇》。

1918 年

是年，撰《广韵声势及对转表》、《谈添盍帖分四部说》，后发表于《制言》第八期。

1919 年

1 月，与刘师培、陈汉章、马叙伦等积极支持学生发起成立《国故》月刊社。温习七经，师事刘师培。

3 月，《国故题辞》发表于《国故》第一期。

9 月，离开北京大学。南下至武昌，任教于武昌高等师范学校，讲义有《说文略说》、《声韵略说》、《尔雅略说》。

是年，《广韵佚字》载《国故月刊》第四期；《文心雕龙夸饰篇评》载北京《新中国》第一卷第二号；《文心雕龙附会篇评》载北京《新中国》第一卷第三、四号。作《毛诗正韵赞》，在北京《国民月刊》第一卷第二期。

1921 年

2 月，以《说文》、《文选》、《文心雕龙》授黄焯。

5 月，以声韵、文字及词章之学授龙榆生。

10 月，应山西大学聘。

11 月，返回武昌。

1922 年

2 月，撰《禹贡地名啧隐表》。

3 月，用《广韵》对照校《说文》音。补《经籍纂诂》。

9 月，批校《文选》，赠学生吴靓。后黄焯据以编成《文选平点》，由上海古籍出版社 1985 年出版。

是年,改教武昌中华大学。

1923 年

是年,《音略》发表于《华国月刊》第一卷第一期。圈点《十三经》,并治《说文》。

1924 年

12 月,《音略》(续)发表于《华国月刊》第一卷第五期。

是年,受聘于武昌师范大学,兼任职于武昌中华大学。

1925 年

8 月,与武昌师范大学校长石瑛冲突,遭到辞退。

9 月,离开武昌师范大学,受聘于武昌中华大学。

12 月,与胡适展开伪古伪新之争。

是年,《文心雕龙札记》发表于《华国月刊》第二期第五、六、十册。

1926 年

2 月,写《集韵声类表》。

8 月,北伐军逼近武汉,携家眷渡长江。

10 月,应北京师范大学之聘,转赴北京。

11 月,访黄节。

1927 年

10 月,应聘于东北大学,讲授《诗经》、《周易》等课程。

是年,与曾运乾在东北大学讨论古音学。

1928 年

2 月,离开东北,抵达南京。应聘于第四中山大学,讲授小学、经术。

是年,任教于中央大学。

1929 年

2 月,治《尚书》等。

是年,作《文学记微·标观》篇。作《中国文学概谈》。均发表于《晨报》副刊。《反切解释上篇》由中央大学出版组出版。

1930 年

1 月,作《象形指示会意字古韵表》。

8 月,蒙文通来访。

是年,在中央大学讲"三礼通论"。

1931 年

4 月,作《春秋左传疑义答问后序》。

5 月,作《诗音上作平证》。

1932 年

2 月,避乱抵北京。

5 月,赴东北大学讲学。将《汉唐玄学论》付黄焯抄录。

7 月,至金陵大学补课,讲训诂学。

9 月,所批校的《广雅疏证》由杨树达过录。

11 月,被聘为重庆大学文学教授兼文学院院长。

12 月,欲赴重庆大学聘,被中央大学国文系五位代表劝阻,留任中央大学。

1933 年

9 月,《日知录校记》印成。

10 月,作《庄子集注序》。作《法言义疏后序》。

1934 年

4 月,以《日知录校记》手稿赠龙榆生。

6 月,在金陵大学特别研究班授课,令学生于"说文"、"经词例"择其一。

1935 年

3 月,重校《唐文粹》。

10 月,至金陵大学国学研究班,讲《史记》、《汉书》文例。在金陵大学讲《说文》及群经选读。

10 月 8 日,病逝于南京。

读黄侃《文心雕龙札记》

卢盛江

黄侃《文心雕龙札记》(以下简称《札记》)是二十世纪学术史上的一部重要著作。

一

这部著作产生于二十世纪初,我国旧文学行将结束之时。

这本来是在北京大学教授的讲义。时在1914年至1919年,黄侃受聘任教于北京大学,借《文心雕龙》而讲词章学,因成《札记》三十一篇。

这时文坛有三个流派值得注意。一是桐城派。自乾隆嘉庆年间方苞、刘大櫆、姚鼐力为古文,标榜义法,中经晚清"姚门四弟子"管同、梅曾亮、方东树、姚莹以及曾国藩,又有张裕钊、吴汝纶、薛福成、黎庶昌所谓"曾门四弟子"继承发展,桐城古文在清代流行二百年,成为清代最为重要最有势力的散文流派。到清末民初,这个流派的势头似乎仍然不减。1914年前,严复任北京大学校长,桐城派的几个重要人物,马其昶、姚永朴、姚永概和林纾等人,先后在京师大学堂及其后身北京大学任教。姚永朴完成《文学研究法》。这部十余万字，规模与《文心雕龙》相当的著作，分四卷，起原、根本、范围、纲领、门类、功效、运会、派别、著述、告语、记载、诗歌、性情、状态、神理、气味、格律、声色、刚柔、奇正、雅俗、繁简、疵瑕、工夫等二十四目，系统总结和发展桐城派的理论，试图以此重新阐释文学的原理。这一派的基本观点，是重义法、重雅洁、重古文而不重文采，反对骈文。

二是《文选》派。清初陈维崧作为骈文名家，已对文坛轻视骈文的倾向表示反感。其后有毛际可指出，骈体中原有真文辞行乎其中，骈体之工，无美不备。乾嘉之后，骈文与古文之争更加激烈。袁枚指出，八代之文未尝衰。孔广森指出，文章骈格，势有必至。阮元更为骈文争正统的归属。他提出自己的文学观念，指出："词之饰者，用得为文。"（《文言说》）又指出："凡文者，在声为宫商，在色为翰藻。"（《文韵说》）比偶、音韵、辞藻才是文章的正统，无韵散行只能是笔。这就从根本上否定了桐城派古文。黄侃时代，明确反对桐城派的有刘师培。还在1905年，刘师培就在《国粹学报》上发表文章反对桐城派。他接绪阮元，作《广阮氏文言说》，旁征博引，考之文字，指出："文以藻绘成章为本训。"著《文章原始》，分析历代文学发展，指出所谓文学性，应该就是藻饰、韵律、对偶，以此为标准，"骈文一体，实为文体之正宗"，而桐城派古文并非文章之真源。1917年，应蔡元培之邀，刘师培讲学于北大，主讲"中国中古文学史"，更宣扬《文选》派理论。

三是朴学派。清末民初朴学派的代表人物是章太炎。章氏于1906年在日本讲学时，就发表论文之言。1910年5月，其《国故论衡》出版，更系统阐述其国学观点，包括对旧文学的看法。其首篇《文学总略》用朴学的方法，考证字源，辨析文学义界，指出："文学者,以有文字著于竹帛,故谓之文。论其法式,谓之文学。"他用训诂的方法,指出:"夫命其形质曰文,状其华美曰彣,指其起止曰章,道其素绚曰彰,凡彣者必皆成文,凡成文者不皆彣,是故権论文学,以文字为准,不以彣为准。"这是一种泛文学观念。

这三个流派,所论都涉及旧文学的一些根本问题,包括文学观念,对文采辞藻的看法,对齐梁文学的看法等等。三派人物中,章太炎是黄侃的老师,还在1908年章太炎于东京讲学时,黄侃就在其席下听讲。黄侃进入北大,就是章太炎推荐的。刘师培与黄侃年龄本相仿,但黄侃自认经学不如刘师培,也拜刘师培为老师。桐城派的几个重要人物,如马其昶、姚永朴、姚永概和林纾,《文选》派的刘师培以及黄侃自己,都讲学于北大。《文心雕龙札记》就产生于这样的背景之下。

二

黄侃《文心雕龙札记》明确反对桐城派。

《札记》时时指向桐城派。开篇《题辞及略例》便说:"自唐而下,文人踊多,论文者至有标橥门法,自成部区,然紃察其善言,无不本之故记。文气、文格、文德诸端,盖皆老生之常谈,而非一家之眇论。若其悟解殊术,持测异方,虽百喙争鸣,而要归无二。世人忽远而崇近,遗实而取名,则夫阳刚阴柔之说,起承转合之谈,吾侪所以为难循,而或者方矜为胜义。夫饮食之道,求其可口,是故咸酸大苦,味异而皆容于舌函;文章之嗜好,亦类是矣,何必尽同?"言锋直指桐城派。这里所说的文气、文格、文德诸端,夫阳刚阴柔之说，起承转合之谈，正是桐城派的主张。刘大櫆提出神气说。姚鼐进一步提出神、理、气、味和格、律、声、色之说，又提出文章阳刚阴柔之说，指出："文者，天地之精英，而阴阳刚柔之发也。"（《复鲁絜非书》）又说："吾尝谓文章之原，本乎天地。天地之道，阴阳刚柔而已。苟有得乎阴阳刚柔之精，皆可以为文章之美。"（《海愚诗钞序》）后来的桐城派论者，接受了这一思想。曾国藩推衍阳刚阴柔之说，著《古文四象》，提出太阳、太阴、少阳、少阴四象之说。张裕钊又以二十字分配阴阳，谓神、气、势、骨、机、理、意、识、脉、声为阳，味、韵、格、态、情、法、词、度、界、色为阴。与黄侃同时的姚永朴在其《文学研究法》中，专列神理、气味、格律、声色、刚柔、奇正各目，详述桐城派气格刚柔之说。黄侃未必有意批驳姚永朴《文学研究法》，但显然针对前代桐城派之说。他并未否定文气文格本身，而以为这些都是"老生之常谈，而非一家之眇论"，并且"吾侪所以为难循"。他以为如饮食之道，求其可口而已，言下之意，文章之美是丰富多样的，人们对文章之嗜好也各不相同，不能简单地用阴阳刚柔加以限定。对桐城派之说，《定势》篇札记也有论及。黄侃分析古今言文势者有三："其一以为文之有势，取其盛壮，若飘风之旋，奔马之驰，长河大江之倾注，此专标慷慨以为势"；"其次以为势有纡急，有刚柔，有阴阳向背，此与徒崇慷慨者异撰矣"。这二说中，刚柔阴阳自然指桐城派，专标慷慨也有所指。曾国藩就推崇文章的慷慨气势，他的《与廉卿》说："柔和渊懿之中必有坚劲之质、雄直之气运乎其中用以自立。"辛亥七月日记云："奇辞大句，须得瑰玮飞腾之气，驱之以行……乃能为大篇。"《家书》又云："予论古文，总须有倔强不驯之气。"黄侃或即就此而论。黄侃以为，这两种"势"，"不能尽文而有之"。他说："然执一而不通，则谓既受成形，不可变革；为春温者，必不能为秋肃；近强阳者，必不能为惨阴。”他以为，如刘勰《定势》所说，势是无定的，因情立体，即体成势，势不自成，随体而成，文势无定，不可执一。他说：“明文势随体变迁，苟以效奇为能，是使体束于势，势虽若奇，而体因之弊，不可为训也。”又说：“若乃拘一定之势，驭无穷之体，在彦和时则有厌黩旧式，颠倒文句者；其后数百年，则有磔裂章句，隳废声均者，彼皆非所明而明之，知文势之说者所不予也。”这里所反对的，也是桐城派的势有阳刚阴柔之说。

《通变》篇札记言锋也指向桐城派。黄侃说：“文有可变革者，有不可变革者。可变革者，遣辞捶字，宅句安章，随手之变，人各不同。不可变革者，规矩法律是也，虽历千载，而粲然如新，由之则成文，不由之而师心自用，苟作聪明，虽或要誉一时，徒党猥盛，曾不转瞬而为人唾弃矣。拘者规摹古人，不敢或失，放者又自立规则，自以为救患起衰。二者交讥，与不得已，拘者为上也。”所谓“要誉一时，徒党猥盛”，所谓“自立规则，自以为救患起衰”，指的正是桐城派，语气中带着不屑的讥讽。黄侃解释《通变》篇“龌龊于偏解，矜激于一致”，说：“彦和此言，为时人而发，后世有人高谈宗派，垄断文林，据其私心以为文章之要止此，合之则是，不合则非，虽士衡、蔚宗，不免攻击，此亦彦和所讥也。”所谓“高谈宗派，垄断文林”，同样指的桐城派，黄侃明显不满桐城派对清代文坛的垄断独霸。他又引嘉定钱大昕《与友人书》，以为“足以解拘挛，攻顽顿”。钱大昕此书，正是一方面肯定桐城方苞文有波澜意度，另一方面又说“惜乎其未喻古文之义法耳”，讽刺方苞“乃真不读书之甚者”。

黄侃《札记》就当时文坛涉及的旧文学的一系列问题提出自己的看法。

黄侃提出文道自然说。《原道》篇札记指出:"《序志》篇云:《文心》之作也,本乎道。案彦和之意,以为文章本由自然生,故篇中数言自然。一则曰:心生而言立,言立而文明,自然之道也。再则曰:夫岂外饰,盖自然耳。三则曰:谁其尸之,亦神理而已。寻绎其旨,甚为平易。盖人有思心,即有言语,既有言语,即有文章,言语以表思心,文章以代言语,惟圣人为能尽文之妙,所谓道者,如此而已。"这是对《原道》篇的解释,同时也是阐述黄侃自己的文道观。文章本由自然生,是彦和之意,也是黄侃之意。黄侃用自然说解释文学所涉、也是《文心雕龙》所涉的许多问题。他论声采,《原道》札记解释"形立则章成,声发则文生"说:"故知文章之事,以声采为本。彦和之意,盖谓声采由自然生,其雕琢过甚者,则寖失其本,故宜绝之,非有专隆朴质之语。"他解释《镕裁》篇,以为文章镕意裁词,应该出于自然,说:"然命意修词,皆本自然以为质,必知骈拇县疣,诚为形累,凫胫鹤膝,亦由性生。"又说:"又镕裁之名,取其合法,如使意郁结而空简,辞枯槁而徒略,是乃铢黍之金,铸半两之币,持尺寸之帛,为逢掖之衣,必不就矣。或者误会镕裁之名,专以简短为贵,斯又失自然之理。"他解释《丽辞》篇,也说:"文之有骈丽,因于自然。"文道关系是旧文学的一个大问题。黄侃提出文道自然,也是针对桐城派。唐代韩愈于古文运动中提出儒家道统,宋代理学家提出"文以载道"之说。这在后来就成了桐城派的核心思想。方苞开创桐城派,他的核心理论,即所谓"义法"说,义法之"义",即《周易》所谓"言有物",就是以儒家政治、道德规范为基础,本于经义,在当时,就是要以程朱理学为文章内容的思想基础。这实际体现了"文以载道"的思想。所以王兆符《望溪文集序》称方苞"学行继程、朱之后,文章介韩、欧之间"。民国初年,姚永朴《文学研究法》首列《起原》、《根本》二篇，其《根本》篇就提出，作文须敦本务实，“为文章者，苟欲根本盛大，枝叶扶疏，首在于明道”。而所谓“道”，就是《周礼》、孔子、《中庸》、董仲舒等一再阐述的儒家之道。这就是文章的根本。这一思想影响到《文心雕龙》的理解，清代纪昀评注《文心雕龙》之《原道》篇就提出：“文以载道，明其当然；文原于道，明其本然。识其本，乃不逐其末。首揭文体之尊，所以截断众流。”黄侃明确反对“文以载道”之说。《原道》篇札记提出文道自然之后就说：“此与后世言文以载道者截然不同。”黄侃又引《淮南子》、《韩非子》、《庄子》等家之说指出，道者，包裹天地，万物之所以成，道无所不在，道为玄名，非为著名，玄名故通于万理。“今曰文以载道，则未知所载者即此万物之所由然乎？抑别有所谓一家之道乎？如前之说，本文章之公理，无庸标揭以自殊于人；如后之说，则亦道其所道而已，文章之事，不如此狭隘也。夫堪舆之内，号物之数曰万，其条理纷纭，人鬓蚕丝，犹将不足仿佛，今置一理以为道，而曰文非此不可作，非独昧于语言之本，其亦胶滞而罕通矣。”道为万物之本，而非一家之道，置一理以为道，非独昧于语言之本，而且胶滞而罕通，黄侃是明确反对桐城派的“文以载道”说。

黄侃有自己的文学观念。关于文学观念，如上节所述，桐城派以及《文选》派和以章太炎为代表的朴学派，都有自己的看法。桐城派以古文为文体之正宗，刘师培为代表的《文选》派以为骈文为文体之正宗，章太炎则持泛文学观念。对此，黄侃在《札记》的很多篇中作了辨析。《原道》篇札记先引阮元《文言说》和《书梁昭明太子文选序后》，这是《文选》派论“文”的代表著作。阮元《文言说》追溯“文”的源流，以为自古即以为言之无文，行之不远，指出：“为文章者，不务协言以成韵，修词以达远，使人易诵易记，而惟以单行之语，纵横恣肆，动辄千言万字，不知此乃古人所谓直言之言，论难之语，非言之有文者也。”他认为，《易》之《文言》句句用韵，多用对偶，这才是千古文章之祖。阮元《书梁昭明太子文选序后》指出，“昭明所选，名之曰文，盖必文而后选也，非文则不选也”，经、史、子“皆不可专名之为文”，因此不选，“必沉思翰藻，始名之为文，始以入选也”。追溯源头，也在孔子《文言》；孔子《文言》“奇偶相生，音韵相和”，“实为万世文章之祖”。对此黄侃作出自己的分析，他说：“案阮氏之言，诚有见于文章之始，而不足以尽文辞之封域。”他说：“本师章氏驳之见《国故论衡·文章总略》篇，以为《文选》乃裒次总集，体例适然，非不易之定论；又谓文笔文辞之分，皆足自陷，诚中其失矣。”黄侃认为，“文辞封略，本可弛张”，可以有多个层面：“推而广之，则凡书以文字，著之竹帛者，皆谓之文，非独不论有文饰与无文饰，抑且不论有句读与无句读，此至大范围也。故《文心·书记》篇，杂文多品，悉可入录。”这是一个层面。“再缩小之，则凡有句读者皆为文，而不论文饰与否，纯任文饰，固谓之文矣，即朴质简拙，亦不得不谓之文。此类所包，稍小于前，而经传诸子，皆在其笼罩。”这是第二个层面。“若夫文章之初，实先韵语；传行久远，实贵偶词；修饰润色，实为文事；敷文摛采，实异质言；则阮氏之言，良有不可废者。即彦和泛论文章，而《神思》篇已下之文，乃专有所属，非泛为著之竹帛者而言，亦不能遍诵于经传诸子。”这是第三个层面。一方面，吸收章太炎的泛文学观，以纠正阮元之说的偏颇，另一方面，又肯定“阮氏之言，良有不可废者”。

《征圣》篇札记也有分析。黄侃认为，《征圣》篇并非如纪昀所说的只是“装点门面”，而是说明“宣尼赞《易》、序《诗》、制作《春秋》，所以继往开来，唯文是赖”。黄侃指出：“详自古文章之名，所包至广，或以言治化，或以称政典，或以目学艺，或以表辞言，必若局促篇章，乃名文事，则圣言于此为隘，文术有所未宏。”“自古文章之名，所包至广。”这是广义之文。黄侃从《征圣》篇为其师章太炎的泛文学观找到了根据。黄侃又指出：“近代唯阮君伯元知尊奉《文言》，以为万世文章之祖，犹不悟经史子集一概皆名为文，无一不本于圣，徒欲援引孔父，以自宠光，求为隆高，先自减削，此固千虑一失。”这是纠正阮元关于经、史、子非为文之说。

分析这一问题的还有《总术》篇札记。这一篇涉及文、笔之辨。黄侃先肯定阮元之说的合理之处，指出：“案《文心》之书，兼赅众制，明其体裁，上下洽通，古今兼照，既不从范晔之说，以有韵无韵分难易，亦不如梁元帝之说，以有情采声律与否分工拙，斯所以为笼圈条贯之书。近世仪征阮君《文笔对》，综合蔚宗、二萧昭明、元帝。之论，以立文笔之分，因谓无情辞藻韵者不得称文，此其说实有救弊之功，亦私心夙所喜好。”接着则指出：“但求之文体之真谛，与舍人之微旨，实不得如阮君所言；且彦和既目为今之常言，而《金楼子》亦云今人之学，则其判析，不自古初明矣。”文体有其真谛，刘勰所论有其微旨，有韵无韵之分，情采声律之分，只是今之常言，追溯古初，则阮君之言就有偏颇。黄侃因此指出：“与其屏笔于文外，而文域狭隘，曷若合于文中，而文囿恢弘？屏笔于文外，则与之对垒而徒启斗争，合笔于文中，则驱于一途而可施鞭策；阮君之意诚善，而未为至懿也，救弊诚有心，而于古未尽合也。学者诚服习舍人之说，则宜兼习文笔之体，洞谙文笔之术，古今虽异，可以一理推，流派虽多，可以一术订，不亦足以张皇阮君之志事哉？”

黄侃认为阮氏之言良有不可废者，肯定无情辞藻韵者不得称文之说实有救弊之功，实际否定了排斥丽藻、以古文为文体之正宗的桐城派。他一方面以为阮氏之言不足以尽文辞之封域，以为凡书以文字，著之竹帛者，不论有无文饰和句读，皆谓之文，就文笔之辨来说，主张“合笔于文中”，“兼习文笔之体”，以张皇阮君之志事，另一方面，又肯定刘勰《神思》篇已下之文，乃专有所属，这又不同于其师章太炎的泛文学观。黄侃的基本观点，是“拓其疆宇，则文无所不包，揆其本原，则文实有专美”（《原道》篇札记）。这是一种更为通达的文学观。

与此相联系，黄侃提出自己的骈散观。桐城派竭力推崇古文，而一概抹杀骈文，而阮元等骈文派推崇骈文的同时又排斥古文。对此黄侃有自己的看法。《丽辞》篇札记中集中讨论了这一问题。黄侃开篇指出：“文之有骈俪，因于自然，不以一时一人之言而遂废。然奇偶之用，变化无方，文质之宜，所施各别。或鉴于对偶之末流，遂谓骈文为下格；或惩于俗流之恣肆，遂谓非骈体不得名文；斯皆拘滞于一隅，非闳通之论也。”他既不赞成谓骈文为下格，也不赞成谓非骈体不得名文。他接着指出，据刘勰所论，高下相须，自然成对，奇偶适变，不劳经营，这说明“用奇用偶，初无成律，应偶者不得不偶，犹应奇者不得不奇也”，因此，“或舍偶用奇，或专崇俪对，皆非文之正轨也”。黄侃分析古代之文的发展，指出，自《尚书》、《春秋》到左、马史书，用奇用偶绝无定准，“总之，偏于文者好用偶，偏于质者善用奇，文质无恒，则偶奇亦无定，必求分畛，反至拘墟”。他指出，汉魏两晋，骈词为多，对偶之法宽；齐梁以下，致力宫商，研精对偶，文驰新巧，义乖典则，骈文确有其弊，但由此而一节抹杀八代之文，以为对偶之文不可以入史策，“斯又偏滞之见，不可以适变者也”。黄侃指出，唐世包括韩愈之文，大抵骈散皆有；即使宋世欧、苏、王三子，也不能说他们尽废骈文之体。黄侃说，近世褊者流,竞称唐宋古文,而讥诮前此之文,他们并不了解,唐人并未将自古丽辞一概废之。黄侃指出:“自尔以后,骈散竟判若胡秦,为散文者力避对偶,为骈文者又自安于声韵对仗,而无复迭用奇偶之能。以愚意论之,彼以古文自标櫫者,诚可无与诤难,独奈何以复古自命者,亦自安于骈文之号,而不一审究其名之不正乎?”

这一问题,《原道》、《征圣》和《情采》等篇札记也有阐述。《原道》篇札记说:“又况文辞之事,章采为要,尽去既不可法,太过亦足召讥,必也酌文质之宜而不偏,尽奇偶之变而不滞,复古以定制,裕学以立言,文章之宗,其在此乎?”《征圣》篇札记解释“衔华佩实”指出:“此彦和《征圣》篇之本意。文章本之圣哲,而后世专尚华辞,则离本浸远,故彦和必以华实兼言。”他又说:“审是,则文多者固孔子所讥,鄙略更非圣人所许,奈之何后人欲去华辞而专崇朴陋哉?”《情采》篇札记指出:“舍人处齐梁之世,其时文体方趋于缛丽,以藻饰相高,文胜质衰,是以不得无救正之术。”故而此篇“所讥独在采溢于情,而于浅露朴陋之文未遑多责”,如果由此而认为刘勰屏弃文采,这是失当之论。黄侃指出:“盖侈艳诚不可宗,而文采则不宜去;清真固可为范,而朴陋则不足多。”

既不赞成桐城古文派的褊隘之论,也不赞成阮元他们“以骈文为文”之说,文质兼胜,迭用骈散,这就是黄侃的基本观点。

三

黄侃《札记》对《文心雕龙》有很好的研究。

《札记》对《文心雕龙》的校勘和考订引人注目。《札记》对所涉篇章作了细致校勘。黄侃充分吸收黄叔琳注、孙诒让《札迻》、李详《补正》、纪昀评点等前人成果，并一一加以辨证，同时提出很多新的校勘见解。这方面，李婧《黄侃文学研究》（复旦大学2011年博士论文）有很细致的清理。比如：《原道》篇注“剬诗缉颂”，“剬”从李详注作“制”；《征圣》篇引黄注释“丧服举轻以包重”并加以补正；《正纬》篇引孙注释“倍擿千里”，以为擿与適通，倍擿即背迕之意；《辨骚》篇释“《卜居》标放言之致”引李注并加以辨证，以为“放言”即“纵言”，而非指不复言世务之意；《明诗》篇释“至尧有大唐之歌”，考证“大唐”当作“大章”；《诠赋》篇校“结言扭韵”，考“扭”即“短”讹别字；《议对》篇校“断理必纲”，以为“此纲字为刚字之讹”；《比兴》篇校“无从于夷禽”，以为“从当为疑字之误”；《比兴》篇校“纤综比义”，以为“纤当为织字之误”等。此外还有一些例子，比如，《诠赋》篇校“辞翦美稗”，引《孟子·告子上》“不如荑稗”，以为“美当作荑”。《指瑕》篇校“终无抚叩酬即之语”，以为“无当作有”。

校勘之外，《札记》有大量的考订。其中大量的典据及典据所涉问题的考订，吸收黄注、李注，又全面清理，补其未备，并加以辨证。比如《议对》篇考“司马芝之议货钱”句，指出“黄注引《司马芝传》，今传无其文，盖妄引也。”《札记》接着引《晋书·食货志》，指出：“芝议可见者，仅此数言而已。”比如《书记》篇考“陆机自理”，指出“黄注以《谢平原内史表》当之”，但据表文，“是士衡先有自理之文，检《全晋文》九十七载有《与吴王表》佚文二条，则真自理之词也”。又如《宗经》篇考“《书》标七观”句指出：“案七观所属之篇，皆在伏生二十九篇内，若信为孔子之语，何以不及百篇？疑此为伏生傅益之言，非今古文之通说也。”比如《乐府》篇考“张华新篇”二句，指出：“案张华作《四厢乐歌》十六首，《晋凯歌》二首。黄注但举舞歌,非也。”再如:《诠赋》“铺采摛文”,李详注引《诗·关雎》正义“赋者,铺陈今之政教善恶,其言通正变,兼美刺”为释,黄侃《札记》谓:“按彦和铺采二语,特指辞人之赋而言,非六义之本原也。”比如《颂赞》篇注“事生奖叹”,《札记》谓:“奖叹即托赞褒贬,非必纯为赞美。”比如《声律》篇“南郭之吹竽”,“南”原作“东”,孙诒让引《新论·审名》篇谓指东郭吹竽而不知音,谓:“古书南郭自有作东郭者,不必定依《韩子》,但滥竽事终与文义不相应。”但章太炎以为:“当作南郭之吹于耳,正与上文相连。《庄子》前者唱于而随者唱喁,此本南郭子綦语,而彦和遂以为南郭事,俪语之文,固多此类,后人不明吹于之义,遂误加竹耳。”但黄侃《札记》考订以为:“彦和之意,正同《新论》,亦云不知音而能妄成音,故与长风过籁连类而举。”又说:“如师语亦得,但原文实作东郭。自以孙说为长。”比如《比兴》篇释“比类虽繁,以切至为贵”,以为:“切至之说,第一不宜相袭,第二不许蒙笼。纪评谓太切转成滞相,按此乃措语不工,非体物太切也。”

《札记》还有大量的所涉问题源流的考索与辨证。这类考索,往往起源发展、历史脉络清理得异常清楚。比如《正纬》篇札记考索谶纬的形成发展,先引《说文》,用朴学的方法,考谶即验,谓“谶之为物,皆执后事以验前文,非由前文以得后事”。接着指出,古世人神杂糅,已有谶词,而“谶纬之隆,始于阴阳家”,因为从思想实质而论,道、儒、墨、名、法各家均不得有谶。独阴阳家本出于天官,观阴阳消息,而作迂怪之变,方士诈讹,实滥觞于邹衍。汉主好儒,推阴阳以说《春秋》,但不过推灾异,淫鬼神,不敢淆乱先王之典籍。自王莽引经作谶,始欲窜乱圣经以投主好,引旧谶而益新文,变其名曰纬。东汉光武既以纬兴,即宜尊纬,于是纬之力超越于经。汉用谶纬以趋时,而六朝则资以考古。比如《辨骚》篇考屈“骚”之源流,指出,春秋时期,虽未见采诗,但从史载南蒯之歌、莱人之歌、齐人之歌、申叔仪之歌等来看,声诗之作,未遽废颓。《国语》载国人之诵,句度已长于旧式,而先于屈子二百年,《史记》载优孟歌孙叔敖事,亦先于屈子。因此屈子之作,其体实尚自讴谣。文体论各篇这类考索更多。比如《颂赞》篇札记考“颂”之源流,指出,颂本兼诵、容二谊,诵其本谊,颂为借字,形容颂美,又缘字后起之谊。诗不与乐相依,即谓之诵,此其本谊,及其假借为颂,而旧谊犹时有存,“是则颂之谊,广之则笼罩成韵之文,狭之则唯取颂美功德”。古代一些赞文、祭文、诔文、碑文、铭文等,变其名而实颂体;而后来一些“颂”,已非古颂之意。比如《乐府》篇札记辨析“乐府”,指出:古者诗歌不别,歌未有非诗者,因此《汉书·艺文志》凡诗皆以入录,以其可歌,故曰歌诗;及后文士撰诗者众,缘事立体,不尽施于乐府,然后诗之与歌始分界。《札记》说,乐府可分为四种,一乐府所用本曲,二依乐府本曲以制辞,三依乐府题以制辞,而其声不被管弦,四不依乐府旧题自创新题为制辞,其声亦不被管弦,从诗歌分途之说,则惟前二者得称乐府,后二者虽名乐府,与雅俗之诗殊。

《札记》清理了创作及理论背景的大量资料。收录创作背景资料,主要在文体论的各篇。比如,《明诗》篇札记录孔融诗作以说明“离合诗”。比如《乐府》篇札记收录曹植《七哀诗》、晋乐府所奏楚调怨诗《明月篇东阿王词七解》等乐府作品,以及郭茂倩《乐府诗集》十二类乐府的叙说。《诠赋》篇札记收录荀卿《礼赋》和《知赋》以及宋玉《钓赋》、魏文帝《柳赋》、枚乘《梁王兔园赋》等赋作。《书记》篇札记收录刘歆《与扬雄书从取方言》、扬雄《答刘歆书》、刘桢《与曹植书》、《谏曹植书》、《答魏太子丕借廓落带书》等。其他各篇时亦有收录。比如《比兴》篇札记收录潘岳《萤火赋》。收录理论背景资料,主要在《声律》篇,这一篇札记,收录沈约《宋书·谢灵运传论》、陆厥《与沈约书》、沈约《答陆厥书》以及锺嵘《诗品下》序等。这类资料,《札记》甚至作了校勘。如《诠赋》篇札记收录枚乘《梁王兔园赋》,《书记》篇札记收录王褒《僮约》,便做了校勘。

这些工作,提出和解决了《文心雕龙》校勘、考证以及资料清理方面的很多实际问题。特别是大量所涉问题源流的考索,俨然一些发展历史的考据小论文,时时纠正古人之误,比如《乐府》篇札记考析乐府源流后指出:"刘彦和谓子政品文,诗与歌别,殆未详考也。"所论均为《文心雕龙》所未备。比如《颂赞》篇札记就指出,刘彦和多取挚虞《文章流别论》论颂之说:"然于颂之原流变体有所未尽。"这些地方,用朴学的方法,也体现了作为国学大师深厚的朴学功力。

但是,《札记》对《文心雕龙》的综合理论研究更有创新的意义。

上一节所论《札记》对桐城派的批判,对旧文学一系列问题提出的看法,论定势,论通变,论文道自然,论文学观念,析骈散之辨,同时也是对《文心雕龙》的理论阐释。《札记》是在对《文心雕龙》作理论阐释的同时,提出自己对旧文学问题的看法。其中阐述《文心雕龙》理论,针对并解决现实问题,是《札记》的一大特色。此外,《札记》对《文心雕龙》其他学术问题有更多的理论阐述。《札记》注意阐发《文心雕龙》一些具体论述的理论内涵。创作论的一些篇章尤其如此。比如《神思》篇札记释"文之思也,其神远矣":"此言思心之用,不限于身观,或感物而造端,或凭心而构象,无有幽深远近，皆思理之所行也。”又释“神与物游”：“此言内心与外境相接也。内心与外境，非能一往相符会，当其窒塞，则耳目之近，神有不周；及其怡怿，则八极之外，理无不浃。然则以心求境，境足以役心；取境赴心，心难于照境。必令心境相得，见相交融，斯则成连所以移情，庖丁所以满志也。”他释“积学以储宝”、“酌理以富才”、“博而能一”、“杼轴献功”等，都是这样。比如《体性》篇，释“才有天资，学慎始习”：“自此已下，言性非可力致，而为学则在人。虽才性有偏，可用学习以相补救。”比如《风骨》篇，释“捶字坚而难移”：“此修辞合法之效。大抵翦截浮词之法，宜令篇无盈句，句无赘字，字在句中，必有其用，非苟以足句也；句在篇中，必有其用，非苟以充篇也。”释“结响凝而不滞”：“此缘意义充足，故声律畅调，凝者不可转移。声律以凝为贵，犹捶字以坚为贵也。不滞者，由思理圆周，天机骏利，所以免于滞涩之病也。”比如《通变》篇，释“参伍因革，通变之数也”：“彦和此言，非教人直录古作，盖谓古人之文，有能变者，有不能变者，有须因袭者，有不可因袭者，在人斟酌用之。”这里所释的是具体语句，但已不是传统的词语训诂，不是字面意义的解释，而是相关论述理论内涵的阐发。

《札记》更注意从整体上把握一些篇章的理论内涵，阐发全篇之大旨。比如释《乐府》篇：“彦和此篇大旨，在于止节淫滥。”释《体性》篇：“体斥文章形状，性谓人性气有殊，缘性气之殊而所为之文异状。然性由天定，亦可以人力辅助之，是故慎于所习。此篇大旨在斯。”释《通变》篇：“此篇大指，示人勿为循俗之文，宜反之于古。其要语曰：矫讹翻浅，还宗经诰，斯斟酌乎质文之间，而檃括乎雅俗之际，可与言通变矣。”释《情采》篇：“舍人处齐梁之世，其时文体方趋于缛丽，以藻饰相高，文胜质衰，是以不得无救正之术。此篇旨归，即在挽尔日之颓风，令循其本，故所讥独在采滥于情，而于浅露朴陋之文未遑多责，盖揉曲木者未有不过其直者也。”

《札记》注意到，一些具体篇章是一个整体，《文心雕龙》全书更是一个整体，一些论述前后有密切的联系。《札记》阐发，也注意其理论的前后联系。他释《养气》篇，指出：“养气谓爱精自保，与《风骨》篇所云诸气字不同。此篇之作，所以补《神思》篇之未备，而求文思常利之术也。”《神思》篇释“陶钧文思，贵在虚静”则曰：“此与《养气》篇参看。”注意到《养气》篇与《神思》篇的联系。《神思》篇又释曰：“自此至《总术》及《物色》篇，析论为文之术，《时序》及《才略》已下三篇，综论循省前文之方。比于上篇，一则为提挈纲维之言，一则为辨章众体之论。”上篇辨章众体，下篇提挈纲维，自《神思》至《总术》及《物色》篇析论为文之术，也就是今天我们常说的创作论，《时序》及《才略》以下三篇又是一类。这已是对《文心雕龙》全书架构相当清晰的把握。《总术》篇又释曰：“此篇乃总会《神思》以至《附会》之旨，而丁宁郑重以言之，非别有所谓总术也。篇末曰：文体多术，共相弥纶，一物携贰，莫不解体，所以列在一篇，备总情变。然则彦和之撰斯文，意在提挈纲维，指陈枢要明矣。”是对《总术》全篇的要旨阐发，更是对《文心雕龙》全书理论架构的把握。

把握全书的架构，也就把握全书的基本思想。《征圣》篇释“衔华佩实”，指出：“此彦和《征圣》篇之本意。文章本之圣哲，而后世专尚华辞，则离本浸远，故彦和必以华实兼言。”解释的是“衔华佩实”一语，把握却是全篇，甚至全书整体，因为“衔华佩实”正是《文心雕龙》全书的基本思想。《辨骚》篇释“酌奇而不失其真，玩华而不坠其实”：“彦和论文，必以存真实为主，亦鉴于楚艳汉侈之流弊而立言。

其实屈宋之辞，辞华者其表仪，真实者其骨干，学之者遗神取貌，所以有伪体之讥。”把握的同样是《文心雕龙》全书的基本思想。

《札记》还注意理论范畴内涵的阐发。典型的是风骨和隐秀。《札记》阐发“风骨”，先指出：“二物皆假于物以为喻。文之有意，所以宣达思理，纲维全篇，譬之于物，则犹风也。文之有辞，所以摅写中怀，显明条贯，譬之于物，则犹骨也。必知风即文意，骨即文辞，然后不蹈空虚之弊。”接着又分析：“细诵斯篇之辞，其曰怊怅述情，必始乎风，沉吟铺辞，莫先于骨者，明风缘情显，辞缘骨立也。”等等，又一层一层地揭示“风骨”的理论内涵。《札记》阐发“隐秀”，指出：“言含余意，则谓之隐；意资要言，则谓之秀。隐者，语具于此，而义存乎彼；秀者，理有所致，而辞效其功。若义有阙略，词有省减，或迂其言说，或晦其训故，无当于隐也。若故作才语，弄其笔端，以纤巧为能，以刻饰为务，非所云秀也。”又指出：“目送归鸿易，手挥五弦难，隐之喻也；玉在山而草木润，渊生珠而岸不枯，秀之喻也。”接着分析“隐秀”与思维方式的关系，指出：“然隐秀之原，存乎神思，意有所寄，言所不追，理具文中，神余象表，则隐生焉；意有所重，明以单辞，超越常音，独标苕颖，则秀生焉。”又说：“故知妙合自然，则隐秀之美易致，假于润色，则隐秀之实已乖。”这是对“隐秀”理论内涵的阐发。

《札记》注意清理前人及今人学界各家之说，不少地方节录甚至全文收录。或者陈各家之说，而决以己意。比如《原道》篇札记，收录阮元《文言说》、《书梁昭明太子文选序后》，又陈章太炎之说，然后指出，阮氏之说不足以尽文辞之封域，章氏之说又有失空泛，因为就其本原来说，文实有专美，文辞之事，章采确为其要。再如《丽辞》篇札记收录阮元《与友人论古文书》、《四六丛话序》、《文韵说》以及李兆洛《骈体文钞序》，以反对骈散判若胡秦之说，而提出骈散并用，奇偶适变。或者引诸家之论，以申述己说。比如《诠赋》篇札记收录章太炎《国故论衡·辨诗》篇的一节及张惠言《七十家赋钞序》，以论赋之源流，并评古之作者。比如《通变》篇札记收录钱大昕《与友人书》以批驳桐城派的高谈宗派，垄断文林；《镕裁》篇札记收录章学诚《古文十弊》一节，以论文无定格，以与彦和之说相补苴；《章句》收录黄元同《离经辨志说》，以论离经辨志之要；《夸饰》篇札记收录章太炎《征信论》以说明夸饰须求信实。收录各家之说，清理学界研究现状，为的是更好地对《文心雕龙》作理论研究。

要之，综合的理论研究，是黄侃《文心雕龙札记》的一大特色。

四

作为在北京大学教授的讲义，黄侃的本意是借《文心雕龙》讲解词章学，因此《文心雕龙札记》只有三十一篇。就词章学的课程讲解来说已经可以，但就《文心雕龙》的研究来说，则不完整。而且因为旨在词章学的讲解，因此《札记》有所侧重，有不少引申和衍生之义，就是说，其中所论，不全在《文心雕龙》。因为是《札记》，这三十一篇中，各篇校注与阐释也有详有略，体例并不统一。

黄侃所处，正值新旧文化之交。1917 年，正值黄侃在北京大学借《文心雕龙》讲词章学之时，陈独秀、胡适等文化革新者进入北大，他们提倡白话文，反对文言文，提倡新文学，反对旧文学，北京大学由此成为新文化运动的中心。旧文学的桐城派和《文选》派之争因此被新旧文学之争所代替。黄侃不满以白话取代文言，以为“以语代文”可怪可笑，提倡白话是崇洋媚外，反对白话新文学，坚守文言旧文学，在这场新旧文学之争中，他和桐城派和《文选》派一样，表现出保守狭隘的一面。

《札记》对《文心雕龙》的校勘，主要是理校。讲解词章学的宗旨和其他原因，决定了黄侃未能考察更多的《文心雕龙》版本，做更全面细致的校勘。他所做的有些考释，随着研究的进展，后来研究者已提出了新的更准确的考释。

但是，在二十世纪学术史上，黄侃《文心雕龙札记》自有独特的不可磨灭的学术地位和价值。

在新旧文化之交，黄侃所研究的只是旧文学，这有他保守的一面。但是，他对传统文化的弘扬和研究，是值得肯定的。他对桐城派的批判，有其进步意义。他以“文道自然说”取代“文以载道说”，不仅因其更为准确地把握了《文心雕龙》的思想，有其学术意义，而且在一定程度上体现了黄侃的民主思想，有其思想意义。他在文学观念上提出拓其疆宇，则文无所不包，揆其本原，在骈散问题上，主张骈散迭用，文质兼胜，看法更为融通，做法更为可取。

《札记》的校勘，虽然多用理校，但由于黄侃非凡的朴学功力，理校常常非常确切，为唐写本等版本所证实，并为后来研究者所吸收。《札记》对典据和词义的考释，很多也为后来研究者所吸收，成为定谳。《札记》的大量考索与辨证，使我们对《文心雕龙》所涉问题，它的源流发展，它的历史面貌，有更为准确也更为深入的了解。

《札记》更为重要的贡献，在于对《文心雕龙》的综合性理论研究。

从学术史看，黄侃《札记》之前，已有不少著作对《文心雕龙》进行过研究，如明代有杨慎的评点，梅庆生的音注，王惟俭的训诂，清代有黄叔琳的辑注，纪昀的评注。比黄侃稍前，还有李详的补注，刘师培也在北大讲授过《文心雕龙》。但是，刘师培关于《文心雕龙》的讲义，现仅见罗常培根据当时听课笔记整理的《颂赞》和《诔碑》两篇。其他的著作，从明到清，仍是传统的校勘、训诂和评点。黄侃《札记》则在研究方法上走出了重要的崭新的一步。一方面，它继承并出色地运用了传统的校勘和训诂方法，另一方面，则用新的思想观念和方法对《文心雕龙》进行了综合的理论研究。它着力阐发《文心雕龙》的理论内涵，更注意从整体上把握其基本思想和理论内涵，甚至把全书看作一个整体，把握全书的架构和基本思想，在此基础上，深入研究并阐发《文心雕龙》每一个具体的理论思想。黄侃研究的是旧文学，在新旧文化更替之际，他有保守的一面，但他对《文心雕龙》的研究，思想方法却是全新的。他事实上接受了当时标志着现代进步的理论方法、思想方法。他和刘师培一起，第一次把《文心雕龙》带进了现代大学的讲坛，也第一次把现代研究方法带进了传统的《文心雕龙》研究之中。

当然，他也创造了新的体例，把传统的校勘训诂和理论分析相结合、和创作背景的资料清理相结合的研究体例。

这是对《文心雕龙》的研究，也是对古代文论的研究。这种研究方法和体例，为黄侃的弟子们所接受。典型的是范文澜《文心雕龙注》。作为《文心雕龙》研究史上具有里程碑意义的著作，范文澜《文心雕龙注》不论在体例和理论研究方法上，还是具体的理论见解上，都明显受到黄侃《札记》的深刻影响。传统的训诂结合现代理论，这种研究方法，也影响到二十世纪整个《文心雕龙》的研究，甚至古代文论的研究。这是二十世纪龙学第一书，也是二十世纪学术史的重要著作。